金融科技系列

Python 期货量化交易
Python for Futures
——从入门到实践

祝学礼 著

人民邮电出版社
北京

图书在版编目（CIP）数据

Python期货量化交易：从入门到实践 / 祝学礼著
． -- 北京：人民邮电出版社，2022.2（2024.2重印）
（金融科技系列）
ISBN 978-7-115-57727-6

Ⅰ．①P… Ⅱ．①祝… Ⅲ．①期货交易②软件工具—程序设计 Ⅳ．①F830.93②TP311.561

中国版本图书馆CIP数据核字(2021)第214562号

内 容 提 要

近年来，Python语言凭借其在数据分析领域的优势得以快速发展，众多软件厂商也相继推出了支持Python的量化交易平台。本书是介绍Python编程及其在量化交易领域的实践技巧的图书，旨在帮助读者掌握基本的Python编程技能，并顺利应用于期货量化交易实践。

本书内容分为两篇。第一篇是Python基础，通过13章内容介绍了Python编程的基础知识，如语法规则、数据类型、函数、类、装饰器、异常处理、进程和线程等；第二篇是期货量化交易，通过8章内容介绍了Python在期货量化交易中的应用，并基于天勤量化交易平台讲解开发实践，涉及pandas模块、TqSdk的接口、函数、量化策略的框架、图形化编程及时间序列相关的知识等。

本书适合对期货量化交易感兴趣的普通投资者和投资机构专业人员阅读，读者可以具备一定的Python基础，也可以通过本书从头学习Python基础知识，再进一步延伸到期货量化交易的学习。

◆ 著　　祝学礼
责任编辑　胡俊英
责任印制　王　郁　焦志炜

◆ 人民邮电出版社出版发行　北京市丰台区成寿寺路11号
邮编 100164　　电子邮件 315@ptpress.com.cn
网址 https://www.ptpress.com.cn
三河市君旺印务有限公司印刷

◆ 开本：800×1000 1/16
印张：23.5　　　　　　　　2022年2月第1版
字数：468千字　　　　　　2024年2月河北第9次印刷

定价：109.80元

读者服务热线：(010)81055410　印装质量热线：(010)81055316
反盗版热线：(010)81055315
广告经营许可证：京东市监广登字 20170147 号

前言

国内量化交易的现状

我在期货市场从业多年,接触了众多投资者,大部分投资者对量化交易的印象是机器自动化交易比人工反应快,且机器不受个人情绪的影响更能坚决地执行交易指令。但机器不能像人那么"智能",人可以准确地识别价格形态并根据市场变化及时做出调整,而机器却不能。因此,量化交易只是程序化交易的代名词,其分析能力则相对较弱,无法代替人工,这使得量化交易在国内尚未被多数人认可。

这也说明许多人对量化交易认识的一个盲区就是忽略了量化交易的量化分析部分,而只关注其程序化交易部分。因为量化分析需要较深的数学功底,只有少数专业投资者才具备这些功底,这可能是多数投资者忽视量化分析的主要原因。如今随着计算机的发展,MATLAB、Python等都可以轻松地实现数学分析,不需要人工去计算,而且金融领域相比于其他领域是更容易做数据分析的,因为价格、成交量等数据可以直接获得,所以普通投资者掌握机器分析也可以成为专业投资者。

量化交易在国外已经发展了几十年,形成了非常成熟的体系,随着近些年人工智能的发展,国外主要投资机构更是逐步用机器自动化交易替代人工交易,未来的交易市场不再是人与人的博弈,而是人与机器的博弈,量化交易打败纯手工交易将是市场发展的趋势。

量化交易在国内发展贫弱的重要原因是缺乏专业的量化平台,大多数投资者可选择的量化平台就是少数几家软件厂商推出的量化软件。这几款量化软件能实现的功能基本上都是程序化交易,而且所使用的程序语言是自编语言,只能实现相对简单的程序化,策略稍微复杂一些就难以实现,更难做到量化分析。几家软件厂商所使用的自编语言也互不相通，投资者的策略难以跨平台移植。

少数专业投资机构可以自己开发量化软件，但大多数投资者只能选择特定的几款软件，缺乏专业的量化平台，这也使得量化交易的概念难以在国内普及，大多数投资者在交易市场也只能处于劣势。

近年来，Python 语言凭借其在数据分析领域的优势在国内快速发展，国内软件商也相继推出支持 Python 的量化平台，Python 量化平台是软件商紧跟时代发展的革新。其中，信易科技推出的天勤量化（TqSdk）平台以其开源、高自由度的优势迅速获得了投资者的关注，TqSdk 作为 Python 的一个第三方库使用，投资者可充分利用 Python 高级语言的优势，结合 TqSdk 编写各种复杂的策略，也可以基于 TqSdk 开发个性化的交易软件。原本大多数投资者只能选择有限的几款普通软件与专业机构竞争，但未来投资者将由劣势向优势转变。随着更多人对量化交易的了解不断深入，不仅国内投资者整体的专业性可以得到提升，也可以在国际投资市场上与其他投资机构竞争。

读者对象

本书的读者对象包括：

- ☑ 正在寻找专业量化平台的普通投资者和投资机构专业人员；
- ☑ 有 Python 基础或 Python 零基础的投资者。

如何阅读本书

本书按内容逐级递进的层次进行编写，全书分两篇，共 21 章。

第一篇介绍 Python 基础。主要介绍 Python 编程的基础知识，共 13 章。

第 1 章主要介绍 Python 的语法规则。因为写一行代码就是写一条语句，所以先从语法规则介绍。

第 2 章介绍 Python 常用的数据类型。数据是要处理的对象，也是语句的组成部分。

第 3 章介绍函数。函数是代码重用的方式，我们编写的语句如果需要反复执行，就可以放进函数中，可把函数看作数据和各种语句的结合体。

第 4 章介绍常用数据类型的运算。数据是一个对象，对象具有方法（函数），我们可以用 Python 内置函数处理数据，也可以用数据自带的方法处理数据。

第 5 章介绍循环语句。Python 语言的 for 循环和其他编程语言不同，Python 的 for 循环是迭代执行可迭代对象，可迭代对象是 Python 语言的重要概念，特殊的可迭代对象生成器是异步协程的基础。

第 6 章介绍类的概念。类是面向对象编程的核心概念，类是数据的属性与方法的封装，类也是代码重用的方式，它便于我们处理同类的问题。类可以被看作各种语句与函数的结合体。

第 7 章介绍装饰器。装饰器也是代码重用的一种方式，装饰器可被看作"函数的继承"。

第 8 章介绍错误和异常的处理。学完前面几章的内容我们就可以写各种程序了，但程序在执行时可能遇到错误和异常，本章介绍了异常捕捉及错误处理的方法。

第 9 章介绍模块和包。模块是 Python 文件，我们写好的代码需要保存成 Python 文件，模块所在的文件夹称为包。

第 10 章介绍日期时间的处理。TqSdk 业务数据的时间经常需要转换，我们也可能需要设置时间条件来选择执行量化策略。

第 11～13 章介绍实现异步任务的方法，分别是多进程、多线程和异步协程，这 3 章尽可能详尽地列出了量化中可能会用到的方法，TqSdk 的代码比较依赖异步协程，读者应当掌握这部分内容。

第二篇介绍期货量化交易。主要介绍如何用 TqSdk 编写期货交易策略。

第 14 章介绍 TqSdk 的基本信息。

第 15 章介绍 pandas 模块。因为 K 线和 tick 数据是 pandas 的数据格式，所以有必要介绍 pandas 在数据处理中的使用。

第 16 章介绍 TqSdk 各接口如何使用，诸如账户登录、下单、生成图形化界面等。

第 17 章解读 TqSdk 的部分函数，深入了解这些函数才可以进行高级开发。

第 18 章介绍一些量化策略的框架，这些框架可用于多种策略场景中。

第 19 章和第 20 章介绍图形化编程。可以用 PyQt5 开发 GUI 程序，用 PyQtgraph 绘制实时 K 线和技术指标。

第 21 章介绍时间序列的相关性检验方法，并作为量化分析的一个简单示例。

本书逐级递进展开，很适合没有 Python 基础的读者快速掌握 Python 基本内容，对于有 Python 基础的读者，可以直接看第二篇的内容，但还是建议至少从第 13 章开始看，这样可以加深对异步协程的理解，更快速地掌握 TqSdk 的用法。

本书示例说明

本书以实用性为目标，尽可能做到每一个示例都能在读者学习量化相关技术的过程中给予启发。本书的示例可以运行，但一些量化策略示例仅作为模板参考，不建议直接用来做实盘交易。

致谢

感谢信易产品经理徐亦达对我使用天勤平台过程中提供的帮助。

感谢本书编辑对我的各种指导，使我的写作水平有了很大的提高。

感谢姐姐胡潇倢在我写作中给予的鼓励和帮助。

感谢在工作和生活中帮助过我的所有人，感谢你们，正是因为有了你们，才有了本书的面世。

关于勘误

虽然花了很多时间和精力去核对书中的文字和代码，但因水平有限，书中仍难免会有一些错误和纰漏。如果您发现什么问题，恳请反馈给我，相关信息可通过我的知乎账号私信发给我，昵称为"人世间"。如果您对本书有任何疑问或想与我探讨 Python 量化相关的技术，也可以在知乎与我交流。

资源与支持

本书由异步社区出品，社区（https://www.epubit.com/）为您提供相关资源和后续服务。

配套资源

本书提供配套资源，请在异步社区本书页面中单击"配套资源"，跳转到下载界面，按提示进行操作即可。注意：为保证购书读者的权益，该操作会给出相关提示，要求输入提取码进行验证。

提交勘误

作者和编辑虽尽最大努力来确保书中内容的准确性，但难免会存在疏漏之处。欢迎您将发现的问题反馈给我们，帮助我们提升图书的质量。

当您发现错误时，请登录异步社区，按书名搜索，进入本书页面，单击"提交勘误"，输入勘误信息，单击"提交"按钮即可。本书的作者和编辑会对您提交的勘误进行审核，确认并接受后，您将获赠异步社区的 100 积分。积分可用于在异步社区兑换优惠券、样书或奖品。

扫码关注本书

扫描下方二维码，您将会在异步社区微信服务号中看到本书信息及相关的服务提示。

与我们联系

我们的联系邮箱是 contact@epubit.com.cn。

如果您对本书有任何疑问或建议，请您发邮件给我们，并请在邮件标题中注明本书书名，以便我们更高效地做出反馈。

如果您有兴趣出版图书、录制教学视频，或者参与图书翻译、技术审校等工作，可以发邮件给我们；有意出版图书的作者也可以到异步社区在线投稿（直接访问 www.epubit.com/selfpublish/submission 即可）。

如果您所在的学校、培训机构或企业，想批量购买本书或异步社区出版的其他图书，也可以发邮件给我们。

如果您在网上发现有针对异步社区出品图书的各种形式的盗版行为，包括但不限于对图书全部或部分内容的非授权传播，请您将怀疑有侵权行为的链接发邮件给我们。您的这一举动是对作者权益的保护，也是我们持续为您提供有价值的内容的动力之源。

关于异步社区和异步图书

"异步社区"是人民邮电出版社旗下 IT 专业图书社区，致力于出版精品 IT 技术图书和相关学习产品，为作译者提供优质出版服务。异步社区创办于 2015 年 8 月，提供大量精品 IT 技术图书和电子书，以及高品质技术文章和视频课程。更多详情请访问异步社区官网 https://www.epubit.com。

"异步图书"是由异步社区编辑团队策划出版的精品 IT 专业图书的品牌，依托于人民邮电出版社近 40 年的计算机图书出版积累和专业编辑团队，相关图书在封面上印有异步图书的 LOGO。异步图书的出版领域包括软件开发、大数据、人工智能、测试、前端、网络技术等。

异步社区

微信服务号

目录

第一篇 Python 基础

第1章 语法基础 ·············· 3
- 1.1 自然语言 ·············· 3
- 1.2 计算机语言 ·············· 4
- 1.3 安装 Python ·············· 5
- 1.4 编辑器（IDE） ·············· 6
- 1.5 基本的输入/输出 ·············· 6
- 1.6 代码注释 ·············· 7
- 1.7 标识符 ·············· 8
- 1.8 表达式 ·············· 8
- 1.9 运算符 ·············· 9
  - 1.9.1 数值运算符 ·············· 9
  - 1.9.2 比较运算符 ·············· 9
  - 1.9.3 逻辑运算符 ·············· 10
  - 1.9.4 关系运算符 ·············· 10
  - 1.9.5 运算符优先级 ·············· 11
- 1.10 Python 的关键字 ·············· 12
- 1.11 语句的执行流程 ·············· 13
- 1.12 小结 ·············· 15

第2章 常用数据类型 ·············· 16
- 2.1 常用内置常量 ·············· 16
- 2.2 整型 ·············· 17
- 2.3 浮点型 ·············· 17
- 2.4 字符串类型 ·············· 17
- 2.5 结构数据类型 ·············· 19
  - 2.5.1 列表 ·············· 19
  - 2.5.2 元组 ·············· 19
  - 2.5.3 字典 ·············· 20
- 2.6 小结 ·············· 21

第3章 函数式编程 ·············· 22
- 3.1 函数的定义和调用 ·············· 22
- 3.2 函数的参数传递 ·············· 24
  - 3.2.1 无默认值参数 ·············· 24
  - 3.2.2 有默认值参数 ·············· 24
  - 3.2.3 可变参数 ·············· 25
  - 3.2.4 以函数作为参数 ·············· 28
- 3.3 变量的作用域 ·············· 29
- 3.4 匿名函数 lambda ·············· 31
- 3.5 Python 常用内置函数 ·············· 32
- 3.6 注解 ·············· 32
- 3.7 小结 ·············· 34

第4章 常用数据类型的运算 ·············· 35
- 4.1 获取序列数据元素 ·············· 35

- 4.1.1 索引和分片运算符 …… 35
- 4.1.2 index() …… 36
- 4.2 属性引用 …… 36
- 4.3 增量运算符 …… 36
- 4.4 字符串的运算 …… 37
  - 4.4.1 获取字符串中的元素 …… 37
  - 4.4.2 级联和重复 …… 38
  - 4.4.3 字符串的常用方法 …… 38
  - 4.4.4 格式化字符串 …… 41
  - 4.4.5 正则表达式 …… 44
- 4.5 列表的运算 …… 45
  - 4.5.1 获取列表的元素 …… 45
  - 4.5.2 级联和重复 …… 45
  - 4.5.3 列表常用的方法 …… 46
  - 4.5.4 列表的推导（内涵）…… 48
- 4.6 元组的运算 …… 50
- 4.7 字典的运算 …… 50
  - 4.7.1 以"键"取"值" …… 50
  - 4.7.2 字典常用的方法 …… 51
- 4.8 nan 值 …… 54
- 4.9 小结 …… 55

第 5 章 循环 …… 56

- 5.1 可迭代对象 …… 56
- 5.2 迭代器 …… 57
- 5.3 生成器 …… 59
- 5.4 协程 …… 63
- 5.5 其他迭代函数 …… 69
  - 5.5.1 map() …… 69
  - 5.5.2 zip() …… 70
  - 5.5.3 enumerate() …… 71
- 5.6 小结 …… 72

第 6 章 面向对象编程 …… 73

- 6.1 类的特性 …… 73
- 6.2 类的定义 …… 75
- 6.3 类的一般定义 …… 76
  - 6.3.1 属性和 __init__() …… 76
  - 6.3.2 方法 …… 77
  - 6.3.3 实例化类 …… 77
  - 6.3.4 特殊属性和特殊方法 …… 80
- 6.4 类的继承 …… 81
- 6.5 MRO 列表 …… 85
- 6.6 可变映射类型 …… 85
- 6.7 小结 …… 88

第 7 章 装饰器和 functools …… 89

- 7.1 函数的闭包 …… 89
- 7.2 装饰器函数 …… 90
- 7.3 装饰器类 …… 94
- 7.4 内置装饰器类 …… 96
- 7.5 functools.partial() …… 96
- 7.6 小结 …… 97

第 8 章 错误和异常处理 …… 99

- 8.1 try 语句 …… 99
- 8.2 raise 语句 …… 104
- 8.3 自定义异常类 …… 105
- 8.4 小结 …… 105

第 9 章 模块、包和文件 …… 107

- 9.1 模块 …… 107
  - 9.1.1 赋值 …… 109
  - 9.1.2 浅拷贝 …… 110

9.1.3 深拷贝 ………………………………… 112
9.2 包 ……………………………………… 112
9.3 安装第三方模块库 ……………………… 113
9.4 文件处理 ………………………………… 113
   9.4.1 open() ………………………………… 113
   9.4.2 mode 的主要值及含义 ……………… 114
   9.4.3 操作标记 ………………………………… 116
   9.4.4 其他常用的文件方法 ………………… 116
   9.4.5 创建文件 ………………………………… 117
9.5 json 文件 ………………………………… 118
9.6 小结 ……………………………………… 119

第 10 章 时间日期处理 ……………………… 121
10.1 time 模块 ……………………………… 121
10.2 datetime 模块 ………………………… 125
   10.2.1 date 类 ……………………………… 125
   10.2.2 time 类 ……………………………… 127
   10.2.3 datetime 类 ………………………… 127
   10.2.4 timedelta 类 ………………………… 130
10.3 小结 …………………………………… 131

第 11 章 多进程 multiprocess 模块 ……… 132
11.1 Process 类 …………………………… 133
11.2 Lock 类 ……………………………… 137
11.3 Event 类 ……………………………… 139
11.4 Queue 类 ……………………………… 142
11.5 Pipe 类 ………………………………… 145
11.6 Pool 类 ………………………………… 148
11.7 获取进程的返回值 …………………… 151
11.8 Manager 类 …………………………… 152
11.9 小结 …………………………………… 153

第 12 章 多线程 threading 模块 …………… 155
12.1 Thread 类 ……………………………… 155
12.2 Lock 类 ………………………………… 160
12.3 Rlock 类 ……………………………… 161
12.4 BoundedSemaphore 类 ……………… 162
12.5 Condition 类 ………………………… 163
12.6 Event 类 ……………………………… 165
12.7 queue 模块 …………………………… 166
12.8 concurrent.futures 模块 …………… 169
12.9 小结 …………………………………… 172

第 13 章 asyncio 模块库 …………………… 173
13.1 asyncio 异步协程的定义 …………… 173
   13.1.1 原生协程 …………………………… 173
   13.1.2 asyncio 异步协程 ………………… 177
13.2 创建和设置事件循环 ………………… 179
13.3 运行和停止循环 ……………………… 180
13.4 创建 Future 和 Task ………………… 182
   13.4.1 创建 Future ………………………… 182
   13.4.2 Task 对象的方法 ………………… 183
13.5 并发执行的方法 ……………………… 184
13.6 队列集 ………………………………… 190
13.7 async for ……………………………… 192
13.8 小结 …………………………………… 194

第二篇 期货量化交易

第 14 章 天勤量化（TqSdk）……………… 197
14.1 简介 …………………………………… 197
   14.1.1 系统架构 …………………………… 197

- 14.1.2 功能要点 ········ 198
- 14.1.3 安装和升级 TqSdk ········ 199
- 14.1.4 数据流 ········ 200
- 14.1.5 注册信易账户 ········ 200
- 14.2 TqSdk 的接口 ········ 201
  - 14.2.1 品种和交易所代码 ········ 201
  - 14.2.2 高级委托指令 ········ 202
  - 14.2.3 TqApi ········ 203
- 14.3 小结 ········ 218

第 15 章 pandas 模块 ········ 219
- 15.1 一维数据结构 Series ········ 219
- 15.2 二维数据结构 DataFrame ········ 221
- 15.3 文件读写 ········ 237
- 15.4 小结 ········ 237

第 16 章 TqSdk 的使用 ········ 238
- 16.1 获取盘口行情 ········ 238
- 16.2 获取 K 线数据 ········ 239
- 16.3 获取 tick 数据 ········ 241
- 16.4 下单和撤单 ········ 241
- 16.5 获取委托单信息 ········ 243
- 16.6 获取成交单信息 ········ 244
- 16.7 获取持仓信息 ········ 246
- 16.8 获取账户资金信息 ········ 247
- 16.9 筛选合约 ········ 247
- 16.10 生成图形化界面 ········ 249
  - 16.10.1 在主图中画指标线 ········ 249
  - 16.10.2 在副图中画指标线 ········ 250
  - 16.10.3 在主图中画文字标注 ········ 251
  - 16.10.4 在主图中画特殊符和线段 ········ 252
  - 16.10.5 在副图中画 K 线 ········ 254
  - 16.10.6 在副图中画价差 K 线 ········ 254
- 16.11 复盘 ········ 256
- 16.12 回测 ········ 256
- 16.13 多账户 ········ 257
- 16.14 使用目标持仓 TargetPosTask ········ 258
- 16.15 异步任务 ········ 260
  - 16.15.1 使用协程任务 ········ 260
  - 16.15.2 使用多线程 ········ 261
  - 16.15.3 使用多进程 ········ 262
- 16.16 小结 ········ 263

第 17 章 TqSdk 部分函数解读 ········ 264
- 17.1 DIFF 协议 ········ 264
  - 17.1.1 数据传输 ········ 264
  - 17.1.2 数据访问 ········ 266
- 17.2 业务函数 ········ 267
- 17.3 insert_order() ········ 269
- 17.4 create_task() ········ 270
- 17.5 TqChan ········ 271
- 17.6 register_update_notify() ········ 273
- 17.7 wait_update() ········ 275
- 17.8 目标持仓工具 TargetPosTask ········ 279
- 17.9 小结 ········ 281

第 18 章 量化策略框架 ········ 282
- 18.1 分时行情突破策略 ········ 282
- 18.2 双均线策略 ········ 283
- 18.3 定时清仓 ········ 284
- 18.4 套利下单 ········ 284
- 18.5 开平仓函数 ········ 286
- 18.6 追踪止损+分批止盈 ········ 292

18.7 无人值守定时任务……295	第20章 技术指标绘图……330
18.8 期货、期权无风险套利……297	20.1 PyQtGraph 简介……330
18.9 多线程和异步协程框架……299	20.2 技术指标绘制……334
18.10 本地保存成交记录……302	20.2.1 K 线和成交量绘制类……334
18.10.1 保存为 json 文件……302	20.2.2 技术指标计算类……338
18.10.2 保存为 CSV 文件……303	20.2.3 x 轴时间显示……340
18.11 小结……304	20.2.4 指标窗口类……341
	20.2.5 图形显示……347
第19章 用 GUI 库开发界面程序……305	20.3 小结……351
19.1 QApplication 类……305	
19.2 部件 QWidget……306	第21章 定量分析……352
19.2.1 常用部件……306	21.1 技术分析的内核：相关性检验……352
19.2.2 常用布局……307	21.1.1 方差和标准差……353
19.3 信号-槽……307	21.1.2 协方差和相关系数……353
19.4 登录窗口……307	21.1.3 自协方差、自相关系数和偏自相关系数……354
19.5 下单板……310	21.1.4 平稳过程……355
19.6 信号线程……312	21.2 价格序列相关性检验……355
19.7 一个简单的半自动化下单软件……313	21.2.1 多品种的相关性检验……356
19.8 打包成 .exe 格式的可执行文件……329	21.2.2 单品种的自相关检验……357
19.9 小结……329	21.3 小结……362

第一篇　Python 基础

第 1 章　语法基础

第 2 章　常用数据类型

第 3 章　函数式编程

第 4 章　常用数据类型的运算

第 5 章　循环

第 6 章　面向对象编程

第 7 章　装饰器和 functools

第 8 章　错误和异常处理

第 9 章　模块、包和文件

第 10 章　时间日期处理

第 11 章　多进程 multiprocess 模块

第 12 章　多线程 threading 模块

第 13 章　asyncio 模块库

第一篇 Python 基础

第 1 章 语法基础

1.1 自然语言

人与人在沟通的时候,需要靠语言传递彼此的"思想",没有语言,人们就无法相互理解对方,语言是承载其内涵的媒介。那么,什么样的语言才可以准确而有效地传递人们语言的内涵呢?

语言需要有一定的规则才能准确地传递"含义",含混不清的规则轻则引发歧义,重则根本无法理解。卖羽绒服的店铺门上写着"包不掉毛",便很容易引发歧义。虽然语言规则读得通顺,但左右方向不同的读法会令"含义"不同。如果门上写着"羽狗服,五木钱一条,欢迎抢座",就是逻辑不通,完全不能了解其中的"含义"。

人类既可以通过声音表达语言,也可以通过图文表达语言。虽然声音和图文虽然形式不同,但都能承载相同的"含义",并被人类理解。

人类的语言又可以细分为许多种,比如汉语、英语、日语等,人类以多种语言形式把"含义"传递给他人,可把语言定义为承载信息("含义")的媒介,并且语言可以有多种表现形式。

人类的语言又可以继续细分,比如数学语言,加号"+"表示求和,数值"5"表示数量为 5,等号"="表示计算结果或者两边的数值相等。"5"是数值,"+"

是计算方法，"="是做比较或者求结果的方法，比如"5+3=8"这一个表达式由数值和方法组成，人们看到这个表达式就能理解其各个元素所承载的"含义"。

数值除了整数之外，还有分数、复数等；方法除了"+""="，还有"*""/""<"">="、微积分、正余弦等。以数学为例，我们可把数学语言定义如下：数学是用计算方法处理数值的语言。

人类发明了数学语言，规定了语言规则，以便于用数学语言解决实际问题，实现的过程便是用数学方法处理数值。

1.2 计算机语言

计算机语言也是语言的一种，它也承载了人类所要表达的"含义"，计算机语言类似于数学语言，它也是用一定的方法处理数据，因此，数据和处理数据的方法便组成了计算机语言。数据和方法是人类为计算机语言制定的规则。

可以把一定的数据和方法封装成一个整体，这个整体在计算机语言里称为对象。

比如洗衣机。为了便于理解，可以把洗衣机看作由"30分钟"和"搓洗"两个元素封装在一起的对象，"30分钟"是数据，"搓洗"是方法。洗衣机被使用时，便会自动搓洗30分钟。当然，时间也可以修改，可以修改成40分钟或者60分钟等。因此，在使用洗衣机这个对象时，如果不设置时间，就会按默认值30分钟搓洗；如果设置时间，就会按新设置的时间搓洗。有的洗衣机可能不支持设置其他时间，只能按照默认时间搓洗。

时间又称为洗衣机这一对象的属性，对象的属性可能支持修改，也可能不支持修改，有的对象可能没有默认属性，有的对象可能只有默认属性却没有方法。

目前高级的计算机语言几乎都支持面向对象编程，由于某一类或某几类数据有一些共同的属性及共同的方法，便可把这类数据的共同属性和方法封装在一起形成一个对象，以后处理此类数据时调用对象即可，而不用编写重复的代码。这大大方便了编程工作。对象的概念在"类"的定义部分会再做介绍。

Python 也是一种面向对象的高级计算机语言，Python 有丰富的第三方库，使 Python 的生态遍及各种应用领域，只用少量的代码就能实现复杂的功能，也便于我们实现期货量化交易。

本书并没有深入介绍 Python 相关的内容，只是介绍读者需要了解的 Python 基础内容，这些内容在量化交易中会被用到，这些基础内容可以通过查阅 Python 资料进行更深入的学习。本书所有相关代码是在 Windows 10 系统下实现的。

1.3 安装 Python

  Python 有两个发行版本可以选择，一个是从 Python 官网下载的版本，该版本只有原生的 Python，另一个是从 Anaconda 官网下载的版本，该版本集成了许多第三方科学计算库。Python 原生版比较轻量化，并可以按需安装第三方库。如果不想自己筛选第三方库，则可以安装 Anaconda 版本，其集成了大部分做量化时会用到的第三方库。

  具体安装方法可查看与 Python 环境安装有关的资料，这里只说明安装需要注意的事项，安装前最好先关闭电脑管家、杀毒软件等软件，防止安装进程被阻塞。以下是一些注意事项。

- 现在的操作系统基本都是 64 位的，Python 的安装版本也应尽量选 64 位的。
- 当安装 Python 原生版本时，选择 Customize installation 可自定义安装路径，安装路径上文件夹的名称不要有空格，否则安装 Anaconda 时会失败。
- 在安装时，要勾选"添加环境变量"（Add to PATH），如果没有勾选，安装后可以手动添加。把 Python 的安装路径添加到环境变量，才可以直接运行 Python 脚本文件；否则会提示文件为非可执行文件，或者需要手动指定 Python 解释器 python.exe 来打开文件。
- 在安装 Python 原生版本时，不要勾选在线下载 Debug 模块，而其他的选项都要勾选，因为国际服务器的下载速度非常慢，勾选之后可能很长时间都无法完成安装。
- 当安装完成后，可用 pip 安装第三方模块，基本语句为"pip install 模块名"。默认通过国际服务器下载，速度比较慢。建议读者使用国内镜像源，国内镜像源的下载速度比国际源快很多，常用的国内镜像源有 4 个，包括清华源、中科大源、豆瓣云和阿里云。

代码如下：

```
pip install pyqt5 -i https://pypi.tuna.tsinghua.edu.cn/simple
```

这样就会通过清华源安装 pyqt5 库。用 pip list 可查看当前已安装的第三方库。

1.4 编辑器（IDE）

Python 常用的编辑器有 pycharm、vscode、Spyder、wing 等，有的编辑器对 Python 异步协程库 asyncio 支持得还不是很好，推荐使用 pycharm 或 vscode。本书采用的是 vscode，它具有免费、简单、易用等特点。

交互式过程可用 Windows 系统自带的 cmd 或者 PowerShell。例如，在 cmd 里输入 python 即可进入 Python 解释器，提示符"`>>>`"表示此处等待输入，输入"1+2"，按 Enter 键即会输出计算结果 3，详情如下：

```
Microsoft Windows [版本 6.1.7601]
版权所有 (c) 2009 Microsoft Corporation。保留所有权利。

C:\Users\Administrator>python
Python 3.7.1 (v3.7.1:260ec2c36a, Oct 20 2018, 14:57:15) [MSC v.1915 64 bit (AMD64)] on win32
Type "help", "copyright", "credits" or "license" for more information.
>>> 1+2
3
>>>
```

1.5 基本的输入/输出

因为在学习 Python 的时候需要随时和控制台交互，所以要先引入输入、输出语句，基本的输入、输出语句分别是 `input()` 和 `print()`。

`input()` 用来从控制台接收数据，接收到的数据会保存成字符串，例如，a=input('请在此输入内容并按 Enter 键: ')，其中"请在此输入内容并按 Enter 键："是提示信息，提示我们要做什么，执行该语句后控制台等待输入内容，输入"456abc"后按 Enter 键确认，代码如下：

```
>>> a=input('请在此输入内容并按 Enter 键: ')
请在此输入内容并按 Enter 键: 456abc
>>>
```

如果没有输入内容就直接按 Enter 键，则接收到的是空字符串。

`print()` 用来向控制台输出内容，例如，print(a)，执行该语句会在控制台输出 a 的值，代码如下：

```
>>> print(a)
456abc
>>>
```

print 函数的形式为 print(*values: object, sep: Optional[Text]=..., end: Optional[Text]=..., file: Optional[_Writer]=..., flush: bool=...)。

其常用形式为 print(*values, sep=' ', end='\n')。其中，参数 *values 是需要输出的信息，* 表示 value 数量是不固定的，多个 value 以英文逗号","隔开。参数 sep 是多个 value 在输出后的分隔符，默认以一个空格分隔。参数 end 是 values 全部输出完的结束符，默认以换行符结束。

代码如下：

- print(1,2,3,4,5) 输出"1 2 3 4 5"；
- print(1,2,3,4,5,sep=';') 输出"1;2;3;4;5"；
- print(1,2,3,4,5,end=';') 输出"1 2 3 4 5;"。

想了解关于输入/输出更详尽的用法，可查阅 Python 相关资料。input() 和 print() 是 Python 的内置函数，有关函数的概念会在第 3 章介绍。

Python 的语句用换行表示语句的结束，但在语句后面加上英文分号";"并不会报错，且英文分号可以作为语句分隔符，可以把多条语句写在同一行并用英文分号隔开。

有些以英文冒号":"引导的语句可组成语句块，语句块的语句层次采用缩进的形式，同一级的语句缩进量要相同，缩进符号也要保持一致。按照 Python 编程规范，采用缩进四个空格的形式。

如果缩进语句块中只有一条语句，也可以写在英文冒号":"之后。如果一条语句过长，可以用反斜杠"\"断开，将后续内容写在下一行，"\"之后不能有任何字符也不能有单行注释。对于各种括号，如()、[]、{}中的内容也可以写在多行，因为括号表示其中的内容是一个整体。

1.6 代码注释

单行注释以#开头，Python 在执行时会自动忽略#后面的内容。

多行注释用一对英文三单引号或一对英文三双引号包起来，多行注释不同于单行注释，其本身是一个字符串常量，是一个可执行语句，多行注释第一个英文三单引号或三双引号的缩进量要与其所在语句层次保持一致，否则会出现缩进错误。多行注释主要在函数或类的开头部分作为函数或类的解释说明，后面讲到函数的时候会再继续讲。

1.7 标识符

标识符是 Python 语言中用来表示对象的符号，主要用来作为变量名、函数名、类名等，标识符用下画线或者英文字母开头，其后可跟随下画线、数字或其他非空字符。标识符是大小写敏感的，并且标识符不能与 Python 内建的关键字同名。

1.8 表达式

一条语句也是一个表达式，表达式通常由对象和运算符组成。

在 Python 中，除了运算符和关键字，其他的皆是对象，对象既有属性也有方法。对象是 Python 语言的核心概念，想了解更深入的解析，可查阅 Python 相关资料。

变量在 Python 中的含义是对象引用，类似于一个标签，可以贴到各种类型的对象上，当被贴到了某个对象上，在使用该变量时便会使用该对象的值，因此在定义变量时不需要先声明变量的类型再给变量赋值。

"="操作符在 Python 中表示把对象引用和内存中的对象进行绑定，"="左边是对象引用，右边是对象。当右边的对象在内存中已经存在时，"="直接将对象引用和对象绑定；当对象不存在时，"="会先在内存中创建对象，再将对象和对象引用进行绑定。

本书会把对象引用和变量混用，不影响对内容的理解，"="操作符称作赋值操作符，表示把右边的对象赋值给左边的变量，其深层含义可查阅 Python 相关资料。

a=3，该语句便定义了一个值为 3 的变量"a"，定义变量的过程也是给变量赋值的过程。同一个变量名可以被多次赋值，给变量重新赋值就是把变量与新的对象绑定。当变量被使用时，获取的是最新一次的赋值，而更早创建的对象若没有了变量绑定，会被 Python 的垃圾回收机制清理，不会继续占用内存。

变量只在其作用域中有效，不同作用域的变量即便名称相同，也不是同一个变量，作用域的概念会在函数部分更详细地介绍。

1.9 运算符

1.9.1 数值运算符

如表 1-1 所示,常用的数值运算符和数学里的运算含义是一样的,如 2+3 结果是 5,4/10 结果是 0.4,%是取余运算符,5%3 结果是 2,//是取整运算符,5//3 结果是 1,**是乘方运算符,2**3 结果是 8。

表 1-1

常用数值运算符	释义
**	乘方运算
//	取整运算
%	取余运算
/	除法运算
*	乘法运算
-	减法运算
+	加法运算

1.9.2 比较运算符

如表 1-2 所示,比较运算符也和数学里的含义相同,运算的结果是真或假,即 True 或 False。

表 1-2

比较运算符	释义
==	相等
!=	不等
>	大于
<	小于
>=	大于等于
<=	小于等于

在 Python 中，比较运算符可以连接使用，比如 1<2<3==6，运算的结果为 False，因为 3 不等于 6。

1.9.3 逻辑运算符

如表 1-3 所示，not 运算的对象只有一个，又称为一元运算符，表示对象的反面，非真为假，非假为真，其运算结果是 True 或 False。

and 运算符两边对象有一个为假，结果即假，且结果是第一个假值。当第一个值为假时，不再计算第二个值；当两边对象都为真，则结果为真，且结果是第二个真值，即需要计算第二个值并返回第二个值。

or 运算符两边对象有一个为真，则结果即真，且结果是第一个真值。第一个为真时不再计算第二个值；当两边对象都为假，则结果为假，且结果是第二个假值，即需要计算第二个值并返回第二个值。

and 和 or 运算符返回的是决定了最终结果的对象值。

表 1-3

逻辑运算符	释义
not	非
and	与
or	或

1.9.4 关系运算符

关系运算符是逻辑运算符的一种，其运算结果也是 True 或 False。

如表 1-4 所示，is 和 is not 又被称为身份运算符，判断运算符两边是否为同一个内存地址，与==和!=不同，==和!=只是判断两边的值是否相等，值相等但可能处在不同的内存地址。量化交易中通常只比较值的大小，因此用==和!=即可，必须比较内存地址时才需选择 is 和 is not。

in 和 not in 又称为成员运算符，用于判断一个对象是否在一个集合对象中，比如在多品种交易中，判断一个品种是否在需要交易的品种集合中。

表 1-4

关系运算符	释义
is	是
is not	不是
in	在其中
not in	不在其中

1.9.5 运算符优先级

如表 1-5 所示，运算符优先级从上到下依次降低，当一个表达式有多个运算符时，先算优先级高的后算优先级低的。比如 2*3+5 < 9 and 3==4，要先算乘法再算加法，然后再做数值比较，最后再做逻辑与运算，结果是 False。

运算符的结合性就是当一个表达式中出现多个优先级相同的运算符时，先执行哪个运算符，先执行左边的叫左结合性，先执行右边的叫右结合性。比如 3*5/4，*和/的优先级相同，*和/都具有左结合性，因此先执行左边的除法，再执行右边的乘法，结果是 3.75。

表 1-5

释义	运算符	优先级	结合性
小括号	( )	19	无
索引运算符	x[i]或 x[i:j[:k]]	18	左
属性访问	x.attribute	17	左
乘方	**	16	右
按位取反	~	15	右
符号运算符	+(正号)、-(负号)	14	右
乘除	*、/、//、%	13	左
加减	+、-	12	左
位移	>>、<<	11	左
按位与	&	10	右
按位异或	^	9	左
按位或	|	8	左
比较运算符	==、!=、>、>=、<、<=	7	左
身份运算符	is、is not	6	左
成员运算符	in、not in	5	左

续表

释义	运算符	优先级	结合性
逻辑非	not	4	右
逻辑与	and	3	左
逻辑或	or	2	左
逗号运算符	x,y	1	左

当表达式比较长又包含多种运算符时，为使运算顺序更清晰可用小括号划定顺序，小括号里的要优先运算，最内层的小括号优先运算。

1.10 Python 的关键字

运算符用来参与运算，关键字除了内置常量和运算符，其他的主要用来引导语句和创建对象，它们本身都是为了实现某个功能的"方法"，用一两个符号就能实现运算，要比写一段代码简洁很多。

可用以下方法查看 Python 内建关键字：

```
import keyword
print(keyword.kwlist)
'''输出结果为:
['False', 'None', 'True', 'and', 'as', 'assert', 'async', 'await', 'break', 'class',
'continue', 'def', 'del', 'elif', 'else', 'except', 'finally', 'for', 'from', 'global', 'if',
'import', 'in', 'is', 'lambda', 'nonlocal', 'not', 'or', 'pass', 'raise', 'return', 'try',
'while', 'with', 'yield']
'''
```

下面介绍一部分关键字的含义。

pass： 占位符语句，表示什么都不用做，暂时留出语句位置，Python 3 中的省略号也有类似效果。

break： 立即结束其所在语句层的 while 或 for 循环。

continue： 立即结束其所在语句层的当前 while 或 for 循环，并进入下一次循环。

del： del var 用于删除变量，del var[i] 用于删除元素，del var.attribute 用于删除属性。

def： 创建函数对象，并赋值给函数名。

lambda：创建匿名函数。

return：结束函数，并返回一个值，默认返回 None 值，多个值以元组形式返回。

global：声明整个程序的全局变量，无论变量是否已赋值或已存在，由 `global` 声明的变量都作为全局变量使用。

nonlocal：声明嵌套函数的局部变量，无论变量是否已赋值或已存在，由 `nonlocal` 声明的变量都作为整个函数的局部变量使用。

yield：用在函数中，定义一个生成器函数。

class：创建类对象，并赋值给类变量。

import：导入模块。

from：与 `import` 组合使用，从模块中导入常量、函数或类。

as：为对象重新命名。

with：上下文管理，当语句执行完会关闭其中的对象。

1.11 语句的执行流程

Python 在执行时会自动忽略空格。Python 语句的执行流程可分为三种情形：一是按顺序执行，二是按条件选择执行，三是循环执行。

通常，Python 是按顺序从上到下，一行一行地执行语句，在执行到某个语句块时可能有选择地执行语句块里的语句，也可能循环执行语句块里的语句。如下一段代码是常见的语句结构：

```
a=1
b=2
c=3
d=10
if a>1:
    a=6
elif b is 2:
    b=5
elif not c:
    c=4
else:
    c=False
```

```
for i in range(10):
    if i <=b:
        continue
    else :break
else:d=20

while d > 0:
    d -= 1
    if d >5:
        continue
    else:break
else:
    d=11
```

对于上面的代码，Python 从上到下，一行一行按顺序执行。当执行到第 5 行时，遇到条件语句块，在条件语句块中先执行条件判断。当条件为假时，忽略条件内的语句继续判断下一个条件；当条件为真时，执行条件内的语句，对之后的条件不再检验，直接结束条件语句块继续往下执行。当执行到循环语句块时，循环执行语句块里的内容。下面详细介绍条件语句和循环语句。

if 语句的结构如下：

```
if 条件1:
    表达式
elif 条件2:
    表达式
elif 条件3:
    表达式
else:
    pass
```

if 语句块除了第一个条件用 if 引导，后面的条件都用 elif 引导。在执行时会逐条检查条件是否为真，当遇到条件为真时，执行该条件下的语句，然后结束 if 语句块，不再检查后续的条件。如果条件都为假，则执行 else 下的语句，else 语句并不是必需的。当只有一个条件时，也可以只用 if 引导。关键字 pass 表示略过，常用来预留语句位置留待以后加入需要执行的语句，用缩进表示 else 是一个完整的语句块，只是当语句块里目前不需要做什么。

for 循环的结构如下：

```
for i in 可迭代对象:
    if 条件:
        continue
    else :break
else:表达式
```

for 循环与其他编程语言不同，会循环遍历某个可迭代对象。可迭代对象可以是一个序列对象，其中的元素具有某个唯一属性，比如元素所在的位置序号不同，或者元素所在的键不同，可以通过元素的属性依次选取元素，当 for 循环执行时会逐一按元素的属性遍历。可迭代对象也可以是一个迭代器，迭代器在每次循环（调用）时生成一个数据用于运算，迭代器一次只生成一个数据，可减少内存的占用。可迭代对象和迭代器会在第 5 章详细介绍。

continue 是 Python 的内置关键字，当执行 continue 语句时，会忽略后续语句，再次开启新的循环。break 也是 Python 的内置关键字，当执行 break 时，会跳出循环体，结束循环。当循环全部遍历完，正常结束时会执行 else 后的语句；若被 break 提前结束，则不会执行 else 后面的语句。

while 循环的结构如下：

```
while 条件1:
    修改条件1
    if 条件2:
        continue
    else:break
else:
    d=11
```

while 循环和其他编程语言类似，当条件为真时，执行语句块。但要注意在语句块中加入修改条件的语句，以使条件变为假，否则就会一直循环，形成死循环。

continue、break 和 else 语句与 for 循环中的类似，含义也是一样，当循环不是被 break 结束时会执行 else 语句。

1.12 小结

语言是信息的载体，语言有着明确的规则才能准确传递信息。本章由计算机语言和自然语言的关系引出 Python 语言，Python 语言也有自己的语法规则，例如，变量命名、注释语句、表达式语句及语句执行的顺序等。了解了 Python 语法的规则，我们就可以编写 Python 程序了，但在编写程序时还会用到各种各样的数据，下一章将介绍 Python 常用的数据类型。

第 2 章 常用数据类型

2.1 常用内置常量

Python 解释器在启动时会创建 None、True、False 三个常量，None 表示"无"，True 表示"真"，False 表示"假"。

None 是 NoneType 类型的唯一值，表示缺少值或空值，例如，当函数没有返回值时会默认返回 None 值。

因为 Python 用"有"和"无"来表示"真"和"假"，"有"为真，"无"为假，所以 None、0、空字符串、空列表、空字典都是假，非"空"数据则为真。

True 和 False 是 bool 类型的值，True 和 False 除了表示真和假，其本身也有值，True 的值为 1，False 的值为 0，可以与数值做计算。例如，5+True 结果为 6，3*False 结果为 0，1==True 结果为 True，1 is True 结果为 False，以上示例说明 True 的值为 1，但 True 在内存中的地址和整数 1 的地址不同。

None、True、False 这三个常量在量化策略中会经常用到。还有 Ellipsis 常量与省略号的字面含义相同，常用在注释当中。

2.2 整型

在计算交易手数时需要用到整型，如 1、2、3、4。

Python 可以直接用整数进行计算，当在 Python 代码中输入整数数值时，Python 会自动把输入的数值创建为整型。

当然，你也可以用整型类 `int()` 创建整数，给整型类 `int()` 传递数值参数，`int()` 便会把数值参数转换为整型。例如，`int(5.89)` 的结果是 5，转换时只保留了整数部分；`int('123')` 的结果是 123，把字符串类型转换成了整数类型。

我们可能需要从本地文件中读取数据，比如保存在本地的成交数据，所读取的数据通常是字符串类型，要把字符串类型转换成整型才能参与相关计算。

整型可以是正数也可以是负数，如 3 和 -3。在量化策略中可定义净持仓 `pos=3`，表示净多头 3 手；定义 `pos= -3`，表示净空头 3 手。

2.3 浮点型

价格、保证金等属于浮点型数值，浮点型数值是带有小数点的小数。

类似于整型，Python 可以直接用浮点型数值计算，也可以用浮点型类 `float()` 创建浮点型数值。例如，`float(5)` 结果是 5.0，在转换整数时增加了一个小数位；`float('5.999')` 结果是 5.999，把字符串转换成了浮点型数值。

整型和浮点型相加减，结果会转换成浮点型。如果在计算中想要保留两位小数，可以用 `round()` 函数，例如，`a=5.946326598`，`round(a,2)` 结果是 5.95，经过四舍五入之后保留两位小数。

2.4 字符串类型

字符串是由一对英文单引号、一对英文双引号、一对英文三单引号或一对英文三双引号包围的字符，交易品种、账号、密码等都是字符串类型。例如，`'账号'`、`"123456"`、`'''密码'''`、`"""jkl"""` 都是合法的字符串。

字符串是序列类型的数据，字符串的字符有位置（索引）属性，从左到右字符的位置序号为 0、1、2、3、4、5、6……从右到左的位置序号为-1、-2、-3、-4、-5、-6……

通常，字符串用一对英文单引号或一对英文双引号定义，英文三单引号或三双引号则用于多行注释。

如果一个字符串里需要有英文单引号，则应用英文双引号定义；如果一个字符串里需要有英文双引号，则应用英文单引号定义。此时的英文单引号和双引号为字符，而不是字符串的标识，例如，"ad'cd"、'ef"gh'，英文双引号或单引号组成一对，成为字符串的标识，字符串中的引号则作为字符以有别于字符串标识，不会出现"含义"冲突。

字符串中可以有空格，因为空格也是字符。Python 用"有"和"无"来表示"真"和"假"，没有任何字符的字符串为假，有字符的字符串为真。例如，"没有字符，为假；"有空格字符，为真。

Python 可以直接处理代码中的字符串，把字符串创建在内存中并保存为字符串类型，也可以用字符串类 str() 创建字符串。例如，str(123) 结果为 '123'，把数值 123 转换成了字符串 '123'。

如果要在字符串中包含控制字符或有特殊含义的字符，就需要使用转义字符，常用的转义字符如表 2-1 所示。

表 2-1

常用转义字符	描述
\n	换行
\r	按 Enter 键
\r\n	按 Enter 键 + 换行
\t	制表符（Tab）
\\	反斜杠（\）
\'	单引号字符串中的单引号
\"	双引号字符串中的双引号

例如，print("abc\"de") 输出 abc"de，中间的英文双引号被\转义成字符，不会再与第一个英文双引号组成字符串标识。

当在字符串前加上 r 或 R，此时字符串为原始字符串，字符串中的"\"便不再是转义字符，而是"\"本身。但字符串的最后一个字符不能是"\"，原始字符串主要用在文件路径中。

代码如下：

```
>>> print(r'C:\new\T0002\export\MA.csv')
C:\new\T0002\export\MA.csv

>>> print(r'C:\new\T0002\export\')
  File "<stdin>", line 1
    print(r'C:\new\T0002\export\')
                                 ^
SyntaxError: EOL while scanning string literal
```

2.5 结构数据类型

Python 语言有许多的结构数据类型，最常用的有列表、元组、字典，列表和元组是序列类型，它们的元素有位置（索引）属性，而字典是集合类型，其元素没有位置属性。

2.5.1 列表

列表是以方括号"[ ]"包围的数据集合，不同元素间以英文逗号","隔开，列表的元素可以是任意数据类型，也可以是列表，例如，[1]、[1,]、[1, 2, 'a']、[1,3],'bcd']都是合法的列表。

列表的元素有位置属性，从左到右元素的位置序号为 0、1、2、3、4、5、6……从右到左的位置序号为-1、-2、-3、-4、-5、-6……

Python 可以直接处理代码中的列表，Python 会自动创建列表，也可以用列表类 list()创建列表。例如，a=list()创建空列表，给 list()传递的参数必须是可迭代的，list()会按照参数的元素创建列表。例如，list('adffgghjj')结果是['a', 'd', 'f', 'f', 'g', 'g', 'h', 'j', 'j']，字符串的每个字符被创建为列表的元素。

列表是可变的数据类型，对列表中的元素进行修改时会直接修改原列表，而不是生成一个新列表。

2.5.2 元组

元组可看成特殊的列表，元组是以小括号"( )"包围的数据集合，不同元素间以英文逗号","隔开，元组的元素可以是任意数据类型，也可以是元组，例如，(1,)、(1, 2, 'a',

(1,3)、'bcd')都是合法的元组。当元组的元素只有一个时也不能省略英文逗号，否则小括号便不是元组的标识，而是语句运算，例如，(1,)是元组，而(1)则是数值1。

同列表一样，元组的元素有位置属性，元素从左到右的位置序号为0、1、2、3、4、5、6……从右到左的位置序号为-1、-2、-3、-4、-5、-6……

Python可以直接处理代码中的元组，Python也会把以英文逗号隔开的对象创建为元组，代码如下：

```
>>> 1,2,3,4,5
(1, 2, 3, 4, 5)
```

Python也可以用元组类tuple()创建元组，例如，a=tuple()创建空元组，给tuple()传递的参数必须是可迭代的。tuple()会按照参数的元素创建元组，例如，tuple(['a','d','f','f','g'])的结果是('a', 'd', 'f', 'f', 'g')，把列表转换成了元组。

元组是不可变数据类型，对元组中的元素进行修改会创建一个新的元组，而不是直接修改原来的元组。若需要创建一组不可变的数据对象，可用元组创建。

元组主要用在变量定义中，代码如下：

```
>>> a,b,c=1,2,3
>>> a;b;c
1
2
3
```

在上述代码中，等号右边的"1,2,3"是元组，Python会自动按位置顺序把1赋值给a，把2赋值给b，把3赋值给c。

2.5.3 字典

字典是以大括号"{}"包围起来的数据集合，数据以"键:值"对的形式存在，"值"可以是任意类型的数据，但"键"必须是不可变数据。不可变数据又称为可哈希的数据，可哈希数据具有唯一性，能产生唯一映射关系，因此，字典中元素的"键"都是不同的，可以通过"键"来访问字典中的元素。例如，{'a':1,'b':2,3:'c'}和{'a':1,'b':2,c:[1,2]}都是合法的字典。

Python可以直接处理代码中的字典，也可以用字典类dict()创建字典，因为字典的元素是以"键:值"对的形式存在，所以传给dict()的参数应是关键字形式，代码如下：

```
>>> dict(h=1,i=2,j=3,k=4)
{'h': 1, 'i': 2, 'j': 3, 'k': 4}
```

字典是集合类型,因此字典中的元素没有位置属性,元素是无序的,可以通过元素的键访问元素,不能通过位置访问元素。字典是可变的数据类型,修改元素的值或增删元素会直接改变原字典。

2.6 小结

本章介绍了Python常用的数据类型,也是期货量化交易中常用的数据类型。例如,交易手数是整型,价格是浮点型,交易账号和密码是字符串型,多品种一般以列表表示,业务数据一般是字典类型,等等。

我们在编写的程序中可能需要对某段代码重复使用,如果每次使用代码都重新编写,那么效率会比较低,因此需要有新的语法规则能以更简洁的方式重用代码,下一章介绍的函数式编程便是代码重用的方式之一。

第 3 章 函数式编程

我们在用 Python 程序处理实际问题时,有些代码可能需要重复使用,如果每次使用都要编写一遍代码,这样会耗费不少工作量。我们可以把这部分代码编写成函数,每次调用函数就能完成工作,不用再重复编写代码了,函数使编程效率大大提高,也使程序代码更为简洁。

我们在第 1 章中已经介绍过两个 Python 内置函数:input()和 print()。

3.1 函数的定义和调用

有些编程语言会把定义变量、函数等称为声明,声明和定义虽有些许区别,但本书不做特别区分,按同样的含义理解不影响对量化的学习。

函数在定义时不会执行,只是告诉 Python 定义了一个函数,函数被调用时才会执行函数体的语句(注意,函数是可调用对象,在被调用时才会执行)。

因为 Python 代码的执行顺序是从上到下,存在先后顺序,所以在 Python 中必须先定义函数然后再调用函数,否则在调用函数时会提示函数未定义。在调用函数时,只要按照函数定义的形式传递参数,就可以使用函数完成相应的功能,并可以获取函数执行后的返回值。

定义函数的关键字是 def,在函数中以缩进表示各语句归属于函数体。定义函数的形式如下:

```
def 函数名(参数):
    语句块
    return 返回值
```

参数是函数需要处理的数据，参数可以有多个，也可以没有，返回值是当函数执行完后抛出的值，返回值以关键字 return 引导，return 后可以没有返回值，return 语句也可以没有。当未指定返回值时，函数默认返回 None 值。若函数中有多个 return 语句，当一个 return 语句被执行后，其后的语句将不再执行，函数抛出返回值并结束。

前文介绍了数据对象、表达式和流程控制语句，函数可被看作数据对象、表达式和流程控制语句的结合体。

以下代码示例定义了一个名称为 func 的函数，有三个参数"a,b,c"，函数语句块是调用输出函数 print() 输出"a,b,c"。当函数执行完后抛出返回值"执行完成"，该返回值是一个字符串，在调用函数时传入了三个实参"1,2,3"，并把函数返回值赋值给了 x，所以输出 x 的值便能输出'执行完成'。

```
>>> def func(a,b,c):
...     print(a,b,c)
...     return '执行完成'
...
>>> x=func(1,2,3)
1 2 3
>>> print(x)
执行完成
```

在定义函数时定义的参数称为形参，在调用函数时具体传给函数的参数称为实参。

函数若需要抛出多个返回值，多个返回值可用英文逗号","隔开，多个返回值会以元组类型抛出，代码如下：

```
>>> def func(a,b,c):
...     print(a,b,c)
...     return (a,b,c)
...
>>> x=func(1,2,3)
1 2 3
>>> print(x)
(1, 2, 3)
```

多个返回值可以不用小括号括起来，Python 会把用英文逗号","隔开的多个对象创建为元组，因此小括号可以省略。当返回值数量非常多的情况下，使用小括号会使语句结构更为清晰。

Python 3 允许在定义函数时给参数和返回值增加注释，以便调用者知道应该传给函数什么类型的参数及返回值类型。参数的注释以"：value"的形式放在参数名后默认值前，返回值以"-> value"的形式放在小括号后和冒号前，代码如下：

```
def func(a:str,b:list,c:int=8) ->tuple:
    print(a,b,c)
    return (a,b,c)
```

注释会被收集在函数的__annotations__属性中，代码如下：

```
>>> func.__annotations__
{'a': <class 'str'>, 'b': <class 'list'>, 'c': <class 'int'>, 'return': <class 'tuple'>}
>>>
```

有了注释，调用者在调用 func 时知道应该给 a 传入字符串，给 b 传入列表，给 c 传入整数，并且函数的返回值是元组。

3.2 函数的参数传递

3.2.1 无默认值参数

当定义函数时，诸如 def func(a,b,c)，参数"a,b,c"的值未知，此类参数称为位置参数。当调用函数时，可以按位置传递实参，例如，func(1,2,3)的实参按位置顺序传递，1 传给 a，2 传给 b，3 传给 c。

也可以按关键字（参数名）传递，例如，func(a=1,b=2,c=3)，此时直接给 a、b、c 赋值，清晰明了地知道 a、b、c 的值，不会出现传参错误，传参的顺序便无所谓了，func(a=1,c=3,b=2)也是正确的。

如果在传递实参时既有位置参数也有关键字参数，Python 传递参数的规则是先传位置参数，后传关键字参数，因此，func(1,b=2,c=3)是正确的，而 func(a=1,2,c=3)是错误的。那么在传递实参时，要先按位置顺序传递参数，再传递关键字参数，顺序不能颠倒。

3.2.2 有默认值参数

在定义函数时，也可以给参数赋默认值，在调用函数时如果不给有默认值的形参传递实参，函数体就会以形参的默认值执行。在定义函数时，默认值参数也要放在无默认值参数的后面。

代码如下:

```
>>> def func(a,b,c=6):
...     print(a,b,c)
...     return a,b,c
...
>>> x=func(1,b=2)
1 2 6
>>> print(x)
(1, 2, 6)
```

在上述代码中,函数 func 有默认值"c=6",在调用函数时,实参 1 按位置传给了 a,"b=2"按关键字传递,参数 c 没有传递实参,取得默认值 6。

3.2.3 可变参数

在有些情形下,我们需要传给函数的参数数量不是固定的,可以按需传递。

1. 可变无默认值参数

在声明函数时,在参数前加一个星号"*",该参数便是可变无默认值参数,传给该参数的实参会被收集到一个元组里。代码如下:

```
>>> def func(*a):
...     print(a)
...
>>> func(1,2,3,4,5,6)
(1, 2, 3, 4, 5, 6)
```

在上述代码中,参数*a 是可变参数,在调用函数时,传入的参数"1,2,3,4,5,6"以元组类型传递(赋值)给 a,即 a=(1,2,3,4,5,6)。

若函数中既有可变无默认值参数又有不可变无默认值参数,则可变参数应放在不可变参数之后。代码如下:

```
>>> def func(b,c,*a):
...     print(b,c,a)
...
>>> func(7,8,1,2,3,4,5,6)
7 8 (1, 2, 3, 4, 5, 6)
>>>
```

在调用上述函数时,实参 7 传给参数 b,实参 8 传给参数 c,剩下的"1,2,3,4,5,6"以元组类型传给 a。

实际上，b、c和*a都可以看作无默认值的位置参数，Python在传递实参时按位置依次给b、c传参，待b、c传参完，剩下的再都传给位置*a。

在调用函数时，也可以按关键字传递参数，传递参数时仍然遵循位置参数在前关键字参数在后的原则，代码如下：

```
>>> def func(*a,b,c):
...     print(b,c,a)
...
>>> func(1,2,3,4,5,6,b=7,c=8)
7 8 (1, 2, 3, 4, 5, 6)
>>>
```

在调用上述函数时，实参"1,2,3,4,5,6"先按位置传给"*a"，接着遇到关键字传参，则按关键字传递：b=7,c=8。若b、c有一个没有按关键字传参则会报错。例如，func(1,2,3,4,5,6,7,c=8)程序就会报告错误。为避免按位置传参出错，在声明函数时，不定量参数最好放在定量参数之后。

既然可变无默认值参数在传参时会被收集到元组里，可不可以直接把元组传递给可变参数呢？当然可以，不仅是元组，列表、字符串都可以传递给可变参数，代码如下：

```
>>> def func(*a):
...     print(a)
...
>>> b=(1,2,3,4);c=[5,6,7,8];d='abcde'
>>> func(*b);func(*c);func(*d)
(1, 2, 3, 4)
(5, 6, 7, 8)
('a', 'b', 'c', 'd', 'e')
>>>
```

在上述示例中，当调用函数时，参数分别传入了元组、列表和字符串，其中的元素被作为可变参数又以元组类型收集到 a 中，传参的时候 b、c、d 前都要有一个星号"*"，星号"*"在此处是"拆解"的意思，表示要将元组、列表或字符串的元素拆解出来。

2. 可变有默认值参数

除了无默认值参数可变，有默认值参数也可变，可变有默认值参数也称为"可变关键字参数"。

在声明函数时，在参数前加两个星号"**"，该参数便是可变数量有默认值的参数，传给该参数的关键字实参会按"参数名':参数值"的形式收集到一个字典里。代码如下：

```
>>> def func(**a):
...     print(a)
```

```
...
>>> func(a=1,b=2,c=3,d=4)
{'a': 1, 'b': 2, 'c': 3, 'd': 4}
>>>
```

除了以关键字向可变关键字参数传参,还可以把字典传给可变关键字参数,传参时在字典前加两个星号"**",代码如下:

```
>>> def func(**a):
...     print(a)
...
>>> b={'a': 1, 'b': 2, 'c': 3, 'd': 4}
>>> func(**b)
{'a': 1, 'b': 2, 'c': 3, 'd': 4}
>>>
```

同样,两个星号"**"在这里是"拆解"的意思,表示把字典的"键:值"对拆解成关键字参数。

因为 Python 先按位置再按关键字传参,所以,当函数中同时存在不可变无默认值参数、可变无默认值参数、不可变关键字参数及可变关键字参数时,排列顺序应为"不可变无默认值参数,可变无默认值参数,不可变关键字参数,可变关键字参数"。代码如下:

```
>>> def func(a,*b,c=7,**d):
...     print(a,b,c,d)
...
>>> func(1,2,3,4,c=5,e=6,f=7,g=8)
1 (2, 3, 4) 5 {'e': 6, 'f': 7, 'g': 8}
>>>
```

在调用函数时,先按位置依次传参。例如,把 1 传参给位置 a;定量无默认值参数传参完后,剩下的位置参数"2,3,4"以元组传给*b。接着按关键字一一对应传参,如 c=5。当关键字对应传参完后,剩下的关键字参数"e=6,f=7,g=8"没有了对应关系,便以字典形式传给**d。

在函数式编程中,有时参数的名称有着特定含义,给参数一一对应赋值可使编程逻辑更为清晰,此时即便在声明函数时没有给参数赋默认值,但参数仍具有关键字参数的意义。也可以把这些参数放在可变无默认值参数之后,只要在调用函数时以关键字形式传参即可,整体规则还是位置参数在前,关键字参数在后,代码如下:

```
>>> def func(*b,a,c=7,**d):
...     print(a,b,c,d)
...
>>> func(2,3,4,a=1,c=5,e=6,f=7,g=8)
1 (2, 3, 4) 5 {'e': 6, 'f': 7, 'g': 8}
>>>
```

3.2.4 以函数作为参数

Python 也可以将函数作为实参传递给另一个函数的形参，传参时只需要传入实参函数的名称，如果实参函数也有参数可能需要再传入其参数，在调用方函数的语句块中调用实参函数。代码如下：

```
>>> def func1(c,d):
...     print(c+d)
...     return '函数 f 执行完成'
...
>>> def func2(f,a,b):
...     x=f(c=a,d=b)
...     print(x)
...
>>> func2(f=func1,a=2,b=3)
5
函数 f 执行完成
>>>
```

以上示例定义了两个函数——func1 和 func2，其中 func1 有参数 c 和 d，函数语句块是输出参数之和"c+d"并抛出返回值"函数 f 执行完成"；func2 有参数"f,a,b"，函数语句块是调用函数 f(c=a,d=b)，并把返回值赋值给变量 x（注意，以关键字传参时 f 的参数名和函数 func1 的参数名要保持一致），最后输出 x 的值。

当定义了函数 func1 和 func2 之后，调用函数 func2(f=func1,a=2,b=3)，函数名 func1 传递给 f，2 传递给 a，3 传递给 b，由于 func1 也有参数，从 func2 的语句块可知 func1 会使用 a 和 b 的值。执行时 func2 便调用 func1 输出 5，最后再输出 x 的值输出"函数 f 执行完成"。

函数也可以调用其本身，函数调用自身常用在递归问题中，例如，求解斐波那契数列，代码如下

```
>>> def fib(n):
...     if n <= 1:
...         return n
...     return fib(n-1) + fib(n-2)
...
>>> for n in range(11):
...     print(fib(n),end=',')
...
0,1,1,2,3,5,8,13,21,34,55,
```

函数 fib 有两个返回值语句，当 n<=1 时，返回 n；当 n>1 时，返回 fib(n-1)+fib(n-2)。第二个 return 语句中调用了函数 fib 自身。通过 for 循环求解并将结果输出。上述

代码中的 `range()` 是一个生成器，每次循环生成一个整数，range 本身是一个类，且经常被用到，后续再详细介绍。

3.3 变量的作用域

Python 的作用域可分为以下 3 个。

- 内置作用域：Python 预先定义的。
- 全局作用域：所编写的整个程序。
- 局部作用域：某个函数的内部范围。

Python 启动时会在内置作用域自动创建一些常量、函数、类，这些预先创建好的常量、函数、类在程序全局范围内可直接调用。

函数是可调用对象，在定义函数时，Python 只会检查函数是否存在语法错误，函数并未被执行。在调用函数时 Python 才会为函数对象创建一个命名空间并执行函数体的语句，该命名空间就是局部作用域。

不同函数的作用域是相互独立的，同一函数在不同时间调用，其作用域也是相互独立的。作用域相互独立，在函数内定义的名称相同的变量便也是相互独立的，各函数在对其内部变量进行处理时互不影响。代码如下：

```
def func1():
    c=345
    print(c)
def func2():
    c=567
    print(c)
```

在上述示例中，函数 func1 和 func2 有同名变量 c，但在调用时互不影响。

Python 会默认函数内部定义的变量为局部变量，但若函数内没有定义变量，Python 便会从全局作用域中（向前）查找同名变量。代码如下：

```
>>> c=456
>>> def func1():
...     c=345
...     print(c)
...
>>> def func2():
...     print(c)
```

```
...
>>> def func3():
...     print(c)
...     c=567
...
>>> func1()
345
>>> func2()
456
>>> func3()
Traceback (most recent call last):
  File "<stdin>", line 1, in <module>
  File "<stdin>", line 2, in func3
UnboundLocalError: local variable 'c' referenced before assignment
>>>
```

上面例子定义了全局变量 c=456 和函数 func1、func2、func3。函数 func1 内部定义了变量 c=345，调用 func1 便输出 345；函数 func2 内部没有定义变量，调用 func2 便（向上）查找同名全局变量 c 输出 456；函数 func3 内部定义了变量 c=567，变量 c 便是局部变量，但 print(c) 是先使用变量 c 后定义变量 c，便提示了错误。

实际上，程序是在函数内部定义变量时覆盖掉了同名的全局变量，并使函数内部定义的变量成为局部变量的。Python 会先从函数内部查找定义的变量，若函数内没有定义变量，Python 便会从全局作用域中（向前）查找同名变量。

但如果把全局变量作为实参传给函数，函数就会先使用全局变量，直到遇到同名变量定义再转换为局部变量，这一点需要注意。代码如下：

```
>>> a=3;b=[456]
>>> def func3(a,b):
...     print(a,b)
...     a=5   #定义
...     b.append(789)  #修改
...     print(a,b)
...     b=[3,4,5] #定义
...     print(a,b)
...     b.pop()  #修改
...     print(a,b)
...
>>> func3(a=a,b=b)
3 [456]
5 [456, 789]
5 [3, 4, 5]
5 [3, 4]
>>> print(a,b)
3 [456, 789]
>>>
```

上面例子定义了全局变量"a=3;b=[456]"和函数 func3(a,b)。因为调用 func3 时把全局变量 a、b 的值传给 func3，所以第一句 print(a,b) 先使用全局变量值输出了 3 [456]；接着定义了局部变量 a=5，并给 b 添加一个元素 789，第二句 print(a,b) 输出局部变量 a 的值 5 和 b 的新值[456,789]；接着再给 b 赋值 b=[3,4,5]，b 此时变成了局部变量，第三句 print(a,b) 输出局部变量 a、b 的值 5[3,4,5]；接着再删除局部变量 b 最后一个元素，第四句 print(a,b) 就输出 5[3,4]。

当函数执行完成之后，再用 print(a,b) 输出全局变量 a、b 的值，a 的值还是 3，但 b 的值变成了第一次修改的值[456,789]；因为第二次修改的 b 值是局部变量，所以没有影响全局变量 b。

因此，当函数调用全局变量时要注意，是否会与内部定义的变量存在值的覆盖，以及函数是否会修改全局变量。函数内部定义的变量最好不要与全局变量同名，直接调用全局变量时也需要明晰是否有修改全局变量的行为，以免造成难以预料的结果。

如果明确要修改全局变量，最好以关键字 global 声明，关键字 global 表示该变量是全局变量，对该变量进行修改便会直接修改全局变量。以 global 声明需要修改的全局变量会使代码逻辑更加清晰，便于对复杂的代码维护。代码如下：

```
>>> a=3;b=[456]
>>> def func4():
...     global a,b,c
...     a=567
...     b=[3,4,5]
...     c=89
...     print(a,b)
...
>>> func4()
567 [3, 4, 5]
>>> print(a,b,c)
567 [3, 4, 5] 89
>>>
```

上例定义了全局变量"a=3;b=[456]"和函数 func4，因为函数内把 a、b 声明为全局变量，所以函数内对 a、b 赋值之后也修改了全局变量 a、b 的值。因为 global 关键字同时也声明了全局变量 c，因此 c 也可以在全局作用域使用了，函数内部的 print(a,b) 输出了值 567[3,4,5]，函数外部的 print(a,b,c) 输出了值 567[3,4,5]89。

3.4 匿名函数 lambda

关键字 lambda 用来创建匿名函数，其语法形式如下：

```
func = lambda 参数:(表达式1,表达式2)  #定义匿名函数
func(参数)  #调用函数
```

参数是表达式要处理的数据，多个参数间以英文逗号隔开，表达式的结果是函数的返回值，多个表达式用小括号括起来，会以元组类型返回。匿名函数赋值给变量 func，之后像调用其他函数那样调用匿名函数 func(参数)，代码如下：

```
>>> func = lambda x:(x**2,x**3)
>>> print(func(2))
(4, 8)
>>>
```

匿名函数 func 有一个参数 x，两个表达式分别求 x 的平方和 x 的立方，调用 func 并传入参数 2，输出元组(4,8)。

匿名函数不传入参数时也可用于定义回调函数，代码如下：

```
>>> func = lambda :(2**2,2**3)
>>> print(func())
(4, 8)
```

上例中的匿名函数 func 没有参数，在使用时可以直接调用 func()，这种形式常用于不便传参的回调情形，把参数在 lambda 表达式中传入。

匿名函数的定义只有一行，在有些情形下采用匿名函数会使代码更加简洁。

3.5 Python 常用内置函数

Python 常用的内置函数详列如下。

- dir()列出对象的方法名、属性名等；
- help()列出对象的帮助信息；
- type()查看对象的数据类型（type 本身是类）；
- isinstance(obj,str)判断 obj 是否是 str 类型。

3.6 注解

由于 Python 变量是动态类型的，可以给变量赋各种值，但变量在参与运算时可能因错误的类型导致程序崩溃，为变量增加注解便于在复杂程序中维护数据，有了注解很多编辑器可

以自动提示应该给变量赋什么类型的值。

3.1 节介绍了如何在函数定义时添加注解，注解的语法规范如下。

- 在定义变量时，变量名后面加一个英文冒号，后面再写上变量的类型，如 int、list 等，然后再跟等号及赋值。

- 在定义函数返回值的时候，在函数小括号的后面加一个箭头，后跟返回值的类型，如 int、list 等，之后再跟函数的语句符号英文冒号。

代码如下：

```
x:list = [6,'david',89]
def func(a:str,b:list,c:int=8) ->tuple:
    print(a,b,c)
    return (a,b,c)
```

上述注解方法只能知道变量（如 x）是什么类型，对于复杂的结构数据不能知道其内部元素是什么样的（如 x 的类型是列表），但其内部元素则是整型和字符串。

typing 模块支持对复杂数据进行注解，不仅可以注解变量的类型，也能注解变量内部的元素，代码如下：

```
>>> from typing import List  #从 typing 模块导入 List 类型
>>> x:List[int or str]=[6,'david',89]  #注解 x 为 list 类型，元素为 int 或 str 类型
>>> x
[6, 'david', 89]
>>> y:List[List[int or str]]=[[6,'david',89],[7,5]]
#嵌套注解，y 为 list，元素也为 list，更深层元素为 int 或 str
>>> y
[[6, 'david', 89], [7, 5]]
>>>
```

在上述示例中，因为 List 是可变类型，所以其参数的不同元素类型之间用 or 间隔。除了 List，以下介绍其他常用注解类型。

- Tuple[X,Y] 表示构成元组的第一个元素是 X 类型，第二个元素是 Y 类型。

- Dict 是 dict 的泛型。

- Mapping 是映射 collections.abc.Mapping 的泛型。

- MutableMapping 是 Mapping 的子类。

根据官方文档，Dict 推荐用于注解函数返回类型，Mapping 推荐用于注解参数，它们的使用方法都是一样的，将键名和键值的类型放在中括号里，代码如下：

```
>>> from typing import Dict
>>> d:Dict[str,int]={'abc':456}
>>> d
{'abc': 456}
```

- `Any` 是一种特殊的类型，它可以代表所有类型，所有的无参数类型注解和无返回类型注解都会默认使用 `Any` 类型，例如，下面两种定义是等价的：

```
>>> from typing import Any
>>> def func(a):
...     print(a)
...
>>> def func(a:Any)->Any:
...     print(a)
...
>>>
```

- `Union` 是联合类型，`Union[X, Y]` 代表的要么是 X 类型，要么是 Y 类型。
- `Optional` 表示这个参数可以为空或已经声明的类型，即 `Optional[X]` 等价于 `Union[X, None]`。当它作为参数类型注解的时候，不代表这个参数可以不传递了，而是说这个参数可以传为 `None`。
- `Callable` 是可调用类型，它通常用来注解一个函数，语法格式为 `Callable[[Arg1Type,Arg2Type,...], ReturnType]`，即将参数类型和返回值类型都要注解出来。

3.7 小结

本章介绍了函数的定义、函数的参数传递及函数的调用语法，函数体中的语句是需要重用的语句，量化交易中经常需要对策略信号进行重复判断，可以把这部分语句写成函数。在函数内和函数外定义的变量处于不同的作用域，这需要我们注意在使用同名变量时是否产生了错误修改。当语句简单或者不便传入参数时，匿名函数 lambda 比较方便。注解的作用主要是在开发大型程序时，编辑器可以自动提示数据应该是什么类型。

下一章介绍常用数据类型的运算。

第 4 章 常用数据类型的运算

前面介绍了常用数据类型、流程控制语句和函数,接下来我们再看看处理数据的常用方法有哪些。

4.1 获取序列数据元素

4.1.1 索引和分片运算符

获取序列数据对象 S 中的元素,有 3 种方法。

- S[i] 获取 S 中位置序号为 i 的元素。
- S[i:j] 获取 S 中位置序号从 i 到 j 的元素,不包括位置 j 的元素。
- S[i:j:k] 获取 S 中位置序号按步长 k 从 i 到 j 的元素,不包括位置 j 的元素,k 默认值为 1(可省略)。

位置序号又称为索引,从左到右的索引值为 0、1、2、3、4、5、6,从右到左的索引值为 –1、–2、–3、–4、–5、–6、–7,如表 4-1 所示。

表 4-1

0	1	2	3	4	5	6
元素1	元素2	元素3	元素4	元素5	元素6	元素7
-7	-6	-5	-4	-3	-2	-1

因此，i、j 可以取正负索引值，步长 k 是正值表示索引递增，即从左向右取元素；k 为负值表示索引递减，即从右向左取元素；k 为 0 则会报错，k 省略时取默认值 1。i 为 0 或 j 为 -1 可以省略，如 S[:j] 表示从 0 到 j（不包括 j），S[i:] 表示从 i 到 -1，S[1:] 表示从 1 到最后一项，S[:-1] 表示从 0 到最后一项（不包括最后一项）。

用 S[i:j] 或 S[i:j:k] 分片时，如果 i 或 j 超出了 S 的索引范围，不会出现越界报错，而是会取到 S 边界的元素后结束；但用 S[i] 按索引获取元素时，i 的值不能超出 S 的索引范围，否则会报越界错误。

4.1.2 index()

index(obj, start, end) 用来获取序列指定元素 obj 的位置索引，start 是起始位置索引，end 是结束位置索引。在查找时从左往右查找，不包括 end 位置，start 和 end 可以都不写，这表示查找全部序列，也可以只有 start，表示检索从 start 到末尾的元素。

4.2 属性引用

点 "." 可以获取对象的属性或调用对象的方法，形式如下。

- X.attr 获取对象 X 的属性 attr。
- X.attr(args) 调用对象 X 的方法 attr()，方法可能带有参数 args。

在 Python 中一切皆对象，引用操作符 "." 接下来会经常用到。

4.3 增量运算符

当数据自身需要增减时，可以用增量运算符简化书写，如 a=a+3 可以简写为 a+=3，类似的还有 -=、*=、/=、%=，等等，基本的运算符都有对应的增量运算符。

增量运算主要用于整型和浮点型数值的运算。

4.4 字符串的运算

4.4.1 获取字符串中的元素

我们定义字符串 `s='abcdefghijklmn'`，按索引值从左到右或者从右到左，可以获取单个元素，也可以获得多个元素。在分片时，100 和-100 超出了 s 的索引范围不会报错，而是取到了 s 尾部和头部的元素，但按索引取值时，`s[100]` 会报越界错误。

代码如下：

```
>>> s='abcdefghijklmn'
>>> s[3]
'd'
>>> s[-3]
'l'
>>> s[2:7]
'cdefg'
>>> s[0:7]
'abcdefg'
>>> s[:7]
'abcdefg'
>>> s[2:7:2]
'ceg'
>>> s[7:2:-2]
'hfd'
>>> s[-7:-2]
'hijkl'
>>> s[-7:-1]
'hijklm'
>>> s[-7:]
'hijklmn'
>>> s[-7:-2:2]
'hjl'
>>>s[-2:-7:-2]
'mki'
>>> s[2:100]
'cdefghijklmn'
>>> s[-100:-2]
'abcdefghijkl'
>>> s[100]
Traceback (most recent call last):
  File "<stdin>", line 1, in <module>
IndexError: string index out of range
```

```
>>>
>>> s.index('g')        #获取'g'所在的索引值
6
>>> s.index('g',2)
6
>>> s.index('g',2,6)
Traceback (most recent call last):
  File "<stdin>", line 1, in <module>
ValueError: substring not found
>>> s.index('g',-9)
6
```

4.4.2 级联和重复

字符串相加 "+" 是把两个字符串连起来，'abc'+'def'的结果是'abcdef'；字符串乘以整数，等于倍数相加，'abc'*3的结果是'abcabcabc'。

在序列运算中，"+" 又称为级联，"*" 又称为重复。字符串支持 "+" "*" 运算，代码如下：

```
>>> 'abc'+'def'
'abcdef'
>>> 'abc'*3
'abcabcabc'
>>>
>>> 3*'abc'
'abcabcabc'
>>>
```

4.4.3 字符串的常用方法

1. split()

split(sep,maxsplit)以指定字符 sep 分割字符串，分割次数为 maxsplit，分割后的字符串以列表类型返回。

sep 是可选参数，默认为空格，maxsplit 也为可选参数，默认分割整个字符串。字符串若不包含 sep 则返回原字符串列表。

代码如下：

```
>>> s='SHFE.rb2109+SHFE.hc2109+DCE.m2109'
>>> s.split('+')
```

```
['SHFE.rb2109', 'SHFE.hc2109', 'DCE.m2109']
>>> s.split('-')
['SHFE.rb2109+SHFE.hc2109+DCE.m2109\n']
>>>
```

上例定义了品种组合字符串 s='SHFE.rb2109+SHFE.hc2109+DCE.m2109'，品种代码由加号"+"连接起来，s.split('+')即按'+'把 s 分割，分割后的字符串以列表['SHFE.rb2109','SHFE.hc2109','DCE.m2109']返回。

2. strip()

strip(chars)用于移除字符串头尾指定的字符 chars，并返回移除后的字符串，chars 是可选参数，默认为空格或换行符。如果指定的字符不存在，则返回原字符串。

在读取文件的时候可能读取到文件结尾的换行符，需要把换行符删除以便进行后续处理。

代码如下：

```
>>> s='SHFE.rb2109+SHFE.hc2109+DCE.m2109\n'
>>> s.strip('S')
'HFE.rb2109+SHFE.hc2109+DCE.m2109\n'
>>> s.strip()
'SHFE.rb2109+SHFE.hc2109+DCE.m2109'
>>> s.strip('k')
'SHFE.rb2109+SHFE.hc2109+DCE.m2109\n'
>>>
```

上例定义的字符串 s='SHFE.rb2109+SHFE.hc2109+DCE.m2109\n'，结尾有个换行符'\n'，s.strip('S')移除了开头的'S'，s.strip()默认移除头尾的空格或换行符，s.strip('k')因'k'不存在，返回原字符串。

3. replace()

replace(old, new[, max])将字符串中的字符 old 替换为新的字符 new，max 为最大匹配次数，默认全部替换。返回替换后的字符串，如果待替换的字符 old 不存在，则返回原字符串。

代码如下：

```
>>> s='SHFE.rb2109+SHFE.hc2109+DCE.m2109\n'
>>> s.replace('2109','2105',1)      #将2109替换为2105，替换1次
'SHFE.rb2105+SHFE.hc2109+DCE.m2109\n'
>>> s.replace('2109','2105')        #将2109替换为2105，全部替换
'SHFE.rb2105+SHFE.hc2105+DCE.m2105\n'
>>> s.replace('2','',2)             #将2替换为空字符，即删除，删除2次
'SHFE.rb109+SHFE.hc109+DCE.m2109\n'
>>> s.replace('+','-',1)   #将+替换为-，替换1次
```

```
'SHFE.rb2109-SHFE.hc2109+DCE.m2109\n'
>>> s.replace('+++','-',1)    #+++不存在,返回原字符串
'SHFE.rb2109+SHFE.hc2109+DCE.m2109\n'
>>>
```

4. __len__()

数据集可以使用方法__len__()返回数据集元素的数量（也称为size，即数据集的长度或大小）。

代码如下：

```
>>> s='abcde'
>>> s.__len__()
5
>>>
```

因为字符串s='abcde'共有5个元素，所以s.__len__()返回5。

获取数据集元素的数量通常用由Python的内置函数len()实现，代码如下：

```
>>> s='abcde'
>>> len(s)
5
```

len()函数经常被使用，通常用于循环语句中，具体的循环次数取决于数据的元素数量。字符串还有一些其他可用的方法，但在量化交易中用得不多，若想了解更多，可查阅Python相关资料。

5. eval()

Python的内置函数eval()用来执行一个字符串表达式，并返回表达式的值。

代码如下：

```
>>> eval('2+3')
5
>>> eval('2**3')
8
>>> eval('2>3')
False
```

eval()把字符串转换成表达式，而表达式中的量需要是具体值，因此需注意避免出现未定义变量或者取值了其他变量而造成难以预料的结果，代码如下：

```
>>> eval('m>1')
Traceback (most recent call last):
  File "<stdin>", line 1, in <module>
  File "<string>", line 1, in <module>
```

```
NameError: name 'm' is not defined
>>> m=5
>>> eval('m>1')
True
>>>
```

上例把字符串转换成表达式 m>1,此时你会发现 m 未定义。如果 m 在别处有定义,但按照程序逻辑也并非此 m 值,这就会产生错误结果。

6. exec()

Python 的内置函数 exec() 也用来执行字符串表达式,相比于 eval(),exec() 可以执行更复杂的字符串语句,但 exec() 没有返回值,默认返回 None 值,代码如下:

```
>>> exec('m=5') #执行变量赋值
>>> m
5
>>> x=exec('3>5') #返回None
>>> x is None
True
>>> y=eval('3>5') #返回执行结果
>>> y
False
>>> exec('''for i in range(2):
...         print(i,end=' ')''')   #执行循环语句
0 1 >>>
>>> for i in range(3):
...     exec('a{}={}'.format(i,i*2))   #执行动态变量赋值
...
>>> a0
0
>>> a1
2
>>> a2
4
>>>
```

从上例可知,exec() 函数可执行包围在字符串里的 Python 代码,配合 format() 可动态创建变量,format() 是格式化字符串的方法,下一节会介绍。

4.4.4 格式化字符串

字符串的格式化就是在字符串中留出几个空位置,这些空位置用占位符占据,这些占位符在格式化运算时会被需要的字符替换。

Python占位符可以用%引导（兼容Python 2版本），常用的占位符如表4-2所示。

表4-2

常用占位符	释义
%s	字符串
%d	十进制整数
%f	十进制小数

代码如下：

```
>>> a = 'I like %s !'
>>> a
'I like %s !'
>>> a % 'Python'
'I like Python !'
>>>
```

上例定义一个字符串a='I like %s !'，有一个占位符"%s"，当用a %'Python'格式化时，"%s"被替换成了%后的"Python"，所以结果输出'I like Python !'。

如果%后不是字符串而是数值，也会自动把数值转换成字符串，但不建议这么做，当代码复杂时容易出现错误，容易与数值运算混淆，代码如下：

```
>>> 'I like %s !' % 2021
'I like 2021 !'
>>>
```

%s、%d、%f可以结合使用，当有多个占位符需要替换时，替换的值可以用小括号括起来，代码如下：

```
>>> a = 'I like %s ! %d year %f day.'
>>> a
'I like %s ! %d year %f day.'
>>> a % ('Pyhton', 2021, 1.1)
'I like Pyhton ! 2021 year 1.100000 day.'
>>>
```

上例中的字符串'I like %s ! %d year %f day.'的占位符被替换时是按照从左到右相同的顺序被%后面的('Pyhton', 2021, 1.1)中的值替换。在替换时，%s可以被数值替换，但%d、%f只能被数值替换，否则会报类型错误，代码如下：

```
>>> a % ('Pyhton', 2021, '1.1')
Traceback (most recent call last):
  File "<stdin>", line 1, in <module>
TypeError: must be real number, not str
>>>
```

上例中的数值 1.1 被转换成字符串 "1.1" 后报了类型错误。

以%引导占位符格式化字符串是为了兼容 Python 2 版本，现在 Python 3 版本提倡用 string.format()方法格式字符串，以{索引值}作为字符串 string 的占位符，代码如下：

```
>>> a='I like {0} !'
>>> a
'I like {0} !'
>>> a.format('Python')
'I like Python !'
>>>
```

上例中的 format('Python')只有一个参数 "Python"，索引值为 "0"，所以用 "Python" 替换掉了 "{0}"。如果有多个位置需要替换，只需要将{索引值}和 format()里的参数位置一一对应即可，代码如下：

```
>>> a='I like {0} ! {1} year {2} day.'
>>> a
'I like {0} ! {1} year {2} day.'
>>> a.format('Pyhton', 2021, 1.1)
'I like Pyhton ! 2021 year 1.1 day.'
>>>
```

用 string.format()方法替换值时是按照索引值替换的，{索引值}出现在字符串的什么位置，什么位置就会被对应索引值的参数替换，代码如下：

```
>>> a='I like {2} ! {1} year {0} day.'
>>> a
'I like {2} ! {1} year {0} day.'
>>> a.format('Pyhton', 2021, 1.1)
'I like 1.1 ! 2021 year Pyhton day.'
>>>
```

上例调整了字符串 a 的占位符 "{索引值}" 的位置，格式化结果仍按照索引值替换。

如果 "{ }" 中不写索引值，则按从左到右的顺序替换，即按默认索引值顺序替换，代码如下：

```
>>> a='I like {} ! {} year {} day.'
>>> a
'I like {} ! {} year {} day.'
>>> a.format('Pyhton', 2021, 1.1)
'I like Pyhton ! 2021 year 1.1 day.'
>>>
```

string.format()方法格式化字符串非常简单，只需要将字符串 string 中的占位符 "{索引值}" 和 format()里的参数位置一一对应即可，且不用考虑参数的数据类型，参数会以其呈现的样式被转换成字符串，代码如下：

```
>>> a='I like {0} ! {1} year {2} day.'
>>> a
'I like {0} ! {1} year {2} day.'
>>> a.format(['Python'],(2020,),{1:'month',2:'Day'})
"I like ['Python'] ! (2020,) year {1: 'month', 2: 'Day'} day."
>>>
```

在上例中，列表、元组和字典中的元素及其标识符都成为一种字符被转换成了字符串。

格式化字符串其实是提供一个字符串模板，模板中的占位符将来用所需的字符替换。string.format()还有另一种写法，就是在字符串之前加 f，在{}中直接插入数据，但如果传入的数据包含字符串，需要注意插入数据的引号和模板引号不要相同，代码如下：

```
>>> a='I like {0} ! {1} year {2} day.'
>>> b=f'I like {0} ! {1} year {2} day.'
>>> c=f'I like {["Python"]} ! {(2020,)} year {{1:"month",2:"Day"}} day.'
>>> a;b;c
'I like {0} ! {1} year {2} day.'
'I like 0 ! 1 year 2 day.'
'I like [\'Python\'] ! (2020,) year {1:"month",2:"Day"} day.'
>>>
```

上例从输出结果可知，a 是字符串模板，b、c 已经是格式化后的字符串。

4.4.5　正则表达式

re 模块用于操作正则表达式，正则表达式是文本处理的重要内容，这部分内容需要用一定的篇幅介绍，但在量化交易中一般用不到，本教程就不拓展介绍了，如果需要了解相关内容，可以查阅 Python 相关的资料。

以下是一个提取字符串中数字的代码示例。

```
>>> import re
>>> s='>=4523'
>>> a=re.findall('\d+',s)
>>> a
['4523']
>>> a[0]
'4523'
>>> re.findall('\d+',s)[0]
'4523'
>>> re.findall('\d',s)
['4', '5', '2', '3']
>>>
```

findall 函数用于提取字符串中的字符，并保存在列表里，'\d'表示提取任意数字，'\d+'表示把数字级联在一起。

4.5 列表的运算

4.5.1 获取列表的元素

列表的索引和分片取值类似于字符串，获取列表元素的代码如下所示：

```
>>> m=['a', 'b', 'c', 'd', 'e']
>>> m
['a', 'b', 'c', 'd', 'e']
>>> m[3]
'd'
>>> m[-3]
'c'
>>> m[1:4]
['b', 'c', 'd']
>>> m[1:4:2]
['b', 'd']
>>>
```

del 关键字可用来删除一个对象引用或者一个值，删除列表的元素代码如下所示：

```
>>> m=['a', 'b', 'c', 'd', 'e']
>>> del m[2]
>>> m
['a', 'b', 'd', 'e']
>>>
```

在上述代码中，del m[2]删除了原本索引值为 2 的元素'c'。列表是可变数据类型，因为删除操作直接修改了列表 m，所以 m 值变为['a','b','d','e']。

4.5.2 级联和重复

列表支持"+""*"运算，代码如下：

```
>>> m=['a', 'b', 'c', 'd', 'e']
>>> m + [1,2,3]
['a', 'b', 'c', 'd', 'e', 1, 2, 3]
>>> m * 2
['a', 'b', 'c', 'd', 'e', 'a', 'b', 'c', 'd', 'e']
>>>
```

4.5.3 列表常用的方法

1. append()

append(arg)用于在列表末尾追加一个元素arg,代码如下:

```
>>> m=['a','b','c','d','e']
>>> m.append(123)
>>> m
['a', 'b', 'c', 'd', 'e', 123]
>>>
```

2. extend()

extend(iter)将可迭代对象iter的元素追加到列表,代码如下:

```
>>> m=['a','b','c','d','e']
>>> m.extend([1,2,3])
>>> m
['a', 'b', 'c', 'd', 'e', 1, 2, 3]
>>> m.extend('mnp')
>>> m
['a', 'b', 'c', 'd', 'e', 1, 2, 3, 'm', 'n', 'p']
>>>
```

3. insert()

insert(index,item)可以向列表插入元素,index为索引位置,item为要插入的元素,插入位置右边的元素往右移,代码如下:

```
>>> m=['a','b','c','d','e']
>>> m.insert(2,123)     #位置2插入123
>>> m
['a', 'b', 123, 'c', 'd', 'e']
>>> m.insert(-2,789)    #位置-2插入789
>>> m
['a', 'b', 123, 'c', 789, 'd', 'e']  #元素右移,插入位置变-3
>>>
```

4. pop()

pop()函数无参数时表示删除列表末尾的元素,指定index则删除序号为index的元素,并返回删除的元素,代码如下:

```
>>> m=['a','b','c','d','e']
>>> m.pop()
'e'
>>> m
```

```
['a', 'b', 'c', 'd']
>>> m.pop(0)
'a'
>>> m
['b', 'c', 'd']
>>>
```

5. remove()

`remove(x)`可以删除列表中指定的元素 x。如果列表中有多个 x，则只删除第一个；若列表中无 x，则会报错，代码如下：

```
>>> m=['a', 'b', 'c', 'd', 'e']
>>> m.remove('d')
>>> m
['a', 'b', 'c', 'e']
>>> m.remove('d')
Traceback (most recent call last):
  File "<stdin>", line 1, in <module>
ValueError: list.remove(x): x not in list
>>>
```

在上述示例中，用 `m.remove('d')` 删除元素 'd' 后，m 变成了 `['a','b','c','e']`，再次用 `m.remove('d')` 删除元素 'd' 会报错。

6. reverse()

`reverse()`可以将列表中的元素顺序颠倒，代码如下：

```
>>> m=[1,2,3,4,5,6]
>>> m.reverse()
>>> m
[6, 5, 4, 3, 2, 1]
>>>
```

7. sort()

`sort()`可以将列表元素从小到大排序（要求元素可比较大小，否则程序会报错），代码如下：

```
>>> m=[6, 5, 4, 3, 2, 1]
>>> m.sort()
>>> m
[1, 2, 3, 4, 5, 6]
>>>
```

8. __len__()和 len()

可用方法`__len__()`或 Python 的内置函数 `len()` 获取列表的长度，代码如下：

```
>>> m=[1,2,3,4,5,6]
>>> m.__len__()
6
>>> len(m)
6
>>>
```

9. all()和any()

all()和any()是Python的内置函数。

- all(s)：当列表s中所有元素为真，则返回真；否则返回假；若s为空，也返回真。
- any(s)：当列表s中有一个元素为真，则返回真；否则返回假。

代码如下：

```
>>> k=[1,2,3,0,5,6]
>>> m=[1,2,3,4,5,6]
>>> n=[]
>>> all(k);all(m);all(n)
False
True
True
>>> any(k);any(m);any(n)
True
True
False
>>>
```

10. min()和max()

min()和max()是Python的内置函数。

- min(s)：返回列表s中的最小值。
- max(s)：返回列表s中的最大值。

代码如下：

```
>>> m=[1,2,3,4,5,6]
>>> min(m);max(m)
1
6
>>>
```

4.5.4 列表的推导（内涵）

列表的推导（内涵）是一种简易创建列表的方式，其基本形式如下：

4.5 列表的运算

```
l = [x 表达式 for x in iterable if condition]
```

该语句等价于以下形式：

```
l = []
for x in iterable :
    if condition :
        y = x 表达式
        l.append(y)
```

可见，使用列表推导创建列表会使代码更为简洁，条件（if condition）是可选的，示例：

```
>>> l1=[x**2 for x in range(10) if x<=8]
>>> l1
[0, 1, 4, 9, 16, 25, 36, 49, 64]
>>> l2 = []
>>> for x in range(10) :
...     if x<=8 :
...         y = x**2
...         l2.append(y)
...
>>> l2
[0, 1, 4, 9, 16, 25, 36, 49, 64]
>>> l3=[x**2 for x in range(10)]
>>> l3
[0, 1, 4, 9, 16, 25, 36, 49, 64, 81]
>>> l4 = []
>>> for x in range(10) :
...     y = x**2
...     l4.append(y)
...
>>> l4
[0, 1, 4, 9, 16, 25, 36, 49, 64, 81]
```

上例是计算整数 0~9 的平方，l1、l2 的计算过程是类似的，都有条件语句（if x<=8），当变量 x<=8 才会计算其平方；l3、l4 的计算过程是类似的，都没有条件语句（if x<=8），因此多计算了 x 为 9 时的平方。

用 list() 也可以创建列表，形式为 list(iterable)，代码如下：

```
>>> list('abcde')
['a', 'b', 'c', 'd', 'e']
>>> list(range(5))
[0, 1, 2, 3, 4]
```

iterable 为可迭代对象，元素数量应当有限，否则 list(iterable) 的运算量将非常大，进而可能导致死机或死循环。

4.6 元组的运算

由于元组是不可变的数据类型,其基本运算类似于字符串,可以通过运算获取元组的元素、元组的长度,也可以使用"+""*"运算符,还可以对元组做循环计算,但不能像修改列表那样直接对元组进行修改。代码如下:

```
>>> t=('a','b','c','d','e')
>>> t[1]
'b'
>>> t[2:5]
('c', 'd', 'e')
>>> t[2:100]
('c', 'd', 'e')
>>> len(t)
5
>>> t[5]
Traceback (most recent call last):
  File "<stdin>", line 1, in <module>
IndexError: tuple index out of range
>>> all(t)
True
>>> min(t);max(t)
'a'
'e'
>>> t+(1,2,3)
('a', 'b', 'c', 'd', 'e', 1, 2, 3)
>>> t*2
('a', 'b', 'c', 'd', 'e', 'a', 'b', 'c', 'd', 'e')
>>> t
('a', 'b', 'c', 'd', 'e')
>>>
```

在上例中,对元组 t 分片时,5 和 100 都超出了元组的索引范围,但不会报错,而是会在取到元组的最后一个元素后结束。但当按索引值获取元素时,t[5]引发了超出索引范围错误。

4.7 字典的运算

4.7.1 以"键"取"值"

因为字典的元素是以"键:值"对的形式存在,所以可以通过"键"来获取元素的"值",

4.7 字典的运算

代码如下：

```
>>> d={'a':1,'b':2,'c':3,'d':4,'e':5}
>>> d['a'];d['c']
1
3
>>>
```

字典 d 通过 d['a'] 和 d['c'] 获取键 "a" 和 "c" 对应的值 "1" 和 "3"，如果 "键" 不存在，则会报错。

我们也可以通过字典的方法 get() 获取 "键" 对应的 "值"，代码如下：

```
>>> d={'a':1,'b':2,'c':3,'d':4,'e':5}
>>> d.get('a');d.get('c')
1
3
>>>
```

在使用 get(key) 方法时，如果 "键"（key）不存在，则会返回 None 值。get(key, default=None) 返回指定 "键"（key）的值，如果 "键"（key）不存在则返回 default 值。

4.7.2 字典常用的方法

除了 get() 方法，字典还有以下常用的方法。

1. update()

update(dict) 从另一个字典 dict 更新元素，若 "键" 已经存在，则覆盖；若不存在，则创建。代码如下：

```
>>> d={'a':1,'b':2,'c':3,'d':4,'e':5}
>>> d.update({'e':8,'f':9,'g':10})
>>> d
{'a': 1, 'b': 2, 'c': 3, 'd': 4, 'e': 8, 'f': 9, 'g': 10}
>>>
>>> d['g']=20
>>> d['x']=30
>>> d
{'a': 1, 'b': 2, 'c': 3, 'd': 4, 'e': 8, 'f': 9, 'g': 20, 'x': 30}
>>>
```

由于 d 的键 'e' 已经存在，在更新时其值 5 被 8 覆盖；而键 'f' 和 'g' 不存在，则创建新的 "键:值" 对。直接给字典的 "键" 赋值也有同样的效果。如果 "键" 已经存在，则将其覆盖；如果 "键" 不存在，则创建新的 "键"。

2. pop()

pop(key)删除键为"key"的"键:值"对,并返回"key"对应的值。代码如下:

```
>>> d={'a':1,'b':2,'c':3,'d':4,'e':5}
>>> d.pop('d')
4
>>> d
{'a': 1, 'b': 2, 'c': 3, 'e': 5}
>>>
```

d.pop('d')删除了"键:值"对"d':4",并返回值"4"。

3. keys()

keys()可以获得"键"的可迭代对象,代码如下:

```
>>> d={'a':1,'b':2,'c':3,'d':4,'e':5}
>>> d.keys()
dict_keys(['a', 'b', 'c', 'd', 'e'])
>>> for key in d.keys():
...     print(key,end=' ')
...
a b c d e
```

d.keys()返回了"键"的可迭代对象dict_keys(['a','b','c','d','e']),可迭代对象可用于for循环中,并通过for循环输出了每一个"键"。

4. values()

values()用于获得"值"的可迭代对象,代码如下:

```
>>> d={'a':1,'b':2,'c':3,'d':4,'e':5}
>>> d.values()
dict_values([1, 2, 3, 4, 5])
>>> for value in d.values():
...     print(value,end=' ')
...
1 2 3 4 5
```

d.values()返回了"值"的可迭代对象 dict_values([1,2,3,4,5]),可迭代对象可用于for循环中,并通过for循环输出了每一个"值"。

字典也可以用方法__len__()和内置函数len()获取"键:值"对的数量,代码如下:

```
>>> d={'a':1,'b':2,'c':3,'d':4,'e':5}
>>> d.__len__()
5
>>> len(d)
5
>>>
```

5. for key in d

"for key in d"也可以循环获取 d 的键"key",再用 d[key]获取"key"对应的值,代码如下:

```
>>> d={'a':1,'b':2,'c':3,'d':4,'e':5}
>>> for key in d :
...     print(key,d[key])
...
a 1
b 2
c 3
d 4
e 5
>>>
```

6. items()

items()返回可遍历的(键,值)元组数组,代码如下:

```
>>> d={'a':1,'b':2,'c':3,'d':4,'e':5}
>>> d.items()
dict_items([('a', 1), ('b', 2), ('c', 3), ('d', 4), ('e', 5)])
>>> for item in d.items():
...     print(item,end=' ')
...
('a', 1) ('b', 2) ('c', 3) ('d', 4) ('e', 5) >>>
>>> for key,value in d.items() :
...     print(key,value)
...
a 1
b 2
c 3
d 4
e 5
>>>
```

7. clear()

clear()用于清空元素,可清空列表也可清空字典,代码如下:

```
>>> m=['a', 'b', 'c', 'd', 'e']
>>> m.clear()
>>> m
[]
>>> d={'a':1,'b':2,'c':3,'d':4,'e':5}
>>> d.clear()
>>> d
{}
>>> m=['a', 'b', 'c', 'd', 'e'];d={'a':1,'b':2,'c':3,'d':4,'e':5}
```

```
>>> m=[];d={}
>>> m;d
[]
{}
>>>
```

参考上例可知，用 clear() 清空元素，其实不如直接把变量赋值为空值更方便。

4.8　nan 值

nan 值是一种特殊数值，表示任意数，可用浮点型类创建，代码如下：float('nan')。

当期货市场还未开盘时，交易所未发出报价，此时的行情价格会用 nan 值表示，即此处应有数值，但具体未知。

因为 nan 值为任意数，所以 nan 与任意数值的运算结果都为 nan，nan 与任意数比较都为 False。由于 nan 与自身也不相等，因此可以判断变量与自身是否相等来判断是否为 nan 值，代码如下：

```
>>> n=float('nan')
>>> n
nan
>>> n+5
nan
>>> n*2.03
nan
>>> n>0
False
>>> n==n
False
>>> n!=n
True
>>>
```

math 模块中的函数 isnan() 也可以判断一个变量是否为 nan 值。如果是 nan 值，则返回 True，代码如下：

```
>>> import math
>>> math.isnan(n)
True
>>> math.isnan(6)
False
>>>
```

4.9 小结

本章介绍了处理数据的常用方法，主要有数值的计算和结构数据的创建、选取及修改，量化策略也会经常用到这些方法，数据类型属于类对象，类对象的方法可用点操作符"."调用，关于类的概念会在第 6 章介绍。

字符串、列表、元组和字典都是可迭代对象，可用于循环运算中。第 1 章在介绍 for 循环语句时，我们知道 for 语句是循环遍历可迭代对象。循环是 Python 中的重要概念，它是一种迭代运算。下一章将深入介绍循环及各种实现循环的迭代工具。

第 5 章 循环

前面已经介绍了 for 循环和 while 循环,for 循环是一个迭代器,或者是由可迭代对象创建的迭代器。while 循环比较简单,通过判断条件是否为真来执行循环。

按照百度百科的定义:迭代是重复反馈过程的活动,其目的通常是为了逼近所需目标或结果。每一次对过程的重复称为一次"迭代",而每一次迭代得到的结果会作为下一次迭代的初始值。

循环运算、遍历集合元素和迭代运算的含义是相近的,常组合使用以描述 Python 中的重复过程。

for 循环迭代是一种遍历集合元素的方式。代码如下:

```
for i in iterator:
    pass
```

在上述代码中,每次循环从可迭代对象 iterator 中取出一个数据并赋值给 i。

5.1 可迭代对象

可迭代对象是指实现了 __iter__()方法,或者实现了 __getitem__()方法的对象。

序列数据都是可迭代的对象,因为它们至少都会实现 __getittem__()方法,因为序列可以通过索引获取元素,代码如下:

```
>>> t=('a','b','c','d','e')
>>> t.__getitem__(3)
'd'
>>> t[3]
'd'
>>>
```

获取元组 t 中索引为 3 的元素，用 t.__getitem__(3) 和 t[3] 是等价的。

字典也是可迭代对象，因为字典也实现了__getittem__()方法，可以通过"键"获取"值"，代码如下：

```
>>> d={'a':1,'b':2,'c':3,'d':4,'e':5}
>>> d.__getitem__('a')
1
>>> d['a']
1
>>>
```

获取与字典 d 的键'a'对应的值，d.__getitem__('a')和d['a']这两种方法是等价的。

当使用 for 循环时，Python 会检查遍历的对象是否有__iter__()方法。若有，就调用它来创建一个迭代器；若没有__iter__()方法但实现了__getitem__()方法，Python 会用 iter() 函数创建一个迭代器，并尝试从 0 开始按顺序遍历元素，如果尝试失败，Python 便会抛出类型错误 TypeError。

Python 从可迭代对象中创建迭代器，然后在遍历时使用 next() 函数来获取下一个元素。当遍历结束，便会抛出 StopIteratioin 异常，这时迭代器也没用了。如果要再次迭代，就要使用 iter() 函数重新构建迭代器。

一个序列的迭代器只是记录当前遍历到第几个元素，如果你在迭代时改变了后续元素，改变会立即反映到你所迭代的对象上，后续的迭代可能会产生难以预料的结果。在迭代字典的"键"时，若使用字典的 keys() 方法，keys() 返回一个独立于字典的可迭代对象；若改变了字典的键，keys() 已经返回的可迭代对象不会变，继续遍历 keys() 中的键会因字典中没有对应的键而出错。

iter()函数用于生成一个迭代器，若生成成功，会返回< iterator object at xxxx >，若抛出类型错误 TypeError，则说明对象不可迭代。因此用 iter() 可以判断一个对象是否可迭代。

5.2 迭代器

迭代器是实现了__iter__()方法和__next__()方法的对象。__iter__()方法用于返回迭代器本身，__next__()方法用于返回下一个元素。

迭代器是一个可以记住遍历位置的对象，其内部有一个状态用于记录迭代所在的位置，以便下次迭代时能取出正确的元素。

迭代器用__next__()方法获取下一个元素，而不是通过索引来获取元素。

迭代器既可用__next__()方法获取下一个元素，也可用 Python 内置函数 next()获取下一个元素，代码如下：

```
>>> t=('a','b','c','d','e')
>>> z=iter(t)
>>> z.__next__()
'a'
>>> z.__next__()
'b'
>>> next(z)
'c'
>>> next(z)
'd'
>>> z.__next__()
'e'
>>> z.__next__()
Traceback (most recent call last):
  File "<stdin>", line 1, in <module>
StopIteration
>>>
```

上例用 Python 内置函数 iter(t)创建一个迭代器并赋值给 z，然后用 z.__next__()可依次获取元素，也可用 Python 内置函数 next(z)依次获取元素，迭代器内部会记录迭代的位置，因此会接着向下迭代。若迭代器已经迭代到最后的位置，就不会重新再迭代；若需要再次进行迭代，则要再次创建迭代器。如上例迭代到了元素'e'，再调用 z.__next__()会报异常"StopIteration"，需再次创建迭代器 z=iter(t)才能继续迭代。

在迭代运算中，每次调用__next__()或 next()可以获得一个迭代器的元素。当本次迭代运算结束后，要等待下一次调用__next__()或 next()。即调用一次__next__()或 next()，执行一次迭代运算，然后等待下一次调用__next__()或 next()。

从可迭代对象和迭代器的定义可知，可迭代对象包含迭代器。迭代器一定是可迭代对象，但可迭代对象不一定是迭代器，因为可迭代对象不一定实现了__next__()方法。

元组实现了__iter__()方法，上例中 z=t.__iter__()也可以创建一个迭代器，但元组没有实现__next__()方法，因此无法用 t.__next__()获取元素，所以元组是可迭代对象但不是迭代器。

5.3 生成器

生成器是一种特殊的迭代器，生成器自动实现了"迭代协议"，即__iter__()和__next__()方法。

包含关键字 yield 的函数会被专门编译。函数在调用时会创建和返回一个生成器对象，该对象是一个自动支持迭代协议——__iter__()和__next__()方法，上述方法在迭代运算中提供迭代结果的迭代器。

迭代器是一个对象，而生成器是一个包含关键字 yield 的函数，生成器在调用时会创建和返回一个生成器对象——迭代器。

yield 功能类似于 return，yield 语句会返回其后表达式的值给调用者。有所不同的是，return 返回后，函数会结束，但 yield 会在返回值后挂起。在直接调用 next()方法或用 for 执行完一次循环准备开始下一次迭代时，生成器会得到释放，并从 yield 的下一句开始执行，直至遇到下一个 yield。

生成器的基本形式如下：

```
>>> def func(n):
...     m=n
...     print('第',m-n+1,'次调用__next__()')
...     while n >0:
...         print('第',m-n+1,'次挂起')
...         yield n
...         n-=1
...         print('第',m-n,'次释放')
...     print('第',m-n+1,'次调用__next__()')
...
>>> y=func(3)
>>> y
<generator object func at 0x000001FEB3021390>
>>> for i in y:
...     print('第',4-i,'次调用/循环')
...
第1次调用__next__()
第1次挂起
第1次调用/循环
第1次释放
第2次挂起
第2次调用/循环
第2次释放
第3次挂起
```

```
第 3 次调用/循环
第 3 次释放
第 4 次调用__next__()
>>>
```

上例定义了生成器函数 func，while 循环是为了循环执行 yield 语句，以循环生成返回值，并被__next__()方法获取，需要给 while 增加循环结束的条件，否则会成为死循环。y=func(3)创建了一个生成器对象并赋值给 y，此时 y 并未执行，而是在 for 循环中开始执行。

  for 循环会调用生成器的__next__()方法，第一次调用开始执行生成器，生成器从上到下执行，先执行输出"第 1 次调用__next__()"，然后进入 while 循环，输出"第 1 次挂起"，执行到"yield n"语句时返回 n 的值，此时生成器挂起，暂停执行 yield 语句下的代码，返回值 n 传给调用者 y，由 for 循环赋值给 i，然后输出"第 1 次调用/循环"，此时第 1 次 for 循环结束，准备开启第二次循环。

  在第二次调用__next__()方法时，挂起的生成器先得到释放，继续执行 yield 语句下的代码输出"第 1 次释放"，接着 while 开始第二次循环，输出"第 2 次挂起"，执行到"yield n"语句时返回 n 的值并挂起，for 循环拿到返回值输出"第 2 次调用/循环"，此时第二次循环结束，准备开启第三次循环。

  第三次调用__next__()方法使生成器释放并输出"第 2 次释放"，接着 while 开始第三次循环，输出"第 3 次挂起"，执行到"yield n"语句时返回 n 的值并挂起，for 循环拿到返回值输出"第 3 次调用/循环"，此时第三次循环结束，准备开启第四次循环。

  第四次调用__next__()方法使生成器释放并输出"第 3 次释放"，接着 while 开始第四次循环，但此时 while 循环条件不再满足，while 循环结束，继续执行循环体下的语句输出"第 4 次调用__next__()"。至此生成器代码全部执行结束，__next__()方法获取不到 yield 返回值而抛出停止迭代异常"StopIteration"，for 循环也执行结束。

  从上例可知，生成器在调用时不会立即执行，而是先创建一个生成器对象，在调用其__next__()方法时才会开始执行。而且，生成器内部会记录其执行状态，以便__next__()方法能正确获取到 yield 语句的返回值，并且待挂起被释放后，恢复状态接着执行，恢复执行是从 yield 语句之后开始执行。直到 yield 语句不再被执行，生成器代码就全部执行结束，__next__()方法因不再获取到 yield 返回值而抛出停止迭代异常"StopIteration"。

  以下是手动调用__next__()方法的示例：

```
>>> def func(n):
...     m=n
...     print('第',m-n+1,'次调用__next__()')
```

```
...         while n >0:
...             print('第',m-n+1,'次挂起')
...             yield n
...             n-=1
...             print('第',m-n,'次释放')
...             #return
...         print('第',m-n+1,'次调用__next__()')
...
>>> y=func(3)
>>> y.__next__()
第 1 次调用__next__()
第 1 次挂起
3
>>> y.__next__()
第 1 次释放
第 2 次挂起
2
>>> y.__next__()
第 2 次释放
第 3 次挂起
1
>>> y.__next__()
第 3 次释放
第 4 次调用__next__()
Traceback (most recent call last):
  File "<stdin>", line 1, in <module>
StopIteration
>>> y.__next__()
Traceback (most recent call last):
  File "<stdin>", line 1, in <module>
StopIteration
>>>
```

上例连续调用__next__()方法,依次获得 yield 语句的返回值,并根据 print()语句清晰地看到了执行过程,待生成器的 while 循环执行结束后,执行生成器最后的 print()语句,到此生成器执行完毕,__next__()方法抛出"StopIteration"异常,而且再次调用__next__()方法直接抛出"StopIteration"异常,这说明生成器已经执行结束,无法继续执行,若想再次使用生成器则需要再次创建。

如果生成器函数里有 return 语句,在执行 return 语句时,程序也会直接抛出 StopIteration 终止迭代;若 return 后跟返回值,无法像普通函数那样获取返回值,返回值会作为 StopIteration 类的 value,因此可用 value 属性获取 return 后的返回值。代码如下:

```
>>> def func(n):
...     m=n
...     print('第',m-n+1,'次调用__next__()')
...     while n >0:
```

```
...             print('第',m-n+1,'次挂起')
...             yield n
...             n-=1
...             print('第',m-n,'次释放')
...             return 1111111 #return后直接结束生成器
...         print('第',m-n+1,'次调用__next__()')
...
>>> try :
...     y=func(3)
...     y.__next__()
...     y.__next__()
... except StopIteration as s:
...     print(s.value)
...     print(s)
...
第 1 次调用__next__()
第 1 次挂起
3
第 1 次释放
1111111
1111111
>>>
```

生成器也可以用close()函数提前结束,后面再调用__next__()会返回StopIteration异常,代码如下:

```
>>> def func(n):
...     m=n
...     print('第',m-n+1,'次调用__next__()')
...     while n >0:
...         print('第',m-n+1,'次挂起')
...         yield n
...         n-=1
...         print('第',m-n,'次释放')
...         print('第',m-n+1,'次调用__next__()')
...
>>> y=func(3)
>>> while True :
...     x=y.__next__()
...     print('x值是: ',x)
...     if x==2:
...         y.close()
...         break
...
第 1 次调用__next__()
第 1 次挂起
x 值是: 3
第 1 次释放
第 2 次挂起
x 值是: 2
>>>
```

在上例中,用 while 循环从生成器获取值,当生成器产生需要的值后,关闭生成器,并退出循环。

5.4 协程

yield 语句不仅可以向调用者返回值,还可以接收调用者传来的值,其基本形式如下:

```
recv = yield (表达式)
```

"="右边的表达式是 yield 向调用者返回的值,左边的"recv"是调用者传来的值,yield 语句每次执行都会向调用者返回一个值,并尝试接收一个值,如果调用者没有传来值,则接收值默认为 None。

第 1 次调用生成器并传值只能向 yield 语句传递 None 值,因为在第 1 次调用时,生成器会先挂起,第 2 次调用才会接收值并赋值给"recv",因此第 1 次若传值只能传递 None 值,表示没有传值,否则会报错。第 1 次调用生成器也被称为"激活生成器"。

获取 yield 语句返回值用 __next__() 方法,向 yield 语句传递值用 send() 方法,并且 send() 方法也同时会获取 yield 语句返回值。

代码如下:

```
>>> def func(n):
...     m=n
...     print('第',m-n+1,'次调用__next__()')
...     while n >0:
...         print('第',m-n+1,'次挂起')
...         recv = yield n
...         n-=1
...         print('第',m-n,'次释放',' 接收值:',recv)
...         if recv is not None:
...             n = recv
...         print('第',m-n+1,'次调用__next__()')
...
>>> y = func(2)
>>> y.__next__()
第 1 次调用__next__()
第 1 次挂起
2
>>> y.__next__()
第 1 次释放  接收值: None
第 2 次挂起
1
>>> y.send(3)
```

```
第 2 次释放  接收值：3
第 0 次挂起
3
>>> y.__next__()
第 0 次释放  接收值：None
第 1 次挂起
2
>>> y.__next__()
第 1 次释放  接收值：None
第 2 次挂起
1
>>> y.__next__()
第 2 次释放  接收值：None
第 3 次调用__next__()
Traceback (most recent call last):
  File "<stdin>", line 1, in <module>
StopIteration
>>>
```

上例定义了生成器函数 func，y = func(2) 创建了一个生成器，第 1 次调用 y.__next__()，生成器从上到下开始执行，先执行输出"第 1 次调用__next__()"，然后进入 while 循环，输出"第 1 次挂起"，接着执行"="右边的 yield 语句，返回 n 的值 2，此时生成器挂起。

第 2 次调用 y.__next__()，生成器得到释放，恢复之前的执行状态继续执行，开始执行"="左边的接收值，由于此次没有传递值，recv 默认赋值为 None，继续往下执行输出"第 1 次释放 接收值：None"，接着开启第二次 while 循环，输出"第 2 次挂起"，yield 返回 n 的值 1 并再次挂起。

第 3 次调用 y.send(3)，传入了整数 3，生成器恢复之前的执行状态继续执行，将 3 赋值给 recv，继续往下执行输出"第 2 次释放 接收值：3"，然后执行 if 语句把 recv 值赋值给 n（重置 n 值），接着开启第 3 次 while 循环，由于 m 值还是之前的 2，所以输出"第 0 次挂起"，然后返回 n 的值 3 并再次挂起。

继续调用 y.__next__() 执行顺序如上，直到 n 值为 0，while 循环结束，生成器也执行结束，__next__() 不再获取到返回值而报异常"StopIteration"。

生成器用 yield 语句生成值抛给调用方并挂起自身，调用方用 send() 方法获取生成值、向生成器传值并释放生成器，这种调用方和生成器协作的过程称作"协程"。yield 右边可以不跟表达式，则生成 None 值，即调用方不需要 yield 返回值，yield 左边也可以不接收值，让 yield 仅作为一种流程控制语句。

协程通常用在生产者和消费者模型中，代码如下：

```
>>> def consumer():          #消费者模型（生成器）
...     print('等待接收任务')
...     while True:
...         task = yield
...         print('收到任务: ',task)    #接收到任务，并处理任务
...         print('处理任务',tasks*2)
...
>>> def producer(tasks=[]):   #生产者模型
...     tasks = tasks
...     c = consumer()
...     c.__next__()  #c.send(None)
...     for task in tasks:
...         print('发送一个任务: ',task)
...         c.send(task)
...
>>> tasks = [0,1,2,3,4,5,6]
>>> producer(tasks=tasks)
等待接收任务
发送一个任务: 0
收到任务: 0
处理任务[0, 1, 2, 3, 4, 5, 6, 0, 1, 2, 3, 4, 5, 6]
发送一个任务: 1
收到任务: 1
处理任务[0, 1, 2, 3, 4, 5, 6, 0, 1, 2, 3, 4, 5, 6]
发送一个任务: 2
收到任务: 2
处理任务[0, 1, 2, 3, 4, 5, 6, 0, 1, 2, 3, 4, 5, 6]
```

上例定义了消费者（生成器）consumer 和生产者 producer，在 producer 里创建生成器 c=consumer()并调用 c.__next__()启动生成器，然后用 for 循环向 consumer 发送任务，consumer 收到任务后再处理任务，由此便构建了一个生产者消费者模型。生产者发送任务，消费者使用任务。

如果定义两个消费者，我们可以看下两个消费者切换的过程，代码如下：

```
>>> def consumer(x):          #消费者模型（生成器）
...     print('等待接收任务')
...     while True:
...         print('准备执行乘: ',x)
...         task = yield
...         print('收到任务: ',task)    #接收到任务，并处理任务
...         print('处理任务',task*x)
>>> def producer(tasks=[]):   #生产者模型
...     tasks = tasks
...     c1 = consumer(2)
...     c2 = consumer(3)
```

```
...         c1.__next__()
...         c2.__next__()
...     for task in tasks:
...         print('发送一个任务: ',task)
...         c1.send(task)
...         c2.send(task)
...
>>> tasks = [0,1,2,3,4]
>>> producer(tasks=tasks)
等待接收任务
准备执行乘: 2
等待接收任务
准备执行乘: 3
发送一个任务: 0
收到任务: 0
处理任务 0
准备执行乘: 2
收到任务: 0
处理任务 0
准备执行乘: 3
发送一个任务: 1
收到任务: 1
处理任务 2
准备执行乘: 2
收到任务: 1
处理任务 3
准备执行乘: 3
```

消费者 `consumer` 通过 `yield` 暂停，生产者 `producer` 循环调用 `send()` 交替启停两个 `consumer`，这便是协程并发执行的原理，即实现了一个异步协程，异步协程是实现并发执行的一种方式。

`yield` 每次只能返回一个值，而且生成器的 `return` 返回值不易获得，用 `yield from` 语句可以返回一个生成器也能返回生成器的 `return` 返回值，`yield from` 结构会在内部自动捕获生成器的 `StopIteration` 异常，还会把 `value` 属性的值变成 `yield from` 表达式的值。

`yield from` 语句的基本形式为 `yield from iterable`，当该语句执行时，先会执行 `iter(iterable)` 以获得迭代器，因此 `iterable` 是可迭代对象，可以是生成器、迭代器、序列等。

"`yield from iterable`" 等效于 "`for item in iterable: yield item`"，代码如下：

```
>>> def func():
...     yield from [1,2,3]
...
>>> y=func()
>>> y.__next__()
```

```
1
>>> y.__next__()
2
>>> y.__next__()
3
>>> y.__next__()
Traceback (most recent call last):
  File "<stdin>", line 1, in <module>
StopIteration
>>> def func():
...     for item in [1,2,3]:
...         yield item
...
>>> y=func()
>>> y.__next__()
1
>>> y.__next__()
2
>>> y.__next__()
3
>>> y.__next__()
Traceback (most recent call last):
  File "<stdin>", line 1, in <module>
StopIteration
>>>
```

"yield from iterable"从字面意思可以理解为返回另一个生成器(iterable)给调用方。从上例可以看出，__next__()直接获取的是生成器([1,2,3])的元素，生成器func()只是作为中间桥梁，让调用方(在本例中为Python解释器)与生成器([1,2,3])通信，因此"yield from"的主要功能是打开双向通道，把最外层的调用方与最内层的子生成器连接起来，这样二者可以直接发送和产出值。因此有以下概念：包含"yield from iterable"语句的生成器函数称作"委派生成器"，iterable生成器称作"子生成器"，调用委派生成器的称作"调用方"。

委派生成器执行到"yield from"时暂停，转而执行子生成器，调用方可以直接把数据发给子生成器，子生成器再把产出的值发给调用方，循环调用子生成器(send或者__next__)，直到子生成器结束后，则抛出StopIteration异常，并把返回值附加到异常对象上。异常会被"yield from"捕获并获取value值，子生成器结束后委派生成器则恢复执行，因此要用"yield from"获取return返回值，需要让子生成器结束并抛出"StopIteration"异常。

我们用yield from改写生产者消费者模型，代码如下：

```
>>> def consumer(x,c):      #子生成器
...     print('子生成器'+c+'等待接收任务')
...     r=None
```

```python
...         while True:
...             print(c+'准备执行乘: ',x)
...             task = yield c+'产生了值'+str(r)
...             print(c+'收到任务: ',task)     #接收到任务,并处理任务
...             print(c+'处理任务,结果是',task*x)
...             r=task*x
...             if c=='c1' and task>=3:break
...             elif c=='c2' and task>=6:break
...         return '子生成器'+c+'执行完成,执行了乘'+str(x) #跳出while循环,不再向send发产生值
...
>>> def machine():  #委派生成器
...     print('调用委派生成器')
...     x1=yield from c1
...     print('c1 释放,返回值x1 为:',x1)
...     x2=yield from c2
...     print('c2 释放,返回值x2 为:',x2)
...
>>> def producer(tasks=[]):   #调用方
...     m=machine()
...     n=m.__next__()
...     print(n)
...     for task in tasks:
...         print('调用方发送一个任务: ',task)
...         n=m.send(task)   #最后一次循环无法收到产生值
...         print(n)
...
>>> tasks=[1,2,3,4,5,6];c1 = consumer(2,'c1');c2 = consumer(3,'c2'); \ producer(tasks=tasks)
调用委派生成器
子生成器c1 等待接收任务
c1 准备执行乘: 2
c1 产生了值None
调用方发送一个任务: 1
c1 收到任务: 1
c1 处理任务,结果是2
c1 准备执行乘: 2
c1 产生了值2
调用方发送一个任务: 2
c1 收到任务: 2
c1 处理任务,结果是4
c1 准备执行乘: 2
c1 产生了值4
调用方发送一个任务: 3
c1 收到任务: 3
c1 处理任务,结果是6
c1 释放,返回值x1 为: 子生成器c1 执行完成,执行了乘2
子生成器c2 等待接收任务
c2 准备执行乘: 3
c2 产生了值None
调用方发送一个任务: 4
c2 收到任务: 4
c2 处理任务,结果是12
```

```
c2 准备执行乘: 3
c2 产生了值 12
调用方发送一个任务: 5
c2 收到任务: 5
c2 处理任务,结果是 15
c2 准备执行乘: 3
c2 产生了值 15
调用方发送一个任务: 6
c2 收到任务: 6
c2 处理任务,结果是 18
c2 释放,返回值 x2 为: 子生成器 c2 执行完成,执行了乘 3
Traceback (most recent call last):
  File "<stdin>", line 1, in <module>
  File "<stdin>", line 7, in producer
StopIteration
>>>
```

从上例的执行过程可以知道,委派生成器 `machine` 就像一个通道,连接调用方 `producer` 和子生成器 `consumer`,调用方通过委派生成器向子生成器 send 值,子生成器通过委派生成器向调用方 yield 值。

起初,`machine` 被挂起并切入 `c1`,`producer` 和 `c1` 通信,等 `c1` 跳出循环并 return 返回值后结束执行,`machine` 则恢复执行,并把 `c1` 抛出的返回值赋值给 `x1`。

接着 `machine` 执行到"yield from c2",并切入 `c2`,`c2` yield 一个值由 send 获取。因此在 `c1` 结束时虽然没有发出生成值,但由 `c2` 发出了生成值,所以没有报 `StopIteration`。

`machine` 再次被挂起,`producer` 和 `c2` 通信,等 `c2` 跳出循环并 return 返回值后结束执行,`machine` 则恢复执行,但 `machine` 内没有再 yield 新值,send 因获取不到值而报 `StopIteration`。

本例用"yield from"实现的协程并非是异步协程,两个消费者 `c1`、`c2` 是按顺序同步执行的。若要实现异步协程,可以把 `c1`、`c2` 合并成一个生成器,即让"yield from"语句后跟一个异步子生成器,基于"yield from"的异步协程会在后面介绍。

5.5 其他迭代函数

5.5.1 map()

`map(func,iterable1,...)` 的参数 `func` 是函数的名称,参数 `iterable1` 是可迭代对象,通常是序列数据,可以是一个或多个序列,map 函数返回一个迭代器,表示迭代调用函数 func，在迭代时把 iterable 里的每个元素作为 func 的参数，并把 func 的返回值作为迭代的结果。

代码如下：

```
>>> def func(x):
...     return x**2
...
>>> t=[0,1,2,3,4,5,6]
>>> z=map(func,t)
>>> z
<map object at 0x0000000002256908>
>>> for i in z:
...     print(i,end=' ')
...
0 1 4 9 16 25 36
```

上例中的函数 func 返回参数 x 的平方，map(func,t) 即把 t 中的每个元素传给 x，通过 for 循环可以获取 func 的返回值。

简单的函数可以用匿名函数来写，使代码更为简洁，代码如下：

```
z = map(lambda x: x**2,t)
```

我们可用 l =[x 表达式 for x in iterable]创建列表，其中 x 表达式可以是函数，代码如下：

```
>>> def func(x):
...     return x**2
...
>>> [func(x) for x in range(7)]
[0, 1, 4, 9, 16, 25, 36]
>>>
```

列表类 list() 可以用迭代器创建列表，因此也可以有以下形式：

```
>>> def func(x):
...     return x**2
...
>>> t=[0,1,2,3,4,5,6]
>>> list(map(func,t))
[0, 1, 4, 9, 16, 25, 36]
>>> list(map(lambda x: x**2,t))
[0, 1, 4, 9, 16, 25, 36]
>>>
```

5.5.2 zip()

zip(iterable1,iterable2,…) 的参数 iterable1 是可迭代对象，通常是序列数

据，可以是一个或多个序列。zip()函数会按对应位置取出序列的元素并打包成一个个元组，zip()函数返回一个迭代器，其元素是打包好的元组。如果多个序列的长度不一样，则迭代长度同最短的那个序列。

代码如下：

```
>>> t1 = [0,1,2,3];t2 = [4,5,6,7]
>>> y=zip(t1,t2)
>>> y
<zip object at 0x000000000223EB48>
>>> for i in y:
...     print(i)
...
(0, 4)
(1, 5)
(2, 6)
(3, 7)
>>>
```

zip()函数主要用在同时遍历两个序列的运算中，如用两个序列创建字典，代码如下：

```
>>> t1=('a','b','c','d','e')
>>> t2=[0,1,2,3,4]
>>> d={}
>>> for k,v in zip(t1,t2):
...     d.update({k:v})
...
>>> d
{'a': 0, 'b': 1, 'c': 2, 'd': 3, 'e': 4}
>>>
```

上例定义了两个序列和一个空字典，准备用 t1 的元素作为键，t2 的元素作为值，组成"键:值"对，再添加进字典 d 中。zip 把 t1、t2 的对应元素组成元组，再从元组中取出值对应赋值给 k 和 v，然后用 k 和 v 组成字典"{k:v}"，上述 for 循环是同时遍历 t1、t2 两个序列的方式。

字典也是可以用推导式创建的，代码如下：

```
>>> t1=('a','b','c','d','e')
>>> t2=[0,1,2,3,4]
>>> {k:v for k,v in zip(t1,t2)}
{'a': 0, 'b': 1, 'c': 2, 'd': 3, 'e': 4}
>>>
```

由以上示例可见，用推导式创建字典代码更为简洁了。

5.5.3 enumerate()

enumerate(sequence, [start=0])是枚举函数，其参数 sequence 是一个序列、

迭代器或其他支持迭代对象，start 为下标起始位置。该函数用于将一个可遍历的数据对象（如列表、元组或字符串）组合为一个索引序列，同时列出数据和索引。

代码如下：

```
>>> t1=('a','b','c','d','e')
>>> for t in enumerate(t1):
...     print(t)
...
(0, 'a')
(1, 'b')
(2, 'c')
(3, 'd')
(4, 'e')
>>> enumerate(t1)
<enumerate object at 0x000001E97C627090>
>>> d1={'a': 'm', 'b': 'n', 'c': 2, 'd': 3, 'e': 4}
>>> for d in enumerate(d1):   #枚举字典获取的是键
...     print(d)
...
(0, 'a')
(1, 'b')
(2, 'c')
(3, 'd')
(4, 'e')
```

5.6 小结

本章介绍了循环迭代及迭代器的概念，迭代器是一种可以记住自身状态的对象，以便于下次迭代时可以取出正确的值，可迭代对象需要先创建成迭代器才能用于循环迭代中，生成器也是一种迭代器，它通过 yield 语句可对不同生成器切换迭代，这种切换迭代实现了不同生成器的异步执行，这种由调用方控制实现的异步执行也叫"异步协程"。异步执行的概念在第 11~13 章中会再详细介绍。

下一章将介绍数据类型的另一个概念——类。

第 6 章 面向对象编程

6.1 类的特性

第 1 章介绍过,把一定的数据和处理数据的方法封装在一起作为一个整体,这个整体在计算机语言里被称为"对象",封装数据和方法的过程称作"面向对象编程"。

在 Python 中,把有着相同属性和方法的对象集合称为类,而一个对象就是类的具体实例。例如,猫都有颜色、四肢等属性,也有跑步、跳跃等技能(方法),因此猫就是一个类,而某只具体的猫,就是猫类的具体实例(对象)。再比如,整型是一个类,某个具体的数值,如"5",就是整型的具体实例。

用类 type() 可以查看一个对象是什么类型,代码如下:

```
>>> type(5)
<class 'int'>
>>> type(5.0)
<class 'float'>
>>> type('a')
<class 'str'>
>>> type(range(5))
<class 'range'>
>>>
```

通过上例可以看出,5 是整型,5.0 是浮点型,'a' 是字符串,range(5) 是 range 类型。

用函数 isinstance(o,t) 判断对象 o 是否是 t 类型或 t 的子类，代码如下：

```
>>> isinstance(5,int)
True
>>> isinstance(5,str)
False
>>> isinstance(5,object)
True
>>>
```

由上述代码的运行结果得知，5 是整型，也是 object 类的子类。

类有 3 个特性：封装、继承和多态。

封装即把数据和方法整合在一起，通过访问控制，可以隐藏内部数据，只允许外部对象访问自己的部分数据或方法。封装保证了对象的独立性，可以防止外部程序破坏对象的内部数据，同时便于程序的维护和修改。

继承是面向对象的程序设计中代码重用的主要方法，继承允许使用现有类的功能，并在无须重新改写原来的类的情况下，对这些功能进行扩展。继承的过程，就是从一般到特殊的过程。被继承的类称作"基类、父类或超类"，通过继承创建的新类称作"子类或派生类"。

对象可以表现多个类型的能力称作"多态性"。子类具有父类的所有非私有数据和方法，以及子类自己定义的所有其他数据或方法，即子类具有两个有效类型：子类的类型及其继承的父类的类型。

例如，猫可被看作大自然封装的一个类，其颜色可以被看到（访问数据属性），猫也可以抓老鼠（访问其方法），但是猫体内的细胞无法被访问，DNA 复制的过程无法被访问，这些无法被直接访问的称作"对象的私有属性和私有方法"。

例如，所有的橘猫都是橘猫类，除了橘猫类，还有狸花猫类、波斯猫类等，这些猫类又组成了猫种。橘猫类具有自身的特征，比如毛是橘黄色的；橘猫类又有猫种的特征，猫种又有猫科特征，比如有利爪；猫科又属于哺乳纲，等等。

在自然界，对物种的划分（种-属-科-目-纲-门-界）就是层层继承的关系，类的继承也是如此，而且子类既具有自身特征，又继承了父类特征，这便是类的多态性。

Python 中的对象在调用时，不需要检查对象是什么类型的，只关注其有什么方法和属性。如果方法和属性可以被使用，则对象就可以被正常调用，这种特点又称作"鸭子类型"，鸭子类型的含义是"如果一个东西走起来像鸭子，叫起来也像鸭子，那它就是鸭子"，即不管这个东西的本来面目，只需要它表现出鸭子的特征就行，鸭子类型虽然给程序开发带来了便利，但也需要注意对象的内部逻辑,如其原本的鸭子特征可能突然暴露出其他动物的面目而使程序崩溃。

6.2 类的定义

函数是数据和流程控制语句的结合体,类可看作数据、流程控制语句和函数的结合体。和函数一样,类也是代码重用的一种方式。

定义类以关键字 class 引导,基本的定义形式如下:

```
class 类名(父类名):
    pass
```

类名通常采用驼峰形式,即单词的首字母大写,如"YellowCat"。父类名是该类需继承的类,当不继承其他类时,小括号()也可以空着,但为了条理清晰建议写上。但即便不继承其他类,也会自动继承 Python 的内建类 object。

用函数 dir() 可查看一个类的属性和方法,包括自身属性和方法以及继承到的属性和方法,代码如下:

```
>>> class Lei():
...     a=1
...
>>> dir(Lei)
['__class__', '__delattr__', '__dict__', '__dir__', '__doc__', '__eq__', '__format__',
'__ge__', '__getattribute__', '__gt__', '__hash__', '__init__', '__init_subclass__', '__le__',
'__lt__', '__module__', '__ne__', '__new__', '__reduce__', '__reduce_ex__', '__repr__',
'__setattr__', '__sizeof__', '__str__', '__subclasshook__', '__weakref__', 'a']
>>>
```

上例定义了一个类 Lei,其有一个属性"a=1",函数 dir() 返回了一个列表,最后一项是属性 a,前面的元素都是继承自 Python 内建类 object 的属性和方法。

对象也是与外界沟通的接口(API),通过对象可以获取对象的属性和方法,而不必知道对象内部具体的结构。

类定义后应该先实例化再使用,类的实例化和调用函数类似,代码如下:

```
>>> class Lei():
...     a=1
...
>>> L=Lei()    #类实例化
>>> L.a
1
>>>
```

在上述代码中，用 L=Lei() 实例化类，就可以通过 L.a 获取类的属性，输出 a 的值为 1。

在第 4 章的 4.2 节中，我们知道"."操作符可以获取对象的属性或调用对象的方法，属性或方法的返回值可以是任意类型的对象，而对象又可能包含其他属性或方法，因此可以根据需要使用多级嵌套的"."操作符来获取特定的属性或方法。

6.3 类的一般定义

一个类通常包括属性、构造函数（初始化函数）和方法（其他函数），代码如下：

```python
class Mao():
    #属于类的常量
    legs=4          #4 条腿
    body="soft"  #身体软
    print('创建了常量')
    def __init__(self,name,weight=3,color="yellow"):
        #初始化参数，需要外部赋值的，与常量的区别就是用于外部赋值
        self.name=name
        self.weight=weight
        self.color=color
        print('执行初始化函数')
    def nature(self):  #方法中调用属性或方法前需要加 self.
        print(self.legs)
        print(self.name)
        self.legs+=1  #修改之后，即修改了类实例的属性，类实例调用自身方法修改了自身的属性
        self.weight+=1
        a=5
        return a
    def run(self,speed=10):
        print(speed)
        a=self.nature()
        print(a)
        self.test()
    def test(a=3):
        print(a)
```

上例定义了一个类 Mao，定义类时类中的代码都会被执行一遍，比如对变量赋值、定义初始化函数和方法。当执行定义类 Mao 时，会输出"创建了常量"。

6.3.1 属性和 __init__()

开始的两个属性 legs 和 body 是类中的常量，常量通常是在类的内部使用，开始的两个

属性可以在类中任意地方被调用。常量也被称为类属性。

初始化函数 __init__()是一种特殊的函数，类在实例化时会自动调用该函数完成一定的初始化工作。__init__()的第一个参数是 self，该参数是用来接收类本身，在实例化时由 Python 自动传入，其他的参数需要在类实例化时由外部调用者传入，有的参数带有默认值，如 weight=3。

在初始化函数中定义的一些变量，以关键字"self."开头，如"self.name"，这些变量通常用来接收函数的参数值，这些变量又称作"实例属性"，在类实例化时会通过函数的参数传入值。

如果变量由关键字"self."开头，就可以在类中其他地方调用，也可以被外部获取。以"self."开头的变量名按照规范也应和初始化函数的参数名一致，不用"self."开头的变量属于函数内部变量，只能在函数内部使用。

以关键字"self."开头但又不接收外部传入值的变量没必要写在初始化函数里，直接作为常量写在初始化函数外部就行了。

6.3.2 方法

方法是类中定义的其他函数，方法在（用"self."）调用时 Python 会自动把类本身传给方法的第一个参数，因此方法在定义时必须指定第一个参数以用来接收类本身，通常第一个参数用 self 表示，而且方法在调用时第一个参数（如 self）需省略，否则会出现参数被赋以多个值的错误。

在方法中调用其他方法以"self."开头，后跟方法，例如，self.test()，self 指代类本身，表示调用了该类中的方法。

方法中定义的变量只在该方法内部有效，如"a=5"只在方法内有效。但若以"self."开头定义变量，如"self.a=100"，便是类中的全局变量，当方法被调用时，便创建了该全局变量，可在类中全局有效。实际上，当实例化类时，先调用了初始化函数，创建了一些类中的全局变量，因此用"self."开头定义的变量可以被类中其他方法访问。

6.3.3 实例化类

实例化类和调用函数类似，例如，对上例的类 Mao 实例化一个对象：

```
>>> m=Mao(name='喵喵',weight=5) #实例化时会自动调用初始化函数
执行初始化函数
>>>
```

由于初始化函数__init__(self,name,weight=3,color="yellow")需要接收外部传入的3个参数,因此在实例化时给参数name传入了'喵喵',给weight传入了5,color未传入值则使用其默认值"yellow"。在实例化时会自动调用初始化函数完成初始化操作,所以会输出'执行初始化函数'。

实例化的对象m可以用操作符点"."获取类中的属性及调用类中的方法,查看m都有哪些属性和方法,可用函数dir()获取,代码如下:

```
>>> dir(m)
['__class__', '__delattr__', '__dict__', '__dir__', '__doc__', '__eq__', '__format__',
'__ge__', '__getattribute__', '__gt__', '__hash__', '__init__', '__init_subclass__', '__le__',
'__lt__', '__module__', '__ne__', '__new__', '__reduce__','__reduce_ex__', '__repr__',
'__setattr__', '__sizeof__', '__str__', '__subclasshook__', '__weakref__', 'body', 'color',
'legs', 'name', 'nature', 'run', 'test', 'weight']
>>>
```

从输出信息可知,前面的属性方法都是继承自Python的内建类object,后面从'body'开始的都是类m自身的属性和方法。

用"."操作符获取类中的属性,代码如下:

```
>>> m.legs;m.weight
4
5
>>>
```

m.legs获取的是开始定义的常量,m.weight获取的是初始化函数中定义的变量。

用"."操作符调用类中的方法,代码如下:

```
>>> m.nature()
4
喵喵
>>> m.legs;m.weight
5
6
>>>
```

方法nature()默认参数self没有定义其他参数,可以直接用m.nature()调用,nature()中调用了常量和初始化函数中的变量,输出4和"喵喵"。

类Mao中的常量并非是不可修改的,常量只是相对于初始化函数里的变量作区分,初始化函数里的变量可以通过在实例化时传入值,而常量则无法通过传入值修改,但常量可能会

被类内的方法修改，nature()内便用语句"self.legs+=1"修改了常量 legs，同时也用"self.weight+=1"修改了初始化变量 weight，于是当我们再用"m.legs;m.weight"获取属性时就输出了改变后的值。nature()还定义了变量 a=5，但 a 属于函数内部变量，只能在函数内使用。

调用有参数的方法，代码如下：

```
>>> m.run(30)
30
5
喵喵
5
<__main__.Mao object at 0x00000000029669E8>
>>>
```

方法 run()有一个默认值参数 speed=10，调用时传入了值 30，于是在方法中输出 speed 时会输出 30，方法中用语句 a=self.nature()调用方法 nature()，并把 nature()返回的值 5 赋值给 a，a 为方法内部变量，只能在内部使用，最后调用方法 test()，test()只指定了一个参数 a=3，虽然有默认值，但 Python 会把类本身传给 a，输出 a 的值为类本身<__main__.Mao object at 0x00000000029669E8>。

用 m.test()调用，效果也类似，代码如下：

```
>>> m.test()
<__main__.Mao object at 0x00000000029669E8>
>>>
```

在上述代码中，当用类实例调用类方法时，会把类本身传入方法的第一个参数。为了规范起见，类中方法的第一个参数要指定为 self，指定由参数 self 接收类本身。

类内方法调用类的常量（类属性）和其他方法除了可以用 self.调用，也可以用类名调用，例如，Mao.legs 是调用常量 legs，与 self.legs 效果等价。但用类名调用方法时，类本身将不再传入方法的第一个参数，例如 Mao.test(a=3)，此时 a 的值就是 3，不再是 __main__.Mao。若方法的第一个参数是 self，其仍是类本身的意思，即指定了 self 来接收类本身，例如，Mao.nature(self)等价于 Mao.nature(Mao)，参数 self 仍被传入了类本身，在方法中输出 self 的值可以得到类本身。

因此，经过对比可以知道，类中的关键字 self 正是指代了类本身（Mao），建议在类中调用常量或方法时，都采用"self."调用，而不是用类名调用，采用"self."调用可使代码结构更为清晰明了。

类中的方法、初始化函数和常量在定义时顺序随意，因为类在定义时其中的代码也都执行了一遍，接着在实例化时自动调用初始化函数完成初始化，之后用类实例调用方法或调用属性时就不会出现未定义而先被使用的错误。

为了规范起见，建议把类中的常量放在一开始定义，接着定义初始化函数，然后再定义常被类实例调用的方法，最后再定义主要在类内被调用的方法。

而且需要注意的是，因为类在定义时，会把其代码都执行一遍，比如给常量赋值、定义各个函数，因此若类中有对常量的运算或调用方法，也需要注意先定义后使用。类在定义之后，其中的常量和方法也都定义了，因此可用类名访问除初始化函数__init__()之外的所有方法和常量，而__init__()在实例化时才会被自动调用，由于许多方法会用到__init__()中定义的属性，因此类需实例化后才能完全使用。

类定义后，直接用类名访问常量和部分调用方法，示例如下：

```
>>> Mao.legs #访问常量
4
>>> Mao.test() #调用方法
3
>>> Mao.__int__(Mao,'mm') #初始化函数无法调用
Traceback (most recent call last):
  File "<stdin>", line 1, in <module>
AttributeError: type object 'Mao' has no attribute '__int__'
>>> Mao.nature(Mao) #调用方法部分执行，缺少初始化变量
4
Traceback (most recent call last):
  File "<stdin>", line 1, in <module>
  File "<stdin>", line 14, in nature
AttributeError: type object 'Mao' has no attribute 'name'
```

6.3.4 特殊属性和特殊方法

在定义属性和方法时，如果名称前面用一个下画线"_"引导，则属于保护属性和保护方法，无法用"from module import *"语句导入（导入模块的方法会在第 9 章介绍），只能用实例名或类名调用。如果名称前面用双下画线"__"引导，则属于私有属性和私有方法，在执行定义时 Python 会自动在名称前加上"_类名"，即变成"_类名__属性名"和"_类名__方法名"。这么处理是不希望私有属性和私有方法被直接访问，但实际上还是可以访问的。如果名称前后都有双下画线，通常是 Python 的特殊方法专用标识，例如，初始化函数__init__()，我们看一个示例，如下所示：

```
class Cat():
    _legs=3 #保护属性
```

```
        __body='high'  #私有属性
    def __init__(self,name,weight=6,color="black"):
        self._name=name  #保护属性
        self.weight=weight
        self.__color=color  #私有属性
    def _nature(self):  #保护方法
        print(self._legs)
    def __test(self):  #私有方法
        print(self.__color)
```

上例定义了类Cat，我们看下其属性和方法名：

```
>>> dir(Cat)
['_Cat__body', '_Cat__test','__class__','__delattr__','__dict__', '__dir__', '__doc__',
'__eq__', '__format__', '__ge__', '__getattribute__', '__gt__', '__hash__', '__init__',
'__init_subclass__', '__le__', '__lt__', '__module__', '__ne__', '__new__', '__reduce__',
'__reduce_ex__', '__repr__', '__setattr__', '__sizeof__', '__str__', '__subclasshook__',
'__weakref__', '_legs','_nature']
>>>
```

从输出可知，私有属性__body名称变成了_Cat__body，私有方法__test的名称变成了_Cat__test，因此直接调用__body和__test()会出错。我们再看下实例化后的使用，代码如下：

```
>>> c=Cat('cat')
>>> dir(c)
['_Cat__body', '_Cat__color', '_Cat__test', '__class__', '__delattr__', '__dict__',
'__dir__', '__doc__', '__eq__', '__format__', '__ge__', '__getattribute__', '__gt__', '__hash__',
'__init__', '__init_subclass__', '__le__', '__lt__', '__module__', '__ne__', '__new__',
'__reduce__', '__reduce_ex__', '__repr__', '__setattr__', '__sizeof__', '__str__',
'__subclasshook__', '__weakref__', '_legs', '_name', '_nature', 'weight']
>>> c._legs;c._name;
3
'cat'
>>> c._nature()
3
>>> c._Cat__body;c._Cat__color
'high'
'black'
>>> c._Cat__test()
black
```

从以上代码的输出可知，只要调用正确的名称还是可以访问私有属性和私有方法的，也即Python并没有严格意义上的私有属性和私有方法。

6.4 类的继承

先看一个例子：

```
>>> class Kiki(Mao):
...     pass
...
>>> n=Kiki(name='喵喵',weight=5)
执行初始化函数
>>>
```

上例定义的子类 Kiki(Mao) 继承了上节的类 Mao，子类 Kiki 中只有关键字 pass，表示空语句，没有需要处理的其他语句，对子类实例化时，完全继承了父类 Mao 的初始化函数，输入参数也都一致，用 dir() 函数查看实例 n 的属性和方法，代码如下：

```
>>> dir(n)
['__class__', '__delattr__', '__dict__', '__dir__', '__doc__', '__eq__', '__format__',
'__ge__', '__getattribute__', '__gt__', '__hash__', '__init__', '__init_subclass__', '__le__',
'__lt__', '__module__', '__ne__', '__new__', '__reduce__','__reduce_ex__', '__repr__',
'__setattr__', '__sizeof__', '__str__', '__subclasshook__', '__weakref__', 'body', 'color',
'legs', 'name', 'nature', 'run', 'test', 'weight']
>>>
```

从输出可以看出，子类 Kiki 的实例 n 继承了父类 Mao 的全部属性和方法。

我再看下一般继承的例子，代码如下：

```
>>> class Kitty(Mao):
...     body="fat"      #身体肥
...     tail=1          #尾巴长度1
...     print('创建了子类常量')
...     def __init__(self,name,color="orange",cry='loud'):
...         self.name=name
...         self.color=color
...         self.cry=cry
...         print('执行子类初始化函数')
...     def nature(self):    #方法中调用属性或方法前需要加 self.
...         print(self.name)
...         print(self.color)
...     def yell(self,voice='旺旺'):
...         print(voice)
...
创建了子类常量
>>> k=Kitty(name='咪咪')
执行子类初始化函数
>>>
```

上例定义了子类 Kitty(Mao)，其继承了父类 Mao。子类 Kitty 定义了自己的常量、初始化函数和方法，子类的常量和方法有和父类重名的，实际上初始化函数 __init__() 也是重名的，我们先看子类都有哪些属性和方法，代码如下：

```
>>> dir(k)
['__class__', '__delattr__', '__dict__', '__dir__', '__doc__', '__eq__', '__format__',
```

```
'__ge__', '__getattribute__', '__gt__', '__hash__', '__init__', '__init_subclass__', '__le__',
'__lt__', '__module__', '__ne__', '__new__', '__reduce__', '__reduce_ex__', '__repr__',
'__setattr__', '__sizeof__', '__str__', '__subclasshook__', '__weakref__', 'body', 'color',
'cry', 'legs', 'name', 'nature', 'run', 'tail', 'test', 'yell']
>>>
```

从输出可以看到,子类继承了父类的常量 legs,以及父类的方法 run 和 test。子类还有自身定义的方法、常量及初始化属性,有的与父类的常量和方法重名。

子类的实例 k 并没有继承父类的初始化属性 weight,也没有输出"执行初始化函数",而是输出了"执行子类初始化函数",似乎子类并没有执行父类的初始化函数,但执行了子类自身的初始化函数。事实确实如此。

我们再看调用子类的属性,代码如下:

```
>>> k.legs;k.body
4
'fat'
>>>
```

从属性输出可知,子类继承了父类的 legs,但输出的 **body** 值是子类的 'fat' 而不是父类的 "soft"。这说明当常量同名时,子类的值覆盖了父类的值。

我们再看调用子类的方法,代码如下:

```
>>> k.nature()
咪咪
orange
>>>
```

子类的方法 nature() 和父类的重名,但调用方法时执行的是子类方法中的语句,而不是父类中的语句。这说明当方法同名时,子类的方法覆盖了父类的方法。

我们再调用父类的方法,代码如下:

```
>>> k.run()
10
咪咪
orange
None
<__main__.Kitty object at 0x0000000002966D68>
>>>
```

在父类方法 run() 中,又调用了同名的方法 nature(),从输出结果可知,nature() 执行的仍是子类方法的语句,run() 中又调用了父类的方法 test(),其输出值是子类本身 <__main__.Kitty object at 0x0000000002966D68>,说明父类方法 test 传入的 self 值是子类本身。

综上可知，类在继承时，子类会继承父类的常量和方法，但当子类的常量和方法与父类的同名时，就会覆盖父类的定义，等价于子类对同名的常量和方法重新定义了。子类的初始化函数和父类的初始化函数也是同名的，同理可知，子类的初始化函数也覆盖定义了父类的初始化函数。子类方法覆盖父类方法的定义，又称作"方法的重载"。

当子类 Kitty 使用属性和方法时，会先从自身查找有没有相关属性和方法的定义，若没有则向其父类（Mao）查找，父类若没有则向祖父类查找，依次类推直到其祖宗——Python 内建基类 object，若此时仍查找不到，则会报错。

如果想要在子类中调用父类的同名方法，可用 super() 或者父类名调用，比如子类可能也需要执行父类的初始化函数，可通过如下方式调用：

```python
class Kitty(Mao):
    body="fat"   #身体肥
    tail=1       #尾巴长度1
    print('创建了子类常量')
    def __init__(self,name,color="orange",cry='loud'):
        #Mao.__init__(Mao,name='喵喵')
        super().__init__(name='喵喵')
        self.name=name
        self.color=color
        self.cry=cry
        print('执行子类初始化函数')
    def nature(self):    #方法中调用属性或方法前需要加 self.
        print(self.name)
        print(self.color)
    def yell(self,voice='旺旺'):
        print(voice)
```

在子类的初始化函数中，语句 super().__init__(name='喵喵') 表示执行当前类 Kitty 上一个父类的初始化函数，因此调用了父类（Mao）的初始化函数，并传入了一个位置参数值 name='喵喵'。我们也可以用父类名调用父类初始化函数，即 Mao.__init__(Mao,name='喵喵') 或者 Mao.__init__(self,name='喵喵')。

super() 其实是 super(Kitty,self) 的简写，第一个参数是当前类（Kitty），第二个参数是当前类的实例（k），其返回的是父类的代理对象，因此可调用父类的方法。

有了语句 super().__init__(name='喵喵')，当执行子类初始化函数时，也会执行父类的初始化操作。因此 Kitty 可以获取到父类初始化函数中的属性 weight，代码如下：

```
>>> k=Kitty('咪咪')
执行初始化函数
执行子类初始化函数
>>> k.weight
```

```
3
>>> k.nature()
咪咪
orange
>>>
```

从实例 k 调用方法 nature() 可知，尽管执行父类初始化函数时定义了 name 和 color 属性，但随后又被子类的定义覆盖了。

在多重继承时，用父类名调用初始化函数虽然层次清晰，但可能出现重复调用的情况，重复初始化会浪费计算机资源，推荐用 super() 执行父类的初始化函数，super() 不会重复执行初始化，但需要注意初始化的执行顺序，执行顺序遵从的是 MRO 列表。

6.5 MRO 列表

对于所定义的类，在 Python 中会创建一个 MRO（Method Resolution Order）列表，它代表类继承的顺序，可用 mro() 函数查看，代码如下：

```
>>> Kitty.mro()
[<class '__main__.Kitty'>, <class '__main__.Mao'>, <class 'object'>]
>>>
```

super() 会获取当前类（如 Kitty）的 MRO 列表，然后返回列表中当前类的下一个类（Kitty 的父类 Mao）。

MRO 的查找顺序是按广度优先来的，按最小路径或关系最近的原则查找，即从子类到父类，父类再到祖父类，如果辈分一样，则排在前面的先调用。

6.6 可变映射类型

映射协议访问是指允许以字典的方式来使用自定义对象的功能。collections.abc 模块中有 Mapping 和 MutableMapping 这两个抽象基类，MutableMapping 继承于 Mapping，它们的作用是为 dict() 和其他类似的类型定义形式接口。继承它们的派生类，其类属性可以像访问字典元素一样访问，也可以调用类似字典的方法，我们通过下面这个示例看一下：

```
import copy
from collections.abc import MutableMapping
class Entity(MutableMapping):
    def __setitem__(self, key, value):
        return self.__dict__.__setitem__(key, value)
```

```python
        def __delitem__(self, key):
            return self.__dict__.__delitem__(key)
        def __getitem__(self, key):
            return self.__dict__.__getitem__(key)
        def __iter__(self):
            return iter({k: v for k, v in self.__dict__.items() if not
    k.startswith("_")})
        def __len__(self):
            return len({k: v for k, v in self.__dict__.items() if not
    k.startswith("_")})
        def __str__(self):
            return str({k: v for k, v in self.__dict__.items() if not
    k.startswith("_")})
        def __repr__(self):
            return '{}, D({})'.format(super(Entity, self).__repr__(),
                                {k: v for k, v in self.__dict__.items() if not k.startswith
    ("_")})
        def copy(self):
            return copy.copy(self)
    class Order(Entity):
        """ Order是一个委托单对象 """
        def __init__(self, api):
            self._api = api
            #: 委托单ID, 对于一个用户的所有委托单, 这个ID都是不重复的
            self.order_id: str = ""
            #: 交易所单号
            self.exchange_order_id: str = ""
            #: 交易所
            self.exchange_id: str = ""
            #: 交易所内的合约代码
            self.instrument_id: str = ""
            #: 下单方向, BUY=买, SELL=卖
            self.direction: str = ""
            #: 开平标志, OPEN=开仓, CLOSE=平仓, CLOSETODAY=平今
            self.offset: str = ""
            #: 总报单手数
            self.volume_orign: int = 0
            #: 未成交手数
            self.volume_left: int = 0
            #: 委托价格, 仅当price_type = LIMIT 时有效
            self.limit_price: float = float("nan")
            #: 价格类型, ANY=市价, LIMIT=限价
            self.price_type: str = ""
            #: 手数条件, ANY=任何数量, MIN=最小数量, ALL=全部数量
            self.volume_condition: str = ""
            #: 时间条件, IOC=立即完成, 否则撤销, GFS=本节有效, GFD=当日有效, GTC=撤销前有效, GFA=集合竞价有效
            self.time_condition: str = ""
            #: 下单时间, 自Unix Epoch(1970-01-01 00:00:00 GMT)以来的纳秒数
            self.insert_date_time: int = 0
            #: 委托单状态信息
```

```
            self.last_msg: str = ""
            #: 委托单状态, ALIVE=有效, FINISHED=已完
            self.status: str = ""
            self._this_session = False
entity=Entity()
print(entity)
order=Order('api')
print(order.volume_orign)
print(order['volume_orign'])
print(order)
entity['123456']=order
print(entity)
print(isinstance(entity,dict),f'type:{type(entity)}')
print(isinstance(order,dict),f'type:{type(order)}')
'''输出结果为:
{}
0
0
{'order_id': '', 'exchange_order_id': '', 'exchange_id': '', 'instrument_id': '', 'direction': '', 'offset': '', 'volume_orign': 0, 'volume_left': 0, 'limit_price': nan, 'price_type': '', 'volume_condition': '', 'time_condition': '', 'insert_date_time': 0, 'last_msg': '', 'status': ''}
    {'123456': <__main__.Order object at 0x0000000001F04438>, D({'order_id': '', 'exchange_order_id': '', 'exchange_id': '', 'instrument_id': '', 'direction': '', 'offset': '', 'volume_orign': 0, 'volume_left': 0, 'limit_price': nan, 'price_type': '', 'volume_condition':'', 'time_condition': '', 'insert_date_time': 0, 'last_msg': '', 'status': ''})}
False type:<class '__main__.Entity'>
False type:<class '__main__.Order'>
'''
```

我们定义了一个类 Entity, 该类继承于 MutableMapping, Entity 实现了字典一样的映射协议, 但未定义类属性, 我们又定义了一个类 Order, 继承于 Entity, 在类 Order 中定义了一些初始化属性。

我们实例化了类对象 entity 和 order, 输出 entity 结果为空"字典", 用内置函数 isinstance() 检验实例 entity 和 order 发现并不是字典(dict)类型, 但都实现了字典的方法。类中的属性可以用"键"获取, 例如, order['volume_orign'], 当然类也可以用"."操作符获取其属性, 例如, order.volume_orign 可以像字典一样增加"键:值"对, 如 entity ['123456']=order。

从该例可以知道, 映射协议可以把对象属性的名称和值做映射绑定, 可以像操作字典一样操作对象。其实, Python 内置的字典类型 dict()也是可变映射类型的一种。

把"键"定义为识别数据的标志, 把"值"定义为 Entity 类型, 可以创建多层嵌套的映射数据, 例如, {最新数据: {盘口数据: {螺纹 rb 的盘口: {最新价: 4235}}}}。

类 Entity 及其子类 Order 正是天勤量化中的业务数据类型，Order 是订单数据，Entity 是所有业务数据的基类。

6.7 小结

本章介绍了类的概念、类的定义及类的继承，类是代码重用的一种方式，类也是所有面向对象编程语言的核心概念。本章所涉及的只是基础内容，满足量化交易的需求基本够用了，关于类的更深入的内容可以查阅 Python 专业资料。本章的 6.6 节还介绍了可变映射类型的概念，派生类 Entity 是天勤业务数据的类型，该类型既可以像字典一样使用，也可以像类对象一样使用，读者应掌握 Entity 的用法。

下一章将介绍另一种代码重用的方式——装饰器。

第 7 章 装饰器和 functools

7.1 函数的闭包

在第 3 章中,我们知道函数可以作为参数传递给函数,传递的时候直接用函数名,而不用在函数名后加小括号"()",这是因为函数名后跟小括号"()"是对函数的调用,调用函数会计算出一个值。因为只用函数名时表示把函数对象赋值给一个变量,所以传参的时候用函数名,在使用的时候会加上小括号"()"及函数的参数。

把函数赋值给变量,代码如下:

```
>>> def func1(x=3):
...     print(x*2)
...
>>> f=func1
>>> func1(x=4)
8
>>> f(x=4)
8
>>>
```

上例定义了函数 func1,又把 func1 赋值给 f,此时 f 作为对象引用便引用了 func1 的定义,可以像调用 func1 那样调用 f。

闭包和嵌套函数类似,嵌套函数会在内外函数执行完返回一个具体值;闭包也在一个函数里定义内部函数,但外部函数返回的是内部函数,而不是一个具体的值,返回的函数通常赋给一个变量，这个变量再以函数的形式被调用执行。

例如，求幂运算：

```
>>> def func1(y):
...     def func2(x):
...         return x**y
...     return func2
...
>>> f=func1(y=2)
>>> f
<function func1.<locals>.func2 at 0x0000000002973378>
>>> f(x=3)
9
```

函数 func1 内定义了函数 func2，func2 返回 x 的 y 次幂，func1 又返回 func2。调用 f=func1(y=2) 是把返回值 func2 赋值给 f，func1 已经传入了参数 y，再调用 f 时传入 func2 的参数 x 即可算幂值了。这个定义过程便是函数的闭包。

我们再来看一个把函数作为函数参数的示例：

```
>>> def func2(x,y):
...     return x**y
...
>>> def func1(func,x,y):
...     return func(x,y)
...
>>> func1(func=func2,x=3,y=2)
9
>>> func1(func=func2,x=4,y=2)
16
>>>
```

函数 func2 作为参数传入 func1，func1 内调用 func2，并返回 func2 的值，我们等于是用 func1 为 func2 增加了功能（本例中的 func1 并无其他功能语句）。

将函数作为另一个函数的参数传递时，就是把另一个函数当作装饰器，装饰器的基本功能没有变，但传入的函数执行了新功能，传入不同的函数就会执行不同的新功能。传入的函数可以看作个例，装饰器被视为公共功能，也即重复利用了装饰器的功能。装饰器其实就是代码重用的一种方式。

7.2 装饰器函数

我们先看装饰器的一个示例：

```
>>> def func1(func):
...     def wrapf(x,y):
...         a=func(x,y)
...         print(a)
...         return a
...     return wrapf
...
>>> def func2(x,y):
...     return x**y
...
>>> func2=func1(func2)
>>> func2(x=3,y=2)
9
9
```

在上述代码中,函数 func1 返回内部函数 wrapf,内部函数 wrapf 会调用 func1 传来的函数 func,wrapf 内还有其他功能语句,比如输出 func 的执行结果 a。函数 func2 的功能是计算 x 的 y 次幂,并返回计算结果。把 func2 传给 func1,func1 又把返回值 wrapf 赋值给 func2,于是 func2 应成为了函数 wrapf。调用 func2(x=3,y=2) 即执行函数 wrapf,这便是装饰器的执行逻辑。

用函数 func1(本例实际是内部函数 wrapf)装饰了函数 func2,为其增加了功能,比如 print(a)。

把上例用装饰器的定义改写,代码如下:

```
>>> def func1(func):
...     def wrapf(x,y):
...         a=func(x,y)
...         print(a)
...         return a
...     return wrapf
...
>>> @func1
... def func2(x,y):
...     return x**y
...
>>> func2(x=3,y=2)
9
9
>>>
```

在定义 func2 的语句前加一句@func1,其效果等价于 func2=func1(func2),之后就可以直接调用 func2 了。符号"@"是装饰器语句的引导符号,表示调用后面的装饰器对象,并把被装饰对象名传给装饰器对象。

上例输出函数 func2 的名称，结果如下：

```
>>> func2.__name__
'wrapf'
```

由输出结果可知，func2 实际指向的是函数 wrapf，而不再是原来定义的 func2。而我们在实际应用中，希望 func2 的名称仍是 func2，由于 func2 可能带各种参数，如果每一种参数都写一个装饰器，便失去了装饰器代码重用的意义。为了解决这个问题，Python 提供了如下方法：

```
>>> from functools import wraps
>>> def func1(func):
...     @wraps(func)
...     def wrapf(*args,**kwargs):
...         a=func(*args,**kwargs)
...         print(a)
...         return a
...     return wrapf
...
>>> @func1
... def func2(x,y):
...     return x**y
...
>>> func2(x=3,y=2)
9
9
>>> func2.__name__
'func2'
>>>
```

我们从模块 functools 导入装饰器 wraps，在装饰器 func1 内部函数 wrapf 前加一句@wraps(func)，wrapf 的参数用可变位置参数*args 和可变关键字参数**kwargs 定义，被装饰的函数 func 参数也和 wrapf 保持一致。因此，当用@func1 装饰 func2，再输出 func2 的名称即是 func2，不再是 wrapf。

@wraps 接受一个函数（如 func）来进行装饰，并加入了复制函数名称、注释文档、参数列表等功能，这可以让我们在装饰器里面访问在装饰之前的函数属性。因此，@wraps(func) 自动复制了 func 的参数列表，就不用担心因 func 参数不同而可能要改写装饰器了。

装饰器的基本定义形式如下：

```
from functools import wraps
def decorator(func):
    @wraps(func)
    def wrapfunc(*args,**kwargs):
        print('装饰器')    #
        return func(*args,**kwargs)
    return wrapfunc
```

装饰器的基本使用形式如下:

```
@decorator
def func(*args,**kwargs):
    pass
```

基本使用形式等价于 func=decorator(func)。

装饰器实际上就是一个函数,一个用来包装函数的函数,装饰器返回一个修改之后的函数对象,且具有相同的函数名称。装饰器是函数闭包与函数名传参的结合。

一个函数定义可以使用多个装饰器,结果与装饰器的位置顺序有关,代码如下:

```
@func1
@func2
def func():
    pass
```

以上代码等价于 func=func1(func2(func))。

上述装饰器都默认传入一个参数——被装饰的函数名 func。如果装饰器需要传入其他参数怎么办呢?我们再应用闭包的思想,如果一个函数返回一个装饰器,那么该函数就可以接收其他参数,用返回的装饰器接收被装饰的函数就行了。代码如下:

```
def Decor(a,b):
    def decorator(func):
        @wraps(func)
        def wrapfunc(*args,**kwargs):
            if a>b:print('a 大于 b')
            else :print('a 不大于 b')
            return func(*args,**kwargs)
        return wrapfunc
    return decorator
```

我们在原来定义的装饰器 decorator 外层又套了一个函数 Decor,并把 decorator 作为 Decor 的返回值,Decor 有两个参数 a 和 b,其可用于特定运算,如 if a>b:print('a 大于 b')。

装饰器使用时的代码如下:

```
>>> @Decor(a=5,b=6)
... def func(x,y):
...     return x**y
...
>>> func(x=3,y=2)
a 不大于 b
9
>>>
```

前面介绍过函数名后带小括号表示对函数的调用，因此 Decor(a=5,b=6) 表示调用函数 Decor，Decor 执行后返回值是函数 decorator，并且两个参数（a=5,b=6）也在执行时完成了赋值，因此 decorator 中可继续使用 a 和 b 的值。Decor 执行后返回了函数 decorator，再由符号"@"引导时便是调用 decorator 装饰函数 func 了。这便是带参数的装饰器的定义与使用。

7.3 装饰器类

装饰器函数必须接受一个可调用对象作为参数，然后返回一个可调用对象或其他类对象。在 Python 中一般可调用对象都是函数，但也有例外，只要某个对象重载了 __call__() 方法，那么这个对象就是可调用的。代码如下：

```
>>> class A():
...     def __call__(self):
...         print('可调用')
...
>>> t=A()
>>> t
<__main__.A object at 0x0000000002986908>
>>> t()
可调用
>>>
>>> t.__call__()
可调用
>>>
```

上例定义了一个类 A，t=A() 把 A 实例化为 t，调用 t() 时会自动调用函数 __call__()，因此输出了"可调用"，t() 其实是 t.__call__() 的简化。

callable() 函数可检验一个对象是否可调用，可调用就返回 True，不可调用就返回 False，代码如下：

```
>>> callable(t)
True
>>> callable(5)
False
>>>
```

我们对类 A 进行改写，把 __call__() 按照前面定义的装饰器函数那样定义，则 __call__() 便成为一个装饰器，并给 A 定义初始化函数，代码如下：

```
from functools import wraps
class A():
    def __init__(self,a,b):
        self.a=a
```

```
            self.b=b
    def __call__(self, func):
        @wraps(func)
        def wrapfunc(*args,**kwargs):
            print('传入了函数',func.__name__)
            if self.a>self.b:print('a 大于 b')
            else :print('a 不大于 b')
            return func(*args, **kwargs)
        return wrapfunc
```

根据上述定义，类 A 便是一个装饰器类，被装饰的对象会传入 __call__()函数，通过 A 的初始化函数可传入其他参数。

装饰器类的使用过程和装饰器函数类似，代码如下：

```
>>> @A(a=5,b=6)
... def func(x,y):
...     return x**y
...
>>> func(x=3,y=2)
传入了函数 func
a 不大于 b
9
>>>
```

A(a=5,b=6)是对类 A 实例化一个对象，并传入初始化参数 a、b，符号"@"调用这个实例化对象，即调用了 A 的函数 __call__()，并把函数 func 作为参数传入。如此，函数 func 便被 __call__()装饰了。调用 func(x=3,y=2)则执行了 __call__()内的语句。

因为类是可以继承的，所以我们可以给 A 派生子类，代码如下：

```
class B(A):
    def __init__(self,a,b):
        super().__init__(a,b)
```

子类 B 继承于父类 A，B 的初始化函数中执行了 A 的初始化函数，B 的初始化参数也作为 A 的初始化参数。用子类 B 装饰对象时形式类似，代码如下：

```
>>> @B(a=9,b=7)
... def func(x,y):
...     return x**y
...
>>> func(x=3,y=3)
传入了函数 func
a 大于 b
27
>>>
```

用类装饰器比用闭包装饰器在层次上更为简洁。类也能装饰类，但似乎没有必要，用类的继承便能实现类的功能扩展了。

7.4 内置装饰器类

@property 可把函数装饰成属性,像访问属性一样调用函数,其实该装饰器直接访问的是函数的返回值,把返回值装饰成了类的属性,若像调用普通函数那样调用函数就会报错,代码如下:

```
>>> class A():
...     x=3
...     def __init__(self):
...         self.y=4
...     @property
...     def test_z(self):
...         z='abc'
...         return z
...
>>> test=A()
>>> print(test.x,test.y,test.test_z)
3 4 abc
>>> print(test.test_z())
Traceback (most recent call last):
  File "<stdin>", line 1, in <module>
TypeError: 'str' object is not callable
>>>
```

7.5 functools.partial()

functools 模块中的 partial() 函数返回一个可调用的 partial 对象,其作用是基于一个函数创建一个新的可调用对象,把原函数的某些参数固定。

partial 对象具有 3 个只读属性,分别是 partial.func、partial.args 和 partial.keywords,具体如下所示。

- partial.func 是一个可调用对象或函数,对 partial 对象的调用将被转发给 func 并附带新的参数和关键字。
- partial.args 最左边的位置参数将放置在提供给 partial 对象调用的位置参数之前。
- partial.keywords 表示当调用 partial 对象时要提供的关键字参数。

partial()函数的基本形式为 `partial(func, /, *args, **keywords)`，大致等价于以下代码：

```python
def partial(func, /, *args, **keywords):
    def newfunc(*fargs, **fkeywords):
        newkeywords = {**keywords, **fkeywords}
        return func(*args, *fargs, **newkeywords)
    newfunc.func = func
    newfunc.args = args
    newfunc.keywords = keywords
    return newfunc
```

从 partial()函数的形式可知，partial()函数类似于带参数的装饰器，它也是一种代码重用的方式，我们通过以下示例来理解其具体使用。

```
>>> from functools import partial
>>> def func1(a,*x,b=1,**y): #函数求a的b次方，x元素的b次方，y值的b倍
...     return a**b,[i**b for i in x],{k:v*b for k,v in y.items()}
...
>>> func2=partial(func1,b=2) #先给func1一个参数b，默认值2，新函数赋值给func2
>>> func2(2) #调用func2，参数2赋值给a，b值2已知
(4, [], {}) #a的b次方为4，x、y值未给计算为空
>>> func2(2,3) #参数2赋值给a，3赋值给x
(4, [9], {}) #x的元素3的b次方为9
>>> func2(2,c=3) #参数2赋值给a，关键字参数c=3赋值给y
(4, [], {'c': 6})
>>> func2(a=2,c=3)
(4, [], {'c': 6})
>>> func2(2,3,c=3) #参数2赋值给a，3赋值给x，关键字参数c=3赋值给y
(4, [9], {'c': 6})
>>> func2(2,3,b=3,c=3) #b值虽然被固定，但也可以重新赋值
(8, [27], {'c': 9})
>>>
```

从交互过程可知，partial()函数的作用是给原函数 func 的某些参数赋了初值，即返回一个带有默认值参数的新函数，当调用新函数时只需要对其他参数赋值。

在某些情况下，函数的某些参数值需要固定为特定值，就可用 partial()函数固定，如计算立方的时候指数固定为 3，计算平方的时候指数固定为 2，然后只需要传入不同的底数即可。固定的默认值参数成为重用方式，使编程提高了效率。

7.6 小结

装饰器的定义过程有些绕，它将一个函数作为参数传入，执行完后再返回一个函数。函

数是代码重用的方式，但有些时候我们写的函数不适用于所有情形，因为不同情形虽然有重合部分但又有其特殊的地方，如果对所有的情形都写一遍函数代码显然不是高效的编程方式，因此有了装饰器的概念。我们把不同情形都会执行的代码写成装饰器，各情形特例执行的代码写成一般函数，然后用装饰器装饰这些函数，便提高了编程效率。装饰器和类的继承有些相似，装饰器可看作"函数的继承"。

学习了数据类型、执行语句以及代码重用的方法等内容后，我们就可以编写各种量化策略了。我们编写的代码在执行时可能会遇到各种各样的错误，下一章将介绍语法错误和异常处理的方法。

第 8 章 错误和异常处理

Python 中常见的错误有两类,一类是语法错误,另一类是异常。其中语法错误是违反了 Python 语法规则,导致代码无法执行。异常是语法没有错误,但在执行过程中因为代码逻辑问题又发生了故障。

8.1　try 语句

在 Python 中用 try 语句处理异常。我们先从以下示例开始:

```
>>> if:
  File "<stdin>", line 1
    if:
      ^
SyntaxError: invalid syntax
>>>
```

上例是一个不完整的 if 语句,程序报告了语法错误(SyntaxError),具体内容为 invalid syntax,语法错误在编写代码时就应当避免。

再看下一个例子:

```
>>> def func(a):
...     print(a+5)
...
>>> a='xyz'
>>> func(a)
Traceback (most recent call last):
```

```
    File "<stdin>", line 1, in <module>
    File "<stdin>", line 2, in func
TypeError: can only concatenate str (not "int") to str
>>> func(b)
Traceback (most recent call last):
    File "<stdin>", line 1, in <module>
NameError: name 'b' is not defined
>>>
```

上例定义一个函数 func 和一个变量 a，然后调用 func 并把 a 作为参数传入，语法没有错误，但 a 是字符串不能与整型相加，从而产生了逻辑错误，抛出了异常类型错误（TypeError），具体内容为 can only concatenate str(not"int") to str。在调用 func(b) 时，由于 b 没有定义，因此抛出了异常名称错误（NameError），具体内容为 "name 'b' is not defined"。

我们先用简单的 try 语句捕捉上例异常，因为我们已经知道了异常是类型错误和名称错误，所以写成以下形式：

```
>>> try :
...     func(a)
...     func(b)
... except TypeError:
...     print('a 值不能运算')
... except NameError:
...     print('b 未定义')
...
a 值不能运算
>>>
```

try 后跟可能抛出异常的语句 func(a)、func(b)，except 后跟异常名表示捕捉指定异常，try 按字面意思就是尝试运行其后的语句，如果发生异常就由后面的 except 捕捉。因为该例有两个异常，所以用两个 except 捕捉，指定的异常是 TypeError 和 NameError。如果捕捉到了异常则执行该异常下的语句块，输出结果只有 "a 值不能运算"。这也说明当捕捉到一个异常后，不再捕捉其余的异常，因为其余可能产生异常的语句没有再执行的意义。

如果多个异常会用到同样的处理语句，则可以把多个异常放在同一个 except 后面，例如要捕捉异常 TypeError 或 NameError，代码如下：

```
>>> try :
...     func(a)
...     func(b)
... except (TypeError,NameError):
...     print('a 值不能运算或 b 值未定义')
...
a 值不能运算或 b 值未定义
>>>
```

我们可以用 as 语句把异常的具体内容赋值给变量，代码如下：

```
>>> try :
...     func(a)
... except TypeError as T:
...     print('a值不能运算')
...     print(T)
...
a值不能运算
can only concatenate str (not "int") to str
>>>
```

在上例中，我们用 as 语句把 TypeError 的具体内容赋值给 T，再输出 T，即 can only concatenate str(not"int") to str。

如果 except 后跟 Exception，则能捕捉所有的常规异常错误，代码如下：

```
>>> try :
...     func(a)
... except Exception as e:
...     print('捕捉到了异常：',e)
...
捕捉到了异常: can only concatenate str (not "int") to str
>>>
```

如果 except 后不跟异常名，则能够捕捉所有的异常，包括自定义的异常，代码如下：

```
>>> try :
...     func(a)
... except :
...     print('捕捉到了异常')
...
捕捉到了异常
>>>
```

但不建议这么做，因为不知道异常的具体内容是什么，难以对异常排查，那么 except 后至少应跟常规异常 Exception，而自定义的异常也应该继承 Exception。我们可以用 mro() 函数查看异常的继承顺序，代码如下：

```
>>> TypeError.mro()
[<class 'TypeError'>, <class 'Exception'>, <class 'BaseException'>, <class 'object'>]
>>>
```

从继承的顺序可知，BaseException 是所有异常的基类，BaseException 一般用不到，常规异常的基类是 Exception，用到 Exception 就够了，自定义的异常也应直接或间接继承 Exception。通常对于不确定的异常用 Exception 捕捉，并放在最后捕捉，如果放前面则异常都被 Exception 截获，其后的异常不会再被检验。

更全的异常捕捉示例如下所示:

```
>>> try :
...     func(a)
...     func(b)
... except TypeError as T:
...     print('a值不能运算')
...     print(T)
... except NameError as N:
...     print('b值未定义')
...     print(N)
... except Exception as e:
...     print(e)
...
a值不能运算
can only concatenate str (not "int") to str
>>>
```

如果语句没有异常，try 语句便可以执行结束了，但若需要在没有异常时也执行某些语句，则可以用 else 语句执行，代码如下:

```
>>> a=4;b=6
>>> try :
...     func(a)
...     func(b)
... except TypeError as T:
...     print('a值不能运算')
...     print(T)
... except NameError as N:
...     print('b值未定义')
...     print(N)
... except Exception as e:
...     print(e)
... else:
...     print('没有异常')
...
9
11
没有异常
>>>
```

上述代码重新定义了 a、b 两个整数，此时调用 func(a)、func(b) 便可正常执行，因为没有捕捉到异常所以执行 else 语句。

最后，如果不管是否有异常，都要执行某些操作（比如释放资源），则用 finally 语句来执行，代码如下:

```
>>> try :
...     func(a)
```

```
...         func(b)
... except TypeError as T:
...         print('a值不能运算')
...         print(T)
... except NameError as N:
...         print('b值未定义')
...         print(N)
... except Exception as e:
...         print(e)
... else:
...         print('没有异常')
... finally:
...         print('删除变量释放资源')
...         del a,b
...
9
11
没有异常
删除变量释放资源
>>> a
Traceback (most recent call last):
  File "<stdin>", line 1, in <module>NameError: name 'a' is not defined
>>> b
Traceback (most recent call last):
  File "<stdin>", line 1, in <module>NameError: name 'b' is not defined
>>>
```

在 finally 语句里，我们删除了变量 a 和 b，当再次调用 a、b 时，程序报告了 NameError。以上便是 try 异常处理语句的基本结构。

try 语句也可以不捕捉异常，但此时 finally 语句仍然不能省略，因为 try 需要和 except 或 finally 组合才能形成完整的 try 语句块，except 或 finally 是 try 语句的结束标志。

try 语句如果用在函数中，且 finally 之前会有 return 返回值。我们知道函数遇到 return 语句时会直接抛出返回值，不再执行后续语句。但在 try-finally 中仍会执行 finally 语句的收尾工作，当 finally 语句执行完，函数才会正式结束并抛出返回值。当然，return 后的语句也是不执行的，代码如下：

```
>>> def func():
...     try:
...         a=5
...         return a
...         print('抛出返回值')  #return 后该句不再执行
...     finally:
...         print('异常收尾')
...
>>> func()
```

```
异常收尾
5
>>>
```

8.2 raise 语句

我们除了让程序运行时自动抛出异常外，还可以按需要让程序主动抛出异常。在 Python 中，我们可以用 `raise` 语句抛出指定的异常，并可向异常传递数据。

我们先看以下示例：

```
def func(a):
    if type(a) != int:
        raise ValueError
    print(a+5)
```

在函数中用 `if` 语句对参数 `a` 进行判断，当 `a` 不是整型时，就抛出 `ValueError` 异常，执行效果如下：

```
>>> a='xyz'
>>> func(a)
Traceback (most recent call last):
  File "<stdin>", line 1, in <module>
  File "<stdin>", line 3, in func
ValueError
>>> try:
...     func(a)
... except ValueError as e:
...     print(e,'不是整型')
...
不是整型
```

前面的示例把字符串传入函数 `func`，当程序抛出异常时，抛出的是 `TypeError`。而这次我们用 `raise` 主动抛出异常，则抛出了指定异常 `ValueError`。

因为 `ValueError` 并没有具体信息，所以 `print` 语句没有输出 `e` 的值，我们可以用 `raise` 抛出异常的同时传入数据，代码如下：

```
>>> def func(a):
...     if type(a) != int:
...         raise ValueError('不是整型')
...     print(a+5)
...
>>> a='xyz'
>>> try:
...     func(a)
```

```
...   except ValueError as e:
...       print(e)
...
不是整型
>>>
```

在上例中，抛出的 ValueError 异常输出了具体信息"不是整型"。

8.3 自定义异常类

我们可自己定义异常类，自定义的异常类应继承常规异常类 Exception，代码如下：

```
class ZiError(Exception):
    def __init__(self, arg):
        self.arg = arg
    def __str__(self):
        return self.arg
```

自定义异常需要用 raise 语句主动抛出，且会自动调用 __str__() 函数返回异常的具体信息，代码如下：

```
>>> def func(a):
...     if type(a) != int:
...         raise ZiError('不是整型')  #抛出 ZiError 的实例，arg 值为'不是整型'
...     print(a+5)
...
>>> a='xyz';b=5
>>> try:
...     func(b)
...     func(a)
... except ZiError as z:
...     print(z)
...
10
不是整型
>>>
```

func(b) 可正常执行，但 func(a) 则会抛出自定义异常 ZiError，并输出异常信息"不是整型"。

8.4 小结

本章介绍了捕捉异常和主动抛出异常的方法，除了可以用 try 语句捕捉 Python 内置的异常，还可以用 raise 语句主动抛出自定义异常。

在 Python 程序中，处理异常的语句除了 try 和 raise 语句，还有 assert 语句，assert 用于判断一个表达式是否为真，在表达式结果为 False 的时候触发异常，可以在程序不满足运行条件的情况下直接返回错误，而不必等待程序运行后出现崩溃的情况。assert 主要用在调试时，当代码量比较多时，用 assert 可以方便地定位出错的语句。一般情况下，很少用到 assert，其用法可以查看 Python 资料。

当编写的代码没有问题后就可以把程序保存成文件了，下一章会介绍模块文件的概念。

第 9 章 模块、包和文件

再复杂的程序设计也不可能把所有的代码都写在一个文件里,也不可能把所有文件都放在同一个文件夹里。

9.1 模块

前文用到过模块 math、functools 等,模块就是以 ".py" 为扩展名的文件,一个文件中可以定义变量、函数、类,那么模块就是 Python 对象的集合。

想要使用某个模块中的代码,就需要在程序中导入这个模块,例如,我们想要使用 datetime 这个模块里的类 datetime,用其获取当前的日期时间,代码如下:

```
>>> import datetime
>>> datetime.datetime.now()
datetime.datetime(2021, 1, 15, 14, 49, 52, 954014)
```

import 语句用来导入模块,import datetime 表示导入整个模块,在使用模块中的类或方法时,用 "." 操作符调用,因此,本例按 "模块名.类名.方法名" 的形式执行 datetime.datetime.now(),其输出结果为 datetime.datetime (2021,1,15,14,49,52,954014),即日期时间是 datetime 模块中的 datetime 类型。

用 import 导入模块时会执行模块的全部代码,比如定义各种类和函数,定义好了才能被后续的代码调用。

我们也可以用"from 模块名 import 类名/方法名"语句导入模块中指定的类或方法，代码如下：

```
>>> from datetime import datetime
>>> datetime.now()
datetime.datetime(2021, 1, 15, 15, 0, 48, 327500)
>>>
```

我们从模块 datetime 中导入了类 datetime，在调用类中方法时用 datetime.now() 即可，前面不用再加上模块名了。

如果要导入模块中的多个类，则可以用英文逗号隔开，代码如下：

```
>>> from datetime import datetime, time
>>> datetime.now()
datetime.datetime(2021, 1, 15, 15, 9, 23, 987994)
>>> time(14,12,32)
datetime.time(14, 12, 32)
```

用"from 模块名 import *"可导入模块中的全部代码，但一般不这样用，只要导入需要的部分就行了。当导入全部代码时，其中的类和方法可能有与程序中的类或方法同名的，会造成覆盖定义。

用"import 模块名 as 新名"可以为名称较长的模块重新命名一个短的名称，代码如下：

```
>>> import datetime as d
>>> d.datetime.now()
datetime.datetime(2021, 1, 15, 15, 19, 16, 100861)
>>>
```

Python 在导入模块的时候是按照系统环境中的路径搜索的，如果模块不在搜索的路径中，则会报告模块无法搜索的错误 ModuleNotFoundError。用 sys 模块中的 path 属性可查看 Python 的搜索路径，代码如下：

```
>>> import sys
>>> sys.path
['', 'E:\\ProgramData\\python37.zip', 'E:\\ProgramData\\DLLs', 'E:\\ProgramData\\lib',
'E:\\ProgramData','C:\\Users\\Administrator\\AppData\\Roaming\\Python\\Python37\\site-packages',
'E:\\ProgramData\\lib\\site-packages','E:\\ProgramData\\lib\\site-packages\\win32','E:\\
ProgramData\\lib\\site-packages\\win32\\lib','E:\\ProgramData\\lib\\site-packages\\Pythonwin']
```

如果模块不在上述路径里，也可以把模块所在的路径添加到搜索路径中，代码如下：

```
sys.path.append("E:\\hedger")
```

每个 Python 模块都有 __name__ 属性，如果模块被导入其他程序中，其 __name__ 属性就被设置为模块的名称。如果模块作为独立程序执行，其 __name__ 属性被设置为 __main__，因此我们可以通过判断__name__的值来判断模块的运行状态,可以根据__name__值有选择地让模块执行某些代码。

代码如下:

```python
from datetime import time
day_start = time(8, 45)
if __name__ == "__main__":
    day_start = time(15, 15)
    print(day_start)
```

将以上代码保存成文件,如文件名为test.py,双击运行该文件就会执行输出print(day_start),因为独立运行时__name__的值为"__main__"。

有了模块概念,我们就可以结合copy模块再扩展介绍Python在创建数据时的处理方式。

9.1.1 赋值

即用等号"="赋值,表示把对象引用和对象绑定,可简单地理解为把对象赋值给变量。多个变量连接赋值,将会绑定到同一个对象上,而不是各自创建新的对象。

判断两个变量是否指向同一个对象,可以用函数id()查看它们的内存地址,如果内存地址一样,那么指向的就是同一个对象,代码如下:

```
>>> a=[1,2,3,4,5]
>>> b=a
>>> id(a)
4809352
>>> id(b)
4809352
>>>
```

把列表赋值给变量a,再把a赋值给变量b,查看a和b的地址都是4809352,说明a和b指向的是同一个值。

除了用id()查看内存地址,还可以用is运算符判断,当a和b的内存一样时,"b is a"返回True,代码如下:

```
>>> b is a
True
>>>
```

列表是可变对象,当用b或a对列表进行修改时,会直接修改内存中列表的值,a和b又指向同一个地址,因此a或b的值会跟着变化,代码如下:

```
>>> a[0]=6
>>> b
[6, 2, 3, 4, 5]
>>> b[-1]=6
>>> a
[6, 2, 3, 4, 6]
>>> b is a
True
>>>
```

在上述代码示例中，我们用 a[0]=6 修改第一个元素，用 b[-1]=6 修改最后一个元素，a 和 b 的值会同时变，因为 a 和 b 是对同一个地址的值修改。

如果给 b 赋新值，a 和 b 就不再是指向同一个地址了，代码如下：

```
>>> a=[1,2,3,4,5]
>>> b=a
>>> b is a
True
>>> b=[1,2,3,4,5]
>>> b==a
True
>>> b is a
False
>>>
```

在上述代码示例中，当我们给 b 赋新值后，a 和 b 的值相等，但不再是指向同一个地址了。

9.1.2 浅拷贝

浅拷贝指的是用函数 copy() 拷贝父对象以创建新对象，但不会拷贝父对象内部的子对象，新对象内部指向与父对象相同的子对象，如果子对象又是一种数据集合，即数据嵌套（比如列表），则子对象会类似于变量那样作为标签，引用更深层次的数据集合。

在编程语言中，把实现上面那种拷贝的方式称之为"浅拷贝"。顾名思义，"浅拷贝"就是没有解决深层次问题的拷贝，代码如下：

```
>>> d={'x':1,'y':2,'z':[1,2,3,4,5]}
>>> f=d.copy()
>>> f==d
True
>>> f is d
False
>>> f['x'] is d['x']
```

```
True
>>> f['z'] is d['z']
True
>>>
```

d.copy()拷贝一份d的值赋值给f，那么f和d的值相等，但地址不同，而f和d的键映射的值的地址却相同，这说明字典内的子对象（值）没有被拷贝成一份新值，还是原来的值。

我们再用"="连接赋值看看，代码如下：

```
>>> g=d
>>> g is d
True
>>> g['z'] is d['z']
True
>>>
```

在上述代码示例中，"="赋值确实会让两个变量指向同一个地址。

其实，字典的键类似于对象引用（即变量），它指向了值所在的地址，浅拷贝虽然创建了一个新的字典对象，但新字典和原字典却又指向了同样的键，而键又指向了同样的值。如果值是可变数据集合，则值也类似于变量，会引用更深层次的数据集；如果数据集是可变数据，通过值修改数据集会同时改变新字典和原字典；而如果为键重新赋值，就相当于为变量重新赋值，效果则会不一样，代码如下：

```
>>> d={'x':1,'y':2,'z':[1,2,3,4,5]}
>>> f=d.copy()
>>> d['x']=2
>>> f['y']=3
>>> d;f
{'x': 2, 'y': 2, 'z': [1, 2, 3, 4, 5]}
{'x': 1, 'y': 3, 'z': [1, 2, 3, 4, 5]}
>>> d['z'][0]=2
>>> f['z'][4]=6
>>> d;f
{'x': 2, 'y': 2, 'z': [2, 2, 3, 4, 6]}
{'x': 1, 'y': 3, 'z': [2, 2, 3, 4, 6]}
>>> d['z']=8
>>> d;f
{'x': 2, 'y': 2, 'z': 8}
{'x': 1, 'y': 3, 'z': [2, 2, 3, 4, 6]}
>>>
```

由输出结果可知，对字典d和f的键用"="赋新值，则会改变各自自身。但若直接对地址中的值修改，则会同时影响两个字典。

9.1.3 深拷贝

深拷贝需要用 copy 模块中的 deepcopy 函数,深拷贝拷贝了父对象,当内部的子对象是基础数据时则不会进行深拷贝,但如果子对象引用了更深层次的数据,则也会拷贝更深层次的数据,代码如下:

```
>>> import copy
>>> d={'x':1,'y':2,'z':[1,2,3,4,5]}
>>> f=copy.deepcopy(d)
>>> f is d
False
>>> f['x'] is d['x']
True
>>> f['z'] is d['z']
False
>>> d['z'][-1]=6
>>> d;f
{'x': 1, 'y': 2, 'z': [1, 2, 3, 4, 6]}
{'x': 1, 'y': 2, 'z': [1, 2, 3, 4, 5]}
>>>
```

从输出可知,用 copy.deepcopy(d) 创建了一个新字典并赋值给 f,当字典中的值是基础数据时,f 和 d 的值是同一个地址;当值是嵌套数据时,则值只作为对象引用,引用的是更深层的数据,由于更深层的数据被拷贝了,因此其地址不再相同。当 d 修改其深层数据时,不会影响 f 的值。

9.2 包

模块是一个 Python 文件,而包是一个文件夹,但这个文件夹里需要有一个名为 __init__.py 的文件,Python 会把含有文件 __init__.py 的文件夹作为包,__init__.py 可以是没有任何代码的空文件,当导入包或该包中的模块时,会执行 __init__.py。包中还可以嵌套子包。

类似从模块中导入类或方法,当我们使用 import 语句导入包中的模块时,需要指定对应的包名,基本形式为 "import 包名1.包名2.…….模块名"。通过此方法导入包中模块后,使用全限定名称访问包中模块定义的成员,形式如下:

包名1.包名2.…….模块.函数名

因为格式比较长,所以通常采用 from…import 语句,具体形式如下:

from 包名1.[包名2……模块名 import 类名/方法名,或者,from 包名1.[包名2……import

模块名。

包中的模块如果要导入同一个包里的另一个模块或子包中的模块，可以直接用"import 模块名"导入。如果要导入同级的其他包里的模块，就必须从父包开始导入。

如果导入比父级更上层的包，可能无法搜索成功，这跟 Python 当前的搜索路径有关。用 sys 模块中的 path 属性可查看 Python 的搜索路径，如果模块不在搜索路径中，可以按 9.1 节的方法添加路径，但更好的方法还是把相关模块都放在搜索路径中。

9.3 安装第三方模块库

丰富的第三方模块库是 Python 强大的基础，第三方模块都保存在文件夹 site-packages 里。查看已安装的第三方模块库用命令：pip list。pip 是 Python 包的管理工具，该工具提供了对 Python 包的查找、下载、安装、卸载的功能。

安装库的命令如下。

- pip install 库名：安装最新版本；
- pip install 库名==版本号：安装指定版本。

升级库的命令如下：

- pip install --upgrade 库名；
- pip install -U 库名。

9.4 文件处理

9.4.1 open()

Python 用内建函数 open()打开文件，打开文件不是直接操作了文件里的内容，而是先创建一个文件对象，该文件对象是一个迭代器。用 open()函数创建文件对象后，就可以调用文件处理方法了，对文件内容的处理都暂时保存在缓存中。open 函数的主要参数含义如下。

- file：要打开的文件，一般是文件的绝对路径，如 E:\ProgramData\rb2101-1m.csv。
- mode：文件打开模式，指定要对文件做什么操作。

- buffering：打开文件的缓存区大小，该参数可以默认。
- encoding：编码类型，一般都用"utf-8"，可支持中文。
- errors：报错级别。
- newline：控制换行符模式，如果文件内容的换行符不同，那么操作系统可能也不一样。

需要注意的是，主要用到的参数是 file、mode、encoding、newline，其他的参数可以默认。

9.4.2 mode 的主要值及含义

mode 的值有 r、w、a、b、x、t、+，可以相互结合。

1. 只读模式 r

在该模式下，不可写入，默认会以 r 模式打开。代码如下：

```
f = open(r'E:\ProgramData\test.txt',mode='r',encoding='utf-8')
data = f.read()
print(data)
f.close()
```

创建文件对象 f，此时操作标记在文件开头，表示从开头开始读，然后调用 read() 函数读取文件的全部内容并赋值给 data，读取的内容默认会保存成字符串。我们可以用 print(data) 输出读取到的内容，文件使用完要调用 close() 函数将文件关闭。

read() 函数可传入整数参数，例如，read(n) 表示读取 n 字节。

给文件对象赋值，除了用 f =open() 这种形式外，还可以在 with 语句中用 "with open() as f"，用 with 语句则省却了 f.close()。

2. 读写模式 r+

先读后重写，在该模式下，文件需已存在。应当先读后写，因为操作标记默认在文件开头，当读完了以后操作标记移到了文件末尾再进行写入。如果先从头写入，新内容会覆盖掉头部的内容，操作标记移到写的字符位置，再读取时会从该位置向后读，代码如下：

```
f = open(r'E:\ProgramData\test.txt',mode='r+',encoding='utf-8')
data = f.read()
f.write('jkl')
f.flush()
print(data)
f.close()
```

在 r+ 模式下，如果读取了内容，不论读取内容多少，也不论操作标记移到了哪里，再写入的时候操作标记都是在结尾进行写入，类似于追加模式。

3. 写入模式 w

如果文件已存在，则会清除内容重写；如果文件不存在，则创建新文件并写入，此时操作标记移到文件开头表示从头开始写，代码如下：

```
f = open(r'E:\ProgramData\test.txt',mode='w',encoding='utf-8')
f.write('abcd')
f.flush()
f.close()
```

调用 write() 函数把 'abcd' 写入文件，写入后是先保存在缓存里，当调用 close() 关闭文件对象时，该字符串才会写入本地，但也可以调用 flush() 函数立即把缓存写入本地。

在 w 模式下，如果尝试用 read() 函数读取则会报错，错误信息为 io.UnsupportedOperation: not readable。

4. 读写模式 w+

如果文件已存在，则清除内容重写；如果文件不存在，则创建新文件。代码如下：

```
f = open(r'E:\ProgramData\test.txt',mode='w+',encoding='utf-8')
data = f.read()
f.write('jkl')
f.flush()
print(data)
f.close()
```

先读取文件原来的内容，再清空后写入新内容；如果先清空文件，再写入新内容，则操作标记会移到文件末尾，再读取时，读取的就是空内容，这种用法可能没有意义。

5. 追加模式 a

在该模式下，默认文件已存在，新内容会被写入已有内容之后；如果文件不存在，则创建新文件写入。因为操作标记在文件末尾，所以写入时会从末尾追加。代码如下：

```
f = open(r'E:\ProgramData\test.txt',mode='a',encoding='utf-8')
f.write('jkl')
f.flush()
f.close()
```

如果把操作标记移到了其他位置，写入时操作标记也会自动移到末尾并从末尾追加写入。

6. 模式 a+

在该模式下，默认文件已存在，也意味着该模式是追加模式；当文件不存在时，则创建新文件用于读写，因此操作标记总是在末尾，在直接读时，则无法读取到内容。代码如下：

```
f = open(r'E:\ProgramData\test.txt',mode='a+',encoding='utf-8')
data = f.read()
print(data)
f.write('jkl\n')
data = f.read()
print(data)
f.flush()
f.close()
```

7. 二进制模式 b

即读取成字节（bytes）类型。在读取非文本文件（比如音频、视频等信息）的时候，就需要用到 b 模式，代码如下：f = open(r'E:\ProgramData\test.txt',mode='rb+')。

9.4.3 操作标记

在 "utf-8" 编码模式下，一个中文（含繁体）占 3 字节，一个中文标点占 3 字节，一个英文字母占 1 字节，一个英文标点占 1 字节。

操作标记用来表示当前文件内容被执行到哪个字节，类似于我们打字时的光标，光标在哪里，打字时就会从哪里开始，文件开头字节（索引）位置为 0，即操作标记位置在开头为 0。

tell()函数可以获取当前操作标记在什么位置，代码如下：f.tell()。

seek(offset: int,whence:int=...)函数用来移动操作标记，参数 offset 是偏移量，即需要移动的字节数；参数 whence 可选，默认值为 0，表示要从哪个位置开始移动，0 代表从文件开头，1 代表从当前位置，2 代表从文件末尾。例如，seek(0,0)或 seek(0)表示移动到开头，seek(0,1)表示移动到当前位置，seek(0,2)表示移动到末尾。

对于没有使用 b 模式选项打开的文件，只允许从文件开头移动偏移量，如 f.seek(4,0)或 f.seek(4)表示从开头向后移动 4 字节，但 f.seek(4,1)会报错 "can't do nonzero cur-relative seeks"。

9.4.4 其他常用的文件方法

1. readline(n)

读取一行，n 代表一次读 n 字节，调用一次操作标记移动到了读取的位置，再调用时会继续读,直到一行读完,若 n 超出了行的长度则只读到行尾。当行非常长的时候,可以设置 n 的大小进行分批读取可减轻缓存压力。

```python
f = open(r'E:\ProgramData\test.txt',mode='r+')
line=f.readline()
print(line)
f.close()
```

2. readlines(n)

读取全部行,并把行保存为列表,为减轻压力可设置一次读 n 字节。如果行不长,则会读取包含在 n 字节内的所有行。代码如下:

```python
f = open(r'E:\ProgramData\test.txt',mode='r+')
line=f.readlines(3)
print(line)
f.close()
```

3. __next__()

文件对象是一个迭代器,因此可用__next__()读取下一行,如 f.__next__()。

可用 for 循环遍历文件的行,代码如下:

```python
f = open(r'E:\ProgramData\test.txt',mode='r+')
for line in f:
    print(line)
f.close()
```

4. writelines(lines:Iterable[AnyStr])

把一个可迭代对象的元素按行写入文件,元素是字符串类型,字符串最后要带换行符,例如,f.writelines(['a\n','b\n','c\n'])。

9.4.5　创建文件

接下来直接给出创建文件的方法。

os 模块中的 getcwd()函数用来获取程序的路径,pathlib 模块中的 Path()函数用来创建路径对象,例如,让程序在其路径下自动创建日志文件夹,代码如下:

```python
import os
from pathlib import Path
p=Path(os.getcwd()+r'\logs')
p.mkdir(exist_ok=True)
```

在上述代码示例中，p.mkdir(exist_ok=True)用来把路径对象 p 创建为路径，exist_ok=True 可使路径已存在时程序不会报错。

创建好路径就可用 open(str(p)+r'\logs\test.txt','r+')的形式创建文件了。当然也可以创建指定路径，用指定路径替换程序路径就行了。

想了解更多创建文件的方法，可查阅 Python 相关资料。

9.5 json 文件

用 json 模块可以把 Python 数据和 json 文件相互转化，对于轻量级的数据转存非常方便，比如记录一些成交数据。json 模块主要用到 4 个方法：dumps、dump、loads、load。

dumps()把 Python 数据序列化为 json 字符串，再用 write()函数把字符串写入文件，代码如下：

```python
import json
f = open(r'E:\ProgramData\test.json',mode='r+')
data1 = [ { 'a' : 1, 'b' : 2, 'c' : 3, 'd' : 4, 'e' : 5 } ,
         { 'a' : 1, 'b' : 2, 'c' : 3, 'd' : 4, 'e' : 5 },
         { 'a' : 1, 'b' : 2, 'c' : 3, 'd' : 4, 'e' : 5 }]
data2 = json.dumps(data1,indent=2)
f.write(data2)
f.close()
```

dump()可以直接把 Python 数据序列化进文件对象中，代码如下：

```python
import json
f = open(r'E:\ProgramData\test.json',mode='r+')
data1 = [ { 'a' : 1, 'b' : 2, 'c' : 3, 'd' : 4, 'e' : 5 } ,
         { 'a' : 1, 'b' : 2, 'c' : 3, 'd' : 4, 'e' : 5 },
         { 'a' : 1, 'b' : 2, 'c' : 3, 'd' : 4, 'e' : 5 }]
data2 = json.dump(data1,f,indent=2)
f.close()
```

dump 比 dumps 多了个文件对象参数，省略了写入文件那一步，其余的参数都一样。参数 indent 为格式化操作，默认值为 None，表示以紧凑型把 Python 数据序列化。如果 Python 数据比较长，序列化的结果就是一行很长的 json 字符串。indent 为整数表示以缩进整数个空格对 Python 数据换行处理，缩进 2 个空格是比较方便的。例如，上述代码示例经过转换的结果如下：

```
[
  {
    "a": 1,
    "b": 2,
```

```
    "c": 3,
    "d": 4,
    "e": 5
  },
  {
    "a": 1,
    "b": 2,
    "c": 3,
    "d": 4,
    "e": 5
  },
  {
    "a": 1,
    "b": 2,
    "c": 3,
    "d": 4,
    "e": 5
}]
```

loads()可以把文件中的内容反序列化为 Python 数据。需要先读取到文件内容，再反序列化为 Python 数据，代码如下：

```python
import json
f = open(r'E:\ProgramData\test.json',mode='r+')
data1 = f.read()
data2 = json.loads(data1)
print(data2)
print(data1)
f.close()
```

load()可以直接把文件中的内容反序列化为 Python 数据，不需要先读取文件内容，代码如下：

```python
import json
f = open(r'E:\ProgramData\test.json',mode='r+')
data2 = json.load(f)
print(data2)
f.close()
```

通过对比可以知道，dumps()和loads()主要用于对Python数据和json字符串进行转换，dump()和load()主要用于对Python数据和文件对象的直接存取。

9.6 小结

本章正式详细介绍了模块的概念和模块的导入方法，模块就是扩展名为.py 的 Python 文件，文件里有编写好的函数、类及其他代码。不同功用的模块也可以保存在不同的文件夹里，这些文件夹称为包。除了作为模块的 Python 文件，本章又介绍了用 Python 读写其他文件的方法，主要是读写文本文件的方法。最后介绍了 Python 数据与 json 文件相互转换的方法，json 文件常用于保存一些日志。

　　因为量化交易中需要用到时间作为控制条件，或者需要对业务数据的时间转换，所以下一章将介绍处理日期时间的模块。

第 10 章 时间日期处理

在开始本章之前，请先了解两个概念。

UTC time（世界协调时），又称世界标准时间，与 UTC time 对应的是各个时区的 local time（本地时间），东 N 区的时间比 UTC 时间早 N 个小时，因此 UTC time + N 小时，即为东 N 区的本地时间；而西 N 区时间比 UTC 时间晚 N 个小时，即 UTC time $-N$ 小时，即为西 N 区的本地时间；中国在东 8 区，因此比 UTC 时间早 8 小时，可以以 UTC+8 表示。

timestamp（时间戳），也称为 Unix 时间或 POSIX 时间，它是一种时间表示方式，表示从 UTC 时间 1970 年 1 月 1 日 0 时 0 分 0 秒开始到现在所经过的毫秒数，其值为 float 类型。但有些编程语言的相关方法返回的是秒数，比如 Python 返回的是秒数。时间戳是个差值，其值与时区无关。

10.1 time 模块

time 模块主要在程序中用 sleep() 函数暂停，用来访问时间格式的属性或获取时间戳以对不同时间格式相互转换，其主要方法如下：

sleep(n) 让程序在此处暂停 n 秒，如暂停 5.999999 秒，也可以精确到毫秒：

```
import time
time.sleep(5.999999)
```

clock()返回当前进程所消耗的处理器运行时间秒数（包括 sleep 时间）；该方法在 Python3.3 中被改成了 process_time()，且在 Python 3.8 被移除，新函数不包括 sleep 时间，process_time_ns()返回秒数的小数部分，精确到纳秒，代码如下：

```
>>> import time
>>> time.time();time.sleep(3);time.time();time.clock();time.process_time();time.process_time_ns()
1610932112.7313514
1610932115.731523
223.312804451
0.1092007
109200700
>>>
```

altzone 用于访问属性，返回 UTC 时间与本地时间的时间差，以秒为单位（在西区该值为正，在东区该值为负），代码如下：

```
>>> time.altzone
-32400
>>>
```

time()返回本地时间戳（自 1970-1-1 0:00:00 至今的秒数），代码如下：

```
>>> time.time()
1610855939.2073827
>>>
```

localtime(secs)将时间戳 secs 转换为本地时间 struct_time 对象，如果无参数，则默认以 time()返回值作为参数，代码如下：

```
>>> time.localtime()
time.struct_time(tm_year=2021, tm_mon=1, tm_mday=17, tm_hour=12, tm_min=5, tm_sec=32, tm_wday=6, tm_yday=17, tm_isdst=0)
>>> time.localtime(0)
time.struct_time(tm_year=1970, tm_mon=1, tm_mday=1, tm_hour=8, tm_min=0, tm_sec=0, tm_wday=3, tm_yday=1, tm_isdst=0)
>>> time.localtime(500)
time.struct_time(tm_year=1970, tm_mon=1, tm_mday=1, tm_hour=8, tm_min=8, tm_sec=20, tm_wday=3, tm_yday=1, tm_isdst=0)>>>
```

从上例的返回值可知，返回的是东 8 区，即北京时间。

gmtime(secs)将时间戳 secs 转换为 UTC 时间 struct_time 对象，如果无参数，则默认以 time()返回值作为参数，代码如下：

```
>>> time.gmtime()
time.struct_time(tm_year=2021, tm_mon=1, tm_mday=17, tm_hour=4, tm_min=14, tm_sec=16, tm_wday=6, tm_yday=17, tm_isdst=0)
>>> time.gmtime(0)
```

```
    time.struct_time(tm_year=1970, tm_mon=1, tm_mday=1, tm_hour=0, tm_min=0, tm_sec=0, tm_wday=3,
tm_yday=1, tm_isdst=0)
>>> time.gmtime(500)
    time.struct_time(tm_year=1970, tm_mon=1, tm_mday=1, tm_hour=0, tm_min=8, tm_sec=20,
tm_wday=3, tm_yday=1, tm_isdst=0)
>>>
```

从返回值可知，返回的是 UTC 时间。

asctime(t)将一个时间 tuple 或 struct_time 形式的时间转换为一个 24 个字符的时间字符串，格式为'Sun Jan 17 12:19:19 2021'。如果参数 t 未提供，则取本地 localtime()的返回值作为参数。代码如下：

```
>>> time.asctime()
'Sun Jan 17 12:19:19 2021'
>>> time.asctime(time.localtime(0))
'Thu Jan  1 08:00:00 1970'
>>> time.asctime(time.gmtime(0))
'Thu Jan  1 00:00:00 1970'
>>>
```

ctime(secs)将一个时间戳表示的时间转换为一个表示本地时间的字符串，如果参数 secs 没有提供值或值为 None，则取本地 time()作为返回值，ctime(secs)等价于 asctime(localtime(secs))，代码如下：

```
>>> time.ctime()
'Sun Jan 17 12:25:39 2021'
>>> time.ctime(0)
'Thu Jan  1 08:00:00 1970'
>>>
```

strptime(string: str, format: str=...)将时间字符串转换为 struct_time 时间对象，代码如下：

```
>>> time.strptime('Thu Jan  1 08:00:00 1970')
    time.struct_time(tm_year=1970, tm_mon=1, tm_mday=1, tm_hour=8, tm_min=0, tm_sec=0,
tm_wday=3, tm_yday=1, tm_isdst=-1)
>>> time.strptime('Thu Jan  1 08:00:00 1970', '%a %b %d %H:%M:%S %Y')
    time.struct_time(tm_year=1970, tm_mon=1, tm_mday=1, tm_hour=8, tm_min=0, tm_sec=0,
tm_wday=3, tm_yday=1, tm_isdst=-1)
>>> time.strptime('1970-1-1 8:0:0','%Y-%m-%d %H:%M:%S')
    time.struct_time(tm_year=1970, tm_mon=1, tm_mday=1, tm_hour=8, tm_min=0, tm_sec=0,
tm_wday=3, tm_yday=1, tm_isdst=-1)
>>>
```

时间字符串格式和格式化参数格式要保持一致，不然无法匹配，常用的格式有'%Y-%m-%d %H:%M:%S'、'%Y/%m/%d %H:%M:%S'、'%Y%m%d%H%M%S'。

`strftime(format: str, t: Union[_TimeTuple, struct_time]=...)`将一个时间tuple或struct_time形式的时间转换为时间字符串，默认转换本地的当前时间代码如下：

```
>>> time.strftime('%Y-%m-%d %H:%M:%S',time.localtime())
'2021-01-17 12:48:06'
>>> time.strftime('%Y/%m/%d %H:%M:%S',time.localtime())
'2021/01/17 12:48:49'
>>> time.strftime('%Y-%m-%d %H:%M:%S')
'2021-01-17 12:50:43'
>>>
```

`mktime(struct_time)`将一个时间tuple或struct_time形式的时间转换为时间戳，代码如下：

```
>>> time.localtime();time.mktime(time.localtime());time.time()
time.struct_time(tm_year=2021, tm_mon=1, tm_mday=17, tm_hour=12, tm_min=58, tm_sec=7, tm_wday=6, tm_yday=17, tm_isdst=0)
1610859487.0
1610859487.4981003
>>>
```

`struct_time`时间格式是一个类，可用"."操作符获取其时间属性，其内部也会返回一个元组序列，因此也可以用索引值获取时间属性，但通过属性名称获取时间属性更直观。

代码如下：

```
>>> t=time.localtime()
>>> print(t.tm_year,t.tm_wday,t.tm_isdst)
2021 6 0
>>> print(t[0],t[6],t[8])
2021 6 0
>>>
```

属性相关的信息如表10-1所示。

表 10-1

属性名	索引值	释义
tm_year	0	年
tm_mon	1	月，取值范围为[1, 12]
tm_mday	2	日，取值范围为[1, 31]
tm_hour	3	时，取值范围为[0, 23]
tm_min	4	分，取值范围为[0, 59]
tm_sec	5	秒，取值范围为[0, 59]
tm_wday	6	一个星期中的第几天，取值范围为[0, 6]，0表示星期一
tm_yday	7	一年中的第几天，取值范围为[1, 366]
tm_isdst	8	是否为夏令时，可取值为0、1或-1

字符串格式的时间（如'2021-01-17 12:50:43'）不能直接和时间戳相互转换，需要先转换成中间类型 struct_time。

10.2　datetime 模块

datetime 模块提供了处理日期和时间的类，其功能包含了大部分 time 模块的功能，比 time 模块更为直观。datetime 模块有两个常量：MINYEAR 表示年份的最小值，值为 1；MAXYEAR 表示年份的最大值，值为 9999。

10.2.1　date 类

date 类主要用来创建 date 对象，属性 max 是 date 对象所能表示的最大日期（9999-12-31），min 是 date 对象所能表示的最小日期（0001-01-01），resolution 是 date 对象表示的日期的最小单位（1 day, 0:00:00）。代码如下：

```
>>> from datetime import date
>>> date.max
datetime.date(9999, 12, 31)
>>> date.min
datetime.date(1, 1, 1)
>>> date.resolution
datetime.timedelta(days=1)
>>>
```

today()返回一个表示当前本地日期的 date 对象，代码如下：

```
>>> date.today()
datetime.date(2021, 1, 17)
>>>
```

fromtimestamp(timestamp)可以把时间戳转换为 date 对象，代码如下：

```
>>> import time
>>> date.fromtimestamp(time.time())
datetime.date(2021, 1, 17)
>>>
```

date 对象的属性和方法如表 10-2 所示。

表 10-2

date 对象的属性/方法	释义
year	年
month	月
day	日
replace(year[, month[, day]])	生成并返回一个新的日期对象，原日期对象不变
timetuple()	返回日期对应的 time.struct_time 对象
toordinal()	返回日期是自 0001-01-01 开始的第多少天
weekday()	返回日期是星期几，[0,6]，0 表示星期一
isoweekday()	返回日期是星期几，[1,7]，1 表示星期一
isocalendar()	返回一个元组，格式为(year, weekday, isoweekday)
isoformat()	返回'YYYY-MM-DD'格式的日期字符串
strftime(format)	返回指定格式的日期字符串，与 time 模块的 strftime(format, struct_time)功能相同

代码如下：

```
>>> dt=date.today()
>>> dt.year;dt.month;dt.day
2021
1
17
>>> dt.replace(2020)
datetime.date(2020, 1, 17)
>>> dt.replace(2020,3)
datetime.date(2020, 3, 17)
>>> dt.replace(2020,3,20)
datetime.date(2020, 3, 20)
>>> dt.timetuple()
time.struct_time(tm_year=2021, tm_mon=1, tm_mday=17, tm_hour=0, tm_min=0, tm_sec=0, tm_wday=6, tm_yday=17, tm_isdst=-1)
>>> dt.toordinal()
737807
>>> dt.weekday()
6
>>> dt.isoweekday()
7
>>> dt.isocalendar()
(2021, 2, 7)
>>> dt.isoformat()
'2021-01-17'
>>> dt.strftime('%Y/%m/%d')
'2021/01/17'
>>>
```

10.2.2 time 类

time 类的用法如下：

```
time(hour: int=...,minute: int=..., second: int=..., microsecond: int=..., tzinfo: Optional[_tzinfo]=..., *, fold: int=...)
```

time 类的参数均是可选的，无参数返回的是 00:00:00。参数 hour 代表小时，minute 代表分，second 代表秒，microsecond 代表微妙，tzinfo 代表时区。

time 类主要用来定义时间段，比如期货市场的白盘和夜盘，可用 time 定义如下：

```python
from datetime import time
day_start = time(8, 45)    #上午开盘
day_end = time(15, 15)     #下午收盘
night_start = time(20, 45) #夜盘开盘
night_end = time(2,30)     #凌晨收盘
```

10.2.3 datetime 类

datetime 包含了日期和时间的接口。

today() 返回一个表示当前本地日期时间的 datetime 对象，代码如下：

```
>>> from datetime import datetime
>>> datetime.today()
datetime.datetime(2021, 1, 18, 9, 48, 59, 82131)
>>> print(datetime.today())
2021-01-18 09:49:10.612790
>>>
```

now(tz) 返回指定时区日期时间的 datetime 对象，如果不指定 tz 参数则结果和 today() 相同。

utcnow() 返回当前 UTC 日期时间的 datetime 对象，代码如下：

```
>>> from datetime import datetime,timezone
>>> print(datetime.today());print(datetime.now());print(datetime.now(timezone.utc));print(datetime.utcnow())
2021-01-18 10:05:21.227306
2021-01-18 10:05:21.227306
2021-01-18 02:05:21.227306+00:00
2021-01-18 02:05:21.227306
>>>
```

fromtimestamp(timestamp[, tz]) 把时间戳转换为 datetime 对象，默认为本地时区。

utcfromtimestamp(timestamp) 把时间戳转换为 datetime 对象，时区为 UTC，代码如下：

```
>>> print(datetime.fromtimestamp(time.time()));print(datetime.utcfromtimestamp(time.time()));
print(datetime.fromtimestamp(time.time(),timezone.utc))
2021-01-18 10:17:58.807637
2021-01-18 02:17:58.807637
2021-01-18 02:17:58.808637+00:00
>>>
```

combine(date, time) 把指定的 date 和 time 对象整合成一个 datetime 对象，代码如下：

```
>>> datetime.combine(date(2021, 1, 18), time(10,22,50))
datetime.datetime(2021, 1, 18, 10, 22, 50)
>>>
```

strptime(t_str, format) 将时间字符串转换为 datetime 对象，时间和格式化的格式要匹配，代码如下：

```
>>> datetime.strptime('2021-01-18 10:25:30', '%Y-%m-%d %H:%M:%S')
datetime.datetime(2021, 1, 18, 10, 25, 30)
>>>
```

datetime 对象的属性和方法如表 10-3 所示。

表 10-3

datetime 对象的属性/方法	释义
year、month、day、hour、minute、second、microsecond	年、月、日、时、分、秒、微秒
tzinfo	时区
date()	获取 datetime 对象对应的 date 对象
time()	获取 datetime 对象对应的 time 对象，tzinfo 为 None
timetz()	获取 datetime 对象对应的 time 对象，tzinfo 与 datetime 对象的 tzinfo 相同
replace()	替换日期时间的一项或多项，生成并返回一个新的 datetime 对象；如果所有参数都没有指定，则返回一个与原 datetime 对象相同的对象
timetuple()	返回 datetime 对象对应的 tuple（不包括 tzinfo）
utctimetuple()	返回 datetime 对象对应的 utc 时间的 tuple（不包括 tzinfo）
toordinal()	返回日期是自 0001-01-01 开始的第多少天
weekday()	返回日期是星期几，[0, 6]，0 表示星期一
isocalendar()	返回一个元组，格式为 (year, weekday, isoweekday)
isoformat(sep)	返回 'YYYY-MM-DD' 格式的日期字符串，sep 是日期和时间的分隔符

续表

属性/方法	释义
ctime()	返回'Mon Jan 18 10:48:03 2021'格式的时间
timestamp()	返回时间戳
strftime(format)	返回指定格式的时间字符串

代码如下：

```
>>> dt=datetime.today()
>>> dt.year;dt.hour
2021
10
>>> dt.date()
datetime.date(2021, 1, 18)
>>> dt.time();dt.timetz()
datetime.time(10, 48, 3, 896883)
datetime.time(10, 48, 3, 896883)
>>> dt.replace(2022)
datetime.datetime(2022, 1, 18, 10, 48, 3, 896883)
>>> dt.timetuple()
time.struct_time(tm_year=2021, tm_mon=1, tm_mday=18, tm_hour=10, tm_min=48, tm_sec=3, tm_wday=0, tm_yday=18, tm_isdst=-1)
>>> dt.weekday()
0
>>> dt.isocalendar()
(2021, 3, 1)
>>> dt.isoformat()
'2021-01-18T10:48:03.896883'
>>> dt.isoformat(sep=' ')
'2021-01-18 10:48:03.896883'
>>> dt.ctime()
'Mon Jan 18 10:48:03 2021'
>>> dt.timestamp()
1610938083.896883
>>> dt.strftime('%Y/%m/%d %H:%M:%S.%f')
'2021/01/18 10:48:03.896883'
>>>
```

字符串格式的时间（如'2021-01-17 12:50:43'）不能直接和时间戳相互转换，需要先转换成中间类型datetime。

日期是可以做算术运算和比较运算的，时间也可以做比较，代码如下：

```
>>> from datetime import datetime,date,time
>>> dt=datetime.today();dt
datetime.datetime(2021, 1, 18, 11, 15, 33, 704246)
>>> print('相差天数: ',dt.date()-date(2000,1,1))
```

```
相差天数: 7688 days, 0:00:00
>>> print(dt.date()>date(2000,1,1))
True
>>> dt.time()
datetime.time(11, 15, 33, 704246)
>>> print(dt.time()>time(8,45,30))
True
>>>
```

10.2.4 timedelta 类

timedelta 类表示日期时间的差值，差值的单位可以是天、小时、分钟、秒、毫秒、微秒、周。

timedelta(days: float=..., seconds: float=..., microseconds: float=..., milliseconds: float=..., minutes: float=..., hours: float=..., weeks: float=..., *, fold: int=...) 类的参数都是可选的，默认日期时间差值都为 0。

在 timedelta 类的属性中，min 是天的最小值-999999999，max 是天的最大值 999999999，resolution 是秒的单位（微秒），代码如下：

```
>>> from datetime import timedelta
>>> print(timedelta.min);print(timedelta.max);print(timedelta.resolution)
-999999999 days, 0:00:00
999999999 days, 23:59:59.999999
0:00:00.000001
>>> timedelta.min;timedelta.max;timedelta.resolution
datetime.timedelta(days=-999999999)
datetime.timedelta(days=999999999, seconds=86399, microseconds=999999)
datetime.timedelta(microseconds=1)
>>>
```

timedelta 对象参与日期时间的计算如下：

```
>>> from datetime import datetime,timedelta
>>> dt=datetime.today()
>>> dt
datetime.datetime(2021, 1, 18, 12, 29, 30, 723029)
>>> dt + timedelta(1)      # 1天后
datetime.datetime(2021, 1, 19, 12, 29, 30, 723029)
>>> dt + timedelta(-1)     # 1天前
datetime.datetime(2021, 1, 17, 12, 29, 30, 723029)
>>> dt + timedelta(hours=1)    # 1小时后
datetime.datetime(2021, 1, 18, 13, 29, 30, 723029)
```

```
>>> dt + timedelta(hours=-1)    # 1小时前
datetime.datetime(2021, 1, 18, 11, 29, 30, 723029)
>>> dt + timedelta(days=1,hours=1)    #1天1小时后
datetime.datetime(2021, 1, 19, 13, 29, 30, 723029)
>>>
```

timedelta 对象的属性和方法如下。

- days：天，取值范围为[-999999999, 999999999]。
- seconds：时分秒一共的秒数，取值范围为[0, 86399]，86400 秒为 1 天。
- microseconds：微秒，取值范围为[0, 999999]。
- total_seconds()：时间差中包含的总秒数。

代码如下：

```
>>> td=timedelta(days=2,seconds=30,microseconds=789,milliseconds=456,minutes=15,hours=1,weeks=0)
>>> td.days;td.seconds;td.microseconds;td.total_seconds()
2
4530
456789
177330.456789
>>>
```

10.3 小结

Python 用来处理日期时间的模块有 time 和 datetime 两个，time 主要用来获取时间戳和调用 sleep 函数暂停，datetime 的用途则更广，量化交易中用到的业务数据的日期时间也经常需要与 datetime 类型相互转换。

后面我们将介绍实现异步任务的方法，下一章先来介绍多进程任务。

第 11 章 多进程 multiprocess 模块

有时候我们需要让程序处理多个任务，如果按任务的先后顺序来处理，需要等前面的一个任务处理完，再处理后面的任务，后续任务能否执行依赖于前面的任务是否完成，这种方式称作同步任务。如果前面的任务有暂停，比如有一个输入语句，即使暂时不需要输入，但也会一直等待输入，而不去执行后续任务，这种执行效率显然不高。

当前面的任务暂停时，可以转为执行后面的任务；当后面的任务暂停时，再转为执行更后面的任务；所有任务都执行一遍后再从头开始执行还没执行完的任务，或者多个任务直接同时执行，这种后续任务不依赖于前面的任务是否完成的方式称作异步任务，异步可以使执行效率大大提高。

如果把不同的任务隔开，操作系统同时执行多个任务，这种任务又叫多进程任务，多进程又叫并行任务，多进程可以最大效率地利用 CPU，通常同时执行的进程数量不超过 CPU 数量。

进程是操作系统正在执行的一个程序实例，每一个进程都有自己的地址空间，地址空间保存了程序的代码、动态分配的内存、指令集等，因此不同进程内定义的数据也是相互隔离的。

线程是进程中的任务，进程又称作主线程，其他任务称为子线程，众多子线程共用进程的资源，多个子线程在进程中交替执行，这种方式称为并发任务。

综上，并行和并发都是实现异步任务的方式。

11.1 Process 类

Python 中可用 `multiprocess` 模块中的 `Process` 类创建进程,当前程序称作主线程或父进程,用 `Process` 在父进程中创建的进程称作子进程,以下是 `Process` 的参数形式:

```
Process(group: None=..., target: Optional[Callable[..., Any]]=..., name: Optional[str]=..., args: Tuple[Any, ...]=..., kwargs: Mapping[str, Any]=..., *, daemon: Optional[bool]=...)
```

其中,`group` 表示进程所属组(该参数为以后 Python 版本保留,暂不使用);`target` 表示被调用对象,即要执行的子进程任务;`name` 为子进程名称;`args` 是调用对象的位置参数元组;`kwargs` 是调用对象的关键字参数字典;`daemon` 为 `True`,子进程为守护进程,即当父进程结束时守护进程也跟着结束,且守护进程内不能创建子进程。

`Process` 的方法和属性如表 11-1 所示。

表 11-1

Process 的属性/方法	释义
`start()`	启动进程,自动调用进程中的 run()方法
`run()`	进程启动时执行的方法,其会调用 target 指定的函数
`is_alive()`	判断进程执行状态是否存活,存活返回 True,否则 False。对于被终止的进程可先用 join()确保执行结束再获取执行状态,以免状态未来得及更新
`join(timeout)`	等待子进程结束才会继续向下执行,timeout 为可选的超时时间
`terminate()`	强制终止进程,不会进行任何清理操作。如果该进程终止前有未结束的子进程,子进程在其强制结束后会变为僵尸进程;如果该进程还保存了一个锁,那么也将不会被释放,进而导致死锁
`pid`	进程的编号
`name`	进程名称
`exitcode`	进程运行时为 None,如果为-N,表示被信号 N 结束了
`daemon`	默认值为 False,如果为 True,那么子进程就是守护进程,即当父进程结束时守护进程也跟着结束,且守护进程内不能创建子进程,设置该属性必须在 start()之前
`authkey`	进程身份验证,默认是由 os.urandom()随机生成 32 字符的字符串。为涉及网络连接的底层进程间的通信提供安全性,网络连接只有在具有相同身份验证时才能成功

在 Windows 系统中,子进程是父进程的分支,当 Python 程序独立执行时,子进程的启动要放在父进程中,即语句块"`if __name__ == '__main__':`"中,我们先看一个示例:

```
import time,os
from multiprocessing import Process
def func(a,b,y,c=3,d=4):
```

```python
        print('开始执行子进程:',a)
        print('子进程'+a+'的 id: {0},父进程的 id:{1}'.format(os.getpid(), os.getppid()))
        global x
        x=y
        t0=time.time()
        print('c+d:',c+d)
        print('子进程'+a+'的 x:',x)
        time.sleep(b)
        print('子进程'+a+'执行结束,用时:',time.time()-t0)
if __name__ == '__main__':
    x=60
    f1=Process(target=func,args=('f1',3,10),kwargs={'c':5,'d':6})
    f2=Process(target=func,name='mm',args=('f2',5,100),kwargs={'c':7,'d':8})
    t0=time.time()
    f1.start()
    f2.start()
    print('子进程 f1 的名称:{0},pid:{1}'.format(f1.name,f1.pid))
    print('子进程 f2 的名称:{0},pid:{1}'.format(f2.name,f2.pid))
    print('父进程的 x:',x)
    print('父进程执行结束,用时:',time.time()-t0)
'''
输出结果为:
子进程 f1 的名称:Process-1,pid:16764
子进程 f2 的名称:mm,pid:18088
父进程的 x: 60
父进程执行结束,用时: 0.02397942543029785
开始执行子进程: f2
开始执行子进程: f1
子进程 f2 的 id: 18088,父进程的 id:16356
子进程 f1 的 id: 16764,父进程的 id:16356c+d: c+d:15
子进程 f2 的 x:11
100 子进程 f1 的 x: 10
子进程 f1 执行结束,用时: 3.002328634262085
子进程 f2 执行结束,用时: 5.004023790359497
'''
```

在上述代码示例中，f=Process()是创建一个子进程实例，调用start()方法才会正式启动子进程，从输出结果可知，父进程直接执行到底了，而子进程f1和f2执行时没有先后顺序，属于并行执行，于是输出会发生交叉。子进程的pid既可以用属性pid获取，也可以用os.getpid()获取；父进程的pid可用os.getppid()获取。Process的参数name是子进程的名称，如果没有设置名称，那么Python会分配一个名称。子进程f1内用sleep(3)暂停了3秒，f2用sleep(5)暂停了5秒，但总的执行时间是5秒而不是8秒，这也说明子进程f1、f2与父进程是并行执行的。父进程和子进程f1、f2里都定义了全局变量x，但x的作用范围只在各自进程内部，说明进程间的数据是隔离的。

我们再看下用join()等待子进程结束及用terminate()强制终止子进程，继续引用上述例子，代码如下：

```python
import time,os
from multiprocessing import Process
def func(a,b,y,c=3,d=4):
    print('开始执行子进程:',a)
    print('子进程'+a+'的 id:{0},父进程的id:{1}'.format(os.getpid(), os.getppid()))
    global x
    x=y
    t0=time.time()
    print('c+d:',c+d)
    print('子进程'+a+'的 x:',x)
    time.sleep(b)
    print('子进程'+a+'执行结束,用时:',time.time()-t0)
if __name__ == '__main__':
    x=60
    f1=Process(target=func,args=('f1',2,10),kwargs={'c':5,'d':6})
    f2=Process(target=func,name='mm',args=('f2',6,100),kwargs={'c':7,'d':8})
    f3=Process(target=func,name='nn',args=('f3',10,200),kwargs={'c':9,'d':10},daemon=True)
    t0=time.time()
    f1.start()
    print('f1 执行状态:',f1.is_alive())
    f1.join()
    #time.sleep(10)
    print('f1 执行状态:',f1.is_alive())
    #f3.daemon=True
    f2.start()
    f3.start()
    print('f2 执行状态:',f2.is_alive())
    f2.join(2)
    f2.terminate()
    f2.join()
    #time.sleep(10)
    print('f2 执行状态:',f2.is_alive())
    print('子进程 f1 的名称:{0},pid:{1}'.format(f1.name,f1.pid))
    print('子进程 f2 的名称:{0},pid:{1}'.format(f2.name,f2.pid))
    print('子进程 f3 的名称:{0},pid:{1}'.format(f3.name,f3.pid))
    print('父进程的 x:',x)
print('父进程执行结束,用时:',time.time()-t0)
'''
输出结果如下:
f1 执行状态: True
开始执行子进程: f1
子进程 f1 的 id: 4324,父进程的 id:13288c+d: 11
子进程 f1 的 x: 10
子进程 f1 执行结束,用时: 2.0001659393310547
f1 执行状态: False
f2 执行状态: True
开始执行子进程: f3
开始执行子进程: f2
```

```
子进程 f3 的 id: 18236,父进程的 id:13288c+d: 19
子进程 f3 的 x:子进程 f2 的 id: 6476,父进程的 id:13288200c+d: 15
子进程 f2 的 x: 100
f2 执行状态: False
子进程 f1 的名称:Process-1,pid:4324
子进程 f2 的名称:mm,pid:6476
子进程 f3 的名称:nn,pid:18236
父进程的 x: 60
父进程执行结束,用时: 4.221191644668579
'''
```

从输出结果可知，join()方法会等待子进程结束才会继续向下执行，子进程结束后状态 is_alive 返回 False。f2 调用 join(2)，将超时时间设置为 2 秒，2 秒后，尽管 f2 未结束也会继续向下执行。然后用 terminate()强制终止了 f2，此时 f2 之后的语句不再执行。这里需要注意的是，f2 可能包含其他未完成的进程而没有得到处理，且终止后如果立即调用 is_alive 返回值可能还是 True，因为状态还没来得及切换，可以用 sleep()等待状态切换，或者再用 join()方法判断进程是否结束，结束了便会切换状态。等子进程都结束后才继续向下执行完父进程，子进程 f1 用时 2 秒，f2.join(2)用时 2 秒，父进程用时 4 秒多一点。当父进程结束后，f3 也跟着结束了，因为 f3 的 daemon 值为 True，所以 f3 成了守护进程，daemon 值除了可在实例化时作为参数传值，也可以在 start()之前用 f3.daemon=True 赋值。

我们还可以自定义进程类，以实现某些个性化操作，自定义进程类需继承 Process 类并重写 run()方法，在 run()方法中执行子进程任务，初始化函数里也需用 super().__init__() 先执行 Process 类初始化函数，代码如下：

```python
import time,os
from multiprocessing import Process
def func(a,b,y,c=3,d=4):
    print('开始执行子进程:',a)
    print('子进程'+a+'的 id: {0},父进程的 id:{1}'.format(os.getpid(), os.getppid()))
    global x
    x=y
    t0=time.time()
    print('c+d:',c+d)
    print('子进程'+a+'的 x:',x)
    time.sleep(b)
    print('子进程'+a+'执行结束,用时:',time.time()-t0)
class MyProcess(Process):
    def __init__(self,target,args,kwargs):
        super().__init__()
        self.target=target
        self.args=args
        self.kwargs=kwargs
    def run(self):
        self.target(*self.args,**self.kwargs)
```

```python
if __name__ == '__main__':
    x=60
    f1=MyProcess(target=func,args=('f1',2,10),kwargs={'c':5,'d':6})
    f2=MyProcess(target=func,args=('f2',6,100),kwargs={'c':7,'d':8})
    t0=time.time()
    f1.start()
    print('f1 执行状态:',f1.is_alive())
    f1.join()
    #time.sleep(10)
    print('f1 执行状态:',f1.is_alive())
    f2.start()
    #f2.run()
    print('f2 执行状态:',f2.is_alive())
    f2.join(2)
    f2.terminate()
    f2.join()
    #time.sleep(10)
    print('f2 执行状态:',f2.is_alive())
    print('子进程 f1 的名称:{0},pid:{1}'.format(f1.name,f1.pid))
    print('子进程 f2 的名称:{0},pid:{1}'.format(f2.name,f2.pid))
    print('父进程的 x:',x)
    print('父进程执行结束，用时:',time.time()-t0)
'''
输出结果略
'''
```

从输出结果可知，用自定义子类 MyProcess 创建子进程效果是差不多的。但需要注意的是，用 start() 方法启动子进程可以实现并行执行，但若直接调用 run() 方法便是在执行同步任务了，需要等 run() 方法执行完才会继续向下执行，即子进程不再是一个多进程任务了，仅是一个普通的 run() 方法。因此在 run() 方法后调用 join() 方法会提示非启动的进程，调用 terminate() 方法也会报错。

11.2 Lock 类

不同进程的数据是相互独立的，但不同进程也可能处理进程外的数据。例如，当多个进程对本地的同一文件读写时，如果一个进程没有写完，另一个进程就可能读取到错误的信息。又如，一个进程取钱，另一个进程购物，钱取出了但还没来得及修改金额，另一个进程可能获取了之前的金额并且显示购物成功。

由于多个进程竞争使用于不应被同时访问的资源，使得这些进程有可能因为时间上推进的先后原因而出现问题，这称作竞争条件（Race Condition）。

Lock（锁）用于锁住进程，是为了解决多个进程共用同一个数据问题的方式之一。

为了解决多个进程共用同一个数据时可能发生数据错误或执行顺序混乱的问题，我们可以用 Lock 类锁定进程，使数据一次只被一个进程调用，进程释放了锁后，数据才能再被其他进程调用。

我们用 Lock 一次只允许一个进程使用同一数据，代码如下：

```python
import time,os
from multiprocessing import Process, Lock
def func(a,b,y,lock,c=3,d=4):
    lock.acquire()
    print('开始执行子进程:',a)
    print('子进程'+a+'的 id:{0},父进程的 id:{1}'.format(os.getpid(), os.getppid()))
    global x
    x=y
    t0=time.time()
    print('c+d:',c+d)
    print('子进程'+a+'的 x:',x)
    time.sleep(b)
    print('子进程'+a+'执行结束,用时:',time.time()-t0)
    lock.release()
if __name__ == '__main__':
    lock = Lock()
    x=60
    t0=time.time()
    for j in range(1,3):
        for i in 'abc':
            f=Process(target=func,name=i*j,args=(i*j,j,10,lock),kwargs={'c':5,'d':6})
            f.start()
            print('子进程 f 的名称:{0},pid:{1}'.format(f.name,f.pid))

    print('父进程的 x:',x)
    print('父进程执行结束, 用时:',time.time()-t0)
'''
输出结果为:
子进程 f 的名称:a,pid:11136
子进程 f 的名称:b,pid:10476
子进程 f 的名称:c,pid:10692
子进程 f 的名称:aa,pid:10932
子进程 f 的名称:bb,pid:6328
子进程 f 的名称:cc,pid:9876
父进程的 x: 60
父进程执行结束, 用时: 0.12100696563720703
开始执行子进程: b
子进程 b 的 id: 10476,父进程的 id:10984
c+d: 11
子进程 b 的 x: 10
```

```
子进程 b 执行结束,用时: 1.0010573863983154
开始执行子进程: a
子进程 a 的 id: 11136,父进程的 id:10984
c+d: 11
子进程 a 的 x: 10
子进程 a 执行结束,用时: 1.0010569095611572
开始执行子进程: aa
子进程 aa 的 id: 10932,父进程的 id:10984
c+d: 11
子进程 aa 的 x: 10
子进程 aa 执行结束,用时: 2.012115001678467
开始执行子进程: cc
子进程 cc 的 id: 9876,父进程的 id:10984
c+d: 11
子进程 cc 的 x: 10
子进程 cc 执行结束,用时: 2.003114700317383
开始执行子进程: c
子进程 c 的 id: 10692,父进程的 id:10984
c+d: 11
子进程 c 的 x: 10
子进程 c 执行结束,用时: 1.0020570755004883
开始执行子进程: bb
子进程 bb 的 id: 6328,父进程的 id:10984
c+d: 11
子进程 bb 的 x: 10
子进程 bb 执行结束,用时: 2.0011146068573'
''
```

从输出结果可知,子进程是一个一个执行的,在函数 func 开始处用 `lock.acquire()` 锁定,执行完再用 `lock.release()` 释放锁,一次只让一个子进程使用 range 和 "abc" 数据。这虽然可以保证数据的安全,但执行效率又大大降低了,失去了并行的意义。为保持高效率和数据安全,Python 又引入了其他进程间通信的方式。

11.3 Event 类

Event(事件)用于进程间通信,可以让程序中的一个进程通过判断其他进程的状态来确定自己下一步的操作。

前文讲到同步和异步的区别是后续任务是否需要等待前面的任务执行完成。阻塞和非阻塞的区别是在数据没准备好的情况下是否立即返回,即执行一个任务是等该任务处理了所需数据再返回,还是马上返回。

Event(事件)的机制是先全局定义一个"事件",如果"事件"值为 False,那么当进程执行 wait() 方法时就会阻塞；如果"事件"值为 True，那么执行 wait() 方法时便不再阻塞，即 wait() 是否阻塞依赖于"事件"的值，阻塞时需等待"事件"值变为 True 再"放行"。因此，我们可以通过设置"事件"值来决定另一进程对同一数据的访问。

clear() 方法将"事件"设置为 False，set() 方法将"事件"设置为 True，is_set() 方法用于获取"事件"的值。

我们可以用红绿灯示例看下用 Event 进行通信的机制，代码如下：

```python
import time,random
from multiprocessing import Process, Event
def light(event):
    while True:                    # 循环检查红绿灯
        if event.is_set():         # True 代表绿灯，False 代表红灯
            print('是绿灯，放行，3秒后转为红灯')
            time.sleep(3)          # 所以在这让灯等5秒，这段时间让车过
            event.clear()          # 把事件状态设置为False
        else:
            print('是红灯，禁行，6秒后转为绿灯')
            time.sleep(6)
            event.set()            # 将事件状态设置为True
def car(event,number):
    event.wait()
    print('是绿灯，车牌号{0}放行'.format(number))
if __name__ == '__main__':
    event=Event()  #实例化事件类
    bright=Process(target=light,args=(event,)) #红绿灯进程
    bright.start()
    for i in 'abcde':
        time.sleep(random.randint(1,2))  # 车辆在2秒内随机出现
        c=Process(target=car,args=(event,i))
        c.start()
'''
输出结果为：
是红灯，禁行，6秒后转为绿灯
是绿灯，车牌号c放行是绿灯，车牌号a放行是绿灯，车牌号e放行
是绿灯，车牌号b放行是绿灯，车牌号d放行是绿灯，放行，3秒后转为红灯
是红灯，禁行，6秒后转为绿灯
是绿灯，放行，3秒后转为红灯
是红灯，禁行，6秒后转为绿灯
是绿灯，放行，3秒后转为红灯
'''
```

random 模块用来产生随机数，random.randint(1,2) 表示从 1 到 2 随机产生整数，本例用随机暂停时间模拟车辆随机出现。从输出结果可以知道，进程 light 内用 clear() 和 set() 修改事件 event 的 is_set() 值，进程 car 内的 event.wait() 随着 is_set()

值阻塞或者不阻塞，当不阻塞时执行后续语句。

当 is_set() 值为 True 时，不阻塞，即 event.wait() 不需要等待 light 的处理结果，car 可以直接处理后续语句；当 is_set() 值为 False 时，阻塞，此时 event.wait() 需要等待 light 把 is_set() 值设为 True，car 才能执行后续语句。

因此，进程 light 和 car 通过 event 建立起了通信，当它们处理同一个内存数据时可以通过设置 is_set() 来阻塞另一进程，防止两个进程在同一时间处理同一个数据。

wait() 方法也可以传入时间参数，例如，wait(2) 表示阻塞 2 秒后不再阻塞，我们可以将上例修改如下：

```
import time,random
from multiprocessing import Process, Event
def light(event):
    while True:   # 循环检查红绿灯
        if event.is_set():   # True 代表绿灯，False 代表红灯
            print('是绿灯, 放行, 3 秒后转为红灯')
            time.sleep(3)   # 所以在这让灯等5秒，这段时间让车过
            event.clear()   # 把事件状态设置为 False
        else:
            print('是红灯, 禁行, 6 秒后转为绿灯')
            time.sleep(6)
            event.set()   # 将事件状态设置为 True
def car(event,number):
    t0=time.time()
    print('车牌{0}开始等待, 初始时间{1}'.format(number,t0))
    event.wait(2)
    if event.is_set():
        print('是绿灯, 车牌号{0}放行, 等待了{1}秒'.format(number, time.time()-t0))
    else:
        print('是红灯, 车牌号{0}等待了{1}秒后闯红灯'.format(number, time.time()-t0))
if __name__ == '__main__':
    event=Event()   #实例化事件类
    bright=Process(target=light,args=(event,))   #红绿灯进程
    bright.start()
    for i in 'abcde':
        tr=random.randint(1,2)
        time.sleep(tr)   # 车辆在2秒内随机出现
        print('随机等待的时间{1}秒后, 车牌号{0}出现'.format(i,tr))
        c=Process(target=car,args=(event,i))
        c.start()
'''
输出结果为：
是红灯, 禁行, 6 秒后转为绿灯
随机等待的时间 2 秒后, 车牌号 a 出现
车牌 a 开始等待, 初始时间 1611123332.2243736
```

```
    随机等待的时间 2 秒后，车牌号 b 出现
    是红灯，车牌号 a 等待了 2.0001144409179688 秒后闯红灯车
    牌 b 开始等待，初始时间 1611123334.2474892
    随机等待的时间 1 秒后，车牌号 c 出现
    车牌 c 开始等待，初始时间 1611123335.243546
    随机等待的时间 1 秒后，车牌号 d 出现
    是绿灯，放行，3 秒后转为红灯是绿灯，车牌号 c 放行，等待了 0.9650552272796631 秒是绿灯，车牌号 b 放行，等待了
    1.9611120223999023 秒车牌 d 开始等待，初始时间 1611123336.269605
    是绿灯，车牌号 d 放行，等待了 0.0 秒
    随机等待的时间 2 秒后，车牌号 e 出现
    车牌 e 开始等待，初始时间 1611123338.320722
    是绿灯，车牌号 e 放行，等待了 0.002000093460083008 秒
    是红灯，禁行，6 秒后转为绿灯
    是绿灯，放行，3 秒后转为红灯
    是红灯，禁行，6 秒后转为绿灯
    '''
```

从输出结果可知，wait()方法里给了时间参数 2 后，表示只阻塞 2 秒，2 秒后不再阻塞。

11.4 Queue 类

Queue（队列）实现多进程之间的数据传递，Queue 是多进程安全的队列，不会出现多个进程竞争数据导致出现错误的情况。

Queue()有个可选参数 maxsize，表示队列中数据的最大数量，如果省略此参数则无大小限制。

用 Queue()传递数据类似生产者和消费者的模型，生产者向队列插入数据，消费者从队列取出数据。

队列的数据是先进先出的（Fist In Fist Out，FIFO），即先插入的数据先被取出。

队列方法如下所示。

put(obj: _T, block: bool=..., timeout: Optional[float]=...)：插入数据 obj 到队列中，用 block 控制阻塞，默认情况下 block 为 True。若队列已满，此方法将阻塞至有空间可用为止；若 timeout 值为正，该方法会阻塞至 timeout 指定的时间，直到该队列有剩余的空间；如果超时，则会抛出 Queue.Full 异常；如果 block 为 False，但该 Queue 已满，则会立即抛出 Queue.Full 异常。代码如下：

```
>>> from multiprocessing import Queue
>>> queue=Queue(3)    #创建一个数量为 3 的队列
```

```
>>> queue.put(1)
>>> queue.put(2)
>>> queue.put(3)
>>> queue.put(4,timeout=2)     #队列已满,等待2秒无法再插入数据抛出异常
Traceback (most recent call last):
    raise Fullqueue.Full
>>> queue.put(4,False) #无阻塞立即插入数据,但队列已满立即抛出异常
Traceback (most recent call last):
    raise Fullqueue.Full
```

get(block: bool=...,timeout: Optional[float]=...):从队列读取并且删除一个元素,block 用于控制阻塞,默认情况下 block 为 True。如果队列为空,此方法将阻塞,直到队列中有数据可用为止;若 timeout 为正值,在等待 timeout 时间内没有取到任何元素,会抛出 Queue.Empty 异常;如果 block 为 False,并且队列有一个值可用,则立即返回该值;如果队列为空,则立即抛出 Queue.Empty 异常。

get_nowait( ):无阻塞,立即从队列中返回值,等价于 get(False)。代码如下:

```
>>> queue.get() #取出数据,先进先出
1
>>> queue.get()
2
>>> queue.get()
3
>>> queue.get(timeout=2) #等待2秒没有再取出数据,抛出异常
Traceback (most recent call last):
    raise Empty_queue.Empty
>>> queue.get(False) #无阻塞直接取出数据,但队列已空抛出异常
Traceback (most recent call last):
    raise Empty_queue.Empty
>>> queue.get_nowait( )   #无阻塞立即取出数据,但队列已空抛出异常
Traceback (most recent call last):
    raise Empty_queue.Empty
>>>
```

qsize():返回队列中当前数据的数量,此方法的结果并不可靠,因为在返回时队列中可能又添加或删除了数据,返回的结果可能无法准确地反映当前值。在某些系统上,此方法可能引发 NotImplementedError 异常。

empty():判断队列是否为空,空则返回 True,否则返回 False。但如果返回时其他进程或线程正在往队列中添加或删除数据,那么结果就是不可靠的。

full():判断队列是否为满,满则返回 True,否则返回 False。但如果返回时其他进程或线程正在往队列中添加或删除数据,那么结果就是不可靠的。代码如下:

```
>>> queue.qsize() #队列已空,数据数量为0
0
```

```
>>> queue.empty()    #队列已空，返回True
True
>>> queue.full()     #队列已空，返回False
False
>>>
```

close()：关闭队列，防止队列中加入更多数据。在调用此方法时，后台进程将继续读取那些已入队列但尚未读取的数据，但将在全部读取完成后马上关闭。如果队列对象被垃圾收集，将自动调用此方法。关闭队列不会在队列使用者中生成任何类型的数据结束信号或异常。例如，如果某个使用者正被阻塞在get()操作上，关闭生产者中的队列不会导致get()方法返回错误。

cancel_join_thread()：调用此方法使队列不会在进程退出时自动连接后台线程，这可以防止join_thread()方法阻塞。

join_thread()：连接队列的后台线程，此方法用于在调用close()方法后，等待所有队列数据被读取。默认情况下，此方法由不是队列的原始创建者的所有进程调用。调用cancel_join_thread()方法可以禁止这种行为。

我们用Queue（队列）构建一个生产者、消费者模型，代码如下：

```
import time
from multiprocessing import Process, Queue
def consumer(queue,n):      #消费者
    for i in range(3):
        time.sleep(1)
        v=queue.get()
        print(n+'消耗了值: ',v)
def producer(queue,n):      #生产者
    for i in range(6):
        time.sleep(1)
        queue.put(i)
        print(n+'生产了值: ',i)
if __name__ == '__main__':
    queue=Queue(2)
    c1=Process(target=consumer,args=(queue,'c1'))
    c2=Process(target=consumer,args=(queue,'c2'))
    p=Process(target=producer,args=(queue,'p'))
    c1.start()
    c2.start()
    p.start()
'''
输出结果如下：
p生产了值: c2消耗了值: 0 0
c1消耗了值: p生产了值:    1 1
p生产了值: c2消耗了值: 2 2
```

```
p生产了值：c1消耗了值：     33
p生产了值：c2消耗了值：     44
c1消耗了值：p生产了值：     55
...
```

在上例中，我们创建了一个队列，最大数据量为2，子进程p每秒向队列插入一个数据，子进程c1、c2每秒从队列取出一个值，上例便构成了一个一生产者两消费者的模型。

c1或c2一次从队列中取出一个数据，一个数据不会被多个进程同时取用，取出后数据就不存在队列里了，也不会被重复取，因此，用队列不会出现多个进程竞争同一个数据的情况，队列是数据安全的。

11.5 Pipe 类

Pipe（管道）类似队列的变种，管道更形象地体现了进程间的通信，一个进程向另一个进程发数据，管道就像传输数据的通道，管道两端连接着收发数据的进程。

方法 Pipe([duplex])返回一个元组（conn1,conn2），代表管道的两端。若参数 duplex 为 True（默认值），则表示管道是全双工模式，即 conn1 和 conn2 均可收发；若 duplex 为 False，则表示管道是单工模式，即 conn1 只负责接收数据，conn2 只负责发送数据。单工、双工是通信上的概念，单工、半双工、双工模式如图11-1所示，具体解释如下。

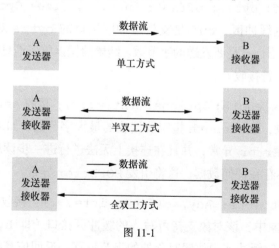

图 11-1

单工（Simplex）：单工数据传输只支持数据在一个方向上传输，如通过电视、广播发送消息，观众接收消息。

半双工（Half Duplex）：半双工数据传输允许数据在两个方向上传输，但在某一时刻只允许数据在一个方向上传输，它实际上是一种切换方向的单工通信；在同一时间只可以有一方接收或发送信息，例如，对讲机在同一时间只能有一方讲话。

全双工（Full Duplex）：全双工数据通信允许数据同时在两个方向上传输，因此，全双工通信是两个单工通信方式的结合，它要求发送设备和接收设备都有独立的接收和发送能力，在同一时间可以同时接收和发送信息，实现双向通信，例如，电话通信的双方可同时说话。

conn1 和 conn2 是类对象，即管道连接类对象（`<class 'PipeConnection'>`），方法如下。

send(obj: Any)：发送 obj 对象。

recv()：接收另一端发送的对象，如果没有数据可接收，recv 方法会一直阻塞，如果另外一端已经关闭，recv 方法会抛出 EOFError。

close()：关闭连接，如果连接被垃圾回收，将自动调用此方法。

poll(timeout: Optional[float]=...)：如果连接上的数据可用，则返回 True；参数 timeout 用于指定等待的时限。如果省略参数 timeout，该方法将立即返回结果，如果将 timeout 设置成 None，操作将无限期地等待数据到达。

fileno()：返回连接使用的整数文件描述符。

send_bytes(buf: bytes, offset: int=..., size: Optional[int]=...)：通过连接发送字节数据缓冲区，buf 是支持缓冲区接口的 bytes 对象，offset 是缓冲区中的字节偏移量，而 size 是要发送的字节数。结果数据以单条消息的形式发出，然后调用 recv_bytes() 函数进行接收。

recv_bytes(maxlength: Optional[int]=...)：接收 send_bytes() 方法发送的一条完整的字节对象，maxlength 指定要接收的最大字节数，如果发送的对象超过了这个最大值，将引发 IOError 异常，并且在连接上无法进行进一步读取。如果连接的另外一端已经关闭，就再也不存在任何数据，这将引发 EOFError 异常。

recv_bytes_into(buf: Any, offset: int=...)：接收一条完整的字节对象，并把它保存在 buf 对象中，该对象支持可写入的缓冲区接口（即 bytearray 对象或类似的对象）。offset 指定缓冲区中放置对象处的字节位移，返回值是收到的字节数，如果对象长度大于可用的缓冲区空间，将引发 BufferTooShort 异常。

我们看一个管道全双工模式两端收发的代码示例，如下所示：

```python
import os
from multiprocessing import Process,Pipe
def func(conn,sendv):
    for i in sendv:
        conn.send(i)
        print('子进程{0}发送了数据{1}'.format(os.getpid(),i))
    while conn.poll(5):
        rc=conn.recv()
        print('子进程{0}收到了数据{1}'.format(os.getpid(),rc))
if __name__ == '__main__':
    conn1,conn2=Pipe()
    sendv1='abcde'
    sendv2=[1,2,3,4,5]
    f1=Process(target=func,args=(conn1,sendv1))
    f2=Process(target=func,args=(conn2,sendv2))
    f1.start()
    f2.start()
    f1.join()
    f2.join()
    conn1.close()
conn2.close() #del conn1,conn2
'''
输出结果为:
子进程 2568 发送了数据 a
子进程 2568 发送了数据 b
子进程 2568 发送了数据 c
子进程 2568 发送了数据 d
子进程 2568 发送了数据 e
子进程 4896 发送了数据 1 子进程 2568 收到了数据 1
子进程 4896 发送了数据 2
子进程 2568 收到了数据 2 子进程 4896 发送了数据 3
子进程 2568 收到了数据 3 子进程 4896 发送了数据 4
子进程 2568 收到了数据 4 子进程 4896 发送了数据 5
子进程 2568 收到了数据 5 子进程 4896 收到了数据 a
子进程 4896 收到了数据 b
子进程 4896 收到了数据 c
子进程 4896 收到了数据 d
子进程 4896 收到了数据 e
'''
```

从输出结果可知，子进程 f1 和 f2 分别通过管道两端 conn1 和 conn2 发送数据，并接收对方发来的数据，若接收不到数据，recv() 就会阻塞。因此，用 poll(5) 方法判断是否还有数据可接收，若等待 5 秒没有数据可接收则结束循环。当进程执行结束，管道不再被使用时，应当调用 close() 方法关闭两端连接，或用 del 删除连接对象，此时自动调用 close() 方法。

在 Python 中处理资源竞争的问题，可以用锁 Lock。但 Lock 会降低执行效率，为保持高效率，Python 又引入了其他进程间通信的方式：若进程依赖于其他进程对数据的处理是否完成，可以用事件 Event；若进程需要获取其他进程处理的数据，可以用队列 Queue；若进程需要和其他进程相互发数据，可以使用管道 Pipe。

11.6　Pool 类

Pool（进程池）用来控制一次同时执行的进程数量。

有些时候需要执行的任务可能非常多，但 CPU 数量有限，不可能让那么多的进程同时执行。操作系统调度过多进程会花费不少时间，因此可以用进程池规定进程的数量，把要执行的进程放入进程池，新的进程需要等待进程池内有进程执行完空出位置后才能被添加进去。

进程池的大小不要超过 CPU 的数量，调用方法 Pool() 返回一个进程池对象，调用方法如下：

```
pool=Pool(2)
```

进程池对象的方法如下。

apply_async(func: Callable[..., _T], args: Iterable[Any]=..., kwds: Mapping[str, Any]=..., callback: Optional[Callable[[_T],None]]=..., error_callback: Optional[Callable[[BaseException], None]]=...)：主要用到 3 个参数，func 是需要执行的进程函数，args 是 func 的位置参数元组，kwds 是 func 的关键字参数字典。该方法是非阻塞的且支持子进程 func 返回后进行回调，子进程 func 的返回值会保存在列表里，可用 get() 函数获取。

map(func: Callable[[_S], _T], iterable: Iterable[_S]=...,chunksize: Optional[int]=...)：用函数 func 处理 iterable 的元素，与内置的 map 函数用法基本一致，它会使进程 func 阻塞直到 func 结束返回，子进程 func 的返回值会保存在列表里。注意，虽然 iterable 是一个可迭代对象，但在实际使用中，必须在整个队列都就绪后，程序才会运行子进程。

map_async(func: Callable[[_S], _T], iterable: Iterable[_S]=..., chunksize:Optional[int]=...,callback:Optional[Callable[[_T],None]]=..., error_callback: Optional[Callable[[BaseException], None]]=...)：用法同 map，但 map_async 是非阻塞的，子进程 func 的返回值会保存为 MapResult 类，可用 get() 函数获取。

close()：关闭进程池，使其不再接收新的任务。

terminal()：结束全部进程，不再执行进程中未执行的任务。该方法只在非阻塞的 map_async 和 apply_async 下有效，因为阻塞时进程会先等待执行结束，既然结束了再强制结束也就没意义了。

join()：阻塞父进程等待进程池中的子进程全部结束，若不阻塞父进程，父进程可能会先结束，而子进程还没来得及执行也跟着结束了。join 方法要在 close 或 terminate 之后使用，即进程池不再加入新的进程才能等待所有的进程结束。

我们用一个示例看下上述方法如何使用，代码如下：

```python
import time,os
from multiprocessing import Pool
def func1(a,b,c=3,d=4):
    print('f1 开始执行,子进程id:{0},传入参数: {1}'.format(os.getpid(),a))
    time.sleep(b)
    a*=2
    c*=2
    d*=2
    print('f1 执行结束,子进程id:{0},传入参数执行结果: {1}'.format(os.getpid(), a))
    return a,c,d
def func2(x):
    print('f2 开始执行,子进程id:{0},传入参数: {1}'.format(os.getpid(),x))
    time.sleep(3)
    x*=2
    print('f2 执行结束,子进程id:{0},传入参数执行结果: {1}'.format(os.getpid(), x))
    return x
if __name__ == '__main__':
    pool1=Pool(2)
    pool2=Pool(2)
    pool3=Pool(2)
    x='abcdef'
    y=[1,2,3,4,5,6]
    z='jklmn'
    r1=[]
    t0=time.time()
    for i in y:
        r=pool1.apply_async(func=func1,args=(i,3),kwds={'c':5,'d':6})
        r1.append(r)
    r2=pool2.map_async(func2,x)
    r3=pool3.map(func2,z)
    while True:
        if time.time()-t0>=5:
            pool1.close()
            pool2.terminate()
            pool3.close()
```

```
                    pool1.join()
                    pool2.join()
                    pool3.join()
                    print('pool1进程返回值: ',[r.get() for r in r1])
                    print('pool2进程返回值: ', r2.get())
                    print('pool3进程返回值: ',r3)
                    break
        print('父进程执行结束,用时:',time.time()-t0)
'''
输出结果为:
f1 开始执行,子进程 id:13472,传入参数: 1
f1 开始执行,子进程 id:12496,传入参数: 2
f2 开始执行,子进程 id:5628,传入参数: a
f2 开始执行,子进程 id:13496,传入参数: b
f2 开始执行,子进程 id:8948,传入参数: j
f2 开始执行,子进程 id:13756,传入参数: k
f1 执行结束,子进程 id:13472,传入参数执行结果: 2
f1 开始执行,子进程 id:13472,传入参数: 3
f1 执行结束,子进程 id:12496,传入参数执行结果: 4
f1 开始执行,子进程 id:12496,传入参数: 4
f2 执行结束,子进程 id:5628,传入参数执行结果: aaf2 执行结束,子进程 id:13496,传入参数执行结果: bb
f2 开始执行,子进程 id:5628,传入参数: c
f2 开始执行,子进程 id:13496,传入参数: d
f2 执行结束,子进程 id:8948,传入参数执行结果: jj
f2 开始执行,子进程 id:8948,传入参数: l
f2 执行结束,子进程 id:13756,传入参数执行结果: kk
f2 开始执行,子进程 id:13756,传入参数: m
f1 执行结束,子进程 id:13472,传入参数执行结果: 6
f1 开始执行,子进程 id:13472,传入参数: 5
f1 执行结束,子进程 id:12496,传入参数执行结果: 8
f1 开始执行,子进程 id:12496,传入参数: 6
f2 执行结束,子进程 id:5628,传入参数执行结果: cc
f2 开始执行,子进程 id:5628,传入参数: e
f2 执行结束,子进程 id:13496,传入参数执行结果: dd
f2 开始执行,子进程 id:13496,传入参数: f
f2 执行结束,子进程 id:8948,传入参数执行结果: ll
f2 开始执行,子进程 id:8948,传入参数: n
f2 执行结束,子进程 id:13756,传入参数执行结果: mm
f1 执行结束,子进程 id:13472,传入参数执行结果: 10
f1 执行结束,子进程 id:12496,传入参数执行结果: 12
f2 执行结束,子进程 id:5628,传入参数执行结果: ee
f2 执行结束,子进程 id:13496,传入参数执行结果: ff
f2 执行结束,子进程 id:8948,传入参数执行结果: nn
pool1 进程返回值: [(2, 10, 12), (4, 10, 12), (6, 10, 12), (8, 10, 12), (10, 10, 12), (12, 10, 12)]
pool2 进程返回值: ['aa', 'bb', 'cc', 'dd', 'ee', 'ff']
pool3 进程返回值: ['jj', 'kk', 'll', 'mm', 'nn']
父进程执行结束,用时: 9.291210412979126
'''
```

在上述代码示例中,我们创建了 3 个进程池,分别用方法 apply_async、map_async

和 map 向进程池添加子进程。用 apply_async 和 map_async 添加子进程后会立即返回，即不阻塞；用 map 会等待子进程执行结束并收取返回值，即会阻塞。

用 if time.time()-t0>=5 等待 5 秒后，进程池 pool1 和 pool3 调用 close() 方法关闭进程池，表示子进程都结束后不会再添加新的子进程，进程池 pool2 调用 terminate() 立即结束全部进程，接着再调用 join() 阻塞父进程等待子进程全部结束。因此，从输出结果可以看出，pool1 和 pool3 的子进程都能正常结束，但 pool2 的子进程似乎跟操作系统有关，Windows 10 系统可以正常结束，此时 terminate() 和 close() 效果一样，但 Windows 7 系统下的子进程会被立即中止，更体现了 terminate 的含义。

在上述代码示例中，进程池 pool1、pool2 的返回值用 get() 方法可以获取，pool3 则直接保存的是返回值列表。while True 循环是为了不让父进程先结束，否则子进程也会跟着结束了。

11.7 获取进程的返回值

获取子进程的返回值类似于进程间的数据传递，因此获取返回值不像普通函数那样直接，需要以间接的方式获取，我们用进程池的 map 方法、map_async 方法、apply_async 方法可以获取子进程的返回值，我们也可以通过队列 Queue 获取返回值，代码如下：

```python
import time,os
from multiprocessing import Process, Queue
def func1(a,b,queue,c=3,d=4):
    print('f1 开始执行,子进程 id:{0}, 传入参数: {1}'.format(os.getpid(),a))
    time.sleep(b)
    a*=2
    c*=2
    d*=2
    print('f1 执行结束,子进程 id:{0}, 传入参数执行结果: {1}'.format(os.getpid(), a))
    queue.put((a,c,d))
if __name__ == '__main__':
    queue=Queue()
    f1=Process(target=func1,args=(10,2,queue),kwargs={'c':5,'d':6})
    f1.start()
    f1.join()
    print('子进程返回值是: ',queue.get())
    queue.close()
'''
输出结果为:
f1 开始执行,子进程 id:11992, 传入参数: 10
f1 执行结束,子进程 id:11992, 传入参数执行结果: 20
```

```
子进程返回值是: (20, 10, 12)
'''
```

子进程把返回值放入队列,再从队列中获取返回值,我们还可以用管道 `Pipe` 获取返回值,代码如下:

```python
import time,os
from multiprocessing import Process, Pipe
def func1(a,b,conn,c=3,d=4):
    print('f1 开始执行,子进程 id:{0},传入参数: {1}'.format(os.getpid(),a))
    time.sleep(b)
    a*=2
    c*=2
    d*=2
    print('f1 执行结束,子进程 id:{0},传入参数执行结果: {1}'.format(os.getpid(), a))
    conn.send((a,c,d))
if __name__ == '__main__':
    conn1,conn2=Pipe()
    f1=Process(target=func1,args=(10,2,conn2),kwargs={'c':5,'d':6})
    f1.start()
    f1.join()
    print('子进程返回值是: ',conn1.recv())
    conn1.close()
    conn2.close()
'''
输出结果为:
f1 开始执行,子进程 id:9872,传入参数: 10
f1 执行结束,子进程 id:9872,传入参数执行结果: 20
子进程返回值是: (20, 10, 12)
'''
```

11.8 Manager 类

前面进程间的通信都是在子进程间进行的,主进程和子进程的命名空间是独立的,子进程无法访问主进程的全局变量,Manager 则可以用来共享全局变量。Manager 支持的类型有 list、dict、Namespace、Lock、RLock、Semaphore、BoundedSemaphore、Condition、Event、Queue、Value 和 Array。

我们结合一个示例看下共享主进程全局变量的过程,代码如下:

```python
import multiprocessing,time
def func(mydict,mylist):
    mydict["x"] = 0   #子进程改变 dict,主进程跟着改变
    mydict["a"] = 11
    mydict["b"] = 22
    mylist.append(11) #子进程改变 List,主进程跟着改变
```

```python
        mylist.append(22)
        mylist.append(33)
        mylist[0]['y'] = 4  #直接修改嵌套数据
        m = mylist[1]
        m['z'] = 5  #通过中间变量m修改嵌套数据
        mylist[1] = m
if __name__=="__main__":
    with multiprocessing.Manager() as MG:       #重命名
        mydict = MG.dict({'x':1})           #主进程与子进程共享这个字典
        mylist = MG.list([{'y':2},{'z':3}])     #主进程与子进程共享这个List
        p = multiprocessing.Process(target=func,args=(mydict,mylist))
        p.start()
        while True:
            print(f"{time.strftime('%X')}")
            print(mydict)
            print(mylist)
            time.sleep(1)
'''
输出结果为:
10:03:01
{'x': 1}
[{'y': 2}, {'z': 3}]
10:03:02
{'x': 0, 'a': 11, 'b': 22}
[{'y': 2}, {'z': 5}, 11, 22, 33]
10:03:03
{'x': 0, 'a': 11, 'b': 22}
[{'y': 2}, {'z': 5}, 11, 22, 33]
'''
```

在上述代码示例中，`mydict` 和 `mylist` 是程序主进程的全局变量，由 `Manager` 创建，子进程 `func` 用于修改全局变量。从输出结果可知，主进程由于执行较快，先输出的 `mydict` 和 `mylist` 为初始值，暂停 1 秒之后输出了修改后的值。

需要注意对嵌套数据的修改，直接修改嵌套数据是不能改变原数据的，因为 `Manager` 对象无法监测到嵌套对象值的修改，需要通过触发 `__setitem__` 方法来让它获得通知，最简单的方法是引入中间变量，用中间变量修改嵌套数据后再赋值给全局变量。

11.9　小结

进程是计算机执行的一个程序实例，多进程可以利用多核 CPU 同时执行，是执行效率最高的异步方式，不同进程的内存空间是独立的，但当进程处理同样的外部数据时会存在竞争，Python 便又引入了多种处理竞争的方法。

如果任务在执行过程中比较耗费 CPU 资源，此时可以用多进程来执行。但 CPU 的数量毕竟有限，当开启过多进程时，计算机的主要任务便用在调度进程而不是执行进程上，这反而降低了多进程的效率，此时可以用进程池限定同时执行的进程数量。当任务不是很耗 CPU 资源但比较耗时间时，就没必要开启多进程了，可以选择另一种异步方式——多线程。

第 12 章 多线程 threading 模块

多线程也是实现异步任务的方式之一，通常线程是进程中的子任务，多个线程可以在同一进程中实现并发执行，共享进程的资源。threading 模块支持多线程，多线程和多进程的很多操作方法都类似，目前线程被设计为不能被销毁、停止、暂停、恢复或中断。

threading 模块的主要方法如下。

current_thread()：返回当前对应调用者的控制线程的 Thread 对象。如果调用者的控制线程不是利用 threading 创建，则会返回一个功能受限的虚拟线程对象 MainThread。

enumerate()：返回一个包含当前存活的线程的列表。该列表包含主线程和守护线程，以及由 current_thread() 创建的虚拟线程对象和主线程，但不包含已终结的线程和尚未开始的线程。

active_count()：返回当前存活的线程类 Thread 对象，包含主线程。返回的计数等于 enumerate() 返回的列表长度。

12.1 Thread 类

线程由 threading 模块的 Thread 类创建，Thread 类的参数形式为 Thread

```
(group:None=..., target: Optional[Callable[..., Any]]=..., name:
Optional [str]=..., args: Iterable[Any]=..., kwargs: Mapping[str,
Any]=..., daemon: Optional[bool]=...)。
```

其中，group 默认为 None，是为了日后扩展 ThreadGroup 类实现而保留的参数；target 是用于 run() 方法调用的可调用对象，即要执行的子线程函数，默认是 None，表示不需要调用任何方法；name 是线程名称；args 是子线程函数的位置参数元组，默认是空元组(,)；kwargs 是子线程函数的关键字参数字典，默认是空字典{}；daemon 参数为 True，意味着线程为守护模式，默认为 None，此时线程将继承当前线程的守护模式属性。

Thread 类的属性和方法如下所示。

- start()：启动线程，它安排 run() 方法在一个独立的控制进程中被调用，以执行子线程函数。

- run()：实际执行线程函数。

- is_alive()：判断线程是否处于存活状态，如果处于存活状态则返还 True，否则返回 False。

- setName(str)：设置线程名。

- getName()：返回线程名，也可用 name 属性获取或者修改。

- join(timeout=None)：阻塞主线程，等待子线程执行结束。若给定 timeout 值为超时时间，则超过 timeout 不再阻塞。需要注意的是，必须用 start() 启动线程才能使用 join() 方法。

我们看一下多线程的示例：

```python
import time
import threading
def func(a,b,y,c=3,d=4):
    print('开始执行子线程:',a,'c+d:',c+d)
    t0=time.time()
    global x
    x=y
    time.sleep(b)
    print('子线程'+a+'的 x:',x)
    print('子线程'+a+'执行结束,用时:',time.time()-t0)
x=60
f1=threading.Thread(target=func,args=('f1',2,10),kwargs={'c':5,'d':6})
f2=threading.Thread(target=func,name='mm',args=('f2',6,100),kwargs={'c':7,'d':8})
f3=threading.Thread(target=func,name='nn',args=('f3',10,200),kwargs={'c':9,'d':10})
```

```
t0=time.time()
f1.setName('kk')
f1.start()
print('f1 执行状态:',f1.is_alive())
f1.join()
print('f1 执行状态:',f1.is_alive())
#f3.daemon=True
f2.start()
f3.start()
print('当前的线程变量:',threading.current_thread())
print('正在执行的线程列表:',threading.enumerate())
print('正在执行的线程数量',threading.active_count())
print('f2 执行状态:',f2.is_alive())
f2.join(2)
print('f2 执行状态:',f2.is_alive())
print('子线程 f1 的名称:{0},即:{1}'.format(f1.name,f1.getName()))
print('子线程 f2 的名称:{0},即:{1}'.format(f2.name,f2.getName()))
print('子线程 f3 的名称:{0},即:{1}'.format(f3.name,f3.getName()))
print('主线程的 x:',x)
print('主线程执行结束,用时:',time.time()-t0)
'''
输出结果为:
开始执行子线程:f1 执行状态: True
 f1 c+d: 11
子线程 f1 的 x: 10
子线程 f1 执行结束,用时: 2.0015344619750977
f1 执行状态: False
开始执行子线程: 开始执行子线程:f2  当前的线程变量:c+d:f3    <_MainThread(MainThread, started 17144)>
15c+d:
正在执行的线程列表:19
[<_MainThread(MainThread, started 17144)>, <Thread(mm, started 19300)>, <Thread(nn, started 8456)>]
正在执行的线程数量 3
f2 执行状态: True
f2 执行状态: True
子线程 f1 的名称:kk,即:kk
子线程 f2 的名称:mm,即:mm
子线程 f3 的名称:nn,即:nn
主线程的 x: 200
主线程执行结束,用时: 4.018061876296997
子线程 f2 的 x: 200
子线程 f2 执行结束,用时: 6.00093674659729
子线程 f3 的 x: 200
子线程 f3 执行结束,用时: 10.00103235244751
'''
```

该例实例化了 3 个子线程 f1、f2、f3,当前程序为主线程,主线程和 3 个子线程并发执行,因此最终执行的时间和最慢的子线程 f3 的时间一样,从输出结果可以知道子线程里调用线程方法的执行过程。

需要注意的是，主线程里定义的全局变量 x 被子线程修改了，正说明子线程共用了主线程的资源，因此，多线程更容易出现资源竞争的可能。

也可以通过继承 Thread 类自定义线程类以实现个性化功能，自定义类需要在初始化函数里用 super().__init__() 先执行 Thread 类的初始化，并重写 run() 方法。我们把上例改写，用自定义线程类创建子线程，代码如下：

```python
import time
import threading
def func(a,b,y,c=3,d=4):
    print('开始执行子线程:',a,'c+d:',c+d)
    t0=time.time()
    global x
    x=y
    time.sleep(b)
    print('子线程'+a+'的x:',x)
    print('子线程'+a+'执行结束,用时:',time.time()-t0)
    return c+d
class MyThread(threading.Thread):
    def __init__(self,target,args,kwargs):
        super().__init__()
        self.target=target
        self.args=args
        self.kwargs=kwargs
    def run(self):
        self.res=self.target(*self.args,**self.kwargs)
x=60
f1=MyThread(target=func,args=('f1',2,10),kwargs={'c':5,'d':6})
f2=MyThread(target=func,args=('f2',6,100),kwargs={'c':7,'d':8})
f3=MyThread(target=func,args=('f3',10,200),kwargs={'c':9,'d':10})
t0=time.time()
f1.setName('kk')
f1.start()
print('f1 执行状态:',f1.is_alive())
f1.join()
print('f1 执行状态:',f1.is_alive())
#f3.daemon=True
f2.start()
f3.start()
print('当前的线程变量:',threading.current_thread())
print('正在执行的线程列表:',threading.enumerate())
print('正在执行的线程数量',threading.active_count())
print('f2 执行状态:',f2.is_alive())
f2.join(2)
print('f2 执行状态:',f2.is_alive())
print('子线程 f1 的名称:{0},即:{1}'.format(f1.name,f1.getName()))
```

```
    print('子线程f2的名称:{0},即:{1}'.format(f2.name,f2.getName()))
    print('子线程f3的名称:{0},即:{1}'.format(f3.name,f3.getName()))
    f2.join()
    f3.join()
    print('主线程的x:',x)
    print('主线程执行结束,用时:',time.time()-t0)
    print(f1.res,f2.res,f3.res)
'''
输出结果为:
开始执行子线程:f1 执行状态:  Truef1 c+d: 11
子线程 f1 的 x: 10子线程 f1 执行结束,用时: 2.0006656646728516
f1 执行状态: False
开始执行子线程: f2 开始执行子线程: c+d: 15
当前的线程变量:    f3<_MainThread(MainThread, started 9292)>c+d:正在执行的线程列表:   19[<_MainThread
(MainThread, started 9292)>, <MyThread(Thread-2, started 6356)>, <MyThread(Thread-3, started 8516)>]
正在执行的线程数量3
f2 执行状态: True
f2 执行状态: True
子线程 f1 的名称:kk,即:kk
子线程 f2 的名称:Thread-2,即:Thread-2
子线程 f3 的名称:Thread-3,即:Thread-3
子线程 f2 的 x: 200
子线程 f2 执行结束,用时: 6.0021514892578125
子线程 f3 的 x: 200
子线程 f3 执行结束,用时: 10.000638961791992
主线程的 x: 200
主线程执行结束,用时: 12.024243831634521
11 15 19
'''
```

用自定义类MyThread创建子线程和用Thread类基本没区别,方法的调用也一样,毕竟方法都是从Thread继承的,我们给函数func增加一个返回值,并在run()方法里把返回值赋值给变量self.res,变量以self.开头就成了类中的全局变量。子线程调用start()方法启动线程时会自动调用run()方法,而run()方法又创建了变量self.res,因此可被子线程实例访问。

因为子线程共用了进程(主线程)的资源,子线程创建的类内全局变量也写入了主线程的内存空间,子线程可在主线程中继续访问其创建的变量。

要想获取func的返回值,需要等其执行结束,因此要调用join()方法阻塞主线程,否则在主线程里执行类属性访问时会访问不到。

和多进程类似,子线程若直接调用run()方法,多线程会变成同步执行,不再是多线程的异步执行了。

多线程共用了主线程的资源,比多进程更容易出现资源竞争的可能,为了解决资源竞争问题,Python也提供了多种处理方式。

12.2 Lock 类

Lock（互斥锁）和多进程中的锁概念类似，`acquire()`方法请求锁定，`release()`方法释放锁。因此，处在`acquire()`和`release()`之间的代码会被锁定，其他线程不能访问代码中正在处理的数据。

我们看下代码示例：

```
import time
import threading
def func(a,b,lock,y,c=3,d=4):
    print('开始执行子线程:',a,'c+d:',c+d)
    t0=time.time()
    global x
    lock.acquire()
    time.sleep(b)
    x+=y
    print('子线程'+a+'的x:',x)
    print('子线程'+a+'执行结束,用时:',time.time()-t0)
    lock.release()
x='初值 M'
lock=threading.Lock()
f1=threading.Thread(target=func,args=('f1',1,lock,'+被 f1 修改'),kwargs= {'c':5,'d':6})
f2=threading.Thread(target=func,args=('f2',1,lock,'+被 f2 修改'),kwargs= {'c':7,'d':8})
f3=threading.Thread(target=func,args=('f3',1,lock,'+被 f3 修改'),kwargs= {'c':7,'d':8})
t0=time.time()
f1.start()
f2.start()
f3.start()
while time.time()-t0<5:
    print('主线程中访问的 x 值:',x)
    time.sleep(1)
print('主线程执行结束,用时:',time.time()-t0)
'''
输出结果为:
开始执行子线程:开始执行子线程: 开始执行子线程:f2 主线程中访问的 x 值:     f1f3c+d:初值Mc+d:c+d:151115
子线程 f2 的 x:主线程中访问的 x 值:    初值 M+被 f2 修改初值 M+被 f2 修改
子线程 f2 执行结束,用时: 1.0000569820404053
主线程中访问的 x 值: 初值 M+被 f2 修改
子线程 f1 的 x: 初值 M+被 f2 修改+被 f1 修改
子线程 f1 执行结束,用时: 2.0011143684387207
主线程中访问的 x 值: 初值 M+被 f2 修改+被 f1 修改
子线程 f3 的 x: 初值 M+被 f2 修改+被 f1 修改+被 f3 修改
子线程 f3 执行结束,用时: 3.002171516418457
主线程中访问的 x 值: 初值 M+被 f2 修改+被 f1 修改+被 f3 修改
主线程执行结束,用时: 5.001286268234253
'''
```

3个子线程 f1、f2、f3 都对主线程中的变量 x 进行修改，如果不锁定，3个子线程就会竞争修改 x。由于代码少，执行速度非常快，主线程中输出 x 的值就会是最后一个修改值，加锁之后，子线程就会一个一个地修改 x。从输出结果可知，主线程依次输出被修改后的值，从执行时间也可以看出，原本子线程中只用 `sleep(1)` 暂停 1 秒，但执行时间相继增加了 1 秒，说明后续线程需要等前面的线程释放锁后才能对 x 进行修改。

一个 `lock.acquire()` 对应一个 `lock.release()`，如果存在嵌套，就会出现一个 `lock.acquire()` 后面又有一个 `lock.acquire()` 的情况而形成死锁，因此 Python 又提供了递归锁。

12.3　Rlock 类

Rlock（递归锁）类似于字典的原理，将 acquire() 和 release() 组对，不会与其他的锁产生混乱，因此可用在锁的嵌套中，代码如下：

```python
import time
import threading
def func1(a,b,lock,y,c=3,d=4):
    print('开始执行子线程:',a+'1','c+d:',c+d)
    t0=time.time()
    global x
    lock.acquire()
    time.sleep(b)
    x+=y
    print('子线程'+a+'1'+'的 x:',x)
    print('子线程'+a+'1'+'执行结束,用时:',time.time()-t0)
    lock.release()
def func2(a,b,lock,y,func,c=3,d=4):
    print('开始执行子线程:',a+'2','c+d:',c+d)
    t0=time.time()
    global x
    lock.acquire()
    func(a,b,lock,y,c=3,d=4)
    time.sleep(b)
    x+=y
    print('子线程'+a+'2'+'的 x:',x)
    print('子线程'+a+'2'+'执行结束,用时:',time.time()-t0)
    lock.release()
x='初值 M'
lock=threading.RLock()
f=threading.Thread(target=func2,args=('f',1,lock,'+被 f 修改',func1),kwargs= {'c':5,'d':6})
t0=time.time()
f.start()
```

```
    while time.time()-t0<4:
        print('主线程中访问的 x 值:',x)
        time.sleep(1)
    print('主线程执行结束,用时:',time.time()-t0)
'''
输出结果为:
开始执行子线程:主线程中访问的 x 值: f2 初值 Mc+d: 11
开始执行子线程: f1 c+d: 7
主线程中访问的 x 值: 初值 M
子线程 f1 的 x: 初值 M+被 f 修改
子线程 f1 执行结束,用时: 1.0000574588775635
主线程中访问的 x 值: 初值 M+被 f 修改
子线程 f2 的 x: 初值 M+被 f 修改+被 f 修改
子线程 f2 执行结束,用时: 2.0031144618988037
主线程中访问的 x 值: 初值 M+被 f 修改+被 f 修改
主线程执行结束,用时: 4.003228664398193
'''
```

函数 `func2` 中调用了函数 `f1`,把 `func2` 创建成子线程,子线程启动后先遇到 `func2` 的锁,但接着调用了 `func1` 又遇到了 `func1` 中的锁,`func1` 执行完释放了锁,再继续执行 `func2` 的后续语句。

不管是 Lock(互斥锁)还是 Rlock(递归锁),都使线程从异步变成了同步执行,保证了数据的安全性但降低了执行效率。

12.4　BoundedSemaphore 类

锁一次只让一个线程处理数据,而 BoundedSemaphore(信号量)一次可以允许一定数量的线程处理数据,我们将 Lock(互斥锁)的示例进行修改,代码如下:

```
import time
import threading
def func(a,b,semaphore,y,c=3,d=4):
    print('开始执行子线程:',a,'c+d:',c+d)
    t0=time.time()
    global x
    semaphore.acquire()
    time.sleep(b)
    x+=y
    print('子线程'+a+'的 x:',x)
    print('子线程'+a+'执行结束,用时:',time.time()-t0)
    semaphore.release()
x='初值 M'
semaphore=threading.BoundedSemaphore(2)
f1=threading.Thread(target=func,args=('f1',1,semaphore,'+被 f1 修改'),kwargs= {'c':5,'d':6})
```

```
f2=threading.Thread(target=func,args=('f2',1,semaphore,'+被f2修改'),kwargs= {'c':7,'d':8})
f3=threading.Thread(target=func,args=('f3',1,semaphore,'+被f3修改'),kwargs= {'c':7,'d':8})
t0=time.time()
f1.start()
f2.start()
f3.start()
while time.time()-t0<5:
    print('主线程中访问的 x 值:',x)
    time.sleep(1)
print('主线程执行结束,用时:',time.time()-t0)
'''
输出结果为:
开始执行子线程: f1 c+d: 11
开始执行子线程: 开始执行子线程:f2 主线程中访问的 x 值:     f3c+d:初值 Mc+d:1515
子线程 f1 的 x: 初值 M+被 f1 修改
主线程中访问的 x 值:子线程 f2 的 x: 初值 M+被 f1 修改+被 f2 修改子线程 f1 执行结束,用时:   初值 M+被 f1 修改
1.0070576667785645
子线程 f2 执行结束,用时: 1.0070574283599854
子线程 f3 的 x: 主线程中访问的 x 值:初值 M+被 f1 修改+被 f2 修改+被 f3 修改初值 M+被 f1 修改+被 f2 修改+被 f3 修改子线程 f3 执行结束,用时: 2.016115188598633
主线程中访问的 x 值: 初值 M+被 f1 修改+被 f2 修改+被 f3 修改
主线程中访问的 x 值: 初值 M+被 f1 修改+被 f2 修改+被 f3 修改
主线程执行结束, 用时: 5.020287275314331
'''
```

在上述代码示例中，我们创建了 3 个子线程，用 `BoundedSemaphore(2)` 指定一次可允许 2 个线程处理数据，同样用 `acquire()` 和 `release()` 方法锁定其中的代码。从输出结果可知，`f1` 和 `f2` 先修改 x 值，`release()` 释放后 `f3` 才继续修改 x 值，从子线程执行的时间可知，`f1` 和 `f2` 都用了 1 秒，`f3` 由于需要等待 `f1` 和 `f2` 结束，因此多用了 1 秒，总共为 2 秒。

12.5　Condition 类

Condition（条件变量）也是一种锁定方式，并且能实现线程间通信，其有一个可选参数（锁），表示与一个锁关联。需要在多个 Contidion 中共享一个锁时，可以传递一个 Lock/RLock 实例，默认参数会生成一个 RLock 实例。此时处于 `acquire()` 方法和 `release()` 方法之间的代码会被锁定，并在锁定期间与其他线程通信，`wait(timeout)` 方法会将线程挂起，直到收到其他线程发来的 notify 通知才会再次唤醒线程，或者超时 timeout 后唤醒，此时 `notify()` 方法通知被挂起的线程，那些挂起的线程接到这个通知之后会开始运行，默认是通知一个正等待该 condition 的线程，最多可唤醒 n 个等待的线程，`notifyAll()` 方法可以通知所有线程。

Condition（条件变量）用在生产者、消费者模型中比较方便，比如生产者产生数据，产生了一定量后通知消费者使用数据并挂起自身开始等待，消费者把数据使用完后再通知生产者继续生产并挂起自身开始等待。

我们通过示例可以看下 Condition 实现锁和线程间通信的过程，代码如下：

```python
import time
import threading
def consumer(con,n):       #消费者
    global num
    m=0
    t0=time.time()
    con.acquire()
    while True:
        time.sleep(1)
        if num<=0:
            print(n+'已消费完，等待生产')
            m=0
            con.notify() #发送通知
            if time.time()-t0>=5:break
            con.wait() #等待通知
        else:
            num-=1
            m+=1
            print(n+'消耗了数量: ',m)
    con.release()
def producer(con,n):       #生产者
    global num
    t0=time.time()
    con.acquire()
    while True:
        time.sleep(1)
        if num>=5:
            print(n+'已生产完，等待消费')
            con.notify() #发送通知
            if time.time()-t0>=5:break
            con.wait() #等待通知
        else:
            num+=1
            print(n+'生产了数量: ',num)
    con.release()
num=0
con=threading.Condition()
c=threading.Thread(target=consumer,args=(con,'c'))
p=threading.Thread(target=producer,args=(con,'p'))
c.start()
p.start()
'''
输出结果为：
```

```
c已消费完，等待生产
p生产了数量：1
p生产了数量：2
p生产了数量：3
p生产了数量：4
p生产了数量：5
p已生产完，等待消费
c消耗了数量：1
c消耗了数量：2
c消耗了数量：3
c消耗了数量：4
c消耗了数量：5
c已消费完，等待生产
'''
```

在上述代码示例中，我们定义了一个生产者线程和一个消费者线程，两个线程都可以处理数据 num，并通过 notify() 和 wait() 方法建立通信。从输出结果可看出，两个线程交替执行，一个线程执行完后通知另一个线程执行并挂起自身，我们可以用 break 跳出循环并用 release() 方法释放锁。但需注意应让两个线程都能释放锁，并在 wait() 方法之前跳出循环，或者用 wait(timeout) 给定超时时间，否则一个线程结束后另一个线程可能被 wait() 挂起而无法释放。

12.6　Event 类

Event（事件）是实现线程间通信的方式，一个线程的执行依赖于另一个线程的执行状态，我们可以用 Event（事件）表示线程的执行状态，Event（事件）和多进程模块的事件类概念类似，用法也类似，我们把红绿灯的示例用线程的 Event 类实现，大家参照多进程模块的事件类用法就能理解，具体的代码如下：

```python
import time,random
import threading
def light(event):
    while True:    # 循环检查红绿灯
        if event.is_set():   # True 代表绿灯，False 代表红灯
            print('是绿灯，放行，3秒后转为红灯')
            time.sleep(3)    # 所以在这让灯等5秒，这段时间让车过
            event.clear()    # 把事件状态设置为 False
        else:
            print('是红灯，禁行，6秒后转为绿灯')
            time.sleep(6)
            event.set()      # 将事件状态设置为 True
def car(event,number):
    t0=time.time()
```

```python
        print('车牌{0}开始等待,初始时间{1}'.format(number,t0))
        event.wait(2)
        if event.is_set():
            print('是绿灯,车牌号{0}放行,等待了{1}秒'.format(number,time.time() - t0))
        else:
            print('是红灯,车牌号{0}等待了{1}秒后闯红灯'.format(number,time.time() - t0))
event=threading.Event()  #实例化事件类
bright=threading.Thread(target=light,args=(event,))  #红绿灯线程
bright.start()
for i in 'abcde':
    tr=random.randint(1,2)
    time.sleep(tr)    # 车辆在2秒内随机出现
    print('随机等待的时间{1}秒后,车牌号{0}出现'.format(i,tr))
    c=threading.Thread(target=car,args=(event,i))
    c.start()
'''
是红灯,禁行,6秒后转为绿灯
随机等待的时间1秒后,车牌号a出现
车牌a开始等待,初始时间1611288968.0349417
随机等待的时间1秒后,车牌号b出现
车牌b开始等待,初始时间1611288969.036999
是红灯,车牌号a等待了2.008114814758301秒后闯红灯
随机等待的时间2秒后,车牌号c出现
车牌c开始等待,初始时间1611288971.0381134
是红灯,车牌号b等待了2.0031144618988037秒后闯红灯
是红灯,车牌号c等待了2.0001144409179688秒后闯红灯
随机等待的时间2秒后,车牌号d出现
车牌d开始等待,初始时间1611288973.0482283
是绿灯,车牌号d放行,等待了0.10100603103637695秒
是绿灯,放行,3秒后转为红灯
随机等待的时间1秒后,车牌号e出现
车牌e开始等待,初始时间1611288974.0492857
是绿灯,车牌号e放行,等待了0.0秒
是红灯,禁行,6秒后转为绿灯
是绿灯,放行,3秒后转为红灯
是红灯,禁行,6秒后转为绿灯
'''
```

12.7 queue 模块

queue 模块用于线程间通信,可以在线程间共享数据,类似于多进程里的 Queue 类,基本使用场景也是生产者消费者模型,其中生产者往队列里添加数据,消费者从队列里取出数据。

queue 模块提供 3 种队列,如下所示。

- `Queue(maxsize)`:先进先出队列(FIFO),队列大小为 maxsize,如果不设置

maxsize，那么队列将是无限的。

- `LifoQueue(maxsize)`：后进先出队列（Last In First Out，LIFO），也就是栈，栈类似弹匣，后放进去的子弹会先弹出，队列大小为 maxsize，如果不设置 maxsize，那么队列将是无限的。

- `PriorityQueue(maxsize)`：优先级队列，最小值先出，比较队列中每个数据的大小，数据值最小的先出；如果数据不可比较大小，数据一般以元组的形式插入，如（`priority_number, data`），这时忽略数据值，仅比较优先级数字 `priority_number`。队列大小为 maxsize，如果不设置 maxsize，那么队列将是无限的。

3 种队列有相同的基本方法，如下所示。

- `put(item, block=True, timeout=None)`：向队列添加数据，item 为放入队列的数据，假设队列已满，此时如果 block=False 就会直接引发 queue.Full 异常；如果 block=True，且 timeout=None，则一直等待直到有数据出队列后才可以再放入数据；如果 block=True，且 timeout=N，则等待 N 秒，如果还无法放入数据就引发 queue.Full 异常。

- `put_nowait(item)`：立即添加数据，如果队列已满，则直接引发 queue.Full 异常，等价于 put(item, block=False)。

- `get(block=True, timeout=None)`：从队列中取出数据，假设队列已空，如果 block=False，则直接引发 queue.Empty 异常；如果 block=True，且 timeout=None，则一直等待直到有数据进入队列后才可以取出数据；如果 block=True，且 timeout=N，则等待 N 秒还没有数据可取就引发 queue.Empty 异常。

- `get_nowait()`：立即取出数据，如果队列已空，则直接引发 queue.Empty 异常，等价于 get(block=False)。

- `qsize()`：返回队列中数据的个数。

- `empty()`：如果队列已空，则返回 True，否则返回 False。

- `full()`：如果队列已满，则返回 True，否则返回 False。

我们通过一个示例看下这 3 种类型的队列，代码如下：

```
import time
import threading,queue
```

```python
    def consumer(queue,n):              #消费者
        v=queue.get()
        print(n+'消耗了值: ',v)
    def producer(queue,n,i):            #生产者
        queue.put(i)
        print(n+'生产了值: ',i)
data1=[1,2,3]
data2=[(1,'abc'),(-3,-8),(5,-9)]
qQ=queue.Queue(3)
qL=queue.LifoQueue(3)
qP=queue.PriorityQueue(3)
for i in data1:
    pQ=threading.Thread(target=producer,args=(qQ,'先进先出pQ',i))
    pQ.start()
    pQ.join()
for i in data1:
    cQ=threading.Thread(target=consumer,args=(qQ,'先进先出cQ'))
    cQ.start()
    cQ.join()
for i in data1:
    pL=threading.Thread(target=producer,args=(qL,'后进先出pL',i))
    pL.start()
    pL.join()
for i in data1:
    cL=threading.Thread(target=consumer,args=(qL,'后进先出cL'))
    cL.start()
    cL.join()
for i in data1:
    pP1=threading.Thread(target=producer,args=(qP,'最小值先出pP1',i))
    pP1.start()
    pP1.join()
for i in data1:
    cP1=threading.Thread(target=consumer,args=(qP,'最小值先出cP1'))
    cP1.start()
    cP1.join()
for i in data2:
    pP2=threading.Thread(target=producer,args=(qP,'最小值先出pP2',i))
    pP2.start()
    pP2.join()
for i in data2:
    cP2=threading.Thread(target=consumer,args=(qP,'最小值先出cP2'))
    cP2.start()
    cP2.join()
'''
输出结果为:
先进先出pQ生产了值: 1
先进先出pQ生产了值: 2
先进先出pQ生产了值: 3
先进先出cQ消耗了值: 1
先进先出cQ消耗了值: 2
```

```
先进先出 cQ 消耗了值：3
后进先出 pL 生产了值：1
后进先出 pL 生产了值：2
后进先出 pL 生产了值：3
后进先出 cL 消耗了值：3
后进先出 cL 消耗了值：2
后进先出 cL 消耗了值：1
最小值先出 pP1 生产了值：1
最小值先出 pP1 生产了值：2
最小值先出 pP1 生产了值：3
最小值先出 cP1 消耗了值：1
最小值先出 cP1 消耗了值：2
最小值先出 cP1 消耗了值：3
最小值先出 pP2 生产了值：  (1, 'abc')
最小值先出 pP2 生产了值：  (-3, -8)
最小值先出 pP2 生产了值：  (5, -9)
最小值先出 cP2 消耗了值：  (-3, -8)
最小值先出 cP2 消耗了值：  (1, 'abc')
最小值先出 cP2 消耗了值：  (5, -9)
'''
```

在上述代码示例中，我们定义了生产者消费者模型，生产者向队列中添加数据，消费者从队列中取出数据，从输出结果可以看出 3 种队列取值的顺序。

12.8 concurrent.futures 模块

futures 模块提供了 `ThreadPoolExecutor`（线程池）和 `ProcessPoolExecutor`（进程池）两个类，它们继承于基类 `Executor`（执行器），`Executor` 提供的常用方法如下。

`submit(fn, *args, **kwargs)`：fn 是要提交给线程池的函数，`*args` 是 fn 函数的位置参数，`*kwargs` 是 fn 函数的关键字参数。submit 方法会返回一个 Future 对象。

`map(func, *iterables, timeout=None, chunksize=1)`：该函数类似于内置函数 `map(func, *iterables)`，该函数将会启动多个线程，以并发方式对 iterables 的元素执行 func，并收集每个线程的返回值保存成生成器。iterables 应立即收集或是对已经准备好的不应延迟再收集，如果 timeout 未指定或为 None，则不限制等待时间。

`shutdown(wait=True)`：关闭线程池，且不再接收新任务，但会将以前所有已提交的任务执行完成。当 wait 为 True 时，则此方法只有在所有待执行的线程完成执行且释放已分配的资源后才会返回。当 wait 为 False 时，方法立即返回，所有待执行的线程完成执行后会释放已分配的资源。如果使用 with 语句，就可以避免显式调用这个方法，它将会自动停止

Executor（就好像 Executor.shutdown() 调用时，把 wait 设为 True 时一样等待）。

ThreadPoolExecutor 类的形式为 ThreadPoolExecutor(max_workers=None, thread_name_prefix='')。其中，参数 max_workers 为最大线程数量，如果 max_workers 为 None 或没有指定，将默认为处理器的个数，thread_name_prefix 参数允许用户控制由线程池创建的 threading.Thread 工作线程名称以方便调试。

Future 类称为期程，期程是可等待对象，表示"可能已经完成或者尚未完成的延迟任务"，并且期程是异步执行的。进程、线程、协程都是某种实现异步执行的方式，同理可以知道，期程也是一种实现异步执行的方式，即 Future 将可调用对象封装为异步执行。在本小节中，可调用对象指的是线程函数，Future 实例由 Executor.submit() 创建，Future 提供了如下方法。

- cancel()：取消线程任务。如果任务正在执行或已结束运行而不能被取消，则该方法将返回 False；否则，程序会取消该任务，并返回 True。
- cancelled()：返回结果显示线程任务是否被成功取消，如果成功取消，则返回 True。
- running()：如果线程任务正在执行且不可被取消，则返回 True。
- done()：如果线程任务被成功取消或执行完成，则返回 True。
- result(timeout=None)：获取线程任务的返回值。如果线程任务还未完成，该方法将会阻塞当前主线程直到获取返回值。如果 timeout 没有指定或为 None，那么等待时间就没有限制。如果线程在完成前被取消，则会引发 CancelledError 异常，如果线程引发了一个异常，这个方法也会引发同样的异常。
- exception(timeout=None)：获取线程任务所引发的异常。如果该任务成功完成，没有异常，则该方法返回 None。如果 futrue 在完成前被取消，则 CancelledError 将被触发。
- add_done_callback(fn)：为线程任务注册一个"回调函数"，当线程被取消或完成运行时，程序会自动触发该 fn 函数，而线程则作为 fn 的唯一参数。

我们把前面进程池的例子修改下，用线程池来实现，代码如下：

```
import time
from concurrent.futures import ThreadPoolExecutor
def func1(a,b,c=3,d=4):
    print('开始执行子线程:',a,'c+d:',c+d)
    t0=time.time()
    time.sleep(b)
```

```python
        print('子线程'+str(a)+'执行结束,用时:',time.time()-t0)
        return a,c,d
    def func2(x):
        print('开始执行子线程:',x)
        t0=time.time()
        time.sleep(3)
        print('子线程'+str(x)+'执行结束,用时:',time.time()-t0)
        return x
#回调函数,收集返回值
    def fn(future):
        global r2
        r2.append(future.result())
#创建线程池,线程数为2
pool1=ThreadPoolExecutor(max_workers=2)
pool3=ThreadPoolExecutor(2)
x='abcdef'
y=[1,2,3,4,5,6]
z='jklmn'
r1=[]  #收集future对象
r2=[]  #收集future对象的返回值
t0=time.time()
for i in y:
    r=pool1.submit(func1,i,3,c=5,d=6)  #把线程提交进线程池,返回future对象
    r1.append(r)  #收集future对象
pool1.shutdown(wait=False)  #关闭线程池,不再添加新的线程进线程池
#用with语句实现上下文管理,语句块执行结束自动调用shutdown关闭线程池
with ThreadPoolExecutor(2) as pool2:
    for i in x:
        r=pool2.submit(func1,i,3,c=5,d=6)
        r.add_done_callback(fn)  #为future对象添加回调函数fn
r3=pool3.map(func2,z)  #并发执行func2,返回func2的返回值生成器
pool3.shutdown(wait=False)  #关闭线程池,不再添加新的线程进线程池
print([f.result() for f in r1])  #获取线程池pool1的线程返回值并输出
print(r2)  #输出线程池pool3的线程返回值
print(list(r3))  #把线程池pool3的线程返回值生成器序列化为列表并输出
print('主线程执行结束,用时:',time.time()-t0)
'''
输出结果为:
开始执行子线程:开始执行子线程:  开始执行子线程:12 开始执行子线程:   a
c+d: 11c+d: b
c+d: 11c+d:  1111
子线程b执行结束,用时:子线程1执行结束,用时:   3.00072216987609863.001729965209961
 开始执行子线程: c c+d:子线程2执行结束,用时: 3.0007071495056152 开始执行子线程:子线程a执行结束,用时:  开始执行子线程:  11 3 c+d: 1143.0007071495056152c+d:
 开始执行子线程: d c+d: 1111
子线程3执行结束,用时: 3.0010130405426025开始执行子线程:子线程c执行结束,用时:   3.0009863376617435开始执行子线程:   c+d:子线程4执行结束,用时:e子线程d执行结束,用时:    113.0009865760803223c+d:3.0009865760803223 11
开始执行子线程:开始执行子线程: f   c+d:6   c+d: 1111
 子线程5执行结束,用时: 3.0011274814605713 子线程e执行结束,用时: 3.001099109649658 子线程f执行结束,用时:子线程6执行结束,用时:   3.00110912322998053.0011091232299805
```

```
开始执行子线程: j 开始执行子线程:[(1, 5, 6), (2, 5, 6), (3, 5, 6), (4, 5, 6), (5, 5, 6), (6, 5, 6)]
k[('b', 5, 6), ('a', 5, 6), ('c', 5, 6), ('d', 5, 6), ('e', 5, 6), ('f', 5, 6)]
子线程 j 执行结束,用时: 3.001282215118408
开始执行子线程: l
子线程 k 执行结束,用时: 3.0002806186676025
开始执行子线程: m
子线程 l 执行结束,用时: 3.001030206680298
开始执行子线程: n
子线程 m 执行结束,用时: 3.0010294914245605
子线程 n 执行结束,用时: 3.0009889602661133
['j', 'k', 'l', 'm', 'n']
主线程执行结束,用时: 18.04599404335022
'''
```

上例对主要方法的调用过程都有详细注释,结合输出结果便可容易理解,其他方法读者可自行测试。

12.9 小结

线程是进程里的一个任务实例,多线程的用法和多进程类似,由于线程也存在资源竞争问题,处理线程竞争的方法也和多进程类似。线程池用 `concurrent.futures` 模块里的方法,`concurrent.futures` 是创建多线程和多进程的高层级模块,Thread 和 multiprocessing 都是低层级模块,但使用起来更为简便,所以多线程和多进程常用 Thread 和 multiprocessing 创建。

线程也是由计算机调度来异步执行的,当创建的线程过多时,计算机的主要任务也会用在调度线程而不是执行线程上,这会降低多线程的执行效率。

下一章介绍由用户控制来实现异步执行的方法——异步协程。

第 13 章 asyncio 模块库

13.1 asyncio 异步协程的定义

第 5 章介绍过协程,从生成器的调用过程我们可以理解协程的概念,协程是调用方和任务之间的协作方式,生成器中通过 yield 语句控制执行流程,通过调用 __next__ 或 send 方法,使协程可以实现异步执行。

协程的一个重要特性是可以记住其上下文(执行的状态),使调用方可以挂起协程暂停执行和恢复协程以接着之前的状态继续执行,调用方对"挂起"和"恢复"的循环操作,可以让多个任务交替执行以实现异步并发效果。

前面用 yield 语句实现过异步协程的并发效果,但本质上还是生成器,我们也用"yield from"语句建立过委派生成器通道,使调用方可以通过委派生成器直接与子生成器通信。委派生成器可以嵌套调用,组成更长更复杂的生成器链,但是想实现异步效果就得写比较复杂的代码。

现在我们用一种新的方法实现异步协程,我们先以 asyncio 库实现原生协程。

13.1.1 原生协程

asyncio 是用来编写并发代码的库,asyncio 被用作多个提供高性能 Python

异步框架的基础，包括网络和网站服务、数据库连接库、分布式任务队列等。asyncio 往往是构建 I/O 密集型和高层级结构化网络代码的最佳选择。

我们对生成器循环调用 __next__ 或 send 方法实现异步协程，asyncio 则用事件循环实现异步协程。进程或者线程都是把函数打包成进程或线程类实例，然后才能调用类方法 start() 实现异步执行。进程和线程都是由计算机调度实现异步执行的，类似地，协程则由用户程序控制异步执行，asyncio 会把协程函数打包成 Task 对象，把 Task 排入事件循环里（排入执行日程），由事件循环轮询执行 Task（迭代 Task 列表），即"挂起"和"恢复"操作与协程函数一起都被打包进 Task 对象里，并由事件循环对 Task 轮询（迭代）执行。当一个 Task 对象被创建，它将复制当前上下文，然后在复制的上下文中运行其协程。

asyncio 事件循环的基本执行过程如下：事件循环会维护两个迭代队列，一个是 pending 队列，放置的是等待执行的 Task；另一个是 finished 队列，放置的是执行完成的 Task。事件循环从 pending 队列里取出 Task 执行，若是遇到挂起，即 Task 把控制权交还给事件循环，事件循环就把 Task 重新放入 pending 队列，再取出下一个 Task 执行；若是 Task 执行完全部代码，就把 Task 放入 finished 队列，当全部 Task 执行一遍后，再从 pending 队列重新轮询，未执行完的 Task 恢复之前的执行状态接着执行，如此循环，直到所有的 Task 都执行完。事件循环本身也是个"生成器"（委派生成器），可用 stop 停止，把控制权交给事件循环的调用方，调用方再次调用事件循环时，会接着之前的上下文状态执行。

asyncio 用装饰器 @asyncio.coroutine 把包含 "yield from" 语句的生成器装饰成协程函数，用 loop = asyncio.get_event_loop() 创建事件循环，用 loop.create_task(coroutine) 把协程打包成 Task，用 loop.run_until_complete(Task) 把 Task 排入事件循环并执行直至结束。我们用一个示例看下执行过程：

```
import time
import asyncio
@asyncio.coroutine
def child(t,task):
    print(f"start_child time {time.strftime('%X')}",task)
    yield from asyncio.sleep(t)
    print(f"end_child time {time.strftime('%X')}",task)
@asyncio.coroutine
def task1(number):
    print(f"start_task1 time {time.strftime('%X')}")
    f = 0
    for i in range(number):
        f += i
        print("task1 + %d" % i)
        yield from child(1,task1.__name__)
```

```python
    print("task1 the end number =%d" % f)
    print(f"end_task1 time {time.strftime('%X')}")
@asyncio.coroutine
def task2(number):
    print(f"start_task2 time {time.strftime('%X')}")
    f = 0
    for i in range(number):
        f *= i
        print("task2 * %d" % i)
        yield from child(1,task2.__name__)

    print("task2 the end number = %d" % f)
    print(f"end_task2 time {time.strftime('%X')}")
print(f"start_main time {time.strftime('%X')}")
loop = asyncio.get_event_loop()
task_1=loop.create_task(task1(2))
task_2=loop.create_task(task2(2))
loop.run_until_complete(task_1)
loop.run_until_complete(task_2)
#tasks = [loop.create_task(task1(2)),loop.create_task(task2(2))]
#loop.run_until_complete(asyncio.wait(tasks))
loop.close()
print(f"end_main time {time.strftime('%X')}")
'''
输出结果为:
start_main time 14:32:48
start_task1 time 14:32:48
task1 + 0
start_child time 14:32:48 task1
start_task2 time 14:32:48
task2 * 0
start_child time 14:32:48 task2
end_child time 14:32:49 task1
task1 + 1
start_child time 14:32:49 task1
end_child time 14:32:49 task2
task2 * 1
start_child time 14:32:49 task2
end_child time 14:32:50 task1
task1 the end number =1
end_task1 time 14:32:50
end_child time 14:32:50 task2
task2 the end number = 0
end_task2 time 14:32:50
end_main time 14:32:50
'''
```

在上述代码示例中，我们用装饰器@asyncio.coroutine 把 3 个生成器装饰成协程函数，协程 child 嵌套在协程 task1 和 task2 中，由 "yield from" 语句引导，child 内又嵌套了协程 asyncio.sleep(t)，表示等待 t 秒。

loop.run_until_complete(Task) 把打包后的 Task 排入事件循环并执行，从输出结果可知执行过程如下。

- 事件循环先执行 task_1 输出 'start_task1 time 14:32:48'，当执行到 "yield from" 时，开始执行 child 输出 'start_child time 14:32:48 task1'；当 child 中执行到 yield from 时，开始执行等待 asyncio.sleep(t)，此时 child 交出了控制权给事件循环。
- 事件循环执行下一个任务 task_2 输出 'start_task2 time 14:32:48'，当执行到 "yield from" 时，开始执行 child 输出 'start_child time 14:32:48 task2'，在执行等待 asyncio.sleep(t) 时 child 交出了控制权给事件循环。
- 此时，事件循环已经把 task_1、task_2 执行了一遍，再次循环执行，继续 task1 之前的执行状态，输出 'end_child time 14:32:49 task1'，此时 child 执行完成，即 yield from child(1,task1.__name__) 执行完成；而后 task1 再次执行 for 循环，当执行到 child 中的 asyncio.sleep(t) 时，child 交出了控制权给事件循环。
- 事件循环再次执行下一个任务 task_2，继续 task2 之前的执行状态输出 'end_child time 14:32:49 task2'，此时 child 执行完成，即 yield from child(1,task2.__name__) 执行完成；而后 task2 再次执行 for 循环，当执行到 child 中的 asyncio.sleep(t) 时，child 交出了控制权给事件循环。
- 此时，事件循环已经把 task_1、task_2 执行了第二遍，开始第三次循环执行，同理，Task 接着之前的状态继续执行，task_1 彻底执行完成，然后 task_2 也彻底执行完成，事件循环中的任务全部执行完，执行完的任务会自动从事件循环中移除，最后要用 close() 把不再使用的事件循环关闭。

从上述执行过程可知，事件循环对 task_1、task_2 实现的是异步执行。除了分别用 loop.run_until_complete(Task) 把 task_1、task_2 排入事件循环外，也可以把 task_1、task_2 放在列表 tasks 里，并用函数 asyncio.wait(tasks) 将任务排入事件循环。

上述原生协程本质上是使用装饰器装饰的带有 "yield from" 语句的生成器，与其他 "yield from" 语句生成器容易存在混淆，需要引入新的语法专门定义协程，并且 Python 对基于 "yield from" 生成器的协程的支持也已弃用，并计划在 Python 3.10 版本中移除。

我们接下来会使用 asyncio 库给出最新的协程定义。

13.1.2 asyncio 异步协程

asyncio 使用最新的 async/await 语法，`async` 关键字用来定义协程，`await` 关键字用在协程之中，后跟可等待对象，`async` 可被认为是替代了装饰器`@asyncio.coroutine`，`await` 可被认为是替代了 `yield from` 语句，但功能有了升级，asyncio 通过 `await` 语句对任务迭代，以实现多任务的异步执行。实现了 `__await__()` 方法的对象都是可等待对象，可等待对象有 3 种主要类型：协程（`coroutine`）、任务（`Task`）和期程（`Future`）。

任务（`Task`）和期程（`Future`）可以在事件循环中异步执行，协程（`coroutine`）需要先打包成 `Task` 或 `Future` 才能排入事件循环，`Task` 或 `Future` 会挂起自身把控制权交给事件循环，事件循环执行 `Task` 或 `Future` 时也会恢复自身执行状态接着执行，`Task` 是 `Future` 的子类，两者实际使用中没区别。

对比原生协程可以知道，事件循环像是一个启动器，启动 `Task`，`Task` 在执行时可以挂起自身（类似生成器执行到 `yield` 语句挂起自身）交出控制权，事件循环通过迭代启动 `Task`（类似对生成器调用 `send` 方法）来实现 `Task` 的异步执行。

我们先把上例的原生协程用新语法改写，只需要简单的关键字替换即可，执行效果是一样的，代码如下：

```python
import time
import asyncio
async def child(t,task):
    print(f"start_child time {time.strftime('%X')}",task)
    await asyncio.sleep(t)
    print(f"end_child time {time.strftime('%X')}",task)
async def task1(number):
    print(f"start_task1 time {time.strftime('%X')}")
    f = 0
    for i in range(number):
        f += i
        print("task1 + %d" % i)
        await child(1,task1.__name__)

    print("task1 the end number =%d" % f)
    print(f"end_task1 time {time.strftime('%X')}")
async def task2(number):
    print(f"start_task2 time {time.strftime('%X')}")
    f = 0
```

```python
    for i in range(number):
        f *= i
        print("task2 * %d" % i)
        await child(1,task2.__name__)

    print("task2 the end number = %d" % f)
    print(f"end_task2 time {time.strftime('%X')}")
print(f"start_main time {time.strftime('%X')}")
loop = asyncio.get_event_loop()
tasks = [loop.create_task(task1(2)),loop.create_task(task2(2))]
loop.run_until_complete(asyncio.wait(tasks))
loop.close()
print(f"end_main time {time.strftime('%X')}")
'''
输出结果为:
start_main time 22:25:14
start_task1 time 22:25:14
task1 + 0
start_child time 22:25:14 task1
start_task2 time 22:25:14
task2 * 0
start_child time 22:25:14 task2
end_child time 22:25:15 task1
task1 + 1
start_child time 22:25:15 task1
end_child time 22:25:15 task2
task2 * 1
start_child time 22:25:15 task2
end_child time 22:25:16 task1
task1 the end number =1
end_task1 time 22:25:16
end_child time 22:25:16 task2
task2 the end number = 0
end_task2 time 22:25:16
end_main time 22:25:16
'''
```

我们再看一个协程的简单示例,代码如下:

```
>>> import time
>>> import asyncio
>>> async def main():
...     print(f"started at {time.strftime('%X')}")
...     print('Hello ...')
...     await asyncio.sleep(1)
...     print('... World!')
...     print(f"finished at {time.strftime('%X')}")
...
>>> main()  #直接调用协程
```

```
    __main__:1: RuntimeWarning: coroutine 'main' was never awaited<coroutine object main
at 0x000001EB0AE611C8>
>>> asyncio.run(main())    #run 函数调用协程
started at 23:59:54
Hello ...
... World!
finished at 23:59:55
>>>
```

上例在交互模式下实现，我们用关键字 async 定义了一个协程函数 main()，await 语句等待另一个协程，即 asyncio 模块的暂停 sleep()，协程先输出 'Hello ...'，1 秒后再输出 '... World!'。从输出结果可知，直接调用协程 main()，输出的是协程对象，并没有执行协程，用 asyncio 模块的 run() 函数才启动了协程。

简单的调用协程并不会执行，要运行一个协程，asyncio 提供了 3 种主要机制。

- asyncio.run() 函数用来运行最高层级的入口——main() 函数。
- 用 await 等待一个协程。
- asyncio.create_task() 高层级函数，把协程打包成 Task，可用来并发运行。

asyncio.run(coro, *, debug=False)：执行协程 coro 并返回结果，此函数运行传入的协程，负责管理 asyncio 事件循环并完结异步生成器。此函数总是会创建一个新的事件循环并在结束时关闭，因此当有其他 asyncio 事件循环在同一线程中运行时，此函数不能被调用。它应当被用作 asyncio 程序的主入口点，理想情况下应当只被调用一次。如果参数 debug 为 True，事件循环将以调试模式运行。

asyncio.sleep(delay, result=None, *, loop=None)：休眠函数，阻塞参数 delay 指定的秒数。如果指定了 result，则当协程完成时将其返回给调用者。sleep() 可以挂起当前任务，以允许其他任务运行，因此在任何需要让出控制权给事件循环的地方可使用 "await asyncio.sleep(0)" 来让出控制权。

13.2 创建和设置事件循环

事件循环是每个 asyncio 应用的核心，事件循环会运行异步任务和回调，执行网络 I/O 操作，以及运行子进程。事件循环在线程中运行（通常是主线程），并在其线程中执行所有回调和任务。

asyncio.run() 开启程序最高层级入口的循环，也就是让所有的协程都在 run() 函数中运行，以下低层级函数也可被用于获取、设置或创建事件循环。

`asyncio.get_running_loop()` 返回当前线程中正在运行的事件循环，如果没有正在运行的事件循环则会引发 `RuntimeError`，此函数只能由协程或回调来调用。代码如下：

```
import asyncio
loop = asyncio.get_running_loop()
```

`asyncio.get_event_loop()` 可以创建一个事件循环（通常用在主线程中）。由于此函数具有相当复杂的行为（特别是在使用了自定义事件循环策略的时候），在协程和回调中更推荐使用 `get_running_loop()` 函数而非 `get_event_loop()`。通常应该考虑使用 `asyncio.run()` 函数而非使用低层级函数来手动创建和关闭事件循环。代码如下：

```
import asyncio
loop = asyncio.get_event_loop()
```

`asyncio.set_event_loop(loop)`：将 `loop` 设置为当前线程的当前事件循环。

`asyncio.new_event_loop()`：创建一个新的事件循环。

要注意的是，`get_event_loop()`、`set_event_loop()`，以及 `new_event_loop()` 函数的行为可以通过设置自定义事件循环策略来改变。

13.3 运行和停止循环

`loop.run_until_complete(future)` 运行直到 `task` 或 `future`（Future 的实例）完成，然后返回 Future 的结果或者引发相关异常。如果参数是协程，将被隐式调度为 `asyncio.Task` 来运行。

`loop.run_forever()` 阻塞当前线程运行事件循环直到 `stop()` 被调用。

`loop.stop()` 停止正在运行的事件循环，停止后可以再次被启动。

`loop.is_running()` 返回 `True` 表示事件循环正在运行。

`loop.is_closed()` 当事件循环已经被关闭时，返回 `True`。

`loop.close()` 用于关闭事件循环。当这个函数被调用的时候，循环必须处于非运行状态。`pending` 状态的回调将被丢弃。此方法清除所有的队列并立即关闭执行器，不会等待执行器完成，这个方法是幂等的和不可逆的。当事件循环关闭后，不应调用其他方法。

`loop.time()` 根据事件循环内部的单调时钟，返回当前时间。

我们用一个示例看下几个方法的使用情况，代码如下：

```python
import time
import asyncio
async def stop_loop(delay, loop):
    t0=time.time()
    print(f'初始时间:{time.strftime("%X")}')
    while True:
        await asyncio.sleep(delay)
        print(f'已等待时间:{time.time()-t0}')
        if time.time()-t0>=5:
            t0=time.time()
            loop.stop() #停止事件循环
            print(f'停止时间:{time.strftime("%X")}')
            print(f'事件循环是否被关闭:{loop.is_closed()}')
loop=asyncio.get_event_loop()
loop.create_task(stop_loop(1,loop))
def wait_update():
    loop.run_forever() #开启事件循环，直到被stop
while True:
    time.sleep(1)
    wait_update()
    print('再次开启')
'''
输出结果为：
初始时间:14:50:04
已等待时间:1.0000574588775635
已等待时间:2.0001144409179688
已等待时间:3.000171661376953
已等待时间:4.0002288818359375
已等待时间:5.000286102294922
停止时间:14:50:09
事件循环是否被关闭:False
再次开启
已等待时间:1.0040576457977295
已等待时间:2.0041146278381348
已等待时间:3.004171848297119
已等待时间:4.0042290687561035
已等待时间:5.004286050796509
停止时间:14:50:14
事件循环是否被关闭:False
'''
```

协程 stop_loop 运行 5 秒就停止事件循环，但并非关闭事件循环，因此协程执行并未结束，而是保存了其执行的上下文，事件循环停止 1 秒后再次开启，stop_loop 则继续执行。loop.stop()停止事件循环的作用是让出控制权给调用方（其实是协程执行 await asyncio.sleep (delay)时挂起自身并交出了控制权给事件循环，事件循环接着把控制权交给调用方），调用方完成其他操作后可以再次开启事件循环。

用 `loop.stop()` 停止事件循环时，事件循环会继续执行当前 `Task`，当前 `Task` 执行完或者执行 `await` 挂起自身时会让出控制权，事件循环的调用方再次用 `loop.run_forever()` 开启事件循环时，事件循环接着之前的状态继续迭代 `Task`。

13.4　创建 Future 和 Task

13.4.1　创建 Future

Future（期程）是通过 Python 内置模块 `concurrent.futures` 创建的，即 `concurrent.futures.Future` 类，用 `asyncio` 模块也可以创建 `asyncio.Future` 类，这两个 Future 类的作用相同，都是把待执行的任务封装成可异步执行的对象。

两种 Future 都有 `done()` 方法，这个方法不阻塞，返回值是布尔类型的，表示期程所打包的可调用对象是否已经执行完成或被取消。`result()` 方法在期程运行结束后返回可调用对象的结果，或者重新抛出执行可调用对象时所抛出的异常。对 `concurrency.futures.Future` 实例来说，`result()` 方法会阻塞调用方所在的线程，直到有结果可返回，才可以接收可选的 `timeout` 参数。如果在指定的时间内期程没有执行完，则会抛出 `TimeoutError` 异常。对于 `asyncio.Future` 实例而言，若期程没执行完，则会抛出 `InvalidStateError`；若期程被取消，则会抛出 `CancelledError`。

`Task` 是 `Future` 的子类，是对协程的封装，当一个 `Task` 对象被创建，它将复制当前上下文，然后在复制的上下文中运行其协程，使协程可以异步执行。`asyncio.Task` 从 `Future` 继承了除 `Future.set_result()` 和 `Future.set_exception()` 以外的所有 API。

`loop.create_future()` 用于创建一个附加到事件循环中的 `asyncio.Future` 对象。这是在 `asyncio` 中创建 `Future` 的首选方式，这让第三方事件循环可以提供 `Future` 对象的替代实现（更好的性能或者功能）。

`loop.create_task(coro, *, name=None)` 是低层级函数，用于安排一个协程的执行，返回一个 `Task` 对象。第三方的事件循环可以使用它们自己定义的 `Task` 类的子类来实现互操作性。

`asyncio.create_task(coro, *, name=None)` 是高层级函数，用于将 coro 协程打包

为一个 Task 排入事件循环以准备执行，该函数返回的是 Task 对象。当 name 不为 None 时，它将自动调用 Task.set_name() 来设置任务的名称。该任务会在 get_running_loop() 返回的循环中执行，如果当前线程没有处在运行的循环中则会引发 RuntimeError。此函数在 Python 3.7 版本中被加入，在 Python 3.7 之前，可以用低层级的 asyncio.ensure_future() 函数实现。

asyncio.current_task(loop=None) 返回当前运行的 Task 实例，如果没有正在运行的任务，则返回 None。如果 loop 为 None，则会使用 get_running_loop() 获取当前事件循环。

asyncio.all_tasks(loop=None) 返回事件循环所运行的未完成的 Task 对象的集合。如果 loop 为 None，则会使用 get_running_loop() 获取当前事件循环。

13.4.2　Task 对象的方法

要取消一个正在运行的 Task 对象，可使用 cancel() 方法。调用此方法将使该 Task 对象抛出一个 CancelledError 异常给打包的协程。如果在取消期间一个协程正在等待一个 Future 对象，该 Future 对象也将被取消。cancelled() 可被用来检测 Task 对象是否被取消，被取消则返回 True。

done() 返回 Task 对象是否完成的结果。如果 Task 对象已完成则返回 True。当 Task 所封包的协程返回一个值、引发一个异常或 Task 本身被取消时，则会被认为已完成。

result() 返回 Task 的结果。如果 Task 对象已完成，其封包的协程的返回值会被返回（或者当协程引发异常时，该异常会被重新引发）。如果 Task 对象被取消，此方法会引发一个 CancelledError 异常。如果 Task 对象还未执行完成，此方法会引发一个 InvalidStateError 异常。

exception() 返回 Task 对象的异常。如果所封包的协程引发了一个异常，该异常将被返回。如果所封包的协程正常返回则该方法将返回 None。如果 Task 对象被取消，此方法会引发一个 CancelledError 异常。如果 Task 对象尚未完成，此方法将引发一个 InvalidStateError 异常。

add_done_callback(callback, *, context=None) 用于添加一个回调，将在 Task 对象完成时被运行。此方法应该仅在低层级的基于回调的代码中使用。要了解更多细节请查看 Future.add_done_callback() 的文档。

`remove_done_callback(callback)` 从回调列表中移除 `callback` 指定的回调。此方法应该仅在低层级的基于回调的代码中使用。要想了解更多细节，可查看 `Future.remove_done_callback()` 的相关文档。

`get_coro()` 返回由 `Task` 包装的协程对象，这是 Python 3.8 版本的新功能。

`get_name()` 返回 `Task` 的名称。如果没有一个 `Task` 名称被显式地赋值，默认的 asyncio `Task` 实现会在实例化期间生成一个默认名称，这是 Python 3.8 版本的新功能。

`set_name(value)` 用于设置 `Task` 的名称。`value` 参数可以为任意对象，它随后会被转换为字符串。在默认的 `Task` 实现中，名称将在任务对象的 `repr()` 输出中可见，这是 Python 3.8 版本的新功能。

`classmethod all_tasks(loop=None)` 返回一个事件循环中所有任务的集合，默认情况下将返回当前事件循环中所有任务。如果 `loop` 为 `None`，则会使用 `get_event_loop()` 函数来获取当前事件循环。注意，不要将此方法作为任务方法来调用，想使用任务方法的话，应当改用 `asyncio.all_tasks()` 函数。

`classmethod current_task(loop=None)` 返回当前运行任务或 `None`。如果 `loop` 为 `None`，则会使用 `get_event_loop()` 函数来获取当前事件循环。注意，不要将此方法作为任务方法来调用，应当改用 `asyncio.current_task()` 函数。

13.5 并发执行的方法

前面我们在示例中用事件循环方法 `loop.run_until_complete(Task)` 并发执行了任务，如果想在协程中并发执行嵌套的协程，可以简单地用 `await` 等待协程，这并不会并发执行，代码如下：

```
import time
import asyncio
async def say_after(delay, what):
    await asyncio.sleep(delay)
    print(what)
    return what
async def main():
    print(f"started at {time.strftime('%X')}")
    r1 = await say_after(1, 'hello')
    r2 = await say_after(2, 'world')
    print('返回值为: ',(r1,r2))
    print(f"finished at {time.strftime('%X')}")
```

```
asyncio.run(main())
'''
输出结果为:
started at 11:21:24
hello
world
返回值为: ('hello', 'world')
finished at 11:21:27
'''
```

两个 await 语句是同步执行的,用时是 3 秒,协程执行完会把返回值赋值给 await 左边的变量,协程要打包成 Task 才能排入事件循环,事件循环通过执行 await 语句来对 task 迭代执行,因此要让协程实现异步执行,可有以下方法。

asyncio.gather(*aws, loop=None, return_exceptions=False) 并发运行 aws 序列中的可等待对象,可以是 coro 协程或 Task 或 Future,协程会自动被打包成 Task,如果所有可等待对象都成功完成,结果将是一个由所有返回值聚合而成的列表。结果值的顺序与 aws 中可等待对象的顺序一致。

- 如果 return_exceptions 为 False(默认),所引发的首个异常会立即传给等待 gather() 的任务,aws 序列中的其他可等待对象不会被取消仍将继续运行。
- 如果 return_exceptions 为 True,那么异常会和成功的结果一样处理,并聚合至结果列表。
- 如果 gather() 被取消,所有被提交(尚未完成)的可等待对象也会被取消。
- 如果 aws 序列中的任一 Task 或 Future 对象被取消,它将被当作引发 CancelledError 一样处理。在此情况下,gather() 调用不会被取消。这是为了防止一个已提交的 Task/Future 被取消进而导致其他 Task/Future 也被取消。

代码如下:

```
import time
import asyncio
async def say_after(delay, what):
    await asyncio.sleep(delay)
    print(what)
    return what
async def main():
    print(f"started at {time.strftime('%X')}")
    r = await asyncio.gather(say_after(1, 'hello'),say_after(2, 'world'))
    #tasks = [say_after(1, 'hello'),say_after(2, 'world')]
    #r = await asyncio.gather(*tasks)
    print('返回值为: ',r)
```

```
        print(f"finished at {time.strftime('%X')}")
asyncio.run(main())
'''
输出结果为:
started at 11:24:44
hello
world
返回值为: ['hello', 'world']
finished at 11:24:46
'''
```

从输出结果看，用时 2 秒，gather()方法实现了协程的并发执行，因为 gather()方法把协程打包成 Task 排入了事件循环可以异步执行。协程也可以放入一个列表，然后以列表拆解的方式作为 gather()方法的参数，gather()方法执行完全部协程后，返回值会保存在一个列表里。

asyncio.create_task(coro, *, name=None)把协程打包成 Task 后，再由 await 排入事件循环实现并发执行，代码如下：

```
import time
import asyncio
async def say_after(delay, what):
    await asyncio.sleep(delay)
    print(what)
    return what
async def main():
    print(f"started at {time.strftime('%X')}")
    task1 = asyncio.create_task(say_after(1, 'hello'))
    task2 = asyncio.create_task(say_after(2, 'world'))
    r1 = await task1
    r2 = await task2
    #r = await asyncio.gather(task1,task2)
    print('返回值为: ',(r1,r2))
    #print('返回值为: ',r)
    print(task1.result(),task2.result())
    print(f"finished at {time.strftime('%X')}")
asyncio.run(main())
'''
输出结果为:
started at 12:22:31
hello
world
返回值为: ('hello', 'world')
hello world
finished at 12:22:33
'''
```

在上述代码示例中，先用 asyncio.create_task()把协程打包成 Task，再用 await 将 Task 排入事件循环，必须先把 Task 对象赋值给变量再用 await 等待。若直接用 await asyncio.create_task(say_after(1, 'hello'))，则等待的是对协程打包后执行，而不是把 Task 排入事件循环由事件循环执行，无法实现异步并发。Task 的返回值会赋值给 await 左边的变量 r，也可用 task.result() 获取返回值。

asyncio.wait(aws, *, loop=None, timeout=None, return_when=ALL_COMPLETED) 并发运行 aws 指定的可等待对象并阻塞线程直到满足 return_when 指定的条件。返回 Task/Future 集合 (done, pending)，其中 done 为已完成的 Task 集合，pending 为待完成的 Task 集合。若指定参数 timeout (float 或 int 类型)，则超时后立即返回。当超时发生时，未完成的 Future 或 Task 不会被取消，但也不会继续执行。

return_when 指定函数应在何时返回，其值必须为表 13-1 中的常数之一。

表 13-1

return_when 指定的条件（常数）	描述
FIRST_COMPLETED	函数将在任意可等待对象结束或取消时返回
FIRST_EXCEPTION	函数将在任意可等待对象因引发异常而结束时返回，当没有引发任何异常时它就相当于 ALL_COMPLETED
ALL_COMPLETED	函数将在所有可等待对象结束或取消时返回

代码如下：

```
import time
import asyncio
async def say_after(delay, what):
    await asyncio.sleep(delay)
    print(what)
    return what
async def main():
    print(f"started at {time.strftime('%X')}")
    task1 = asyncio.create_task(say_after(1, 'hello'))
    task2 = asyncio.create_task(say_after(2, 'world'))
    tasks = [task1,task2]
    done,pending = await asyncio.wait(tasks,timeout=1.5)
    print('返回值为: ',[r.result() for r in done],pending)
    print(f"finished at {time.strftime('%X')}")
asyncio.run(main())
'''
输出结果为:
started at 14:11:05
hello
返回值为: ['hello'] {<Task pending coro=<say_after() wait_for=<Future pending ...>>}
finished at 14:11:07
'''
```

设置了超时时间 timeout=1.5，则 task1 可以执行完成结果保存在 done 集合中，task2 无法完成则保存在 pending 集合中。

asyncio.wait_for(aw, timeout, *, loop=None)：等待 aw 可等待对象执行完成，指定 timeout 秒数后超时，如果 aw 是一个协程，将不会并发执行。如果 timeout 为 None，则等待直到任务完成，若给定 timeout（float 或 int 类型）的值，那么任务将取消并引发 asyncio.TimeoutError 异常。

```
import time
import asyncio
async def say_after(delay, what):
    await asyncio.sleep(delay)
    print(what)
    return what
async def main():
    print(f"started at {time.strftime('%X')}")
    task1 = asyncio.create_task(say_after(1, 'hello'))
    task2 = asyncio.create_task(say_after(2, 'world'))
    try:
        r1 = await asyncio.wait_for(task1,timeout=1.5)
        r2 = await asyncio.wait_for(task2,timeout=1.5)
    except asyncio.TimeoutError:
        print('timeout')
        r2=None
    print('返回值为: ',r1,r2)
    print(f"finished at {time.strftime('%X')}")
asyncio.run(main())
'''
输出结果为:
started at 14:21:03
hello
timeout
返回值为: hello None
finished at 14:21:05
'''
```

设置了超时时间 timeout=1.5，task1 可以执行完成，task2 无法执行完而被取消。

在并发执行的时候，await 语句在主函数中的顺序可以随意，因为 await 右边的任务都被排入事件循环，由事件循环并发执行，但若需要把任务的返回值赋值给 await 左边的变量，或者任务可能被 join 阻塞而需要主函数取消任务，则在主函数恢复执行时，其恢复的上下文要遵循变量先赋值后使用的顺序，取消任务的位置应在被阻塞的任务位置之前。

其主要方法归纳如表 13-2 ~ 表 13-6 所示。

表 13-2

获取事件循环方法名	描述
`asyncio.get_running_loop()`	获取当前运行的事件循环的首选函数
`asyncio.get_event_loop()`	获得一个事件循环实例 (当前或通过策略)
`asyncio.set_event_loop()`	通过当前策略将事件循环设置为当前事件循环
`asyncio.new_event_loop()`	创建一个新的事件循环

表 13-3

生命周期方法名	描述
`loop.run_until_complete()`	运行一个期程/任务/可等待对象直到完成
`loop.run_forever()`	一直运行事件循环
`loop.stop()`	停止正在运行的事件循环
`loop.close()`	关闭事件循环
`loop.is_running()`	返回 True，表示事件循环正在运行
`loop.is_closed()`	返回 True，表示事件循环已经被关闭
`await loop.shutdown_asyncgens()`	关闭异步生成器

表 13-4

任务与期程方法名	描述
`loop.create_future()`	创建一个 Future 对象
`loop.create_task()`	创建一个 Task 对象
`loop.set_task_factory()`	设置 `loop.create_task()` 使用的工厂，它将用来创建 Task
`loop.get_task_factory()`	获取 `loop.create_task()` 使用的工厂，它用来创建 Task

表 13-5

调度回调函数方法名	描述
`loop.call_soon()`	事件循环下次迭代时调用回调
`loop.call_soon_threadsafe()`	`loop.call_soon()` 方法线程安全的变体
`loop.call_later()`	在给定时间之后调用回调函数
`loop.call_at()`	在指定时间调用回调函数

表 13-6

线程/进程池方法名	描述
`await loop.run_in_executor()`	在 `concurrent.futures` 执行器中运行
`loop.set_default_executor()`	设置 `loop.run_in_executor()` 默认执行器

13.6 队列集

asyncio 队列被设计成与 queue 模块类似。尽管 asyncio 队列不是线程安全的,但是它们是被设计专用于 async/await 代码。注意,asyncio 的队列没有 timeout 形参,请使用 asyncio.wait_for() 函数为队列添加超时操作。

class asyncio.Queue(maxsize=0, *, loop=None):先进先出队列,如果 maxsize 小于等于 0,则队列尺寸是无限的。如果 maxsize 是大于 0 的整数,则当队列达到 maxsize 时,await put() 将阻塞至某个元素被 get() 取出。

class asyncio.LifoQueue():后进先出队列,属于 Queue 的变体,要先取出最后添加的元素(后进先出)。

class asyncio.PriorityQueue():优先级队列,属于 Queue 的变体;要按优先级顺序取出元素(最小值先出)。元素通常是(priority_number, data)形式的元组。

队列的属性和方法总结如下。

- maxsize:队列中可存放的元素数量。
- empty():如果队列为空,则返回 True;否则返回 False。
- full():如果队列已满,则返回 True;如果队列用 maxsize=0(默认)初始化,则 full() 返回 False。
- coroutine get():从队列中取出一个元素。如果队列为空,则等待,直到队列中有元素。
- get_nowait():立即取出队列中的一个元素,如果队列已空则引发异常 QueueEmpty。
- coroutine join():阻塞至队列中所有的元素都被取出和处理完毕。当元素添加到队列的时候,未完成的任务数就会增加,每当消费协程调用 task_done() 时,表示这个元素已经被取出和处理完毕,未完成的任务数就会减少。当未完成任务数降到零的时候,join() 阻塞被解除。
- coroutine put(item):添加一个元素进队列。如果队列已满,则会一直等待队列有空余位置可用。
- put_nowait(item):立即添加一个元素入队列。如果队列已满,则会引发 QueueFull 异常。

- `qsize()`：返回队列的元素数量。
- `task_done()`表明前面排队的任务已经完成，即`get()`出来的元素相关操作已经完成。由队列使用者控制，每个`get()`用于获取一个元素，任务最后调用`task_done()`告诉队列这个任务已经完成。如果`join()`当前正在阻塞，在所有元素都被处理后，将解除阻塞（意味着每个`put()`进队列的元素的`task_done()`都被收到）。如果该方法被调用的次数多于放入队列中的元素数量，将引发`ValueError`。

我们用一个示例来展示上述方法的应用，代码示例里已经做了注释，对比注释就能很好地理解了。

```python
import asyncio
import random
import time
#定义工作协程
async def worker(name, queue):
    while True:
        print(f'{name}队列当前元素数量:{queue.qsize()}')
        # 从队列取出一个元素赋值给sleep_for
        sleep_for = await queue.get()
        # 暂停sleep_for秒
        await asyncio.sleep(sleep_for)
        # 通知队列元素已经被处理完成
        queue.task_done()
        print(f'{name} 等待了 {sleep_for:.2f} 秒')
#定义主函数协程
async def main():
    # 创建先进先出队列
    queue = asyncio.Queue()
    # 添加三个随机时间到队列
    total_sleep_time = 0
    for _ in range(3):
        sleep_for = random.uniform(0.05, 1.0)
        total_sleep_time += sleep_for
        queue.put_nowait(sleep_for)
    # 创建两个任务
    tasks = []
    for i in range(2):
        task = asyncio.create_task(worker(f'worker-{i}', queue))
        tasks.append(task)
    started_at = time.monotonic()
    print(f'队列是否满:{queue.full()}')
    await queue.join()  # 等待队列元素全部被取出且收到了task_done()通知
    total_slept_for = time.monotonic() - started_at
    print(f'队列是否空:{queue.empty()}')
    # 关闭正在运行的Task
    for task in tasks:
```

```
            task.cancel()
        # 并发执行 Task，直到 Task 被取消
        await asyncio.gather(*tasks, return_exceptions=True) #收到CancelledError异常表示Task执行结束
        print('====')
        print(f'任务并发执行的时间 {total_slept_for:.2f} 秒')
        print(f'任务的等待时间之和: {total_sleep_time:.2f} 秒')
asyncio.run(main())
'''
输出结果为:
队列是否满:False
worker-0 队列当前元素数量:3
worker-1 队列当前元素数量:2
worker-1 等待了 0.07 秒
worker-1 队列当前元素数量:1
worker-0 等待了 0.42 秒
worker-0 队列当前元素数量:0
worker-1 等待了 0.87 秒
worker-1 队列当前元素数量:0
队列是否空:True
====
任务并发执行的时间 0.95 秒
任务的等待时间之和: 1.37 秒
'''
```

13.7　async for

async for 用于使用异步迭代器（实现了 __aiter__ () 和 __anext__ () 方法的对象，这是协程版的 __iter__ () 和 __next__ () 方法）迭代可迭代的异步对象。

__anext__ () 方法返回可等待对象，循环调用直到引发 stopAsyncIteration 异常，__aiter__ () 方法返回异步对象自身的 asynchronous_iterator（异步迭代器）。

我们看一个生产者消费者的示例，代码如下：

```
import time
import asyncio
class TqChan(asyncio.Queue):
    def __init__(self):
        asyncio.Queue.__init__(self)
    async def send(self, item) :
        await asyncio.Queue.put(self, item)
    def __aiter__(self):
        return self
    async def __anext__(self):
        value = await asyncio.Queue.get(self)
        if self.empty():
```

```python
            raise StopAsyncIteration
        return value
async def producer(q):
    num = 0
    while True:
        num+=1
        for i in range(3):
            await q.send(i)
        print(f'第{num}次生产完成,数量:{q.qsize()}')
        await asyncio.sleep(2)
async def consumer(q):
    num = 0
    while True:
        num+=1
        print(f'第{num}次消费开始时间:{time.strftime("%X")}')
        async for i in q:    #TqChan 不加异常, for 循环会阻塞直到再次队列有值
            print(f'消费了值{i}')  #取出最后一个值后队列为空引发了异常, 因此最后一个值未返回
        print(f'第{num}次消费结束时间:{time.strftime("%X")}')
loop =asyncio.get_event_loop()
q=TqChan()
#生产者和消费者与队列需要在同一个事件循环中
task1=loop.create_task(producer(q))
task2=loop.create_task(consumer(q))
loop.run_until_complete(task1)
loop.run_until_complete(task2)
loop.close()
'''
输出结果为:
第1次生产完成,数量:3
第1次消费开始时间:09:33:33
消费了值0
消费了值1
第1次消费结束时间:09:33:33
第2次消费开始时间:09:33:33
第2次生产完成,数量:3
消费了值0
消费了值1
第2次消费结束时间:09:33:35
第3次消费开始时间:09:33:35
第3次生产完成,数量:3
消费了值0
消费了值1
第3次消费结束时间:09:33:37
'''
```

在上述代码示例中,我们定义了一个异步迭代器类 TqChan,生产者 producer 每隔 2 秒生产 3 个值,消费者 consumer 通过 async for 循环取值,自动调用了__anext__()方法,__anext__()方法在队列为空时抛出了异常,使 async for 循环结束。若不加异常

循环会阻塞直到队列里再次有值，队列再次有值即可继续执行异步迭代，async for 循环将不会结束。TqChan 是天勤量化工具的重要用法。

13.8 小结

asyncio 异步协程是单线程里的多任务，由用户通过设置 await 语句所在的位置来控制多任务的迭代执行。asyncio 库是 Python 的项目之一，其所能实现的功能非常多，本章无法详尽介绍。但本章也力图详尽地介绍天勤量化会用到的概念，TqSdk 的代码大量依赖 asyncio 机制。如果想熟练运用 TqSdk，那么就有必要掌握本章的内容。

进程、线程、协程、期程等多任务处理的内容还很多，本书只介绍了一些量化交易中常用的方法，想要进行更深入的了解，可查阅 Python 相关资料。

关于 Python 基础就介绍到这，下一章介绍量化平台——天勤量化（TqSdk）。

第二篇 期货量化交易

第 14 章 天勤量化（TqSdk）
第 15 章 pandas 模块
第 16 章 TqSdk 的使用
第 17 章 TqSdk 部分函数解读
第 18 章 量化策略框架
第 19 章 用 GUI 库开发界面程序
第 20 章 技术指标绘图
第 21 章 定量分析

第 14 章

天勤量化（TqSdk）

14.1 简介

TqSdk 是一个由信易科技发起并贡献主要代码的开源 Python 库。依托多年积累成熟的交易及行情服务器体系，TqSdk 支持用户使用很少的代码量构建各种类型的量化交易策略程序，并提供包含"历史数据-实时数据-开发调试-策略回测-模拟交易-实盘交易-运行监控-风险管理"的全套解决方案。

14.1.1 系统架构

TqSdk 系统架构如图 14-1 所示。其中，交易中继网关（Open Trade Gateway）负责连接到期货公司交易系统，行情网关（Open Md Gateway）负责提供实时行情和历史数据，这两个网关统一以 Diff 协议对下方提供服务。TqSdk 按照 Diff 协议连接到行情网关和交易中继网关，实现行情和交易功能。

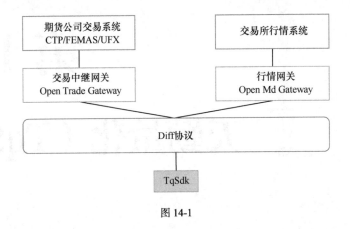

图 14-1

14.1.2 功能要点

- TqSdk 提供的功能可以支持从简单到复杂的各类策略程序。
- 提供当前所有可交易合约从上市开始的全部 Tick 数据和 K 线数据。
- 支持数十家期货公司的实盘交易。
- 支持模拟交易。
- 支持 Tick 级和 K 线级回测,支持复杂策略回测。
- 提供近百个技术指标函数及其源码。
- 用户无须建立和维护数据库,行情和交易数据全在内存数据库,无访问延迟。
- 优化支持 Pandas 和 Numpy 库。
- 无强制框架结构,支持任意复杂度的策略,在一个交易策略程序中使用多个品种的 K 线/实时行情并交易多个品种。

TqSdk 使用单线程异步模型,它支持构建各类复杂结构的策略程序,同时保持高性能及高可读。

注意:TqSdk 使用了 Python 3 的原生协程和异步通讯库 asyncio,部分 Python IDE 不支持 asyncio,如 spyder 和 jupyter,推荐的 IDE 有 vscode、pycharm。

14.1.3 安装和升级 TqSdk

和安装其他模块一样简单，用 pip 即可安装，命令如下：

```
pip install tqsdk -i http://mirrors.aliyun.com/pypi/simple/ --trusted-host=mirrors.aliyun.com
```

升级命令如下：

```
pip install tqsdk -U -i http://mirrors.aliyun.com/pypi/simple/ --trusted-host=mirrors.aliyun.com
```

TqSdk 文件结构如表 14-1 所示。

表 14-1

TqSdk 文件结构	描述
api.py	TqApi 接口主文件
tqhelper.py	TqApi 辅助代码
exception.py	异常类型定义
objs.py	主要业务数据结构的定义
sim.py	本地模拟交易
backtest.py	回测支持
lib.py	交易辅助工具
ta.py	技术指标
tafunc.py	技术分析函数
ctpse/*	穿透式监管信息采集模块
test/*	单元测试用例
demo/*	示例程序

TqSdk 模块参考如表 14-2 所示。

表 14-2

TqSdk 模块参考	描述
tqsdk.api	框架及核心业务
tqsdk.auth	用户认证类
tqsdk.account	账户类
tqsdk.multiaccount	多账户
tqsdk.objs	业务对象
tqsdk.lib	业务工具库
tqsdk.ta	技术指标计算函数

TqSdk 模块参考	描述
tqsdk.tafunc	序列计算函数
tqsdk.sim	模拟交易
tqsdk.backtest	策略回测/复盘工具
tqsdk.algorithm	算法模块
tqsdk.tools.downloader	数据下载工具

14.1.4 数据流

在 TqSdk 中以数据流的方式连接各组件，各组件通过队列 TqChan 通信。TqChan（本质上是一个 asyncio.Queue——异步先进先出队列）被用作两个组件间的单向数据流管道，一个组件向 TqChan 中放入数据包，另一个组件从 TqChan 中取出数据包，数据包在组件间单向传递。

在实盘运行时，整个数据流结构如图 14-2 所示。

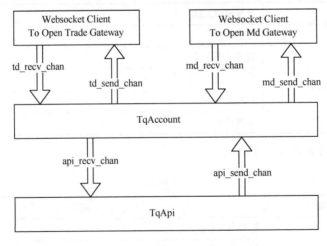

图 14-2

14.1.5 注册信易账户

在使用 TqSdk 之前，用户需要先注册自己的信易账户，传入信易账户是使用任何 TqSdk

程序的前提。

信易账户可以使用注册时的手机号/用户名/邮箱号进行登录，同时该信易账户也会作为后续权限识别论坛登录和快期模拟账户。

14.2 TqSdk 的接口

14.2.1 品种和交易所代码

TqSdk 中的合约代码统一采用形如 "交易所代码.交易所内品种代码" 的字符串格式，交易所代码为全大写字母，交易所内品种代码的大小写规范遵从交易所规定，品种代码对大小写敏感。

目前 TqSdk 支持的交易所如表 14-3 所示。

表 14-3

TqSdk 代码	交易所
SHFE	上海期货交易所（上期所）
DCE	大连商品交易所（大商所）
CZCE	郑州商品交易所（郑商所）
CFFEX	中国金融交易所（中金所）
INE	上海能源中心（能源中心）
KQ	快期（所有主连合约，指数都归属在这里）
SSWE	上期所仓单
SSE	上海证券交易所（上交所）
SZSE	深圳证券交易所（深交所）

以下是部分合约代码示例：

```
'SHFE.cu1901'              # 上期所 cu1901 期货合约
'DCE.m1901'                # 大商所 m1901 期货合约
'CZCE.SR901'               # 郑商所 SR901 期货合约
'CFFEX.IF1901'             # 中金所 IF1901 期货合约
'INE.sc1901'               # 能源中心 sc1901 期货合约

'CZCE.SPD SR901&SR903'     # 郑商所 SR901&SR903 跨期合约
'DCE.SP a1709&a1801'       # 大商所 a1709&a1801 跨期合约
```

```
'DCE.m1807-C-2450'       # 大商所豆粕期权
'CZCE.CF003C11000'       # 郑商所棉花期权
'SHFE.au2004C308'        # 上期所黄金期权
'CFFEX.IO2002-C-3550'    # 中金所沪深 300 股指期权

'KQ.m@CFFEX.IF'    # 中金所 IF 品种主连合约
'KQ.i@SHFE.bu'     # 上期所 bu 品种指数

'SSWE.CUH'  # 上期所仓单铜现货数据

'SSE.600000'       # 上交所浦发银行股票编码
'SZSE.000001'      # 深交所平安银行股票编码
'SSE.000016'       # 上证 50 指数
'SSE.510050'       # 上交所上证 50ETF
'SSE.10002513'     # 上交所上证 50ETF 期权
'SZSE.90000097'    # 深交所沪深 300ETF 期权
```

14.2.2 高级委托指令

高级委托指令如表 14-4 所示。

表 14-4

limit_price	advanced	memo
指定价格	None	限价指令，即时成交，当日有效
指定价格	FAK	限价指令，即时成交，剩余撤销
指定价格	FOK	限价指令，即时全部成交或撤销
None	None	市价指令，即时成交，剩余撤销
None	FAK	市价指令，即时成交，剩余撤销
None	FOK	市价指令，即时全部成交或撤销
BEST	None	最优一档即时成交，剩余撤销
BEST	FAK	最优一档即时成交，剩余撤销
FIVELEVEL	None	最优五档即时成交，剩余撤销
FIVELEVEL	FAK	最优五档即时成交，剩余撤销

对于市价单、BEST、FIVELEVEL，advanced="FAK" 与默认参数 None 的实际报单请求一样。"FAK" 和 "FOK" 指令下系统自动撤单不计入交易所撤单次数统计。

不同交易所支持的高级指令参数组合如表 14-5 所示。

表 14-5

交易所	品种	limit_price	advance
郑商所	期货	指定价格/None	None/FAK
郑商所	期权	指定价格/None	None/FAK/FOK
大商所	期货	指定价格/None	None/FAK/FOK
大商所	期权	指定价格	None/FAK/FOK
上期所	期货/期权	指定价格	None/FAK/FOK
中金所	期货/期权	指定价格	None/FAK/FOK
中金所	期货/期权	BEST/FIVELEVEL	None/FAK
上交所	ETF 期权	指定价格	None/FOK
深交所	ETF 期权	指定价格	None/FOK

14.2.3　TqApi

tqsdk.api.TqApi 是 TqSdk 的核心类，通常情况下，每个使用了 TqSdk 的程序都应该包括一个 TqApi 实例，TqApi 实例负责以下事项：

- 建立 Websocket 连接到服务器；
- 在内存中建立数据存储区，接收行情和交易业务数据包，并自动维护数据更新；
- 发出交易指令；
- 管理协程任务；
- 执行策略回测。

因此，api 模块中的 TqApi 完成了账户登录、下单、业务数据更新等主要工作，tqsdk 的其他模块则完成一些辅助工作，比如指标计算模块 ta、序列计算模块 tafunc、业务对象模块 objs 等。

1. TqApi 类参数

TqApi 类参数如下：

```
TqApi(account=None, auth=None, url=None, backtest=None, web_gui=False, debug=False, loop=None, disable_print=False, _stock=True, _ins_url=None, _md_url=None, _td_url=None)
```

- account (None/TqAccount/TqSim)：[可选] 交易账号。
  - None：账号将根据环境变量决定，默认为 TqSim（本地模拟）。
  - TqAccount()：使用实盘账号，直连行情和交易服务器，需提供期货公司/账号/密码。

- ○ `TqKq()`：使用快期账号登录，直连行情和快期模拟交易服务器，账号即 auth 参数。
- ○ `TqSim()`：使用 TqApi 自带的内部模拟账号（本地模拟）。
- ○ `TqMultiAccount()`：多账户列表，列表支持 TqAccount、TqKq 和 TqSim 中的 0~N 个或者它们的组合。
- `auth (TqAuth/str)`：［必填］用户信易账户。
  - ○ `TqAuth()`：添加信易账户类，例如，`TqAuth("abc@yahoo.com", "123456")`。
  - ○ `str`：信易账户的字符串写法，中间以英文逗号分隔，例如，abc@yahoo.com,123456。
- `url (str)`：［可选］指定服务器的地址。
  - ○ 当 account 为 TqAccount 类型时，可以通过该参数指定交易服务器地址，默认使用 wss://opentd.shinnytech.com/trade/user0，行情始终使用 wss://openmd.shinnytech.com/t/md/front/mobile。
  - ○ 当 account 为 TqSim 类型时，可以通过该参数指定行情服务器地址，默认使用 wss://openmd.shinnytech.com/t/md/front/mobile。
- `backtest (TqBacktest/TqReplay)`：［可选］进入时光机，此时强制要求 account 类型为 TqSim。
  - ○ `TqBacktest()`：传入 TqBacktest 对象，进入回测模式，在回测模式下，TqBacktest 连接。通过 wss://openmd.shinnytech.com/t/md/front/mobile 接收行情数据，由 TqBacktest 内部完成回测时间段内的行情推进和 K 线、Tick 更新。
  - ○ `TqReplay()`：传入 TqReplay 对象，进入复盘模式，在复盘模式下，TqReplay 会在服务器申请复盘日期的行情资源，由服务器推送复盘日期的行情。
- `debug(bool/str)`：［可选］是否将调试信息输出到指定文件，默认值为 False。
  - ○ `None`［默认］：根据账户情况不同，默认值的行为不同。在使用 TqAccount 或者 TqKq 账户时，调试信息输出到指定文件夹 ~/.tqsdk/logs。使用 TqSim 模拟账户时，调试信息不输出。
  - ○ `True`：调试信息会输出到指定文件夹 ~/.tqsdk/logs。
  - ○ `False`：不输出调试信息。
  - ○ `str`：指定一个日志文件名，调试信息输出到指定文件。

- `loop(asyncio.AbstractEventLoop)`：[可选]使用指定的 IOLoop，默认会创建一个新的。
- `web_gui(bool/str)`：[可选]是否启用图形化界面功能，默认不启用。
  - 启用图形化界面传入参数 `web_gui=True`，之后会每次以随机端口生成网页，也可以直接设置本机 IP 和端口 `web_gui=[ip]:port` 为网页地址，ip 可选，默认为 0.0.0.0。
  - 为了图形化界面能够接收到程序传输的数据并且刷新，在程序中，需要循环调用 api.wait_update 的形式去更新和获取数据。
  - 推荐打开图形化界面的浏览器为 Google Chrome 或 Firefox。

2. TqApi 实例化示例

下面是一个 TqApi 实例化示例：

```
from datetime import date
# 导入需要的类
from tqsdk import TqApi, TqAccount, TqKq, TqSim, TqBacktest, TqReplay

# 使用实盘账号直连行情和交易服务器
api = TqApi(TqAccount("H 期货公司","账号","密码"), auth=TqAuth("信易账户","账户密码"))
# 使用 simnow 模拟账号直连行情和交易服务器
api = TqApi(TqAccount("simnow","账号","密码"), auth=TqAuth("信易账户","账户密码"))

# 使用快期模拟账号连接行情服务器，根据填写的信易账户参数连接指定的快期模拟账户
api = TqApi(TqKq(), auth=TqAuth("信易账户", "账户密码"))

# 使用本地模拟账号直连行情服务器
from tqsdk import TqApi, TqSim
api = TqApi(TqSim(), auth=TqAuth("信易账户", "账户密码"))
# 不填写参数则默认为 TqSim() 模拟账号
api = TqApi(auth=TqAuth("信易账户", "账户密码"))

# 进行策略回测，指定回测的开始和结束日期
api = TqApi(backtest=TqBacktest(start_dt=date(2018, 5, 1), end_dt=date(2018, 10, 1)), auth=TqAuth("信易账户", "账户密码"))

# 进行策略复盘，指定复盘的日期
api=TqApi(backtest=TqReplay(replay_dt=date(2019,12,16)),auth=TqAuth("信易账户","账户密码"))

# 开启 web_gui 功能，使用默认参数 True
api = TqApi(web_gui=True, auth=TqAuth("信易账户", "账户密码"))

# 开启 web_gui 功能，使用本机 IP 端口固定网址生成
# 等价于 api = TqApi(web_gui="0.0.0.0:9876", auth=TqAuth("信易账户", "账户密码"))
api = TqApi(web_gui=":9876", auth=TqAuth("信易账户", "账户密码"))
```

3. TqApi 实例方法

用 `copy()` 创建当前 TqApi 实例的一个副本,这个副本可以在另一个线程中使用,返回值是当前 TqApi 的一个副本。在介绍多线程的示例时会再介绍这个方法。

`close()` 用于关闭天勤接口实例并释放相应资源,当 TqApi 实例不再使用时应当关闭,否则事件循环非正常退出,Python 会报异常。

`wait_update(deadline: Optional[float] = None)` 等待业务数据更新。调用此函数将阻塞当前线程,等待天勤主进程发送业务数据更新并返回,因此在调用此函数之前应先订阅业务数据。deadline[可选]指定截止时间,自 Unix Epoch(1970-01-01 00:00:00 GMT) 以来的秒数(`time.time()+deadline`),默认没有超时(无限等待)。对于返回值而言,如果收到业务数据更新,则返回 `True`;如果到截止时间依然没有收到业务数据更新,则返回 `False`。由于存在网络延迟,所以有数据更新不代表之前发出的所有请求都被处理了。

`wait_update()` 是 TqApi 中最重要的一个函数,每次调用它时都会有以下情况发生。

- 实际发出网络数据包(如行情订阅指令或交易指令等)。
- 尝试从服务器接收一个数据包,并用收到的数据包更新内存中的业务数据截面。
- 让正在运行中的后台任务获得动作机会(如策略程序创建的后台调仓任务只会在 `wait_update()` 时发出交易指令)。
- 如果没有收到数据包,则挂起等待。

`wait_update()` 维护了一个事件循环,对事件循环中的任务做了上述操作,这部分内容可能暂时不太好理解,第 17 章还会详细解读 `wait_update()` 的工作机制。

TqApi 在 `wait_update()` 函数中完成所有异步任务(task)的调度执行,每当用户程序执行 `wait_update()` 函数时,会调度所有 task 运行,直到收到新数据包或超时,事件循环停止执行,`wait_update()` 函数返回结果,等待下次被调用时再次启动事件循环。`wait_update()` 的核心工作是对事件循环启动。

当 `wait_update()` 函数被调用时,异步任务会向队列 TqChan 添加数据或从 TqChan 取出数据,因此数据流的上行流程和下行流程如下所示。

- 数据包上行流程(以报单为例)。
  - 用户程序调用 TqApi 中的某些需要发出数据包的功能函数,如 `TqApi.insert_order`。

- TqApi.insert_order 函数生成一个需要发出的数据包，将此数据包放入 api_send_chan。
- TqAccount 从 api_send_chan 中取出此数据包，根据 aid 字段，决定将此数据包放入 td_send_chan。
- 连接到交易网关的 Websocket client 从 td_send_chan 中取出此数据包，通过网络发出。

- 数据包下行流程（以接收行情为例）。
  - 连接到行情网关的 Websocket Client 从网络收到一个数据包，将其放入 md_recv_chan。
  - TqAccount 从 md_recv_chan 中取出此数据包，将它放入 api_recv_chan。
  - TqApi 从 api_recv_chan 中取出此数据包，将数据包中携带的行情数据合并到内存存储区中。

从上述 wait_update() 函数的作用可知，在实际使用中 wait_update() 函数应被循环调用，通常放在一个 while True 循环中。

初始化变量 TqApi._data 用来存储所有业务数据，如行情、账户、订单等，_data 是映射类型 Entity，继承于可变映射类型 MutableMapping，实现了字典类型的方法。在每次收到数据包时，TqApi 都会将数据包内容合并到 TqApi._data 中（在调用 wait_update() 函数时更新），具体的代码流程如下。

- Websocket Client 收到数据包，并放入 TqApi._pending_diffs。
- wait_update() 函数发现 TqApi._pending_diffs 有待处理数据包，中止异步循环以处理此数据包。
- wait_update() 调用 self._merge_diff 函数 TqApi._merge_diff，将收到的数据包并入本地存储。对于 K 线之类的序列数据，后续继续将更新的数据复制到 pandas.DataFrame 中。

_data 业务数据的结构如下：

```
{
  "account_id": "41007684",  # 账号
  "static_balance": 9954306.319000003,  # 静态权益
  "balance": 9963216.550000003,  # 账户资金
  "available": 9480176.150000002,  # 可用资金
  "float_profit": 8910.231,  # 浮动盈亏
```

```
        "risk_ratio": 0.048482375, # 风险度
        "using": 11232.23, # 占用资金
        "position_volume": 12, # 持仓总手数
        "ins_list": "SHFE.cu1609,...." # 行情订阅的合约列表
        "quotes":{ # 所有订阅的实时行情
            "SHFE.cu1612": {
                "instrument_id": "SHFE.cu1612",
                "datetime": "2016-12-30 13:21:32.500000",
                "ask_priceN": 36590.0, #卖N价
                "ask_volumeN": 121, #卖N量
                "bid_priceN": 36580.0, #买N价
                "bid_volumeN": 3, #买N量
                "last_price": 36580.0, # 最新价
                "highest": 36580.0, # 最高价
                "lowest": 36580.0, # 最低价
                "amount": 213445312.5, # 成交额
                "volume": 23344, # 成交量
                "open_interest": 23344, # 持仓量
                "pre_open_interest": 23344, # 昨持
                "pre_close": 36170.0, # 昨收
                "open": 36270.0, # 今开
                "close" : "-", # 收盘
                "lower_limit": 34160.0, #跌停
                "upper_limit": 38530.0, #涨停
                "average": 36270.1 #均价
                "pre_settlement": 36270.0, # 昨结
                "settlement": "-", # 结算价
            },
            ...
        }}
```

_data 在 TqSdk 内部使用,不建议用户访问。行情、订单、账户等业务数据类在 tqsdk.objs 模块中定义,访问业务数据可通过这些类对象访问。

get_quote(symbol:str) 用于获取指定合约的盘口行情。参数 symbol 为指定合约代码。该函数返回一个盘口行情引用,是可变映射类型 Quote,继承于 Entity,其内容将在调用 wait_update() 时更新。注意,在 tqsdk 还没有收到行情数据包时,此对象中各项内容为 NaN 或 0。

get_kline_serial(symbol: Union[str, List[str]], duration_seconds: int, data_length: int = 200, chart_id: Optional[str] = None, adj_type: Optional[str] = None) 获取 K 线序列数据。

- symbol (str/list of str):指定合约代码或合约代码列表,若为合约代码列表,则一次提取多个合约的 K 线并根据相同的时间向第一个合约(主合约)对齐。

- `duration_seconds (int)`：K 线数据周期，以秒为单位。例如，1 分钟线为 60，1 小时线为 3600，日线为 86400。注意，周期在日线以内时此参数可以任意填写，在日线以上时只能是日线（86400）的整数倍。
- `data_length (int)`：需要获取的序列长度。默认 200 根，返回的 K 线序列数据是从当前最新一根 K 线开始往前取 `data_length` 根。每个序列最大支持请求 8964 个数据。
- `chart_id (str)`：[可选]指定序列 id，默认由 api 自动生成。
- `adj_type (str/None)`：[可选]指定复权类型，默认为 None。`adj_type` 参数只对股票和基金类型合约有效。F 表示前复权；B 表示后复权；None 表示不做处理。
- 主合约的字段名为原始 K 线数据字段，从第一个副合约开始，字段名在原始字段后加数字，如第一个副合约的开盘价为 "`open1`"，第二个副合约的收盘价为 "`close2`"。
- 每条 K 线都包含了订阅的所有合约数据，即如果任意一个合约（无论主、副）在某个时刻没有数据（即使其他合约在此时有数据），则不能对齐，此多合约 K 线在该时刻那条数据被跳过，现象表现为 K 线不连续（如主合约有夜盘，而副合约无夜盘，则生成的多合约 K 线无夜盘时间的数据）。
- 若设置了较大的序列长度参数，而所有可对齐的数据并没有这么多，则序列前面部分数据为 NaN（这与获取单合约 K 线且数据不足序列长度时情况相似）。
- 若主合约与副合约的交易时间在所有合约数据中最晚一根 K 线时间开始往回的 "8964 × 周期" 时间段内完全不重合，则无法生成多合约 K 线，程序会报出获取数据超时异常。
- 回测暂不支持获取多合约 K 线，若在回测时获取多合约 K 线，程序会报出获取数据超时异常。
- `datetime`、`duration` 是所有合约公用的字段，未单独为每个副合约增加一份副本，这两个字段使用原始字段名（即没有数字后缀）。
- 暂不支持复权获取多合约 K 线，若填入 `adj_type`，程序会报参数错误。

本函数总是返回一个 `pandas.DataFrame` 实例，行数=`data_length`，该实例包含以下列。

- `id`：1234（K 线序列号）。
- `datetime`：1501080715000000000（K 线起点时间（按北京时间），自 Unix Epoch（1970-01-01 00:00:00 GMT）以来的纳秒数）。
- `open`：51450.0（K 线起始时刻的最新价）。

- `high`：51450.0（K 线时间范围内的最高价）。
- `low`：51450.0（K 线时间范围内的最低价）。
- `close`：51450.0（K 线结束时刻的最新价）。
- `volume`：11（K 线时间范围内的成交量）。
- `open_oi`：27354（K 线起始时刻的持仓量）。
- `close_oi`：27355（K 线结束时刻的持仓量）。

`get_tick_serial(symbol: str, data_length: int = 200, chart_id: Optional[str] = None, adj_type: Optional[str] = None)`：获取指定合约的 `tick` 序列数据。

- `symbol (str)`：指定合约代码。
- `data_length (int)`：需要获取的序列长度。每个序列最大支持请求 8964 个数据。
- `chart_id (str)`：[可选] 指定序列 id，默认由 api 自动生成。
- `adj_type (str/None)`：[可选] 指定复权类型，默认为 `None`。`adj_type` 参数只对股票和基金类型合约有效。F 表示前复权；B 表示后复权；None 表示不做处理。

本函数返回一个 `pandas.DataFrame` 实例，行数=`data_length`，该实例包含以下列。

- `id`：12345（K 线序列号）。
- `datetime`：1501074872000000000 [tick 从交易所发出的时间（按北京时间），自 Unix Epoch（1970-01-01 00:00:00 GMT）以来的纳秒数]。
- `last_price`：3887.0（最新价）。
- `average`：3820.0（当日均价）。
- `highest`：3897.0（当日最高价）。
- `lowest`：3806.0（当日最低价）。
- `ask_price1`：3886.0（卖一价）。
- `ask_volume1`：3（卖一量）。
- `bid_price1`：3881.0（买一价）。

- `bid_volume1`：18（买一量）。
- `volume`：7823（当日成交量）。
- `amount`：19237841.0（成交额）。
- `open_interest`：1941（持仓量）。

`insert_order(symbol: str, direction: str, offset: str = '', volume: int = 0, limit_price: Optional[Union[str, float]] = None, advanced: Optional[str] = None, order_id: Optional[str] = None, account: Optional[Union[tqsdk.account.TqAccount, tqsdk.sim.TqSim]] = None)`：发送下单指令，该函数执行后立即返回，返回一个委托单 `Order` 对象引用，`Order` 是可变映射类型。注意，指令先发送到 TqChan，再从 TqChan 取出发送到交易网关，因此是在调用 `wait_update()` 时按数据流发出，并更新返回值 `Order` 对象。

- `symbol (str)`：拟下单的合约 symbol，格式为"交易所代码.合约代码"，例如，"SHFE.cu2101"。
- `direction (str)`："BUY"或"SELL"。
- `offset (str)`："OPEN"表示开仓；"CLOSE"或"CLOSETODAY"表示平仓（上期所和原油区分平今/平昨，平今用"CLOSETODAY"，平昨用"CLOSE"；其他交易所直接用"CLOSE"，按照交易所的规则平仓，其他交易所也能接收"CLOSETODAY"但仍以"CLOSE"处理。注意，交易所在收取手续费时通常优先以平今收取），股票交易中该参数无须填写。
- `volume (int)`：下单交易数量，在期货中为下单手数，在 A 股股票中为股数。
- `limit_price (float|str)`：[可选]下单价格，默认为 None，股票交易目前仅支持限价单，该字段必须指定。数字（`float`）类型代表限价单，按照限定价格或者更优价格成交；None 代表市价单，默认值就是市价单（郑商所期货/期权、大商所期货支持）；对于字符串（`str`）类型，"BEST"代表最优一档，以对手方实时最优一档价格为成交价格成交（仅中金所支持）；"FIVELEVEL"代表最优五档，在对手方实时最优 5 个价位内以对手方价格为成交价格依次成交（仅中金所支持）。
- `advanced (str)`：[可选]"FAK" 或 "FOK"。默认为 None，股票交易中不支持该参数。None，对于限价单，与对手手数成交，未成交的手数等待，委托单当日有效；对于市价单、最优一档、最优 5 档（与 FAK 指令一致），与对手手数成交，未成交的手数撤单。"FAK"代表剩余即撤销，指在指定价位成交，剩余委托自动被系统撤销（限价单、市价单、最优一档、最优五档有效）。"FOK"代表全成或全撤，指在指定价位要么全部成交，否则全部自动被系统撤销（限价单、市价单有效，郑商所期货品种不支持FOK）。

- order_id (str)：[可选]指定下单单号，默认由api自动生成，在股票交易下单时，无须指定。
- account (TqAccount/TqKq/TqSim)：[可选]指定发送下单指令的账户实例，多账户模式下，该参数必须指定。

cancel_order(order_or_order_id: Union[str, tqsdk.objs.Order], account: Optional[Union[tqsdk.account.TqAccount, tqsdk.sim.TqSim]] = None)：发送撤单指令。注意，指令将在下次调用wait_update()时发出。注意，撤单会计入交易所撤单次数统计。

- order_or_order_id (str/ Order)：拟撤委托单（Order对象）或单号（Order属性order_id）。
- account (TqAccount/TqKq/TqSim)：[可选]指定发送撤单指令的账户实例，多账户模式下，该参数必须指定。

get_account(account: Optional[Union[tqsdk.account.TqAccount, tqsdk.sim.TqSim]] = None)：获取用户账户资金信息，返回一个账户Account对象引用，Account为可变映射类型，继承于Entity，其内容将在wait_update()时更新。

- account (TqAccount/TqKq/TqSim)：[可选]指定获取账户资金信息的账户实例，在多账户模式下，该参数必须指定。

get_position(symbol: Optional[str] = None, account: Optional[Union[tqsdk.account.TqAccount, tqsdk.sim.TqSim]] = None)：获取用户持仓信息。其内容将在wait_update()时更新。

- symbol (str)：[可选]合约代码，若该项不填则返回所有持仓。
- account (TqAccount/TqKq/TqSim)：[可选]指定获取持仓信息的账户实例，在多账户模式下，必须指定。

当指定了symbol时，返回一个持仓对象Position引用，如果不填symbol参数将返回包含用户所有持仓的一个Entity对象引用，使用方法与dict一致，其中每个元素的key为合约代码，value 为 Position，Position 继承于 Entity。注意，为保留一些可供用户查询的历史信息，如 volume_long_yd（本交易日开盘前的多头持仓手数）等字段，因此服务器会返回当天已平仓合约（pos_long 和 pos_short 等字段为 0）的持仓信息。

get_order(order_id: Optional[str] = None, account: Optional[Union[tqsdk.account.TqAccount, tqsdk.sim.TqSim]] = None)：获取委托单信息。其内容将在 wait_update() 时更新。注意，在刚下单后，tqsdk 还没有收到回单信息时，此对象中各项内容为空。

- order_id (str)：[可选] 单号，如果不填单号则返回所有委托单。
- account (TqAccount/TqKq/TqSim)：[可选] 指定获取委托单号的账户实例，在多账户模式下，该参数必须指定。

当指定了 order_id 时，返回一个委托单 Order 对象引用，如果不填 order_id 参数，将调用本函数，返回包含用户所有委托单的一个 Entity 对象引用，使用方法与 dict 一致，其中每个元素的 key 为委托单号，value 为 Order，Order 继承于 Entity。

get_trade(trade_id: Optional[str] = None, account: Optional[Union[tqsdk.account.TqAccount, tqsdk.sim.TqSim]] = None)：获取成交单信息，其内容将在 wait_update() 时更新。

- trade_id (str)：[可选] 成交号，如果不填成交号则返回所有委托单。
- account (TqAccount/TqKq/TqSim)：[可选] 指定获取用户成交信息的账户实例，在多账户模式下，该参数必须指定。

当指定了 trade_id 时，返回一个成交 Trade 对象引用，如果不填 trade_id 参数将调用本函数，返回包含用户当前交易日所有成交记录的一个 Entity 对象引用，使用方法与 dict 一致，其中每个元素的 key 为成交号，value 为 Trade，Trade 继承于 Entity。推荐优先使用 Order 对象的属性函数 trade_records() 获取某个委托单的相应成交记录，更简单易用，并且仅当确有需要时才使用本函数。

is_changing(obj: Any, key: Optional[Union[str,List[str]]] = None) 判定 obj 最近是否有更新。当业务数据更新导致 wait_update() 返回后，可以使用该函数判断本次业务数据更新是否包含特定 obj 或其中某个字段。如果本次业务数据更新包含了待判定的数据则返回 True，否则返回 False。当生成新 K 线时，其所有字段都算作有更新，若此时执行 api.is_changing(klines.iloc[-1]) 则一定返回 True。

- obj (any)：任意业务对象。
- key (str/list of str)：[可选]需要判断的字段，默认不指定。
  - 不指定：当该 obj 下的任意字段有更新时返回 True，否则返回 False。
  - str：当该 obj 下的指定字段有更新时返回 True，否则返回 False。
  - list of str：当该 obj 下的指定字段中的任何一个字段有更新时返回 True，否则返回 False。

is_serial_ready(obj:pandas.core.frame.DataFrame)：判断是否已经从服务器收到了所有订阅的数据。

obj (pandas.Dataframe)：K 线、tick 数据，返回值 True 表示已经从服务器收到了所有订阅的数据。

query_graphql(query: str, variables: dict, query_id: Optional[str] = None)：发送基于 GraphQL 的合约服务请求查询，在同步代码中返回查询结果；在异步代码中返回查询结果的引用地址。该函数主要用于兼容旧版函数的使用。

- query (str)：[必填]查询语句。
- variables (dict)：[必填]查询语句对应的参数取值。
- query_id (str)：[可选]查询请求 id。

返回查询结果的对象引用（Entity 类型），结构为{query: "", variables: {}, result:{}}，query 和 variables 为发送请求时传入的参数，result 为查询结果。

query_quotes(ins_class: str = None, exchange_id: str = None, product_id: str = None, expired: bool = None, has_night: bool = None)：根据相应的参数发送合约服务请求查询，并返回查询结果，结果为符合筛选条件的合约代码的列表，例如，["SHFE.cu2012", "SHFE.au2012", "SHFE.wr2012"]。

- ins_class (str)：[可选]合约类型，默认查询全部合约。"FUTURE"表示为期货；"CONT"表示为主连；"COMBINE"表示为组合；"INDEX"表示为指数；"OPTION"表示为期权；"STOCK"表示为股票。
- exchange_id (str)：[可选]交易所，默认查询全部交易所。"CFFEX"表示为中金所，"SHFE"表示为上期所；"DCE"表示为大商所；"CZCE"表示为郑商所；"INE"表示为能源交易所（原油）；"SSE"表示为上交所；"SZSE"表示为深交所。

- product_id (str):［可选］品种名称，例如，rb、SR、m（股票、期权不能通过product_id筛选查询）。

- expired (bool):［可选］是否已下市。

- has_night (bool):［可选］是否有夜盘。

query_cont_quotes(exchange_id: str = None, product_id: str = None): 根据填写的参数筛选，返回主力连续合约对应的标的合约列表，例如，["SHFE.cu2012", "SHFE.au2012", "SHFE.wr2012"]。

- exchange_id (str):［可选］交易所。"CFFEX"表示为中金所；"SHFE"表示上期所；"DCE"表示大商所；"CZCE"表示为郑商所；"INE"表示为能源交易所（原油）。

- product_id (str):［可选］品种名称，如rb、SR、m。

query_options(underlying_symbol: str, option_class: str = None, exercise_year: int = None, exercise_month: int = None, strike_price: float = None, exchange_id: str = None, expired: bool = None, has_A: bool = None, **kwargs): 发送合约服务请求查询，查询符合条件的期权列表，并返回查询结果，结果为符合筛选条件的合约代码的列表，例如，["SHFE.cu2012C24000", "SHFE.cu2012P24000"]。

- underlying_symbol (str)：标的合约。

- option_class (str):［可选］期权类型。"CALL"表示为看涨期权；"PUT"表示为看跌期权。

- exercise_year (int):［可选］最后行权日年份。

- exercise_month (int):［可选］最后行权日月份。

- strike_price (float):［可选］行权价格。

- exchange_id (str):［可选］交易所。"CFFEX"表示为中金所；"SHFE"表示为上期所；"DCE"表示为大商所；"CZCE"表示为郑商所；"INE"表示为能源交易所（原油）；"SSE"表示为上交所；"SZSE"表示为深交所。

- expired (bool):［可选］是否下市。

- has_A (bool):［可选］是否含有A（A指美式期权，E指欧式期权）。

`create_task(coro: asyncio.coroutines.coroutine)`：把协程 coro 打包成 asyncio.Task 对象并加入事件循环，task 的调度是在 `wait_update()` 函数中完成的，如果代码从来没有调用 `wait_update()`，则 task 也得不到执行。

`register_update_notify(obj: Optional[Any] = None, chan: Optional[tqsdk.channel.TqChan] = None)`：注册一个 channel 以便接受业务数据更新通知。调用此函数将返回一个 channel（TqChan），当 obj 更新时会通知该 channel。推荐使用 `async with api.register_update_notify() as update_chan` 来注册更新通知，如果直接调用 `update_chan = api.register_update_notify()` 则使用完成后需要调用 `await update_chan.close()` 避免资源泄漏。

- `obj (any/list of any)`：[可选]任意业务对象，包括 `get_quote` 返回的 quote，`get_kline_serial` 返回的 k_serial，`get_account` 返回的 account 等。默认不指定，监控所有业务对象。

- `chan (TqChan)`：[可选]指定需要注册的 channel。默认不指定，由本函数创建。

`draw_text(base_k_dataframe: pandas.core.frame.DataFrame, text: str, x: Optional[int] = None, y: Optional[float] = None, id: Optional[str] = None, board: str = 'MAIN', color: Union[str, int] = 'red')`：在配合天勤使用时，可以在天勤的行情图上绘制一个字符串。

- `base_k_dataframe (pandas.DataFrame)` 代表基础 K 线数据序列，要绘制的 K 线将出现在这个 K 线图上，需要画图的数据以附加列的形式存在。

- `text (str)` 代表要显示的字符串。

- `x (int)`：[可选]x 坐标，以 K 线的序列号表示，默认为对齐最后一根 K 线。

- `y (float)`：[可选]y 坐标，默认为最后一根 K 线的收盘价。

- `id (str)`：[可选]字符串 ID，以相同 ID 多次调用本函数，后一次调用将覆盖前一次调用的效果。

- `board (str)`：[可选]用于选择图板，默认为'MAIN'，表示绘制在主图。

- `color (str/int)`：[可选]代表文本颜色，默认为'red'。参数 str 为符合 CSS Color 命名规则的字符串，例如，'red'、'#FF0000'、'#FF0000FF'、'rgb(255, 0, 0)'、'rgba(255, 0, 0, .5)'。参数 int 表示用十六进制整数代表的 RGB 颜

色值（ARGB），如 0xfff0000。

draw_line(base_k_dataframe: pandas.core.frame.DataFrame, x1: int, y1: float, x2: int, y2: float, id: Optional[str] = None, board: str = 'MAIN', line_type: str = 'LINE', color: Union[str, int] = 'red', width: int = 1)：当配合天勤使用时，在天勤的行情图上绘制一个直线/线段/射线。

- base_k_dataframe (pandas.DataFrame)：基础 K 线数据序列，要绘制的 K 线将出现在这个 K 线图上，需要画图的数据以附加列的形式存在。
- x1 (int)：第一个点的 X 坐标，以 K 线的序列号表示。
- y1 (float)：第一个点的 Y 坐标。
- x2 (int)：第二个点的 X 坐标，以 K 线的序列号表示。
- y2 (float)：[可选] 第二个点的 Y 坐标 id (str)（字符串 ID）。以相同 ID 多次调用本函数，后一次调用将覆盖前一次调用的效果。
- board (str)：[可选] 选择图板，默认为'MAIN'，表示绘制在主图。
- line_type ('LINE' | 'SEG' | 'RAY')：[可选] 画线类型，默认为 LINE. LINE=直线，SEG=线段，RAY=射线。
- color (str,int)：[可选] 线颜色，默认为'red'。str 为符合 CSS Color 命名规则的字符串，例如，'red'、'#FF0000'、'#FF0000FF'、'rgb(255, 0, 0)'、'rgba(255, 0, 0, .5)'；int 用十六进制整数表示颜色（ARGB），如 0xffff0000。
- width (int)：[可选] 线宽度，默认为 1。

draw_box(base_k_dataframe: pandas.core.frame.DataFrame, x1: int, y1: float, x2: int, y2: float, id: Optional[str] = None, board: str = 'MAIN', bg_color: Union[str, int] = 'black', color: Union[str, int] = 'red', width: int = 1)：当配合天勤使用时，可以在天勤的行情图上绘制一个矩形。

- base_k_dataframe (pandas.DataFrame)：基础 K 线数据序列，要绘制的 K 线将出现在这个 K 线图上，需要画图的数据以附加列的形式存在。
- x1 (int)：矩形左上角的 X 坐标，以 K 线的序列号表示。
- y1 (float)：矩形左上角的 Y 坐标。

- `x2 (int)`：矩形右下角的 *X* 坐标，以 K 线的序列号表示。
- `y2 (float)`：矩形右下角的 *Y* 坐标。
- `id (str)`：［可选］ID，以相同 ID 多次调用本函数，后一次调用将覆盖前一次调用的效果。
- `board (str)`：［可选］选择图板，默认为"MAIN"表示绘制在主图。
- `bg_color (str,int)`：［可选］填充颜色，默认为'black'。str 为符合 CSS Color 命名规则的字符串，例如，'red'、'#FF0000'、'#FF0000FF'、'rgb(255, 0, 0)'、'rgba(255, 0, 0, .5)'，int 用十六进制整数表示颜色（ARGB），如 0xffff0000。
- `color (str,int)`：［可选］边框颜色，默认为'red'。str 为符合 CSS Color 命名规则的字符串，例如，'red'、'#FF0000'、'#FF0000FF'、'rgb(255, 0, 0)'、'rgba (255, 0, 0, .5)'，int 用十六进制整数表示颜色（ARGB），例如，0xffff0000。
- `width (int)`：［可选］边框宽度，默认为 1。

14.3 小结

TqSdk 是作为 Python 的一个第三方模块来安装的，本章介绍了 TqSdk 的文件结构和主要接口，包括登录账户、获取行情、下单等，有了这些我们就可以编写期货量化策略了。

天勤平台的 K 线数据和 tick 数据都是 pandas.DataFrame 类型的，因此我们有必要了解 pandas 模块，下一章就介绍 pandas 模块的常用方法。

第 15 章 pandas 模块

pandas 的主要数据结构是 Series（一维数据）与 DataFrame（二维数据），这两种数据结构足以处理金融、统计、社会科学、工程等领域里的大多数典型用例。pandas 基于 NumPy 开发，可以与其他第三方科学计算支持库完美集成。

pandas 数据结构就像是低维数据的容器。例如，DataFrame 是 Series 的容器，Series 则是标量的容器。使用这种结构，我们可以在容器中以字典的形式插入或删除对象。

15.1 一维数据结构 Series

Series 包含行索引 index（行标签）和数据两个部分，数据也可以有一个 name 属性，代码如下：

```
import pandas as pd
s=pd.Series([4266.0,4270.0,4270.0,4268.0],index=None,name='open')
print(s)
print('索引为 2 的数据:',s[2])
print('s 的索引:',s.index)
print('s 的数据名',s.name)
print('索引 1-3 的数据，间隔 2 行:')
print(s[1:3])
'''
输出结果为：
0    4266.0
1    4270.0
```

```
2    4270.0
3    4268.0
Name: open, dtype: float64
索引为 2 的数据：4270.0
s 的索引：RangeIndex(start=0, stop=4, step=1)
s 的数据名 open
索引 1-3 的数据，间隔 2 行：
1    4270.0
2    4270.0
Name: open, dtype: float64
'''
```

在上述代码示例中我们用 `pd.Series` 类实例化了一个一维序列对象，数据由列表 [4266.0,4270.0,4270.0,4268.0] 生成，行索引 index 默认为 None，则索引是从 0 开始的整数，我们为数据指定了一个名称 "open"。Series 可以通过索引获取单个数据，也可以像列表数据那样用切片获取多个数据，注意这里的索引类似于"键"，也称为行标签，是可哈希类型，不同于列表的索引是位置序号。

Series 可按索引取值，也可按位置取值，代码如下：

```
>>> s
0    4266.0
1    4270.0
2    4270.0
3    4268.0
Name: open, dtype: float64
>>> s[2]    #索引为 2 的数据
4270.0
>>> s.loc[2]    #索引为 2 的数据
4270.0
>>> s.iloc[2]   #位置序号为 2 的数据
4270.0
>>> s.iloc[-2]  #位置序号为-2 的数据
4270.0
>>>
```

把 Series 结构转换成 DataFrame 结构，代码如下：

```
>>> s
0    4266.0
1    4270.0
2    4270.0
3    4268.0
Name: open, dtype: float64
>>> d=s.to_frame()   #行索引的 name 属性自动变成了列标签，若无 name 则列标签为 0
>>> d
    open
0   4266.0
```

```
1    4270.0
2    4270.0
3    4268.0
>>>
```

15.2　二维数据结构 DataFrame

DataFrame 包含 index（行标签，又称行索引）和 columns（列标签，又称列索引）及数据，行和列的标签也可以指定 names 属性，代码如下：

```
>>> import pandas as pd
>>> k1=[4266.0,4272.0,4265.0,4270.0]
>>> k2=[4270.0,4273.0,4270.0,4270.0]
>>> k3=[4270.0,4271.0,4267.0,4268.0]
>>>df=pd.DataFrame([k1,k2,k3],index=None,columns=['open','high','low','close'])
>>> df
     open    high    low     close
0    4266.0  4272.0  4265.0  4270.0
1    4270.0  4273.0  4270.0  4270.0
2    4270.0  4271.0  4267.0  4268.0
>>>
```

我们用3个列表 k1、k2、k3 创建一个3行4列的 DataFrame 数据，未指定行索引 index，index 值默认是从0开始的整数；指定了行标签 columns，标签数量和列表元素个数要一致，即列数要和列表的长度相等。从输出结果可知，k1、k2、k3 是按行从上到下放入 DataFrame 中的。

用属性 shape 获取行数和列数，代码如下：

```
>>> df.shape  #获取行和列
(3, 4)
>>> df.shape[0]  #获取行
3
>>> df.shape[1]  #获取列
4
>>> len(df)  #获取行
3
```

用属性 index 和 columns 可以获取行和列的标签，代码如下：

```
>>> df.index
RangeIndex(start=0, stop=3, step=1)
>>> df.columns
Index(['open', 'high', 'low', 'close'], dtype='object')
```

我们可以设置 index 和 columns 的 names 属性，即行和列标签的名称，代码如下：

```
>>> df.index.names
FrozenList([None])
>>> df.columns.names=['price']
>>> df.index.names=['id']
>>> df.columns.names
FrozenList(['price'])
>>> df.index.names
FrozenList(['id'])
>>> df.index.name
'id'
>>> df
price   open    high    low     close
id
0       4266.0  4272.0  4265.0  4270.0
1       4270.0  4273.0  4270.0  4270.0
2       4270.0  4271.0  4267.0  4268.0
>>>
```

我们可用列的标签获取列数据，可以用"[ ]"和"."两种方式，形式为 df[col_label] 和 df.col_label，返回 Series 格式，列标签变为 Series 的 name 属性，如选择一列：

```
>>> df['open']
id
0    4266.0
1    4270.0
2    4270.0
Name: open, dtype: float64
>>> df.open
id
0    4266.0
1    4270.0
2    4270.0
Name: open, dtype: float64
>>>
```

通过标签获取一列数据的返回值是 Series 结构。如果选择多列，则把列标签放入列表中，再把列表放入切片操作符，形式为 df[[col_label1, col_label2, col_label3]]，代码如下：

```
>>> df[['open','low']]
price   open    low
id
0       4266.0  4265.0
1       4270.0  4270.0
2       4270.0  4267.0
>>>
```

我们可以用"[ ]"切片选取多行，代码如下：

```
>>> df[0:1]
price   open    high    low     close
id
0       4266.0  4272.0  4265.0  4270.0
>>> df[0:2]
price   open    high    low     close
id
0       4266.0  4272.0  4265.0  4270.0
1       4270.0  4273.0  4270.0  4270.0
>>> df[1:2]
price   open    high    low     close
id
1       4270.0  4273.0  4270.0  4270.0
>>>
```

切片不包含结束行,因此用"[ ]"切片相邻的两个行标签可以间接获取一行。获取单个数据可以先通过列标签选择数据所在的列,再选择数据所在的行,代码如下:

```
>>> df['open'][2]
4270.0
>>> df.open[2]
4270.0
>>>
```

获取数据还可以用 `loc` 和 `iloc` 属性,`loc` 通过标签获取数据,`iloc` 通过位置获取数据,形式为 `df.loc[row_label, col_label]` 和 `df.iloc[row_loc, col_loc]`。

`df.loc[row_label, col_label]` 的参数解释如下。

- `row_label` 默认值为全部行,也可用切片选择多行,注意包含结束标签。
- `col_label` 默认值为全部列,也可用标签选择多列。

代码如下:

```
>>> df.loc[2]   #选择2行全部列,返回值为Series结构
price
open    4270.0
high    4271.0
low     4267.0
close   4268.0
Name: 2, dtype: float64
>>> df.loc[:1]  #选择行起始标签至标签1,包括1
price   open    high    low     close
id
0       4266.0  4272.0  4265.0  4270.0
1       4270.0  4273.0  4270.0  4270.0
>>> df.loc[1:2] #选择行起始标签1至标签2,包括2
price   open    high    low     close
```

```
id
1        4270.0    4273.0    4270.0    4270.0
2        4270.0    4271.0    4267.0    4268.0
>>> df.loc[:,'open']    #选择open列，全部行
id
0    4266.0
1    4270.0
2    4270.0
Name: open, dtype: float64
>>> df.loc[:,['open','low']]    #选择open列、low列，全部行
price    open      low
id
0        4266.0    4265.0
1        4270.0    4270.0
2        4270.0    4267.0
>>> df.loc[1:,['open','low']]    #选择open列、low列，行起始标签1至末尾行
price    open      low
id
1        4270.0    4270.0
2        4270.0    4267.0
>>>
```

df.iloc[row_loc, col_loc]：按位置选择，可像序列数据切片一样，切片的方向不同，位置序号可以有正负值。

- row_loc 默认值为全部行，也可用切片选择多行，注意不包含结束位置序号。
- col_loc 默认值为全部列，也可用切片选择多列。

代码如下：

```
>>> df.iloc[1]    #选择行号1，全部列，返回值为Series结构
price
open     4270.0
high     4273.0
low      4270.0
close    4270.0
Name: 1, dtype: float64
>>> df.iloc[-1]    #选择行号-1（即末尾行），全部列，返回值为Series结构
price
open     4270.0
high     4271.0
low      4267.0
close    4268.0
Name: 2, dtype: float64
>>> df.iloc[1:2]    #选择行号1-2，不包括2，全部列
price    open      high      low       close
id
1        4270.0    4273.0    4270.0    4270.0
```

```
>>> df.iloc[:,1]    #选择全部行，列号1，返回值为Series结构
id
0    4272.0
1    4273.0
2    4271.0
Name: high, dtype: float64
>>> df.iloc[:,-1]   #选择全部行，列号-1（即末尾列），返回值为Series结构
id
0    4270.0
1    4270.0
2    4268.0
Name: close, dtype: float64
>>> df.iloc[1:,-2:] #选择行号1至末尾行，最后2列
price   low     close
id
1       4270.0  4270.0
2       4267.0  4268.0
>>>
```

df.head(n)用于获取前 n 行数据，df.tail(n)用于获取后 n 行数据，代码如下：

```
>>> df.head(2)
price   open    high    low     close
id
0       4266.0  4272.0  4265.0  4270.0
1       4270.0  4273.0  4270.0  4270.0
>>> df.tail(2)
price   open    high    low     close
id
1       4270.0  4273.0  4270.0  4270.0
2       4270.0  4271.0  4267.0  4268.0
>>>
```

df.index=['a','b','c']可以修改行索引，df.columns=['m','n','p','q']可以修改列索引，代码如下：

```
>>> df.index=['a','b','c']
>>> df.columns=['m','n','p','q']
>>> df
     m       n       p       q
a    4266.0  4272.0  4265.0  4270.0
b    4270.0  4273.0  4270.0  4270.0
c    4270.0  4271.0  4267.0  4268.0
>>>
```

astype()用于设置数据的类型，例如，'int'、'float'、'str'：

```
>>> df
     open    high    low     close
0    4266.0  4272.0  4265.0  4270.0
1    4270.0  4273.0  4270.0  4270.0
```

```
2  4270.0  4271.0  4267.0  4268.0
>>> df.open.astype('int')
0    4266
1    4270
2    4270
Name: open, dtype: int32
>>> df.open.astype('float')
0    4266.0
1    4270.0
2    4270.0
Name: open, dtype: float64
>>> df.open.astype('str')
0    4266.0
1    4270.0
2    4270.0
Name: open, dtype: object
>>> df.astype('int')
   open  high   low  close
0  4266  4272  4265   4270
1  4270  4273  4270   4270
2  4270  4271  4267   4268
>>>
```

pandas 的一些操作函数带有参数 `inplace` 或 `axis`。`inplace` 的默认值为 `False`，表示返回一个新的数据对象，`inplace` 为 `True` 表示直接修改原数据。`axis` 默认值为 `0`，表示按纵向操作，即对行操作；`axis` 为 `1` 表示按横向操作，即对列操作；`0` 也可用 `'index'` 表示，`1` 也可用 `'columns'` 表示。

`df.set_index()` 设置某一列为索引，代码如下：

```
>>> df
   open    high    low     close
0  4266.0  4272.0  4265.0  4270.0
1  4270.0  4273.0  4270.0  4270.0
2  4270.0  4271.0  4267.0  4268.0
>>> df.set_index('open')
        high    low     close
open
4266.0  4272.0  4265.0  4270.0
4270.0  4273.0  4270.0  4270.0
4270.0  4271.0  4267.0  4268.0
>>> df
   open    high    low     close
0  4266.0  4272.0  4265.0  4270.0
1  4270.0  4273.0  4270.0  4270.0
2  4270.0  4271.0  4267.0  4268.0
>>> df.set_index('open',inplace=True)
>>> df
```

```
             high      low    close
open
4266.0    4272.0   4265.0   4270.0
4270.0    4273.0   4270.0   4270.0
4270.0    4271.0   4267.0   4268.0
>>> df.index
Float64Index([4266.0, 4270.0, 4270.0], dtype='float64', name='open')
>>>
```

执行 df.set_index('open',inplace=True) 把 open 列设置为行索引，且对原数据 df 进行修改。

用 df.reset_index() 把行索引重置为整数，原来的索引默认变成列，代码如下：

```
>>> df.reset_index(inplace=True)
>>> df
     open    high      low    close
0  4266.0  4272.0  4265.0  4270.0
1  4270.0  4273.0  4270.0  4270.0
2  4270.0  4271.0  4267.0  4268.0
>>>
```

df.reset_index(inplace=True,drop=True) 则直接修改原数据，重置新索引并删掉原索引，代码如下：

```
>>> df
     open    high      low    close
0  4266.0  4272.0  4265.0  4270.0
1  4270.0  4273.0  4270.0  4270.0
2  4270.0  4271.0  4267.0  4268.0
0  4266.0  4272.0  4265.0  4270.0
1  4270.0  4273.0  4270.0  4270.0
2  4270.0  4271.0  4267.0  4268.0
>>> df.reset_index(inplace=True,drop=True)
>>> df
     open    high      low    close
0  4266.0  4272.0  4265.0  4270.0
1  4270.0  4273.0  4270.0  4270.0
2  4270.0  4271.0  4267.0  4268.0
3  4266.0  4272.0  4265.0  4270.0
4  4270.0  4273.0  4270.0  4270.0
5  4270.0  4271.0  4267.0  4268.0
>>>
```

df.index=range(len(df)) 也可以重置索引，即对索引值重新赋值，代码如下：

```
>>> df
     open    high      low    close
0  4266.0  4272.0  4265.0  4270.0
1  4270.0  4273.0  4270.0  4270.0
```

```
  2  4270.0  4271.0  4267.0  4268.0
  0  4266.0  4272.0  4265.0  4270.0
  1  4270.0  4273.0  4270.0  4270.0
  2  4270.0  4271.0  4267.0  4268.0
>>> df.index=range(len(df))
>>> df
     open    high    low    close
  0  4266.0  4272.0  4265.0  4270.0
  1  4270.0  4273.0  4270.0  4270.0
  2  4270.0  4271.0  4267.0  4268.0
  3  4266.0  4272.0  4265.0  4270.0
  4  4270.0  4273.0  4270.0  4270.0
  5  4270.0  4271.0  4267.0  4268.0
>>>
```

df.rename()用于修改行或列的标签，参数传入映射类型，把原标签修改为新标签，可以修改单个或多个标签。如果传入了不存在的标签，默认不会报错，代码如下：

```
>>> df    #原始数据
     open    high    low    close
  0  4266.0  4272.0  4265.0  4270.0
  1  4270.0  4273.0  4270.0  4270.0
  2  4270.0  4271.0  4267.0  4268.0
>>> df.rename(columns={'open':'a','B':'b'})  #修改列标签open为a，B不存在忽略
     a       high    low    close
  0  4266.0  4272.0  4265.0  4270.0
  1  4270.0  4273.0  4270.0  4270.0
  2  4270.0  4271.0  4267.0  4268.0
>>> df.rename({'open':'a','B':'b'},axis='columns')  #修改列标签open为a，B不存在忽略
     a       high    low    close
  0  4266.0  4272.0  4265.0  4270.0
  1  4270.0  4273.0  4270.0  4270.0
  2  4270.0  4271.0  4267.0  4268.0
>>> df.rename({'open':'a','B':'b'},axis=1)  #修改列标签open为a，B不存在忽略
     a       high    low    close
  0  4266.0  4272.0  4265.0  4270.0
  1  4270.0  4273.0  4270.0  4270.0
  2  4270.0  4271.0  4267.0  4268.0
>>> df.rename(index={1:'m','B':'b'})  #修改行标签1为m，B不存在忽略
     open    high    low    close
  0  4266.0  4272.0  4265.0  4270.0
  m  4270.0  4273.0  4270.0  4270.0
  2  4270.0  4271.0  4267.0  4268.0
>>> df.rename({1:'m','B':'b'},axis='index')  #修改行标签1为m，B不存在忽略
     open    high    low    close
  0  4266.0  4272.0  4265.0  4270.0
  m  4270.0  4273.0  4270.0  4270.0
  2  4270.0  4271.0  4267.0  4268.0
>>> df.rename({1:'m','B':'b'},axis=0)  #修改行标签1为m，B不存在忽略
```

```
        open    high     low   close
0     4266.0  4272.0  4265.0  4270.0
m     4270.0  4273.0  4270.0  4270.0
2     4270.0  4271.0  4267.0  4268.0
>>> df    #原始数据未变
        open    high     low   close
0     4266.0  4272.0  4265.0  4270.0
1     4270.0  4273.0  4270.0  4270.0
2     4270.0  4271.0  4267.0  4268.0
>>> df.rename(index={1:'m','B':'b'},columns={'open':'a','B':'b'},inplace=True)
#修改原始数据行列标签
>>> df
           a    high     low   close
0     4266.0  4272.0  4265.0  4270.0
m     4270.0  4273.0  4270.0  4270.0
2     4270.0  4271.0  4267.0  4268.0
>>>
```

对 pandas 数据赋值,可以直接修改 pandas 数据,代码如下:

```
>>> df    #原始数据
        open    high     low   close
0     4266.0  4272.0  4265.0  4270.0
1     4270.0  4273.0  4270.0  4270.0
2     4270.0  4271.0  4267.0  4268.0
>>> df.open[1]=1234  #把 open 列 1 行的数据修改为 1234
>>> df
        open    high     low   close
0     4266.0  4272.0  4265.0  4270.0
1     1234.0  4273.0  4270.0  4270.0
2     4270.0  4271.0  4267.0  4268.0
>>> df.high=[1,2,3]  #把 high 列的数据修改为 [1,2,3]
>>> df
        open    high     low   close
0     4266.0       1  4265.0  4270.0
1     1234.0       2  4270.0  4270.0
2     4270.0       3  4267.0  4268.0
>>>
```

用 df.drop() 删除行或列,代码如下:

```
>>> df    #原始数据
        open    high     low   close
0     4266.0  4272.0  4265.0  4270.0
1     4270.0  4273.0  4270.0  4270.0
2     4270.0  4271.0  4267.0  4268.0
>>> df.drop(['open'],axis=1)  #删除 open 列
        high     low   close
0     4272.0  4265.0  4270.0
1     4273.0  4270.0  4270.0
2     4271.0  4267.0  4268.0
```

```
>>> df.drop(['open','high'],axis=1)  #删除open、high列
     low    close
0  4265.0  4270.0
1  4270.0  4270.0
2  4267.0  4268.0
>>> df.drop([0],axis=0)  #删除0行
    open    high     low   close
1  4270.0  4273.0  4270.0  4270.0
2  4270.0  4271.0  4267.0  4268.0
>>> df.drop([0,1],axis=0)  #删除0、1行
    open    high     low   close
2  4270.0  4271.0  4267.0  4268.0
>>>
```

df.drop_duplicates(keep='first')可以去除重复行，keep的默认值为first，表示保留第一次出现的行；若为last，则表示保留最后一次出现的行；若为False，则表示删除所有重复行，代码如下：

```
>>> df  #原始数据，2、3行重复
    open    high     low   close
0  4266.0  4272.0  4265.0  4270.0
1  4270.0  4273.0  4270.0  4270.0
2  4270.0  4271.0  4267.0  4268.0
3  4270.0  4271.0  4267.0  4268.0
>>> df.drop_duplicates(keep='last')  #保留最后一行3
    open    high     low   close
0  4266.0  4272.0  4265.0  4270.0
1  4270.0  4273.0  4270.0  4270.0
3  4270.0  4271.0  4267.0  4268.0
>>> df.drop_duplicates(keep=False)  #删除全部重复行
    open    high     low   close
0  4266.0  4272.0  4265.0  4270.0
1  4270.0  4273.0  4270.0  4270.0
>>>
```

sum()用于求和，mean()用于求均值，std()用于求标准差，代码如下：

```
>>> df  #原始数据
    open    high     low   close
0  4266.0  4272.0  4265.0  4270.0
1  4270.0  4273.0  4270.0  4270.0
2  4270.0  4271.0  4267.0  4268.0
>>> df.iloc[-2:,0].sum()  #求位置第0列最后两行的和
8540.0
>>> df.iloc[-2:,0].mean()  #求位置第0列最后两行的均值
4270.0
>>> df.iloc[-2:,0].std()  #求位置第0列最后两行的标准差
0.0
>>>
```

max()用于求最大值，min()用于求最小值，代码如下：

```
>>> df
     open    high     low   close  diff
0  4266.0  4272.0  4265.0  4270.0  -6.0
1  4270.0  4273.0  4270.0  4270.0  -3.0
2  4270.0  4271.0  4267.0  4268.0  -1.0
>>> df.high.max()   #high 列的最大值
4273.0
>>> df.high.min()   #high 列的最小值
4271.0
>>> df.iloc[-2:].low.max()   #最后两行中，low 列的最大值
4270.0
>>> df.iloc[-2:].low.min()   #最后两行中，low 列的最小值
4267.0
```

idxmax(0) 取一列中最大值所在的行，idxmax(1) 取一行中最大值所在的列，idxmin(0) 取一列中最小值所在的行，idxmin(1) 取一行中最小值所在的列。若无参数，则默认值为 0，返回值就是行和列的标签，当最大值和最小值有重复时，取第一个出现的行或列，代码如下：

```
>>> df
     open    high     low   close
0  4266.0  4272.0  4265.0  4270.0
1  4270.0  4273.0  4270.0  4270.0
2  4270.0  4271.0  4267.0  4268.0
>>> df.high.idxmax(0)   #high 列最大值所在的行
1
>>> df.high.idxmin(0)   #high 列最小值所在的行
2
>>> df.iloc[2].idxmax(1)   #第 2 行最大值所在的列
'high'
>>> df.iloc[2].idxmin(1)   #第 2 行最小值所在的列
'low'
>>> df.close.idxmax(0)   #close 列最大值所在的行中，取第一次出现的行
0
>>> df.iloc[1].idxmin(1)   #第 1 行最小值所在的列中，取第一次出现的列
'open'
>>> df.iloc[-2:].high.idxmax(0)   #最后两行中，high 列最大值所在的行
1
>>> df.iloc[-2,1:3].idxmax(1)   #最后两行中，第 1-3 列最大值所在的列
'high'
>>>
```

df.append(data)把 data 按行追加到 df，ignore_index 默认为 False，即不忽略 data 的索引，代码如下：

```
>>> df1
    open    high    low     close
0   4266.0  4272.0  4265.0  4270.0
1   4270.0  4273.0  4270.0  4270.0
2   4270.0  4271.0  4267.0  4268.0
>>> df2
    open    high    low     close
0   4266.0  4272.0  4265.0  4270.0
1   4270.0  4273.0  4270.0  4270.0
2   4270.0  4271.0  4267.0  4268.0
>>> df1.append(df2)
    open    high    low     close
0   4266.0  4272.0  4265.0  4270.0
1   4270.0  4273.0  4270.0  4270.0
2   4270.0  4271.0  4267.0  4268.0
0   4266.0  4272.0  4265.0  4270.0
1   4270.0  4273.0  4270.0  4270.0
2   4270.0  4271.0  4267.0  4268.0
>>> df1.append(df2,ignore_index=True)
    open    high    low     close
0   4266.0  4272.0  4265.0  4270.0
1   4270.0  4273.0  4270.0  4270.0
2   4270.0  4271.0  4267.0  4268.0
3   4266.0  4272.0  4265.0  4270.0
4   4270.0  4273.0  4270.0  4270.0
5   4270.0  4271.0  4267.0  4268.0
>>>
```

pd.concat([df1, df2],axis=0)用于轴向连接多个 DateFrame 数据，axis 默认为 0，即按行连接，代码如下：

```
>>> df1
    open    high    low     close
0   4266.0  4272.0  4265.0  4270.0
1   4270.0  4273.0  4270.0  4270.0
2   4270.0  4271.0  4267.0  4268.0
>>> df2
    open    high    low     close
0   4266.0  4272.0  4265.0  4270.0
1   4270.0  4273.0  4270.0  4270.0
2   4270.0  4271.0  4267.0  4268.0
>>> pd.concat([df1, df2],axis=0)
    open    high    low     close
0   4266.0  4272.0  4265.0  4270.0
1   4270.0  4273.0  4270.0  4270.0
2   4270.0  4271.0  4267.0  4268.0
0   4266.0  4272.0  4265.0  4270.0
1   4270.0  4273.0  4270.0  4270.0
2   4270.0  4271.0  4267.0  4268.0
```

```
>>> pd.concat([df1, df2],axis=1)
    open    high    low     close   open    high    low     close
0   4266.0  4272.0  4265.0  4270.0  4266.0  4272.0  4265.0  4270.0
1   4270.0  4273.0  4270.0  4270.0  4270.0  4273.0  4270.0  4270.0
2   4270.0  4271.0  4267.0  4268.0  4270.0  4271.0  4267.0  4268.0
```

通过标签 df[label] 添加一列，代码如下：

```
>>> df
    open    high    low     close
0   4266.0  4272.0  4265.0  4270.0
1   4270.0  4273.0  4270.0  4270.0
2   4270.0  4271.0  4267.0  4268.0
>>> df['id']=['a','b','c']
>>> df
    open    high    low     close   id
0   4266.0  4272.0  4265.0  4270.0  a
1   4270.0  4273.0  4270.0  4270.0  b
2   4270.0  4271.0  4267.0  4268.0  c
>>>
```

如果只给 df[label] 赋一个值，则将其赋值给该列所有值，代码如下：

```
>>> df
    open    high    low     close
0   4266.0  4272.0  4265.0  4270.0
1   4270.0  4273.0  4270.0  4270.0
2   4270.0  4271.0  4267.0  4268.0
>>> df['ma_B2.board']='B2'
>>> df
    open    high    low     close   ma_B2.board
0   4266.0  4272.0  4265.0  4270.0  B2
1   4270.0  4273.0  4270.0  4270.0  B2
2   4270.0  4271.0  4267.0  4268.0  B2
>>>
```

对列做运算，代码如下：

```
>>> df
    open    high    low     close
0   4266.0  4272.0  4265.0  4270.0
1   4270.0  4273.0  4270.0  4270.0
2   4270.0  4271.0  4267.0  4268.0
>>> df['diff']=df.open - df.high  #open列的值减去high列的值，结果添加到diff列
>>> df
    open    high    low     close   diff
0   4266.0  4272.0  4265.0  4270.0  -6.0
1   4270.0  4273.0  4270.0  4270.0  -3.0
2   4270.0  4271.0  4267.0  4268.0  -1.0
>>>
```

通过标签 df.loc[label] 添加一行,代码如下:

```
>>> df
    open    high    low     close
0   4266.0  4272.0  4265.0  4270.0
1   4270.0  4273.0  4270.0  4270.0
2   4270.0  4271.0  4267.0  4268.0
>>> df.loc['a']=[1,2,3,4]
>>> df
    open    high    low     close
0   4266.0  4272.0  4265.0  4270.0
1   4270.0  4273.0  4270.0  4270.0
2   4270.0  4271.0  4267.0  4268.0
a   1.0     2.0     3.0     4.0
>>>
```

map() 将一个自定义函数作用于 Series 对象的每个元素,代码如下:

```
>>> df
    open    high    low     close
0   4266.0  4272.0  4265.0  4270.0
1   4270.0  4273.0  4270.0  4270.0
2   4270.0  4271.0  4267.0  4268.0
>>> df['open']=df['open'].map(lambda x:x*2)   #把open列每一个元素乘以2
>>> df
    open    high    low     close
0   8532.0  4272.0  4265.0  4270.0
1   8540.0  4273.0  4270.0  4270.0
2   8540.0  4271.0  4267.0  4268.0
>>>
```

apply() 将 DateFrame 的一行或多行的元素,或者一列或多列的元素应用于自定义函数,代码如下:

```
>>> df  #原始数据
    open    high    low     close
0   4266.0  4272.0  4265.0  4270.0
1   4270.0  4273.0  4270.0  4270.0
2   4270.0  4271.0  4267.0  4268.0
a   1.0     2.0     3.0     4.0
>>> df['open']=df['open'].apply(lambda x:x*2)  #open列的元素乘以2
>>> df
    open    high    low     close
0   8532.0  4272.0  4265.0  4270.0
1   8540.0  4273.0  4270.0  4270.0
2   8540.0  4271.0  4267.0  4268.0
a   2.0     2.0     3.0     4.0
>>> df.loc['a']=df.loc['a'].apply(lambda x:x*2)  #a行的元素乘以2
>>> df
    open    high    low     close
```

```
    0  8532.0  4272.0  4265.0  4270.0
    1  8540.0  4273.0  4270.0  4270.0
    2  8540.0  4271.0  4267.0  4268.0
    a     4.0     4.0     6.0     8.0
>>> df['b']=df[['open','high']].apply(lambda x:x.sum(),axis=1) #open 和 high 列的元素求和
>>> df
          open    high     low   close       b
    0  8532.0  4272.0  4265.0  4270.0  12804.0
    1  8540.0  4273.0  4270.0  4270.0  12813.0
    2  8540.0  4271.0  4267.0  4268.0  12811.0
    a     4.0     4.0     6.0     8.0      8.0
```

applymap() 将自定义函数作用于 DataFrame 的所有元素, 代码如下:

```
>>> df #原始数据
          open    high     low   close
    0  4266.0  4272.0  4265.0  4270.0
    1  4270.0  4273.0  4270.0  4270.0
    2  4270.0  4271.0  4267.0  4268.0
    a     1.0     2.0     3.0     4.0
>>> df=df.apply(lambda x:x*2) #所有元素乘以 2
>>> df
           open    high     low   close        b
    0  17064.0  8544.0  8530.0  8540.0  25608.0
    1  17080.0  8546.0  8540.0  8540.0  25626.0
    2  17080.0  8542.0  8534.0  8536.0  25622.0
    a      8.0     8.0    12.0    16.0     16.0
>>>
```

遍历 Dataframe 的方法有 3 种, 具体如下所示。

- `Dataframe.iterrows()` 按行遍历, 将 DataFrame 的每一行迭代为 (index, Series)。

- `Dataframe.itertuples()` 按行遍历, 将 DataFrame 的每一行迭代为 Pandas 类数据, 可用类属性访问, 比 `iterrows()` 效率高。

- `Dataframe.iteritems()` 按列遍历, 将 DataFrame 的每一列迭代为 (列名, Series)。

代码如下:

```
>>> df
          open    high     low   close
    0  4266.0  4272.0  4265.0  4270.0
    1  4270.0  4273.0  4270.0  4270.0
    2  4270.0  4271.0  4267.0  4268.0
>>> for index, row in df.iterrows():
...     print(index) #输出行索引
...     print(row)   #输出行 Series
...
0
```

```
open     4266.0
high     4272.0
low      4265.0
close    4270.0
Name: 0, dtype: float64
1
open     4270.0
high     4273.0
low      4270.0
close    4270.0
Name: 1, dtype: float64
2
open     4270.0
high     4271.0
low      4267.0
close    4268.0
Name: 2, dtype: float64
>>> for row in df.iterrows():
...     print(row[1]['open'],row[1].close)
...
4266.0 4270.0
4270.0 4270.0
4270.0 4268.0
>>> for row in df.itertuples():
...     print(row)
...
Pandas(Index=0, open=4266.0, high=4272.0, low=4265.0, close=4270.0)
Pandas(Index=1, open=4270.0, high=4273.0, low=4270.0, close=4270.0)
Pandas(Index=2, open=4270.0, high=4271.0, low=4267.0, close=4268.0)
>>> for row in df.itertuples():
...     print(row.open)
...
4266.0
4270.0
4270.0
>>> for index, row in df.iteritems()
...     print(index,row)
...
open 0    4266.0
1    4270.0
2    4270.0
Name: open, dtype: float64
high
0    4272.0
1    4273.0
2    4271.0
Name: high, dtype: float64
low 0    4265.0
1    4270.0
2    4267.0
```

```
Name: low, dtype: float64
close 0    4270.0
1    4270.02    4268.0
Name: close, dtype: float64
```

15.3　文件读写

pd.read_csv() 可以从 CSV 文件将数据读取到 DataFrame。

函数 read_csv 常用的参数形式如下：

```
read_csv(filepath, sep, header, index_col, usecols, encoding)
```

其中，参数 filepath 指代文件路径；sep 指代分隔符；header 为列标签；index_col 用作行索引的一列或者多列；usecols 用于选择列；encoding 指代字符编码类型，通常为 "utf-8"。但有的文件直接读取可能会报编码错误，推荐先用 open() 函数打开文件再读取，df.to_csv() 会把 DataFrame 写入 CSV 文件，代码如下：

```
data = open(r'C:\export\MA.csv')
df = pd.read_csv(data,header=None,dtype=object) #以字符串类型读取表格，无列名
df.to_csv(r'C:\export\MA.csv',index=False,header=False) #写入文件，不包含行列标签
```

在上述代码示例中，read_csv 的参数 "header=None" 表示读取文件时不把第一行作为列标签，自动使用整数作为列标签，行标签也自动使用整数，默认会把数值读取成浮点型数据或整型数据，可用 dtype=object 强制把所有数据读取成字符串，用 to_csv 写入文件时，默认的整数标签若不需要可以不用写入。

15.4　小结

本章介绍了 pandas 数据的基本用法，用这些方法就可以对 K 线数据进行处理。pandas 是著名的科学计算库之一，pandas 的用法还很多，限于篇幅本章无法详尽介绍，想了解更多的用法，可查阅 pandas 的相关资料。下一章介绍 TqSdk 的使用方法。

第 16 章 TqSdk 的使用

前面已经介绍了创建 TqApi 实例即可登录账户，接下来我们看看 TqApi 中其他函数的具体用法。

16.1 获取盘口行情

get_quote() 函数用来获取实时盘口行情，返回值为可变映射类型的 Quote 对象，可以像字典一样使用，也可以像类一样使用（更推荐这种方式），代码如下：

```python
from tqsdk import TqApi, TqAuth
api = TqApi(auth=TqAuth("信易账号", "密码"))
quote = api.get_quote("SHFE.rb2105") #订阅盘口行情
print(quote.datetime,quote.instrument_name) #输出盘口时间、品种的名称
print(quote['datetime'],quote['instrument_name'])
print(quote) #输出 Quote 对象全部字段
api.close()
'''输出结果为：
2021-01-29 22:59:59.500001 螺纹 2105
2021-01-29 22:59:59.500001 螺纹 2105
{'datetime': '2021-01-29 22:59:59.500001', 'ask_price1': 4266.0, 'ask_volume1': 2, 'bid_price1': 4265.0, 'bid_volume1': 645, 'ask_price2': 4267.0,...}
'''
```

在上述代码示例中，我们用 api = TqApi(auth=TqAuth("信易账号","密码"))实例化一个 api 对象，默认登录了模拟账户 TqSim，用 quote = api.get_quote("SHFE.rb2105")创建了一个 Quote 对象引用 quote，订阅的是合

约"SHFE.rb2105"的盘口行情，我们分别用类访问其属性和字典，以"键"取"值"的方式输出了盘口的最新时间和合约的名称，最后用 print(quote) 输出了 quote 的全部属性，以字典的形式输出（限于篇幅，部分输出结果省略）。

16.2 获取 K 线数据

get_kline_serial() 函数可以用来获取 K 线，返回值是 pandas.DataFrame 格式的，该函数可以获取单个品种的 K 线，也可以同时获取多个品种的 K 线，代码如下：

```
from tqsdk import TqApi, TqAuth
api = TqApi(auth=TqAuth("信易账号", "密码"))
kline = api.get_kline_serial("SHFE.rb2105", 60, data_length=5) #订阅 rb2105 的 K 线
klines=api.get_kline_serial(["SHFE.hc2105","SHFE.bu2105"],60,data_length=5) #订阅 hc2105 和 bu2105 的 K 线 5 根
print(kline)
print('分割线----------')
print(klines)
api.close()
'''
输出结果为：
       datetime          id     open    high     low    close    volume   open_oi    close_oi    symbol   duration
0   1.611932e+18    60475.0   4266.0  4272.0  4265.0  4270.0   8396.0  1154325.0  1154979.0   SHFE.rb2105      60
1   1.611932e+18    60476.0   4270.0  4272.0  4268.0  4270.0   4514.0  1154979.0  1154648.0   SHFE.rb2105      60
2   1.611932e+18    60477.0   4270.0  4273.0  4270.0  4270.0   3861.0  1154648.0  1153912.0   SHFE.rb2105      60
3   1.611932e+18    60478.0   4270.0  4271.0  4267.0  4268.0   4504.0  1153912.0  1153054.0   SHFE.rb2105      60
4   1.611932e+18    60479.0   4268.0  4271.0  4265.0  4268.0  10718.0  1153054.0  1149989.0   SHFE.rb2105      60
分割线----------
       datetime          id     open    high     low    close   volume    open_oi  ...     low1   close1  volume1  open_oi1  close_oi1       symbol      symbol1  duration
0   1.611932e+18    60475.0   4400.0  4405.0  4399.0  4403.0   2114.0  525473.0  ...   2732.0   2736.0     32.0  73125.0    73131.0   SHFE.hc2105  SHFE.bu2105    60
1   1.611932e+18    60476.0   4403.0  4405.0  4402.0  4403.0   1278.0  525162.0  ...   2736.0   2736.0      1.0  73131.0    73131.0   SHFE.hc2105  SHFE.bu2105    60
2   1.611932e+18    60477.0   4403.0  4406.0  4402.0  4406.0   1064.0  524976.0  ...   2736.0   2736.0     50.0  73131.0    73143.0   SHFE.hc2105  SHFE.bu2105    60
3   1.611932e+18    60478.0   4406.0  4406.0  4402.0  4404.0    668.0  524627.0  ...   2740.0   2736.0     11.0  73143.0    73148.0   SHFE.hc2105  SHFE.bu2105    60
4   1.611932e+18    60479.0   4404.0  4405.0  4399.0  4400.0   1687.0  524348.0  ...   2740.0   2736.0     12.0  73148.0    73146.0   SHFE.hc2105  SHFE.bu2105    60
[5 rows x 20 columns]
'''
```

我们分别获取了 SHFE.rb2105 单合约的 K 线和 SHFE.hc2105、SHFE.bu2105 两个合约

的 1 分钟 K 线共 5 根，多合约的 K 线是单合约 K 线的拼接。

输出的日期时间 `datetime` 是时间戳格式，是自 Unix Epoch(1970-01-01 00:00:00 GMT) 以来的纳秒数，我们可以转换成常用的 `datetime.datetime` 类型，可以用 `pd.to_datetime()` 函数转换。默认是把时间戳转换成 UTC 时区，北京时间需要先对时间戳增加 8 小时再转换，更便利的方法是用序列计算模块 `tqsdk.tafunc` 中的 `time_to_datetime(input_time)` 函数，参数如下。

`input_time (int/ float/ str)`：需要转换的时间。其中，`int` 是整型的纳秒级或秒级时间戳；`float` 是浮点型的纳秒级或秒级时间戳，如 K 线或 tick 的 `datetime` 字段（如 `1.57103449e+18`）；`str` 是字符串类型的时间，如 Quote 行情时间的 `datetime` 字段（如 `2019-10-14 14:26:01.000000`）。

我们可以用 `pandas.DataFrame` 方法获取 K 线的数据，例如，获取最新一根 K 线的收盘价及其前一根的收盘价，先用 `iloc` 按行位置获取最新一根 K 线及前一根 K 线，再用列标签获取收盘价。

代码如下：

```
from tqsdk import TqApi, TqAuth, tafunc
api = TqApi(auth=TqAuth("信易账号","密码"))
kline = api.get_kline_serial("SHFE.rb2105", 60,data_length=5)
# 用map()函数把datetime列的每一个时间戳转换成datetime.datetime 类型
kline.datetime = kline.datetime.map(tafunc.time_to_datetime)
print(kline) #输出转换时间戳后的K线
print('分割线----------')
print(f'最新K线收盘价：{kline.iloc[-1].close}，前一根K线收盘价：{kline.iloc[-2].close}')
api.close()
'''
输出结果为:
             datetime       id    open    high     low   close  volume  open_oi  close_oi  symbol  duration
0 2021-02-01 09:17:00  60497.0  4233.0  4235.0  4230.0  4234.0  5086.0  1170597.0  1171436.0  SHFE.rb2105   60
1 2021-02-01 09:18:00  60498.0  4234.0  4239.0  4233.0  4239.0  4101.0  1171436.0  1171038.0  SHFE.rb2105   60
2 2021-02-01 09:19:00  60499.0  4239.0  4239.0  4235.0  4236.0  4069.0  1171038.0  1171052.0  SHFE.rb2105   60
3 2021-02-01 09:20:00  60500.0  4236.0  4242.0  4234.0  4242.0  6635.0  1171052.0  1171559.0  SHFE.rb2105   60
4 2021-02-01 09:21:00  60501.0  4242.0  4243.0  4238.0  4239.0  2644.0  1171559.0  1172087.0  SHFE.rb2105   60
分割线----------
最新K线收盘价：4239.0，前一根K线收盘价：4242.0
'''
```

16.3 获取 tick 数据

get_tick_serial() 函数用来获取指定合约的 tick 数据，返回一个 pandas.DataFrame 实例，代码如下：

```
from tqsdk import TqApi, TqAuth, tafunc
api = TqApi(auth=TqAuth("信易账号", "密码"))
tick = api.get_tick_serial("SHFE.rb2105",data_length=5)
# 用 map 函数把 datetime 列的每一个时间戳转换成 datetime.datetime 类型
tick.datetime = tick.datetime.map(tafunc.time_to_datetime)
print(tick)  # 输出转换时间戳后的 tick
print(f'最新tick最新价：{tick.iloc[-1].last_price},前一根tick当日均价：{tick.iloc[-2].average}')
print('分割线----------')
print(tick.columns) #输出 tick 的列标签
api.close()
'''
输出结果为:
                    datetime            id   last_price      average   highest  ...      volume     amount  open_interest    symbol  duration
0 2021-02-01 09:33:10.500   4255093.0         4225.0   4269.52270    4303.0  ...    795192.0  3.395090e+10     1185144.0  SHFE.rb2105    0
1 2021-02-01 09:33:11.000   4255094.0         4225.0   4269.51673    4303.0  ...    795299.0  3.395542e+10     1185130.0  SHFE.rb2105    0
2 2021-02-01 09:33:11.500   4255095.0         4225.0   4269.51354    4303.0  ...    795356.0  3.395783e+10     1185159.0  SHFE.rb2105    0
3 2021-02-01 09:33:12.000   4255096.0         4225.0   4269.50962    4303.0  ...    795427.0  3.396083e+10     1185181.0  SHFE.rb2105    0
4 2021-02-01 09:33:12.500   4255097.0         4226.0   4269.50680    4303.0  ...    795478.0  3.396299e+10     1185204.0  SHFE.rb2105    0
[5 rows x 31 columns]
最新tick最新价：4226.0，前一根tick当日均价：4269.50962
分割线----------
Index(['datetime', 'id', 'last_price', 'average', 'highest', 'lowest',          'ask_price1',
'ask_volume1', 'bid_price1', 'bid_volume1', 'ask_price2',          'ask_volume2', 'bid_price2',
'bid_volume2', 'ask_price3', 'ask_volume3',          'bid_price3', 'bid_volume3', 'ask_price4',
'ask_volume4', 'bid_price4',          'bid_volume4', 'ask_price5', 'ask_volume5', 'bid_price5',
'bid_volume5',          'volume', 'amount', 'open_interest', 'symbol', 'duration'],       dtype=
'object')
'''
```

16.4 下单和撤单

insert_order() 函数用来下单，cancel_order 函数用来撤单，代码如下：

```python
from tqsdk import TqApi,TqAccount , TqAuth
api = TqApi(TqAccount("H 期货公司","账户","密码"),auth=TqAuth("信易账号", "密码"))
quote = api.get_quote("SHFE.rb2105")
# 多 1 手 rb2105, 买入价 4100, 下单模式默认为当日有效
order1=api.insert_order("SHFE.rb2105",direction="BUY",offset="OPEN",volume=1,limit_price=4100)
# 以对手价多 2 手 rb2105, 下单模式为 FAK
order2=api.insert_order("SHFE.rb2105",direction="BUY",offset="OPEN",volume=2,limit_price=quote.ask_price1,advanced="FAK")
# 以对手价平今 1 手 rb2105 的多单, 下单模式为 FOK
order3=api.insert_order("SHFE.rb2105",direction="SELL",offset="CLOSETODAY",volume=1,limit_price=quote.bid_price1,advanced="FOK")
while True:
    print(f'订单 order1 的状态:{order1.status}')
    print(f'订单 order2 的状态:{order2.status}')
    print(f'订单 order3 的状态:{order3.status}')
    if api.is_changing(order1):  #判断 order1 是否有变化
        if order1.status=='ALIVE':  #判断 order1 是否未结束
            api.cancel_order(order1)  #撤单 order1
    api.wait_update()
api.close()
'''
输出结果为:
订单 order1 的状态:ALIVE
订单 order2 的状态:ALIVE
订单 order3 的状态:ALIVE
2021-02-01 10:42:48 -             INFO - 通知:下单成功,委托,SHFE.rb2105,4100,1 手,买,开仓
2021-02-01 10:42:48 -             INFO - 通知:下单成功,委托,SHFE.rb2105,4233,2 手,买,开仓
订单 order1 的状态:ALIVE
订单 order2 的状态:ALIVE
订单 order3 的状态:ALIVE
2021-02-01 10:42:48 -             INFO - 通知:成交,SHFE.rb2105,4233,2 手,买,开仓
订单 order1 的状态:ALIVE
订单 order2 的状态:ALIVE
订单 order3 的状态:ALIVE
2021-02-01 10:42:49 -             INFO - 通知:下单成功,委托,SHFE.rb2105,4232,1 手,卖,平今
订单 order1 的状态:ALIVE
订单 order2 的状态:ALIVE
订单 order3 的状态:ALIVE
2021-02-01 10:42:49 -             INFO - 通知:成交,SHFE.rb2105,4232,1 手,卖,平今
订单 order1 的状态:ALIVE
订单 order2 的状态:FINISHED
订单 order3 的状态:FINISHED
2021-02-01 10:42:49 -             INFO - 通知:撤单成功,委托,SHFE.rb2105,4100,1 手,买,开仓
订单 order1 的状态:FINISHED
订单 order2 的状态:FINISHED
订单 order3 的状态:FINISHED
'''
```

从输出结果可知,委托单状态的更新相对于成交反馈有些滞后,需要多次调用 api.

wait_update()来更新。委托单的 status 字段为 "FINISHED"，表示委托单已经结束，委托单结束包括成交完成、撤单，不会再发生成交；status 字段为 "ALIVE"，则表示委托单还处于报单状态，还可能会发生成交。

16.5 获取委托单信息

get_order()函数获取委托单信息，代码如下：

```
from tqsdk import TqApi,TqAccount , TqAuth
api = TqApi(TqAccount("H 期货公司","账户","密码"),auth=TqAuth("信易账号","密码"))
quote = api.get_quote("SHFE.rb2105")
#多1手rb2105，买入价4100，下单模式默认为当日有效
order1=api.insert_order("SHFE.rb2105",direction="BUY",offset="OPEN",volume=1,limit_price=4100)
# 以对手价多2手rb2105，下单模式为FAK
order2=api.insert_order("SHFE.rb2105",direction="BUY",offset="OPEN",volume=2,limit_price=quote.ask_price1,advanced="FAK") # 以对手价平今1手rb2105的多单，下单模式为FOK
order3=api.insert_order("SHFE.rb2105",direction="SELL",offset="CLOSETODAY",volume=1,limit_price=quote.bid_price1,advanced="FOK")
ord1 = api.get_order(order1.order_id)
order = api.get_order()
while True:
    print(f'order1 总报单手数: {order1.volume_orign}，未成交手数{order1.volume_left}')
    print(f'order2 总报单手数: {order2.volume_orign}，未成交手数{order2.volume_left}，平均成交价{order2.trade_price}')
    print(f'order2 的成交记录: {order2.trade_records}')
    print('分割线-----------')
    print('ord1 的信息：')
    print(ord1)
    print('分割线-----------')
    print('order 的 keys: ')
    print(order.keys())
    print('分割线-----------')
    print('order 的 values: ')
    print(order.values())
    api.wait_update()
api.close()
'''
输出结果为：
2021-02-01 11:09:14 -      INFO - 模拟交易下单 PYSDK_insert_0373f92b9a5f8f0c7b850319ffbe0c80: 时间: 2021-02-01 11:09:14.046002, 合约: SHFE.rb2105, 开平: OPEN, 方向: BUY, 手数: 1, 价格: 4100.0
2021-02-01 11:09:14 -      INFO - 模拟交易下单 PYSDK_insert_9d309670cb41d1894a288be78e69867d: 时间: 2021-02-01 11:09:14.079004, 合约: SHFE.rb2105, 开平: OPEN, 方向: BUY, 手数: 2, 价格: 4229.0
2021-02-01 11:09:14 -      INFO - 模拟交易委托单 PYSDK_insert_9d309670cb41d1894a288be78e69867d: 全部成交
2021-02-01 11:09:14 -      INFO - 模拟交易下单 PYSDK_insert_c7390bb6544842b9e228df8eae3d2978: 时间: 2021-02-01 11:09:14.086005, 合约: SHFE.rb2105, 开平: CLOSETODAY, 方向: SELL, 手数: 1, 价格: 4228.0
```

```
                2021-02-01 11:09:14 -        INFO - 模拟交易委托单 PYSDK_insert_c7390bb6544842b9e228df8eae3d2978: 全
部成交
        order1 总报单手数: 1, 未成交手数 1
        order2 总报单手数: 2, 未成交手数 0, 平仓成交价 4229.0
        order2 的成交记录: {'PYSDK_insert_9d309670cb41d1894a288be78e69867d|2': <tqsdk.objs.Trade
object at 0x0000000020F4CA20>, D({'order_id':'PYSDK_insert_9d309670cb41d1894a288be78e69867d',
'trade_id': 'PYSDK_insert_9d309670cb41d1894a288be78e69867d|2', 'exchange_trade_id': 'PYSDK_
insert_9d309670cb41d1894a288be78e69867d|2', 'exchange_id': 'SHFE', 'instrument_id': 'rb2105',
'direction': 'BUY', 'offset': 'OPEN', 'price': 4229.0, 'volume': 2, 'trade_date_time': 16121
48954086005000, 'user_id': 'TQSIM', 'commission': 8.54})}
        分割线-----------
        ord1 的信息: {'order_id': 'PYSDK_insert_0373f92b9a5f8f0c7b850319ffbe0c80', 'exchange_order_
id': 'PYSDK_insert_0373f92b9a5f8f0c7b850319ffbe0c80', 'exchange_id': 'SHFE', 'instrument_id':
'rb2105', 'direction': 'BUY', 'offset': 'OPEN', 'volume_orign': 1, 'volume_left': 1, 'limit_
price': 4100.0, 'price_type': 'LIMIT', 'volume_condition': 'ANY', 'time_condition': 'GFD',
'insert_date_time': 1612148954046002000, 'last_msg': '报单成功', 'status': 'ALIVE', 'user_id':
'TQSIM', 'frozen_margin': 3416.0, 'frozen_premium': 0.0}
        分割线-----------
        order 的 keys: KeysView(...)
        分割线-----------
        order 的 values: ValuesView(...)
        '''
```

由于输出结果的内容篇幅比较长，这里对部分内容进行省略。

下单函数 insert_order() 会返回一个 Order 对象，该对象是可变映射类型，其内容会在调用 api.wait_update() 时更新，Order 对象可用字典方法或访问类属性的方式获取其字段信息，如总报单手数 volume_orign、未成交手数 volume_left 等。

get_order() 函数在指定了订单号时返回的 Order 对象与 insert_order() 返回的 Order 对象一致。若不指定订单号，则返回全部委托单，得到一个 Entity 对象，其"键"是委托单号，可用 keys() 函数获取；其"值"是委托单号对应的 Order 对象，可用 values() 函数获取。keys() 函数和 values() 函数返回的是迭代器，可在循环中获取每一个元素。

16.6 获取成交单信息

get_trade() 函数用于获取成交单信息，代码如下：

```
from tqsdk import TqApi,TqAccount , TqAuth
api = TqApi(auth=TqAuth("信易账号", "密码"))
quote = api.get_quote("SHFE.rb2105")
# 以对手价多 2 手 rb2105, 下单模式为 FAK
order2=api.insert_order("SHFE.rb2105",direction="BUY",offset="OPEN",volume=2,limit_price=
quote.ask_price1,advanced="FAK")
# 以对手价平今 1 手 rb2105 的多单, 下单模式为 FOK
```

```
    order3=api.insert_order("SHFE.rb2105",direction="SELL",offset="CLOSETODAY",volume=1,limit_
price=quote.bid_price1,advanced="FOK")
    order = api.get_order(order2.order_id)
    trade = api.get_trade()
    while True:
        print(f'order2 的成交记录：{order.trade_records}')
        print('分割线-----------')
        print('trader 的 keys: ')
        print(trade.keys())
        print('分割线-----------')
        print('trade 的 values: ')
        print(trade.values())
api.wait_update()
api.close()
'''
输出结果为：
    2021-02-01 13:31:15 -        INFO - 模拟交易下单 PYSDK_insert_983d31c583c90daeebb97f0f7b2f28b7: 时
间：2021-02-01 13:31:14.510000, 合约: SHFE.rb2105, 开平: OPEN, 方向: BUY, 手数: 2, 价格: 4226.0
    2021-02-01 13:31:15 -        INFO - 模拟交易委托单 PYSDK_insert_983d31c583c90daeebb97f0f7b2f28b7: 全
部成交
    2021-02-01 13:31:15 -        INFO - 模拟交易下单 PYSDK_insert_754f41d75f6fb4207c67cd4550ec0ef1: 时
间：2021-02-01 13:31:14.511000, 合约: SHFE.rb2105, 开平: CLOSETODAY, 方向: SELL, 手数: 1, 价格: 4225.0
    2021-02-01 13:31:15 -        INFO - 模拟交易委托单 PYSDK_insert_754f41d75f6fb4207c67cd4550ec0ef1: 全
部成交
    order2 的成交记录：{'PYSDK_insert_983d31c583c90daeebb97f0f7b2f28b7|2': <tqsdk.objs.Trade object
at 0x0000000020F4A908>, D({'order_id':'PYSDK_insert_983d31c583c90daeebb97f0f7b2f28b7', 'trade_
id': 'PYSDK_insert_983d31c583c90daeebb97f0f7b2f28b7|2', 'exchange_trade_id': 'PYSDK_insert_
983d31c583c90daeebb97f0f7b2f28b7|2', 'exchange_id': 'SHFE', 'instrument_id': 'rb2105', 'direction':
'BUY', 'offset': 'OPEN', 'price': 4226.0, 'volume': 2, 'trade_date_time': 1612157474511000000,
'user_id': 'TQSIM', 'commission': 8.54})}
    分割线-----------
    trader 的 keys:
    KeysView(...)
    分割线-----------
    trade 的 values:
    ValuesView(...)
'''
```

由于输出结果的内容篇幅比较长，这里对部分内容进行省略。

在不指定成交单号时，get_trade()返回全部成交单，是一个 Entity 对象，其"键"是成交单号，可用 keys()函数获取；其值是成交单号对应的 Trade 对象，可用 values()函数获取。要获取指定的成交单，更好的办法是用委托单的 trade_records 属性（即 Order.trade_records）获取，此时返回一个 Entity 对象，其"键"是成交单号，其"值"是成交单号对应的 Trade 对象，可用字典方法获取"值"。keys()函数和 values()函数返回的是迭代器，可在循环中获取每一个元素。

16.7 获取持仓信息

get_position()函数用于获取持仓信息，代码如下：

```python
from tqsdk import TqApi,TqAccount , TqAuth
api = TqApi(TqAccount("H 期货公司","账户","密码"),auth=TqAuth("信易账号", "密码"))
quote = api.get_quote("SHFE.rb2105")
# 订阅 rb2105 的持仓信息
position1 = api.get_position("SHFE.rb2105")
# 订阅全部持仓信息
position = api.get_position()
while True:
    print(f'position1 占用保证金: {position1.margin}, 交易所内合约代码: {position1.instrument_id}')
    print('position1 的信息: ')
    print(position1)
    print('分割线-----------')
    print('position 的 keys: ')
    print(position.keys())
    print('分割线-----------')
    print('position 的 values: ')
    print(position.values())
api.wait_update()
api.close()
'''
'输出结果为：
position1 占用保证金: 25620.0, 交易所内合约代码: rb2105
position1 的信息:
{'exchange_id': 'SHFE', 'instrument_id': 'rb2105', 'pos_long_his': 0, 'pos_long_today': 6, 'pos_short_his': 0, 'pos_short_today': 0, 'volume_long_today': 6, 'volume_long_his': 0, 'volume_long': 6, 'volume_long_frozen_today': 0, 'volume_long_frozen_his': 0, 'volume_long_frozen': 0, 'volume_short_today': 0, 'volume_short_his': 0, 'volume_short': 0, 'volume_short_frozen_today': 0, 'volume_short_frozen_his': 0, 'volume_short_frozen': 0, 'open_price_long': 4227.0, 'open_price_short': nan, 'open_cost_long': 253620.0, 'open_cost_short':nan, 'position_price_long': 4227.0, 'position_price_short': nan, 'position_cost_long': 253620.0, 'position_cost_short': nan, 'float_profit_long': 0.0, 'float_profit_short': nan, 'float_profit': 0.0, 'position_profit_long': 0.0, 'position_profit_short': nan, 'position_profit': 0.0, 'margin_long': 25620.0, 'margin_short': nan, 'margin': 25620.0, 'market_value_long': nan, 'market_value_short': nan, 'market_value': nan, 'user_id': '', 'volume_long_yd': 0, 'volume_short_yd': 0, 'last_price': 4227.0}
分割线-----------
...
分割线-----------
...
'''
```

为了节约篇幅，此处省略了部分输出值。get_position()函数在指定了合约代码时，会返回合约的 Position 对象。若不指定合约，则返回全部持仓，这是一个 Entity 对象，其"键"

是合约代码，可用 keys() 函数获取，其"值"是合约对应的 Position 对象，可用 values() 函数获取。keys() 函数和 values() 函数返回的是迭代器，可在循环中获取每一个元素。

16.8 获取账户资金信息

get_account() 函数用于获取账户资金信息，代码如下：

```
from tqsdk import TqApi,TqAccount , TqAuth
api = TqApi(TqAccount("H 期货公司","账户","密码"),auth=TqAuth("信易账号","密码"))
# 订阅账户信息
account = api.get_account()
while True:
    print(f'account 占用保证金：{account.margin}, account 浮动盈亏：{account.float_profit}')
    print('account 的信息：')
    print(account)
    api.wait_update()
api.close()
'''
输出结果为：
account 占用保证金：30029.0, account 浮动盈亏：-220.0
account 的信息：
{'currency': 'CNY', 'pre_balance': 11063866.3, 'static_balance': 11063866.3, 'balance': 11063302.733000001, 'available': 11028999.633000001, 'ctp_balance': 11063302.733000001, 'ctp_available': 11028999.633000001, 'float_profit': -220.0, 'position_profit': -220.0, 'close_profit': -280.0, 'frozen_margin': 4270.0, 'margin': 30029.0, 'frozen_commission': 4.1000000000000005, 'commission': 63.56700000000001, 'frozen_premium': 0.0, 'premium': 0.0, 'deposit': 0.0, 'withdraw': 0.0, 'risk_ratio': 0.0027142889175786958, 'market_value': 0.0,'user_id': ''}
'''
```

get_account() 返回一个 Account 对象，该对象的使用方法和字典一致，而用"."访问其类属性则更方便。

16.9 筛选合约

如果想要获取主连、指数、期权等，代码如下：

```
from tqsdk import TqApi,TqKq , TqAuth
api = TqApi(auth=TqAuth("信易账号","密码"))
# 获取上期所全部主连
MC = api.query_quotes(ins_class='CONT',exchange_id='SHFE')
# 获取大商所全部指数
I = api.query_quotes(ins_class='INDEX',exchange_id='DCE')
```

```python
# 获取上期所黄金未下市的期权合约
AuOp=api.query_quotes(ins_class='OPTION',exchange_id='SHFE',product_id='au',expired=False)
# 获取上期所全部主力合约
M = api.query_cont_quotes(exchange_id='SHFE')
# 订阅螺纹钢主连
quote = api.get_quote("KQ.m@SHFE.rb")
# 输出现在螺纹钢主连的标的合约
print("螺纹钢主连对应的主力合约: ",quote.underlying_symbol)
# 获取黄金标的为au2103全部未下市看涨期权
AuOpC=api.query_options(underlying_symbol='SHFE.au2103',option_class='CALL',expired=False)
#获取黄金指数
aui = api.query_quotes(ins_class="INDEX", product_id="au")
print('上期所全部主连:')
print(MC)
print('大商所全部指数:')
print(I)
print('黄金未下市的期权合约:')
print(AuOp)
print('上期所全部主力合约:')
print(M)
print('黄金标的为au2103全部未下市看涨期权:')
print(AuOpC)
print('黄金指数',aui)
api.close()
'''
部分输出值:
螺纹钢主连对应的主力合约: SHFE.rb2105
上期所全部主连:
...
大商所全部指数:
...
黄金未下市的期权合约:
...
上期所全部主力合约:
    ['SHFE.wr2105', 'SHFE.al2103', 'SHFE.pb2103', 'SHFE.bu2106', 'SHFE.ss2104', 'SHFE.hc2105',
'SHFE.au2106', 'SHFE.cu2103', 'SHFE.zn2103', 'SHFE.sp2105', 'SHFE.sn2104', 'SHFE.ru2105',
'SHFE.ni2104', 'SHFE.fu2105', 'SHFE.ag2106', 'SHFE.rb2105']
    黄金标的为au2103全部未下市看涨期权:
    ['SHFE.au2103C364', 'SHFE.au2103C336', 'SHFE.au2103C316', 'SHFE.au2103C332', 'SHFE.au2103C380',
'SHFE.au2103C324', 'SHFE.au2103C372','SHFE.au2103C352', 'SHFE.au2103C392', 'SHFE.au2103C344',
'SHFE.au2103C424', 'SHFE.au2103C384', 'SHFE.au2103C456', 'SHFE.au2103C340', 'SHFE.au2103C312',
'SHFE.au2103C388', 'SHFE.au2103C328', 'SHFE.au2103C360', 'SHFE.au2103C396', 'SHFE.au2103C416',
'SHFE.au2103C440', 'SHFE.au2103C400', 'SHFE.au2103C348', 'SHFE.au2103C448', 'SHFE.au2103C320',
'SHFE.au2103C408', 'SHFE.au2103C356', 'SHFE.au2103C368', 'SHFE.au2103C376', 'SHFE.au2103C432']
    黄金指数['KQ.i@SHFE.au']
'''
```

16.10 生成图形化界面

在创建 TqApi 实例时传入参数"web_gui = True"即可实现 Web 端的图形化界面。tqsdk.ta 模块定义了一些技术指标，我们可以把技术指标用浏览器显示。

TqSdk 默认会把第一个订阅的 K 线序列按"open""high""low""close"等字段画出，因此把其他 K 线或技术指标追加到第一个 K 线上，成为该 K 线数据的一部分，就可以跟该 K 线一起画出来了。

K 线默认情况下是画在主图上的，字段".board"用于画副图，给该字段赋不同的字符串值会画出多个副图，字段".color"用于设置颜色，字段".width"用于设置线条宽度。

指标的计算需在 while 循环中完成，以使指标随着 K 线更新而更新。若计算的指标较多或对 K 线反复遍历可能会造成浏览器耗用的 CPU 资源过多。

web_gui 是较为简单的图形化方式，更丰富更强大的图形化可用第三方库实现，如 matplotlib 和 PyQt5。

16.10.1 在主图中画指标线

如果你想在主图中绘制指标线，代码如下：

```
from tqsdk import TqApi, TqAuth
from tqsdk.ta import MA
api = TqApi(auth=TqAuth("信易账号", "密码"),web_gui=True)
# 订阅1分钟K线
kline = api.get_kline_serial("SHFE.rb2105", 60,data_length=100)
# 通过浏览器访问 TqSdk 指定的地址，需保持程序运行
while True:
    # 计算收盘价的10日简单均线
    ma = MA(kline,10)  #均线是包含一列ma的Dataframe格式数据
    # 为K线增加一列ma_MAIN，把均线值赋值给此列
    kline["ma_MAIN"] = ma.ma   # 在主图中画一根默认颜色（红色）的ma指标线
    api.wait_update()
api.close()
'''
输出提示：
INFO - 您可以访问http://127.0.0.1:62667查看策略绘制出的K线图形
'''
```

图形显示效果如图 16-1 所示。

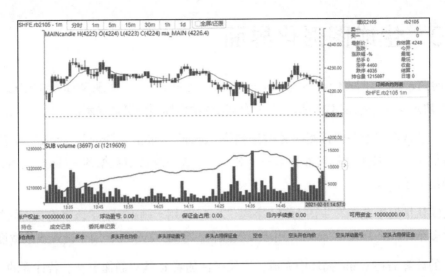

图 16-1

16.10.2 在副图中画指标线

如果你想在副图中绘制指标线,代码如下:

```
__author__ = 'limin'
from datetime import datetime
from tqsdk import TqApi, TqAuth
from tqsdk.ta import MA
api = TqApi(auth=TqAuth("信易账号", "密码"),web_gui=True)
kline = api.get_kline_serial("SHFE.rb2105", 60,data_length=100)
# 通过浏览器访问 TqSdk 指定的地址,需保持程序运行
while True:
    # 计算收盘价的 10 日简单均线
    ma = MA(kline,10)
    # 为 K 线增加一列 ma_B2,把均线值赋值给此列
    kline["ma_B2"] = ma.ma
    # 添加一列".board",用来设置副图,列的值为任意字符串,相同字符串表示同一个副图
    kline["ma_B2.board"] = "B2"
    # 添加一列".color",用来设置颜色
    kline["ma_B2.color"] = "green"
    # 设置为绿色,以下设置颜色方式都可行: "green"、"#00FF00"、"rgb(0,255,0)"、"rgba(0,125,0,0.5)"
    # 在另一个附图画一根比 ma 小 4 的宽度为 4 的紫色指标线
    kline["ma_4"] = ma.ma - 4
    kline["ma_4.board"] = "MA4"   # 设置为另一个附图
    kline["ma_4.color"] = 0xFF9933CC   # 设置为紫色,或者 "#9933FF"
    kline["ma_4.width"] = 4   # 设置宽度为4,默认为1
    api.wait_update()
api.close()
```

图形显示效果如图 16-2 所示。

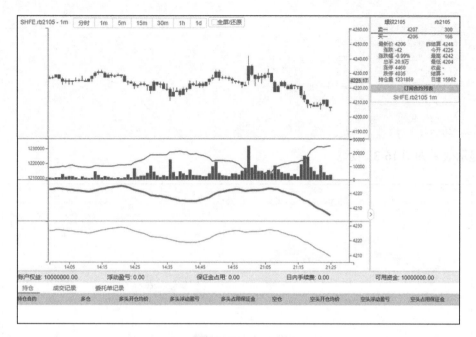

图 16-2

16.10.3 在主图中画文字标注

如果你想在主图中绘制文字标注，代码如下：

```python
from datetime import datetime
from tqsdk import TqApi, TqAuth
from tqsdk.ta import MA
api = TqApi(auth=TqAuth("信易账号", "密码"),web_gui=True)
kline = api.get_kline_serial("SHFE.rb2105", 60,data_length=200)
#定义指标线穿越函数
def cross(api,kline,indicator1:str,indicator2:str):
    for i in range(1,len(kline)):
        # 金叉
        if kline.iloc[-i][indicator1]>kline.iloc[-i][indicator2] and \
            kline.iloc[-i-1][indicator1]<=kline.iloc[-i-1][indicator2]:
            api.draw_text(kline, "买入", x=-i, y=kline.iloc[-i].high + 5, color='red')
        # 死叉
        elif kline.iloc[-i][indicator1]<kline.iloc[-i][indicator2] and \
            kline.iloc[-i-1][indicator1]>=kline.iloc[-i-1][indicator2]:
            api.draw_text(kline, "卖出", x=-i, y=kline.iloc[-i].low - 5, color='green')
# 通过浏览器访问 TqSdk 指定的地址，需保持程序运行
```

```
while True:
    # 计算收盘价的10日简单均线
    ma1 = MA(kline,5)
    ma2 = MA(kline,10)
    # 为K线增加两条均线
    kline["ma1"] = ma1.ma
    kline["ma2"] = ma2.ma
    kline["ma2.color"] = 'blue'
    cross(api,kline,'ma1','ma2')
    api.wait_update()
api.close()
```

显示效果如图 16-3 所示。

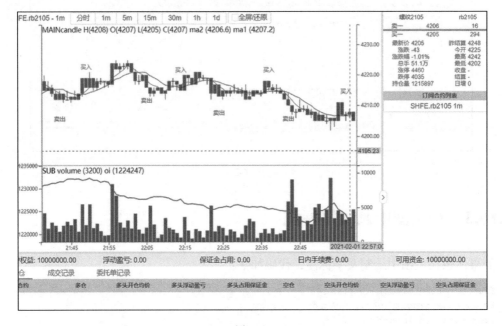

图 16-3

16.10.4 在主图中画特殊符和线段

如果你想在主图中绘制特殊符和线段，代码如下：

```
from tqsdk import TqApi, TqAuth
api = TqApi(auth=TqAuth("信易账号", "密码"),web_gui=True)
kline = api.get_kline_serial("SHFE.rb2105", 60,data_length=200)
#定义分型指标
def fractal(api,kline):
    for i in range(1,len(kline)-3):
```

```python
        # 顶分型
        if kline.iloc[-i-4].high < kline.iloc[-i-3].high < \ kline.iloc[-i-2].high > kline.iloc[-i-1].high > kline.iloc[-i].high :
            api.draw_text(kline, "↑", x=-i-2, y=kline.iloc[-i-2].high + 5, color='red')
        # 底分型
        elif kline.iloc[-i-4].low > kline.iloc[-i-3].low > \ kline.iloc[-i-2].low < kline.iloc[-i-1].low < kline.iloc[-i].low :
            api.draw_text(kline, "↓", x=-i-2, y=kline.iloc[-i-2].low - 2, color='green')
#定义折线段
def polyline(api,kline,p):
    for i in range(1,len(kline),p):
        m = int(kline.iloc[-i-p:-i].high.idxmax())
        n = int(kline.iloc[-i-p:-i].low.idxmin())
        if m > n :
            api.draw_line(kline, n-len(kline), kline.iloc[n-len(kline)].low, m-len(kline), kline.iloc[m-len(kline)].high, line_type="SEG",color='blue')
        elif m < n:
            api.draw_line(kline, m-len(kline), kline.iloc[m-len(kline)].high, n-len(kline), kline.iloc[n-len(kline)].low, line_type="SEG",color='blue')
# 通过浏览器访问 TqSdk 指定的地址，需保持程序运行
while True:
    fractal(api,kline)
    polyline(api,kline,20)
    api.wait_update()
api.close()
```

显示效果如图 16-4 所示。

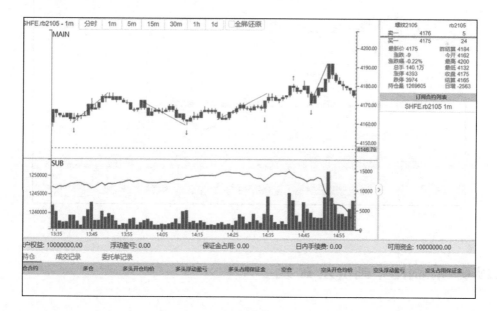

图 16-4

16.10.5 在副图中画 K 线

如果你想在副图中绘制 K 线，代码如下：

```
__author__ = 'limin'
from tqsdk import TqApi, TqAuth
api = TqApi(auth=TqAuth("信易账号", "密码"), web_gui=True)
klines = api.get_kline_serial("SHFE.rb2105", 60, data_length=200)
klines2 = api.get_kline_serial("SHFE.rb2109", 60, data_length=200)
while True:
    # 将画图代码放在循环中即可使图像随着行情推进而更新
    # 在附图画出 rb2109 的 K 线：需要将 open、high、log、close 的数据都设置正确
    klines["rb2109.open"] = klines2["open"]
    klines["rb2109.high"] = klines2["high"]
    klines["rb2109.low"] = klines2["low"]
    klines["rb2109.close"] = klines2["close"]
    klines["rb2109.board"] = "B2"
    api.wait_update()
```

显示效果如图 16-5 所示。

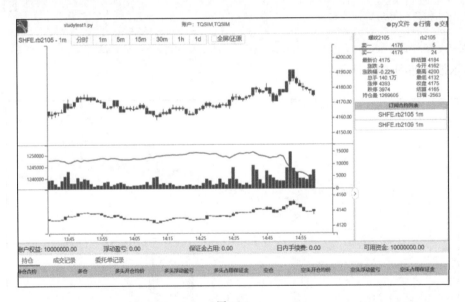

图 16-5

16.10.6 在副图中画价差 K 线

如果你想在副图中绘制价差 K 线，代码如下：

```
from tqsdk import TqApi, TqAuth
api = TqApi(auth=TqAuth("信易账号", "密码"),web_gui=True)
klines1 = api.get_kline_serial("SHFE.rb2105", 60,data_length=200)
klines2 = api.get_kline_serial("SHFE.hc2105",60, data_length=200)
while True:
    # 把hc2105的K线添加到rb2105 K线里，需要将open、high、log、close的数据都设置正确
    klines1["hc2105.open"] = klines2["open"]
    klines1["hc2105.high"] = klines2["high"]
    klines1["hc2105.low"] = klines2["low"]
    klines1["hc2105.close"] = klines2["close"]
    # 在附图画出价差K线：需要将open、high、log、close的数据都设置正确
    klines1["diff.open"] = klines1["open"] - klines2["open"]
    klines1["diff.high"] = klines1["high"] - klines2["high"]
    klines1["diff.low"] = klines1["low"] - klines2["low"]
    klines1["diff.close"] = klines1["close"] - klines2["close"]
    klines1["diff.board"] = "B2"
    for i in range(1,len(klines1),5): #每隔5根K线标注文字以区分两个K线
        api.draw_text(klines1, "rb", x=-i, y=klines1.iloc[-i].low - 2, color='red')
        api.draw_text(klines1, "hc", x=-i, y=klines1.iloc[-i]["hc2105.low"] - 2, color='blue')
    api.wait_update()
```

显示效果如图16-6所示。

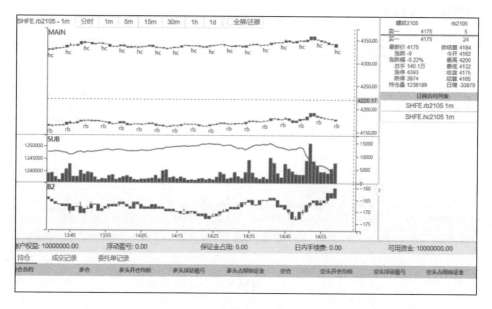

图 16-6

在本例中，画价差K线的最高价和最低价的方式并不准确，因为最高价和最低价的时间不一定同步，仅供参考。

16.11 复盘

`tqsdk.backtest` 模块定义了复盘和回测的类，TqReplay 类用于对指定日期复盘，可回放该日期的行情，代码如下：

```python
__author__ = 'mayanqiong'
from datetime import date
from tqsdk import TqApi, TqAuth, TqReplay
'''
复盘模式示例：指定日期行情完全复盘
复盘 2020-05-26 行情
'''
# 在创建 api 实例时传入 TqReplay 就会进入复盘模式
api = TqApi(backtest=TqReplay(date(2020, 5, 26)), auth=TqAuth("信易账户", "账户密码"),web_gui=True)
quote = api.get_quote("SHFE.rb2109")
while True:
    api.wait_update()
    if api.is_changing(quote):
        print("最新价", quote.datetime, quote.last_price)
```

复盘结果如图 16-7 所示。

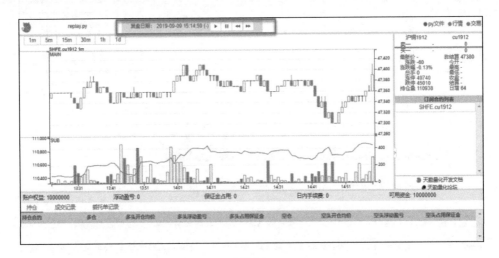

图 16-7

16.12 回测

TqBacktest 类用于回测，给定回测的起始日期和结束日期，就可以对该段时间内的行情回测。

```python
from datetime import date
from tqsdk import TqApi, TqAuth, TqBacktest, TargetPosTask
# 在创建api实例时传入TqBacktest就会进入回测模式, 设置web_gui=True开启图形化界面
api = TqApi(backtest=TqBacktest(start_dt=date(2018, 5, 2), end_dt=date(2018, 6, 2)),web_gui=True, auth=TqAuth("信易账户", "账户密码"))
# 获得m1901 5分钟K线的引用
klines = api.get_kline_serial("DCE.m1901", 5 * 60, data_length=15)
# 创建m1901的目标持仓task,该task负责调整m1901的仓位到指定的目标仓位 target_pos = TargetPosTask
# (api, "DCE.m1901")
while True:
    api.wait_update()
    if api.is_changing(klines):
        ma = sum(klines.close.iloc[-15:]) / 15
        print("最新价", klines.close.iloc[-1], "MA", ma)
        if klines.close.iloc[-1] > ma:
            print("最新价大于MA: 目标多头5手")
            # 设置目标持仓为多头5手
            target_pos.set_target_volume(5)
        elif klines.close.iloc[-1] < ma:
            print("最新价小于MA: 目标空仓")
            # 设置目标持仓为空仓
            target_pos.set_target_volume(0)
```

回测指标数据在本次回测完成之后才会显示，显示效果如图16-8所示。

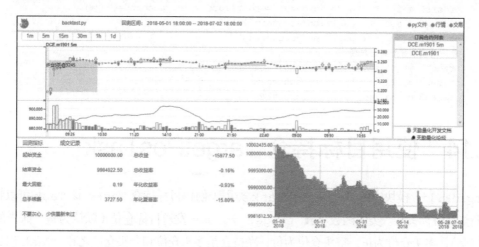

图 16-8

16.13　多账户

TqMultiAccount 类用于登录多账户，以实现在一个程序中管理多账户，具体使用方法如下：

```
__author__ = 'hongyan'
from tqsdk import TqApi, TqAuth, TqAccount, TqKq, TqSim, TqMultiAccount
# 多账户模式下，同时操作实盘、模拟交易和快期模拟账户交易
tqact = TqAccount("H 期货公司", "123456", "123456")
sim = TqSim()
kq = TqKq()
with TqApi(TqMultiAccount([tqact, sim, kq]), auth=TqAuth("信易账户", "账户密码")) as api:
    order1 = api.insert_order(symbol="DCE.m2101", direction="BUY", offset="OPEN", volume=5, account=tqact)
    order2 = api.insert_order(symbol="SHFE.au2012C308", direction="BUY", offset="OPEN", volume=5, limit_price=78.1, account=sim)
    order3 = api.insert_order(symbol="SHFE.cu2101", direction="Sell", offset="OPEN", volume=10, limit_price=51610, account=kq)
    api.cancel_order(order3, kq)
    while order1.status != "FINISHED" or order2.status != "FINISHED":
        api.wait_update()
    # 分别获取账户资金信息
    account_info1 = api.get_account(account=tqact)
    account_info2 = api.get_account(account=sim)
    account_info3 = api.get_account(account=kq)
    # 分别获取账户持仓信息
    position1 = api.get_position("DCE.m2101", account=tqact)
    position2 = api.get_position(account=sim)
    position3 = api.get_position(account=kq)
    # 分别获取账户委托数据
    orders1 = api.get_order(order_id=order1.order_id, account=tqact)
    orders2 = api.get_position(account=sim)
    orders3 = api.get_position(account=kq)
    # 分别获取账户成交数据
    trades1 = api.get_trade(account=tqact)
    trades2 = api.get_trade(account=sim)
    trades3 = api.get_trade(account=kq)
```

16.14 使用目标持仓 TargetPosTask

tqsdk.lib 模块中的 TargetPosTask 类用于创建目标持仓 Task，该 Task 可以将指定合约调整到目标头寸。类中函数 set_target_volume 发送目标仓位（默认为整个账户的该合约净持仓），多头仓位为正，空头仓位为负，净持仓是多头仓位和空头仓位之和。Task 以目标仓位与净持仓的差值为下单手数，当行情变化时会自动撤单继续开仓，直到净持仓和目标仓位相等。

TargetPosTask 在执行 set_target_volume 时并不下单或撤单，set_target_volume 只是把目标仓位发送到指令队列，它的下单和撤单动作是在之后每次调用 wait_update() 时执行的，因此，需保证 set_target_volume 后还会继续调用 wait_update()。

请勿在使用 TargetPosTask 的同时使用 insert_order() 函数，否则将导致 TargetPosTask 报错或错误下单。

```
class TargetPosTask(api, symbol, price='ACTIVE', offset_priority='今昨,开', trade_chan=None, *args, **kwargs)
```

- api (TqApi)：TqApi 实例，该 Task 依托于指定 api 下单/撤单。
- symbol (str)：负责调整的合约代码。
- price (str,Callable)：[可选] 下单方式，默认为"ACTIVE"。"ACTIVE"表示对价下单，在持仓调整过程中，若下单方向为买，则对价为卖一价；若下单方向为卖，则对价为买一价。"PASSIVE"表示排对价下单，在持仓调整过程中，若下单方向为买，则排对价为买一价；若下单方向为卖，则排对价为卖一价。Callable[[str], Union[float, int]]函数参数为下单方向（会传入"BUY"或"SELL"），函数返回值是下单价格，下单价格应为有效价格，如果返回 nan，则程序会抛错。
- offset_priority (str)：[可选] 开平仓顺序，昨=平昨仓，今=平今仓，开=开仓，逗号=等待之前操作完成。对于下单指令区分平今/昨的交易所（如上期所），按照今/昨仓的数量计算是否能平今/昨仓；对于下单指令不区分平今/昨的交易所（如中金所），按照"先平当日新开仓，再平历史仓"的规则计算是否能平今/昨仓。
    - "今昨,开"表示先平今仓，再平昨仓，等待平仓完成后开仓，对于没有单向大边的品种避免了开仓保证金不足。
    - "今昨开"表示先平今仓，再平昨仓，并开仓，所有指令同时发出，适合有单向大边的品种。
    - "昨开"表示先平昨仓，再开仓，禁止平今仓，适合股指这样平今手续费较高的品种。
    - "开"表示只开仓，不平仓，适合需要进行锁仓操作的品种。
    - trade_chan (TqChan)：[可选] 成交通知 channel，当有成交发生时会将成交手数（多头为正数，空头为负数）发到该 channel 上。

当 price 参数是函数类型时，该函数应返回一个有效的价格值，应该避免返回 nan。以下是 price 参数为函数类型时的代码示例：

```
quote = api.get("SHFE.cu2012")
def get_price(direction):
    # 在 BUY 时使用买一价加一档价格，SELL 时使用卖一价减一档价格
    if direction == "BUY":
        price = quote.bid_price1 + quote.price_tick
```

```
    else:
        price = quote.ask_price1 - quote.price_tick
# 如果price价格是nan，使用最新价报单
if price != price:
    price = quote.last_price
return price
```

`set_target_volume(volume:int)` 中的参数 `volume(int)` 表示目标持仓手数。当它为正数，表示多头；当它为负数，表示空头；当它为 0，表示空仓。

代码如下：

```
from tqsdk import TqApi, TqAuth, TargetPosTask
api = TqApi(auth=TqAuth("信易账户", "账户密码"))
target_pos = TargetPosTask(api, "SHFE.rb2109") #创建目标持仓task
target_pos.set_target_volume(5)   #设置目标仓位，净多头5手
while True:
    # 需在set_target_volume后调用wait_update()以发出指令
    api.wait_update()
```

16.15 异步任务

16.15.1 使用协程任务

函数 `create_task()` 用来创建协程任务，并将任务加入事件循环以实现异步并发。

`wait_update()` 不能用在协程中，若在协程中等待业务更新，可调用 `register_update_notify` 函数把业务数据注册到 TqChan，当业务数据有更新时会通知该 TqChan，在协程里就可以用实时更新的业务数据进行运算。代码如下：

```
from tqsdk import TqApi, TqAuth
api = TqApi(auth=TqAuth("信易账号", "密码"))
quote1 = api.get_quote("CFFEX.T2103")
quote2 = api.get_quote("CFFEX.TF2103")
#带有业务更新的协程
async def demo(quote):
    #将quote注册到TqChan 命名为update_chan
    async with api.register_update_notify(quote) as update_chan:
        async for _ in update_chan: #遍历队列通知
            print('品种: ',quote.instrument_name,'最新价: ',quote.last_price)
#无业务更新的协程
async def func():
    return quote1.instrument_name,quote2.instrument_name
# 创建task1、task2, 把quote1、quote2注册到TqChan
```

```
task1=api.create_task(demo(quote1))
task2=api.create_task(demo(quote2))
#把带有返回值的协程创建成task3
task3=api.create_task(func())
while True:
    api.wait_update()
    if task3.done(): #task3结束后，获取返回值
        print(task3.result())
'''
输出结果为:
('债十2103', '债五2103')
品种: 债十2103 最新价: 97.435
('债十2103', '债五2103')
品种: 债十2103 最新价: 97.43
5('债十2103', '债五2103')
品种: 债十2103 最新价: 97.43
('债十2103', '债五2103')
品种: 债十2103 最新价: 97.43
'''
```

16.15.2 使用多线程

当用户策略实例很多，导致网络连接数无法容纳时，可以使用多线程。首先需要在主线程中创建一个 TqApi 实例 api_master，并用 TqApi.copy 函数创建多个 slave 副本，把 slave 副本用在多个线程中，主线程里的 api_master 仍然需要持续调用 wait_update。

子线程和主线程其实是运行了同一个事件循环，如果在子线程里调用 api_slave.close() 会引发主线程事件循环关闭的异常，如果在主线程里调用 api_master.close()，子线程可能因等待事件循环响应而阻塞，若想让子线程和主线程一起退出，可把子线程设置为守护子线程。

使用多线程需要自定义一个线程类，并重写 run() 函数，在 run() 函数里执行策略代码，代码如下：

```
import threading
from tqsdk import TqApi, TqAuth#自定义线程类
class WorkerThread(threading.Thread):
    def __init__(self, api, symbol):
        threading.Thread.__init__(self)
        self.api = api #初始化参数
        self.symbol = symbol #初始化参数
    #重写run()函数,策略代码写在run()函数中
    def run(self):
        SHORT = 30  # 短周期
```

```python
            LONG = 60     # 长周期
            data_length = LONG + 2    # K线数据长度
            klines = self.api.get_kline_serial(self.symbol, duration_seconds=60, data_length=data_length)
            target_pos = TargetPosTask(self.api, self.symbol)
            while True:
                self.api.wait_update()
                if self.api.is_changing(klines.iloc[-1], "datetime"):     # 产生新K线:重新计算SMA
                    short_avg = ma(klines["close"], SHORT)     # 短周期
                    long_avg = ma(klines["close"], LONG)    # 长周期
                    if long_avg.iloc[-2] < short_avg.iloc[-2] and \ long_avg.iloc[-1] > short_avg.iloc[-1]:
                        target_pos.set_target_volume(-3)
                        print("均线下穿，做空")
                    if short_avg.iloc[-2] < long_avg.iloc[-2] and \ short_avg.iloc[-1] > long_avg.iloc[-1]:
                        target_pos.set_target_volume(3)
                        print("均线上穿，做多")
if __name__ == "__main__":
    #主线程创建TqApi实例
    api_master = TqApi(auth=TqAuth("信易账号", "密码"))
    # 实例化线程类，传入TqApi实例的副本api_master.copy()
    thread1 = WorkerThread(api_master.copy(), "SHFE.cu1901")
    thread2 = WorkerThread(api_master.copy(), "SHFE.rb1901")
    # 启动线程实例
    thread1.start()
    thread2.start()
    while True:
        api_master.wait_update()     #主线程保持对wait_update()的调用
```

当线程太多时，操作系统因调度线程，可能把主要工作都用在了调度线程上，而降低了多线程的效率，此时更适合使用异步协程实现多策略。

16.15.3 使用多进程

当程序消耗 CPU 资源比较多时，可以采用多进程，比如在回测时需要对大量的数据进行计算，可以用多个进程同时回测多个品种。注意，由于服务器流控限制，同时执行的回测任务请勿超过 10 个，代码如下：

```python
from tqsdk import TqApi, TqAuth, TqSim, TargetPosTask, BacktestFinished, \ TqBacktest
from tqsdk.tafunc import ma
from datetime import date
import multiprocessing
from multiprocessing import Pool
def MyStrategy(SHORT):
    LONG = 60
```

```python
    SYMBOL = "SHFE.cu1907"
    acc = TqSim()
    try:
        api = TqApi(acc, backtest=TqBacktest(start_dt=date(2019, 5, 6), end_dt=date(2019, 5, 10)), auth=TqAuth("信易账户", "账户密码"))
        data_length = LONG + 2
        klines = api.get_kline_serial(SYMBOL, duration_seconds=60, data_length=data_length)
        target_pos = TargetPosTask(api, SYMBOL)
        while True:
            api.wait_update()
            if api.is_changing(klines.iloc[-1], "datetime"):
                short_avg = ma(klines.close, SHORT)
                long_avg = ma(klines.close, LONG)
                if long_avg.iloc[-2] < short_avg.iloc[-2] and long_avg.iloc[-1] > \ short_avg.iloc[-1]:
                    target_pos.set_target_volume(-3)
                if short_avg.iloc[-2] < long_avg.iloc[-2] and short_avg.iloc[-1] > \ long_avg.iloc[-1]:
                    target_pos.set_target_volume(3)
    except BacktestFinished:
        api.close()
        print("SHORT=", SHORT, "最终权益=", acc.account.balance)  # 每次回测结束时，输出使用的参数和最终权益
if __name__ == '__main__':
    #提供冻结以产生 Windows 可执行文件的支持，在非 Windows 平台上是无效的
    multiprocessing.freeze_support()
    p = Pool(4)                    # 进程池，建议小于 CPU 数
    for s in range(20, 40):
        p.apply_async(MyStrategy, args=(s,))  # 把20个回测任务交给进程池执行
    print('Waiting for all subprocesses done...')
    p.close()
    p.join()
    print('All subprocesses done.')
```

16.16　小结

本章介绍了 TqSdk 的常见用法，包括账户登录、下单、获取 K 线、生成图形化界面等，掌握了这些方法你就可以编写实盘交易策略了。

下一章将深入分析 TqSdk 部分函数的用法，理解了这些函数之后，你就可以参与 TqSdk 的开发了。

第 17 章 TqSdk 部分函数解读

17.1 DIFF 协议

DIFF（Differential Information Flow for Finance）是一个基于 Websocket 和 json 的应用层协议。Websocket 是全双工通信，当客户端和服务器端建立连接后，就可以相互发数据，建立连接又称为"握手"，"握手"成功就可以建立通信了，不用在每次需要传输信息时重新建立连接，即不会"掉线"。json 是数据存储格式，json 数据可以方便地反序列化为 Python 数据。

DIFF 协议可以简单地理解为服务端和客户端的通信方式，协议规定了数据格式，以便于服务端和客户端可以解读对方发来的数据。DIFF 协议又分为两部分：数据访问和数据传输。

17.1.1 数据传输

DIFF 协议要求服务端将业务数据以 JSON Merge Patch 的格式推送给客户端，JSON Merge Patch 的格式形如 Python 字典，可以在客户端反序列化为 Python 字典（其实是映射类型 Entity）。代码如下：

```
{
    "aid": "rtn_data",  # 业务信息截面更新
```

```
"data": [ # 数据更新数组
  {
    "balance": 10237421.1, # 账户资金
  },
  {
    "float_profit": 283114.780999997, # 浮动盈亏
  },
  {
    "quotes":{
      "SHFE.cu1612": {
        "datetime": "2016-12-30 14:31:02.000000",
        "last_price": 36605.0, # 最新价
        "volume": 25431, # 成交量
        "pre_close": 36170.0, # 昨收
      }
    }
  }
]}
```

- `aid`字段值即数据包类型，`"aid":"rtn_data"`表示该包的类型为业务信息截面更新包。
- 整个`data`数组相当于一个事务，其中的每一个元素都是一个JSON Merge Patch，处理完整个数组后，业务截面就从上一个时间截面推进到了下一个时间截面。

DIFF协议要求客户端发送`peek_message`数据包以获得业务信息截面更新，代码如下：

```
{
  "aid": "peek_message"
}
```

- 服务端在收到`peek_message`数据包后应检查是否有数据更新，如果有数据更新，则应将更新内容立即发送给客户端；如果没有，则应等到有更新发生时再回应客户端。
- 服务端发送`rtn_data`数据包后可以等收到下一个`peek_message`后再发送下一个`rtn_data`数据包。
- 一个简单的客户端实现可以在连接成功后及每收到一个`rtn_data`数据包后发送一个`peek_message`数据包，这样当客户端带宽不足时会自动降低业务信息截面的更新频率以适应低带宽。

当数据包中的`aid`字段不是`rtn_data`或`peek_message`时，则表示该包为一个指令包，具体指令由各业务模块定义，例如，`subscribe_quote`表示订阅行情，`insert_order`表示下单。

由于客户端和服务端存在网络通讯延迟，客户端的指令需要过一段时间才会影响到业务信息截面中的业务数据。为了使客户端能分辨出服务端是否处理了该指令，服务端通常会将客户端

的请求以某种方式体现在截面中（具体方式由各业务模块定义）。例如，当 subscribe_quote 订阅行情时，服务端会将业务截面中的 ins_list 字段更新为客户端订阅的合约列表，这样当客户端检查服务端发来的业务截面时，如果 ins_list 包含了客户端订阅的某个合约，就说明服务端处理了订阅指令；如果 quotes 没有该合约，则说明该合约不存在订阅失败。

服务端发送包含"aid":"rtn_data"字段的业务数据截面更新，客户端发送包含"aid":"peek_message"字段的数据包请求业务数据截面，或发送包含"aid":"subscribe_quote "、"aid":"insert_order"等字段的指令包，服务端和客户端相互发信息，服务端和客户端会根据字段识别数据及处理数据。

17.1.2 数据访问

DIFF 协议要求服务端维护一个业务信息截面，代码如下：

```
{
  "account_id": "41007684", # 账号
  "static_balance": 9954306.319000003, # 静态权益
  "balance": 9963216.550000003, # 账户资金
  "available": 9480176.150000002, # 可用资金
  "float_profit": 8910.231, # 浮动盈亏
  "risk_ratio": 0.048482375, # 风险度
  "using": 11232.23, # 占用资金
  "position_volume": 12, # 持仓总手数
  "ins_list": "SHFE.cu1609,...." # 行情订阅的合约列表
  "quotes":{ # 所有订阅的实时行情
    "SHFE.cu1612": {
      "instrument_id": "SHFE.cu1612",
      "datetime": "2016-12-30 13:21:32.500000",
      "ask_priceN": 36590.0, #卖N价
      "ask_volumeN": 121, #卖N量
      "bid_priceN": 36580.0, #买N价
      "bid_volumeN": 3, #买N量
      "last_price": 36580.0, # 最新价
      "highest": 36580.0, # 最高价
      "lowest": 36580.0, # 最低价
      "amount": 213445312.5, # 成交额
      "volume": 23344, # 成交量
      "open_interest": 23344, # 持仓量
      "pre_open_interest": 23344, # 昨持
      "pre_close": 36170.0, # 昨收
      "open": 36270.0, # 今开
      "close" : "-", # 收盘
      "lower_limit": 34160.0, #跌停
      "upper_limit": 38530.0, #涨停
```

```
            "average": 36270.1  #均价
            "pre_settlement": 36270.0,  # 昨结
            "settlement": "-",  # 结算价
        },
        ...
}}
```

对应的客户端也维护了一个该截面的镜像,因此业务层可以简单同步的访问到全部业务数据。

TqSdk 即客户端,TqSdk 把收到的业务数据截面以上面的格式合并到 _data 属性里,_data 为多层嵌套的映射类型 Entity,业务数据如"quotes",也是 Entity,其键是合约代码,如"SHFE.cu2112";其值是最终的业务数据——Quote 对象。业务函数 get_quote() 便是把 _data 里的 Quote 对象的一个引用返回给调用方,调用方获得的是 Quote 对象的动态引用。

_data 是可变的映射类型,会接收服务端发来的更新,因此业务函数返回的对象引用也会指向随时更新的业务数据。

17.2　业务函数

以 get_quote() 为例,上节已经介绍了 get_quote() 与 _data 的关系,现在我们结合函数的代码再看下其执行过程,我们只取代码的主要部分,如下所示:

```python
def get_quote(self, symbol: str) -> Quote:
    # 从 _data 属性中提取 Quote
    quote = _get_obj(self._data, ["quotes", symbol], self._prototype["quotes"]["#"])
    # 若合约 symbol 是新添加的合约,则向服务端发送订阅该合约的指令包
    if symbol not in self._requests["quotes"]:
        self._requests["quotes"].add(symbol)
        self._send_pack({
            "aid": "subscribe_quote",
            "ins_list": ",".join(self._requests["quotes"]),
        })
    #返回 quote,其指向的是 _data 中的 Quote
    return quote
```

其他业务函数的工作逻辑类似。业务对象 Quote、Trade、Order、Position、Account 等都是 Entity 的子类,可以像类一样获取其属性,也可以像字典一样使用。业务对象在模块 objs 中定义。

既然业务对象可以像字典一样使用,那应该可以向业务对象中添加新的键值对。例如,下单之后给 Order 添加一个策略名称,这样就可以判断委托单属于哪个策略了,代码如下:

```python
from tqsdk import TqApi,TqAccount,TqAuth
api = TqApi(TqAccount("H期货公司","账户","密码"),auth=TqAuth("信易账号", "密码"))
quote = api.get_quote("SHFE.rb2105")
#多1手rb2105,买入价4100
order1=api.insert_order("SHFE.rb2105",direction="BUY",offset="OPEN",volume=1,limit_price=4100)
order1['cta'] = 'aaa'  #添加字段
# 以对手价多2手rb2105,下单模式为FAK
order2=api.insert_order("SHFE.rb2105",direction="BUY",offset="OPEN",volume=2,limit_price=quote.ask_price1,advanced="FAK")
order2['cta'] = 'bbb'
# 以对手价平今1手rb2105的多单
order3=api.insert_order("SHFE.rb2105",direction="SELL",offset="CLOSETODAY",volume=1,limit_price=quote.bid_price1)
order3['cta'] = 'ccc'
order = api.get_order() #获取全部委托单
while True:
    for o in order.values(): #遍历委托单
        print(o.instrument_id,o.direction,o.status) #输出品种代码、下单方向、委托单状态
        print(o.cta) #输出新字段
        print('----------------')
    api.wait_update()
'''
输出结果为:
rb2105 BUY ALIVE
aaa
----------------
rb2105 BUY ALIVE
bbb
----------------
rb2105 SELL ALIVE
ccc
----------------
2021-02-26 21:32:24 -      INFO - 模拟交易下单 : 时间: 2021-02-26 21:32:24.514078, 合约: SHFE.rb2105, 开平: OPEN, 方向: BUY, 手数: 1, 价格: 4100.0
2021-02-26 21:32:24 -      INFO - 模拟交易下单 : 时间: 2021-02-26 21:32:24.517632, 合约: SHFE.rb2105, 开平: OPEN, 方向: BUY, 手数: 2, 价格: 4641.0
2021-02-26 21:32:24 -      INFO - 模拟交易委托单 : 全部成交
2021-02-26 21:32:24 -      INFO - 模拟交易下单 : 时间: 2021-02-26 21:32:24.520205, 合约: SHFE.rb2105, 开平: CLOSETODAY, 方向: SELL, 手数: 1, 价格: 4640.0
2021-02-26 21:32:24 -      INFO - 模拟交易委托单 : 全部成交
rb2105 BUY ALIVE
aaa
rb2105 BUY FINISHED
bbb
----------------
rb2105 SELL FINISHED
ccc
----------------
rb2105 BUY ALIVE
aaa
```

```
----------------
rb2105 BUY FINISHED
bbb
----------------
rb2105 SELL FINISHED
ccc
'''
```

在上述代码示例中，我们下了 3 单，并分别添加了 3 个字段，用 get_order() 获取全部委托单，然后遍历委托单，就可以根据新添加的字段判断该委托单属于哪个策略了。

17.3　insert_order()

insert_order 用来下单，我们只截取主要代码看一下执行过程，如下所示：

```python
def insert_order(...) -> Order:
    """
    发送下单指令.**注意: 指令将在下次调用** :py:meth:'wait_update' **时发出**
    """
    if self._loop.is_running(): #事件循环正在运行
        # 把下单请求函数打包成 task 排入事件循环
        self.create_task(self._insert_order_async(...))
        #下单后获取委托单 order
        order = self.get_order(order_id, account=account)
        #更新委托单字段
        order.update({"order_id": order_id,"exchange_id": exchange_id,...})
        return order #返回委托单
    else: #事件循环还未运行
        #打包一个指令包
        pack = self._get_insert_order_pack(...)
        #发送指令包
        self._send_pack(pack)
        #下单后获取委托单 order
        order = self.get_order(order_id, account=account)
        #更新委托单字段
        order.update({ "order_id": order_id,"exchange_id": exchange_id,...})
        return order #返回委托单
#发送指令包函数
def _send_pack(self, pack):
    #立即向队列发送指令包
    if not self._is_slave:
        self._send_chan.send_nowait(pack)
    else:
        self._master._slave_send_pack(pack)
#下单请求函数
async def _insert_order_async(...):
    #打包一个指令包
```

```
        pack = self._get_insert_order_pack(...)
        #发送指令包
        self._send_pack(pack)
```

下单的主要流程如下：用协程任务打包一个指令包再发出去。create_task 是无阻塞的，创建完 task 立即返回，用 get_order 获取委托单也是无阻塞的，因此 insert_order 执行后会立即返回一个 Order 对象引用——order，不会等待委托单成交与否。

create_task 把下单函数打包成 task 排入事件循环，需要在调用 wait_update() 启动事件循环时才能执行该 task 并从队列取出指令包并发送向服务端。

17.4　create_task()

create_task()用来把协程打包成 Task 对象，以便于在事件循环中并发执行，以下是该函数的代码：

```python
def create_task(self, coro: asyncio.coroutine) -> asyncio.Task:
    task = self._loop.create_task(coro) #把协程打包成 task
    # 获取当前正在运行的 task，判断该 task 是否在父 task 中创建
    current_task = asyncio.Task.current_task(loop=self._loop) \
        if (sys.version_info[0] == 3 and sys.version_info[1] < 7) else \ asyncio.current_task(loop=self._loop)
    # 当前没有正在运行的父 task，则将刚创建的 task 添加进_tasks
    if current_task is None:
        self._tasks.add(task)
        task.add_done_callback(self._on_task_done) #为 task 添加结束时会调用的函数
    return task #返回 task
```

函数 asyncio.current_task(loop=self._loop)用来返回正在运行的父 task，如果没有正在运行的父 task 则返回 None。

_tasks 是由 api 维护的所有根 task，不包含子 task，子 task 由其父 task 维护。

add_done_callback()用来为 task 添加一个回调，回调将在 task 对象完成时被运行。

_on_task_done()函数用来将执行结束的 task 从_tasks 里移除，并停止事件循环，执行结束包括正常结束和遇到异常结束。函数代码如下：

```python
def _on_task_done(self, task):
    """当由 api 维护的 task 执行完成后取出运行中遇到的例外并停止 ioloop"""
    try:
        exception = task.exception() #返回 Task 对象的异常，如果没有异常返回 None
        if exception:
            self._exceptions.append(exception)
```

```
        except asyncio.CancelledError:
            pass
        finally:
            self._tasks.remove(task)
            self._loop.stop()
```

`self._loop.stop()` 停止事件循环，以使 `wait_update()` 释放，让进程后续任务获得完成动作的机会，并等待再次调用 `wait_update()`。

TqSdk 中大量用到了 `create_task` 创建 `Task`，而 `Task` 执行结束后会调用回调函数 `_on_task_done()` 停止事件循环，而且主线程在执行时（取得了控制权）事件循环可能已经是停止状态，因此需要循环调用 `wait_update()` 再次开启事件循环以执行未完成的 `Task`。

17.5　TqChan

TqChan 定义在模块 channel 中，TqChan 是异步队列 `asyncio.Queue` 的子类，TqSdk 中大量用到了 TqChan，TqSdk 各组件间通过 TqChan 传递数据，一个组件向 TqChan 放入数据，另一个组件从 TqChan 里取出数据。

TqChan 里定义了发送数据和接收数据的函数，因此用 TqChan 可以连接收、发组件，使组件间建立通信。

数据在组件间单向传递，由 TqChan 连接的组件构成了生产者、消费者模型，我们在第 13 章已经引入过 TqChan。

我们看下 TqChan 的主要代码，代码各部分的含义都注释清楚了。

```
class TqChan(asyncio.Queue):
    """
    用于协程间通讯的 channel
    """
    _chan_id: int = 0
    def __init__(self, api: 'TqApi', last_only: bool = False, logger = None,
                 chan_name: str = "") -> None:
        """
        创建 channel 实例
        Args:
        api (tqsdk.api.TqApi): TqApi 实例
        last_only (bool): 为 True 时只存储最后一个发送到 channel 的对象
        """
        TqChan._chan_id += 1
        asyncio.Queue.__init__(self, loop=api._loop)
        self._last_only = last_only
```

```python
        self._closed = False
    # 关闭函数
    async def close(self) -> None:
        """
        关闭 channel，并向队列放入一个 None 值
        关闭后 send 将不起作用，因此 recv 在收完剩余数据后会立即返回 None
        """
        if not self._closed:
            self._closed = True
            await asyncio.Queue.put(self, None)
    #发送数据的函数
    async def send(self, item: Any) -> None:
        """
        异步发送数据到 channel 中
        Args:
            item (any): 待发送的对象
        """
        if not self._closed:
            if self._last_only: #只存储最新数据
                while not self.empty():
                    asyncio.Queue.get_nowait(self)#取出全部历史数据再放入最新数据
            await asyncio.Queue.put(self, item)  #放入新数据，如果队列已满则阻塞等待
    #发送数据的函数
    def send_nowait(self, item: Any) -> None:
        """
        类似 send 函数，但是立即发送数据到 channel 中
        Args:
            item (any): 待发送的对象
        Raises:
            asyncio.QueueFull: 如果 channel 已满则抛出 asyncio.QueueFull
        """
        if not self._closed:
            if self._last_only:
                while not self.empty():
                    asyncio.Queue.get_nowait(self)
            asyncio.Queue.put_nowait(self, item)  #立即向队列中放入数据
    #接收数据的函数
    async def recv(self) -> Any:
        """
        异步接收 channel 中的数据，如果 channel 中没有数据则一直等待
        Returns:
            any: 收到的数据，如果 channel 已被关闭则会立即收到 None
        """
        if self._closed and self.empty(): #channel 已关闭且已空
            return None #返回None值
        item = await asyncio.Queue.get(self) #取出 channel 里的数据，若无则阻塞等待
        return item #返回取到的值
    #接收数据的函数
    def recv_nowait(self) -> Any:
        """
```

```python
        类似 recv，但是立即接收 channel 中的数据
        Returns:
            any: 收到的数据，如果 channel 已被关闭则会立即收到 None
        Raises:
            asyncio.QueueFull:如果 channel 中没有数据则会抛出 asyncio.QueueEmpty
        """
        if self._closed and self.empty():  #channel 已关闭且已空
            return None  #返回 None 值
        item = asyncio.Queue.get_nowait(self)  #立即取出队列中的数据
        return item  #返回取出的数据
    #接收最新数据的函数
    def recv_latest(self, latest: Any) -> Any:
        """
        尝试立即接收 channel 中的最后一个数据
        Args:
            latest (any): 如果当前 channel 中没有数据或已关闭则返回该对象
        Returns:
            any: channel 中的最后一个数据
        """
        while (self._closed and self.qsize() > 1) or (not self._closed and not self.empty()):
            latest = asyncio.Queue.get_nowait(self)
        return latest
    #重写的__aiter__()方法，返回自身的异步迭代器
    def __aiter__(self):
        return self
    #重写的__anext__()方法，返回异步迭代器下一个元素
    async def __anext__(self):
        value = await asyncio.Queue.get(self)  #如果队列无元素，则阻塞直到有数据
        if self._closed and self.empty():
            raise StopAsyncIteration
        return value
    #重写的__aenter__()方法，使 channel 可用在上下文管理语句 async with 中开启自身
    async def __aenter__(self):
        return self
    #重写的__aexit__()方法，使 channel 可用在上下文管理语句 async with 中以退出自身
    async def __aexit__(self, exc_type, exc, tb):
        await self.close()
```

TqSdk 中大量用到了 TqChan 在组件间收发数据，当事件循环被 stop 停止时，收数据一端执行 "item = await asyncio.Queue.get(self)" 时会挂起自身并交出控制权给事件循环的调用方，调用方再次启动事件循环时，事件循环继续轮询执行 task。

17.6 register_update_notify()

register_update_notify()函数用于把业务数据注册到 TqChan，实际上是把 TqChan

添加到业务对象的 _listener 属性里，当业务对象更新时会向 TqChan 添加一个 True 值，当 TqChan 为空时则等待业务对象更新。

我们先看一个以 TqChan 实例在协程中接收数据更新的示例，如下所示：

```python
from tqsdk import TqApi, TqAuth
api = TqApi(auth=TqAuth("信易账号", "密码"))
quote = api.get_quote("CFFEX.T2103") #订阅盘口行情
#定义一个协程
async def func():
    from tqsdk.channel import TqChan #导入 TqChan
    chan = TqChan(api,last_only=True) #实例化 TqChan, 接收数据更新
    quote["_listener"].add(chan) #把 chan 添加进 quote 的 _listener 属性
    async for p in chan: #若 quote 有更新会执行循环体, 如无更新则阻塞等待
        print(p)
        print(quote.datetime,quote.last_price) #输出盘口时间和最新价
        break
    await chan.close() #chan 使用完关闭
    return quote.instrument_name,quote.instrument_name #返回值
task=api.create_task(func()) #把协程打包成 task
while True:
    api.wait_update()
    if task.done(): #task 结束后获取协程返回值
        print(task.result())
'''
输出结果为:
True
2021-02-05 13:11:02.300000 97.3
('债十2103', 1615532400.0)
('债十2103', 1615532400.0)
('债十2103', 1615532400.0)
'''
```

register_update_notify() 函数是对上述代码的简化，再用 with 语句管理上下文，代码如下：

```python
from tqsdk import TqApi, TqAuth
api = TqApi(auth=TqAuth("信易账号", "密码"))
quote = api.get_quote("CFFEX.T2103") #订阅盘口行情
#定义一个协程
async def func():
    async with api.register_update_notify(quote) as chan: #把 quote 注册到 chan
        async for p in chan: #若 quote 有更新会执行循环体, 如无更新则阻塞等待
            print(p)
            print(quote.datetime,quote.last_price) #输出盘口时间和最新价
            break
    return quote.instrument_name,quote.instrument_name #返回值
task=api.create_task(func()) #把协程打包成 task
while True:
    api.wait_update()
```

```
    if task.done(): #task 结束后获取协程返回值
        print(task.result())
'''
输出结果为：
True
2021-02-05 13:48:53.800000 97.26
('债十 2103', '债十 2103')
('债十 2103', '债十 2103')
('债十 2103', '债十 2103')
'''
```

若"async for p in chan"循环不用 break 跳出，则会随 quote 更新循环执行。若 quote 无更新（比如停盘），异步迭代函数__anext__()里将产生阻塞，循环也跟着阻塞，并等待再次收到 quote 更新。

17.7　wait_update()

wait_update 用于等待业务更新，我们结合其代码分析其执行机制：

```
def wait_update(self, deadline: Optional[float] = None) -> None:
    if self._loop.is_running(): #wait_update 被放入了事件循环里
        raise Exception("不能在协程中调用 wait_update, 如需在协程中等待业务数据更新请使用 register_update_notify")
    elif asyncio._get_running_loop():
        raise Exception("TqSdk 使用了 python3 的原生协程和异步通讯库 asyncio, 您所使用的 IDE 不支持 asyncio, 请使用 pycharm 或其他支持 asyncio 的 IDE")
    self._wait_timeout = False #是否触发超时
    # 先尝试执行各个 task, 再请求下个业务数据
    self._run_until_idle()
    # 总会发送 serial_extra_array 数据, 由 TqWebHelper 处理
    for _, serial in self._serials.items():
        self._process_serial_extra_array(serial)
    # 上句发送数据创建的有 task, 先尝试执行各个 task, 再请求下个业务数据
    self._run_until_idle()
    #非 api 副本, 且已收到了上次返回的更新数据, 再次请求新数据
    if not self._is_slave and self._diffs:
        self._send_chan.send_nowait({
                "aid": "peek_message"
                })
    # 先收取数据再判断 deadline, 避免当超时立即触发时无法接收数据
    update_task = self.create_task(self._fetch_msg()) #从服务端收取数据
    #超时后重置 self._wait_timeout 为 True, 并停止事件循环
    deadline_handle = None if deadline is None else self._loop.call_later(max(0, deadline - time.time()),self._set_wait_timeout)
    try: #未触发超时且无待处理的新数据, 启动事件循环执行全部 Task
        while not self._wait_timeout and not self._pending_diffs:
```

```python
            self._run_once()  #未设置超时也未收到新数据,将在此阻塞
        return len(self._pending_diffs) != 0 #True:还有待处理数据。False:数据已处理完或超时未收到数据
    finally: #处理待处理的数据,将数据合并到self._data
        self._diffs = self._pending_diffs
        self._pending_diffs = []
        # 清空K线更新范围,避免在wait_update未更新K线时仍通过is_changing的判断
        self._klines_update_range = {}
        for d in self._diffs:
            # 判断账户类别,对股票和期货的trade数据分别进行处理
            if "trade" in d:
                for k, v in d.get('trade').items():
                    prototype = self._security_prototype if \ self._account._is_stock_type(k) else self._prototype
                    _merge_diff(self._data, {'trade': {k: v} }, prototype, False)
            # 非交易数据均按照期货处理逻辑
            diff_without_trade = {k : v for k, v in d.items() if k != "trade"}
            if diff_without_trade:
                _merge_diff(self._data, diff_without_trade, self._prototype, False)
            for query_id, query_result in d.get("symbols", {}).items():
                if query_id.startswith("PYSDK_quote") and \ query_result.get("error", None) is None:
                    quotes = _symbols_to_quotes(query_result)
                    _merge_diff(self._data, {"quotes": quotes}, self._prototype, False)
        for _, serial in self._serials.items():
            # K线df的更新与原始数据、left_id、right_id、more_data、last_id相关,其中任何一个发
            # 生改变都应重新计算df
            # 注:订阅某K线后再订阅合约代码、周期相同但长度更短的K线时,服务器不会再发送已有数据到客
            # 户端,即chart发生改变但内存中原始数据未改变。
            # 检测到K线数据或chart的任何字段发生改变则更新serial的数据
            if self.is_changing(serial["df"]) or \ self.is_changing(serial["chart"]):
                if len(serial["root"]) == 1:  # 订阅单个合约
                    self._update_serial_single(serial)
                else:  # 订阅多个合约
                    self._update_serial_multi(serial)
        if deadline_handle: #取消超时回调
            deadline_handle.cancel()
        update_task.cancel()  #取消收取新业务task
        # 最后处理raise Exception,保证不会因为抛错导致后面的代码没有执行
        for d in self._diffs:
            for query_id, query_result in d.get("symbols", {}).items():
                if query_result.get("error", None):
                    raise Exception(f"查询合约服务报错{query_result['error']}")
```

从 wait_update() 的代码可知,wait_update() 的工作可分成以下四大块。

- 先执行事件循环中存在的 task;
- 向服务端请求新数据;
- 事件循环轮询执行未完成的 task,若无 task 也未设置超时且未收到新数据,将发生阻塞;

- 当收到了新数据，便停止事件循环，用新数据更新_data，等待下次调用 wait_update。

wait_update 其实是事件循环的调用方（执行 self._loop.run_forever()），因此，wait_update 的核心工作是开启事件循环。

开启事件循环的函数，如下所示：

```python
def _run_once(self):
    """执行 ioloop 直到 ioloop.stop 被调用"""
    if not self._exceptions:
        self._loop.run_forever()
    if self._exceptions:
        raise self._exceptions.pop(0)
def _run_until_idle(self):
    """执行 ioloop 直到没有待执行任务"""
    while self._check_rev != self._event_rev:
        #用来追踪是否有任务未完成并等待执行
        check_handle = self._loop.call_soon(self._check_event, self._event_rev + 1)
        try:
            self._run_once()
        finally:
            check_handle.cancel()
```

在函数 _run_until_idle 中调用 _run_once，核心工作就是执行 self._loop.run_forever() 来开启事件循环。事件循环里有各种 task，比如交易策略、业务处理任务等，事件循环会轮询执行各个 task。当 task 执行结束或收到新数据时，事件循环会被 stop 停止，事件循环被停止才可以将控制权交给调用方 wait_update，继续执行 wait_update 后续代码，用新数据更新业务字段，wait_update 执行完之后，主程序会再次调用 wait_update 再次开启事件循环（在主程序 while 循环中），事件循环接着上次停止的上下文状态继续执行未完成的 task。

task 执行结束或收到新数据时，会停止事件循环并让出控制权给调用方 wait_update 使 wait_update 执行结束。当主程序调用 wait_update 时则开启事件循环。

由于 wait_update 是事件循环的调用方，因此 wait_update 不能用在协程中，函数代码开头部分会先检查 wait_update 是否被放入了协程。

事件循环每次只运行一个 task，task 执行结束或收到业务更新使事件循环停止，才能让出控制权给 wait_update 使后续任务得到执行。否则事件循环会保持运行，主程序将阻塞在 wait_update，停止后的事件循环还需要重新开启以恢复执行未完成的 task 及继续收取新数据。因此，应在主程序中将 wait_update 放在 while True 循环中循环调用，即可随着业务更新对事件循环执行启停操作。

数据流通过队列 TqChan 传递，队列中有数据才能通过 get 获取，否则将阻塞，因此阻塞实际发生在 get 阻塞时。若事先没有订阅数据或已停盘，队列就无法通过 get 得到数据，事件循环也没有被停止而保持运行等待 get，则事件循环无法让出控制权，主程序将阻塞在 wait_update。

若是设置了超时，则超时后会停止事件循环，超时语句为

```
self._loop.call_later(max(0, deadline - time.time()),self._set_wait_timeout)
```

`loop.call_later(delay, callback, *args, context=None)` 安排 callback 在给定的 delay 时间（可以是 int 或者 float）后被调用。

因此事件循环超时后执行了函数 `self._set_wait_timeout`，代码如下：

```
def _set_wait_timeout(self):
    self._wait_timeout = True  #重置超时变量为True
    self._loop.stop()  #停止事件循环
```

根据上述代码可知，超时后程序也会主动停止事件循环以让出控制权给 `wait_update()`。

由于 TqChan 继承于先进先出的队列 `asyncio.Queue`，当线程被 `time.sleep()` 阻塞时，服务端的数据可能已经更新了很多。当阻塞释放后，TqSdk 客户端先接收（取出）的数据是最先发送到队列里的，即先接收的数据是最早的数据，因此比实时行情滞后，滞后的数据又不应丢弃。如果只用最新数据，那么指标计算、K线等将不再连续可能产生随机错误的交易信号，因此应避免使用 `time.sleep()` 阻塞线程。

同理，如果线程中有一个耗时运算，同样会导致接收的行情滞后，因此应把耗时运算放在协程中，并在必要处用 `asyncio.sleep(0)` 让出协程的控制权，以使 `wait_update()` 有机会更新最新数据。若耗时运算确实需要等待完成，则适合用多进程执行耗时运算。

如果需要循环处理业务数据（如循环获取持仓）的任务和 `wait_update()` 不在同一个循环中，也建议都用协程实现，并用 `create_task` 创建为 Task，因为 Task 执行结束后会调用 `_on_task_done()` 停止事件循环，且协程中的每次循环也用 `asyncio.sleep(0)` 让出控制权使业务数据获得更新的机会，否则循环使用的业务数据可能仍是之前的值从而产生逻辑错误。监听业务更新更好的方法是用 `register_update_notify` 把业务数据注册到 TqChan，在 `async for` 中对最新数据处理。

总之，应避免 `wait_update()` 被阻塞，保持 `wait_update()` 可被随时调用，否则将导致行情滞后。

17.8 目标持仓工具 TargetPosTask

TargetPosTask 用来创建目标持仓 task，我们截取主要代码看一下：

```python
class TargetPosTaskSingleton(type): #检查下单方向及品种目标持仓task是否重复
    _instances = {}
    def __call__(cls, api, symbol, price="ACTIVE", offset_priority="今昨,开", trade_chan=None, *args, **kwargs):
        if symbol not in TargetPosTaskSingleton._instances:
            TargetPosTaskSingleton._instances[symbol] = \ super(TargetPosTaskSingleton, cls).__call__(api, symbol, price, **kwargs)
        else:
            instance = TargetPosTaskSingleton._instances[symbol]
            if instance._offset_priority != offset_priority:
                raise Exception("您试图用不同的offset_priority参数创建两个 %s 调仓任务, offset_priority参数原为 %s, 现为 %s" % (
                    symbol, instance._offset_priority, offset_priority))
            if instance._price != price:
                raise Exception("您试图用不同的price参数创建两个 %s 调仓任务, price参数原为 %s, 现为 %s" % (symbol, instance._price, price))
        return TargetPosTaskSingleton._instances[symbol]
class TargetPosTask(object, metaclass=TargetPosTaskSingleton):
    """目标持仓task, 该task可以将指定合约调整到目标头寸"""
    def __init__() -> None:
        super(TargetPosTask, self).__init__()
        self._pos_chan = TqChan(self._api, last_only=True) #目标持仓队列
        self._task = self._api.create_task(self._target_pos_task()) #创建目标持仓task
    def set_target_volume(self, volume: int) -> None:
        """设置目标持仓手数"""
        self._pos_chan.send_nowait(int(volume)) #该函数就这一个作用,把目标持仓放入目标持仓队列
    def _get_order(self, offset, vol, pending_frozen):
        """
        根据指定的offset和预期下单手数vol,返回符合要求的委托单最大报单手数
        """
        return order_offset, order_dir, order_volume #返回开平方向、买卖方向、下单手数
    async def _target_pos_task(self):
        """负责调整目标持仓的task"""
        try:
            async for target_pos in self._pos_chan:
                target_pos = self._pos_chan.recv_latest(target_pos)
                #获取最后一个target_pos目标仓位
                #确定调仓增减方向
                delta_volume = target_pos - self._pos.pos #计算目标持仓和净持仓的差值
                for each_priority in self._offset_priority + ",":  #按不同模式的优先级顺序报
                    #出不同的offset单,股指("昨开")平昨优先从不平今就先报平昨,原油平今优先("今昨开")就报平今
                    #返回开平方向、买卖方向、下单手数
                    order_offset, order_dir, order_volume = self._get_order()
                    order_task = InsertOrderUntilAllTradedTask()
```

```python
class InsertOrderUntilAllTradedTask(object):
    """追价下单task，该task会在行情变化后自动撤单重下，直到全部成交
    （注：此类主要在tqsdk内部使用，并非简单用法，不建议用户使用）"""
    def __init__():
        """创建追价下单task实例"""
        self._task = self._api.create_task(self._run()) #创建追价下单task
    async def _run(self):
        """负责追价下单的task"""
        async with self._api.register_update_notify() as update_chan:
            while self._volume != 0:
                insert_order_task = InsertOrderTask()
                order = await insert_order_task._order_chan.recv()
                check_chan = TqChan(self._api, last_only=True)
                check_task = self._api.create_task(self._check_price()) #检查价格是否变化
                try:
                    await asyncio.shield(insert_order_task._task)
                    order = insert_order_task._order_chan.recv_latest(order)
                    self._volume = order.volume_left
                    if self._api.get_order().status == "ALIVE":
                        # 当task被取消时，主动撤掉未成交的挂单
                        self._api.cancel_order(order.order_id, account= self._account)
                    # 在每次退出时，都等到insert_order_task执行完,此时order状态一定是FINISHED；
                    # self._trade_chan也一定会收到全部的成交手数
                    await insert_order_task._task
    def _get_price(self, direction, price_mode):
        """根据最新行情和下单方式计算出最优的下单价格"""
        # 主动买的价格序列(优先判断卖价，如果没有则用买价)
        return limit_price
    async def _check_price(self, update_chan, order_price, order):
        """判断价格是否变化的task"""
class InsertOrderTask(object):
    """下单task（注：此类主要在tqsdk内部使用，并非简单用法，不建议用户使用）"""
    def __init__():
        """创建下单task实例"""
        self._task = self._api.create_task(self._run())
    async def _run(self):
        """负责下单的task"""
        order_id = _generate_uuid("PYSDK_target")
        order = self._api.insert_order(self._symbol, self._direction, self._offset, self._volume, self._limit_price,order_id=order_id, account=self._account)
```

上述代码存在多层调用，这也使整体略显复杂。从上述代码来看，TargetPosTask(api, symbol)在实例化时便在初始化函数中创建了多层调用的task，主要作用就是检查队列里有没有需要下单的手数、价格有没有变化、要不要撤单重下、把委托单和成交单放入队列或取出等，调用 set_target_volume(volume:int) 只是把目标持仓手数放入队列，真正执行下单的是初始化函数中创建的task，而最终执行下单的则是task中调用的 insert_order() 函数。

TargetPosTask（其实是 lib 模块中的 4 个多层调用的类）的作用就是把调用 `insert_order` 下单实现调仓的过程封装在了一起，这样通过两句代码即可完成调仓。但实现过程还是太复杂了，目前其臃肿的代码使 `insert_order` 失去了灵活性，例如，不能使用高级委托指令、调仓一旦创建便不能根据行情自由调整、不能在多个策略中对同一品种设置不同调仓目标。

目前作者更倾向于推荐使用开平仓函数 `OpenClose()` 实现调仓。

17.9 小结

本章深入介绍了 TqSdk 的一些重要用法，掌握了这些用法才能避免量化策略中出现不必要的 bug，很多函数都是基于 asyncio 库构建的，要理解其执行逻辑还需要结合第 13 章的内容。

下一章将介绍开发量化策略时常用的策略框架。

第 18 章 量化策略框架

18.1 分时行情突破策略

分时行情图如图 18-1 所示。

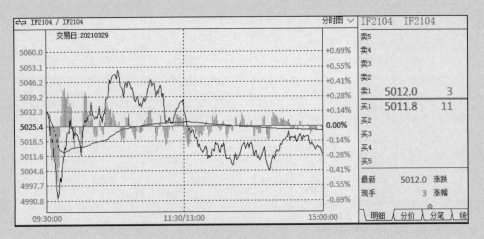

图 18-1

分时行情里的均价线指标（见本书配套彩图中图 18-1 中的蓝线）是个很不错的参考指标，该指标是按照结算价的计算规则计算的，反映了每天的结算价走向，当收盘结算后，结算价通常会和蓝线的最新值一致。

分时图其实是 1 分钟周期的 K 线图，只不过是保留了 K 线的收盘价，黑线即收盘价线。我们给出一个简单的示例：黑线上穿蓝线做多，黑线下穿蓝线做空。

我们用目标持仓工具 TargetPosTask 来下单，黑线上穿蓝线时设置持仓为多头 2 手，黑线下穿蓝线时设置持仓为空头 –2 手，多头为正数、空头为负数，当黑线反向穿越蓝线时，TargetPosTask 会自动平仓。

代码如下：

```
from tqsdk import TqApi, TqAuth, TqAccount, TargetPosTask
api = TqApi(TqAccount('H期货公司','账号','密码'),auth=TqAuth("信易账号", "密码"))
quote = api.get_quote('CFFEX.IF2104') #订阅盘口行情
kline = api.get_kline_serial('CFFEX.IF2104',60,5) #订阅1分钟K线5根
target_pos = TargetPosTask(api, "CFFEX.IF2104") #设置调仓task,默认对手价下单
while True:      # 前一根K线收盘价低于结算价,最新一根收盘价高于结算价
    # 应该等最新一根K线收完避免信号闪烁,收完序号即变为-2
    if kline.iloc[-3].close < quote.average and kline.iloc[-2].close > \ quote.average:
        target_pos.set_target_volume(2) #设置为多头2手
    # 收盘价下穿结算价
    elif kline.iloc[-3].close > quote.average and kline.iloc[-2].close < \ quote.average:
        target_pos.set_target_volume(-2) #设置为空头2手
    api.wait_update()
```

当策略运行后，IF2104 的持仓便会随着白线对黄线的穿越自动下单为 2 手多或 2 手空。

18.2 双均线策略

双均线金叉做多、死叉做空，这种情况也可用 TargetPosTask 来下单，代码如下：

```
from tqsdk import TqApi, TqAuth, TqAccount, TargetPosTask
from tqsdk import tafunc
api=TqApi(TqAccount('H期货公司','账号','密码'),auth=TqAuth("信易账号", "密码"))
quote = api.get_quote('CFFEX.IF2102') #订阅盘口行情
kline = api.get_kline_serial('CFFEX.IF2102',60,200) #订阅1分钟K线200根
MaLong=tafunc.ma(kline.close, 20) #计算20日均线
MaShort=tafunc.ma(kline.close, 10) #计算10日均线
target_pos = TargetPosTask(api, "CFFEX.IF2102") #设置调仓task,默认对手价下单
while True:
    # 金叉
    if MaShort.iloc[-2]>MaLong.iloc[-2] and MaShort.iloc[-4]<MaLong.iloc[-4]:
        target_pos.set_target_volume(2) #设置为多头2手
    # 死叉
    elif MaShort.iloc[-2]<MaLong.iloc[-2] and MaShort.iloc[-4]> \ MaLong.iloc[-4] :
        target_pos.set_target_volume(-2) #设置为多头2手
    api.wait_update()
```

18.3 定时清仓

在做日内交易策略时，需要在临近收盘前撤销全部未成交委托单并清空持仓。例如，下午 14:55:00 之后撤单并清仓，锁仓的单子保持锁仓可以不用平仓，代码如下：

```python
from datetime import datetime, time
from tqsdk import TqApi, TqAuth, TqAccount, TargetPosTask
day_end = time(14, 55) #设定清仓时间，下午收盘前，14:55:00
api = TqApi(TqAccount('H期货公司','账号','密码'),auth=TqAuth("信易账号", "密码"))
orders = api.get_order() #获取全部委托单
positions = api.get_position() #获取全部持仓
while True:
    api.wait_update()
    if datetime.now().time() >= day_end: #达到定时
        for k,v in orders.items():
            if v.status == "ALIVE": #有委托单
                api.cancel(k) #撤单
        for k,v in positions.items():
            if v.pos: #净持仓不为0
                target_pos = TargetPosTask(api, k)
                target_pos.set_target_volume(0) #净持仓设为0
        if all([o.status == "FINISHED" for o in orders.values()]) and all([p.pos==0 for p in positions.values()]):
            print("订单全撤并且全平或全锁仓")
            break
api.close()
```

18.4 套利下单

期货撮合交易原则为价格优先、时间优先，实际成交时都是按照多空当时的对手价成交。因此若想增加成交的概率，可以让报价多超过对手几个点。以停板价报单的成交概率最大，当以别的价格报单能成交时，那么说明以停板价报单也一定可以成交，且成交效果和别的价格报单一样，都是以当时的对手价成交的。

对于套利交易来讲，最怕的就是"瘸腿"，应让多空两腿同时成交，以停板价报单更合适，最大限度地保证多空两腿都能成交。但是当行情波动比较快时，停板价报单可能出现成交滑点，成交滑点会使套利价差可能由优势变成劣势。

为了减少滑点，我们可以把单子分拆，分拆成多笔，每一笔单子在下单时都先判断价差是否满足，这样可以避免全部成交都存在滑点，而且价差条件也可以用对手价判断，再以对手价成交时更进一步地避免了滑点，如此平均下来所有成交基本就没有滑点了。

在分笔下单时可采用FAK或FOK指令，FAK指令是部分成交剩下的撤单，报单手数部分成交，对未成交部分进行撤单。FOK指令是要么全部成交，要么全部撤单。FAK和FOK撤单不计入交易所撤单次数统计，非常适合高频交易。

注意，郑商所期货不支持FOK指令。

示例如下：

```python
from datetime import datetime, time
from tqsdk import TqApi, TqAuth, TqAccount
day_end = time(14, 55)  #下午收盘前
api = TqApi(TqAccount('H期货公司','账号','密码'),auth=TqAuth("信易账号", "密码"))
symbol1 = 'SHFE.rb2105' #多腿
symbol2 = 'SHFE.hc2105' #空腿
lots = 50  #总手数
lot = 5    #每笔手数
upper = 500.0  #价差区间上界
lower = 300.0  #价差区间下界
quote1 = api.get_quote(symbol1) #
quote2 = api.get_quote(symbol2) #
position1 = api.get_position(symbol1)
position2 = api.get_position(symbol2)
while True:
    api.wait_update()
    if quote1.bid_price1 - quote2.ask_price1 > upper: #满足做空价差及平多
        if position1.pos_short < lots: #做空价差
            order1 = api.insert_order(symbol1,'SELL','OPEN',lot, quote1.lower_limit,advanced='FOK')
            order2 = api.insert_order(symbol2,'BUY','OPEN',lot, quote2.upper_limit,advanced='FOK')
        elif position1.pos_long >= lots: #平价差多单
            # 平一腿
            if position1.pos_long_today == 0 : #只有昨仓
                ping_zuo1= api.insert_order(symbol1,'SELL','CLOSE',lot, quote1.lower_limit,'FOK')
            elif position1.pos_long_his == 0 : #只有今仓
                ping_jin1= api.insert_order(symbol1,'SELL','CLOSETODAY',lot, quote1.lower_limit,'FOK')
            else :
                ping_jin1=api.insert_order(symbol1, 'SELL', 'CLOSETODAY', lot-position1.pos_long_his, quote1.lower_limit,'FOK')
                ping_zuo1=api.insert_order(symbol1, 'SELL', 'CLOSE', position1.pos_long_his, quote1.lower_limit,'FOK') #先平今再平昨
            # 平二腿
            if position2.pos_short_today == 0 : #只有昨仓
                ping_zuo2= api.insert_order(symbol2,'BUY','CLOSE',lot, quote2.upper_limit,
```

```
                    elif position2.pos_short_his == 0 : #只有今仓
                        ping_jin2= api.insert_order(symbol2,'BUY','CLOSETODAY',lot, quote2.upper_limit,'FOK')
                    else :
                        ping_jin2=api.insert_order(symbol2, 'BUY', 'CLOSETODAY', lot-position2.pos_short_his, quote2.upper_limit,'FOK')
                        ping_zuo2=api.insert_order(symbol2, 'BUY', 'CLOSE', position2.pos_short_his, quote2.upper_limit,'FOK') #先平今再平昨
            if quote1.ask_price1 - quote2.bid_price1 < lower: #满足做多价差
                if position1.pos_long < lots: #做多价差
                    order1 = api.insert_order(symbol1,'BUY','OPEN',lot, quote1.upper_limit,advanced='FOK')
                    order2 = api.insert_order(symbol1,'SELL','OPEN',lot, quote2.lower_limit,advanced='FOK')
                elif position1.pos_short >= lots: #平价差空单
                    # 平一腿
                    if position1.pos_short_today == 0 : #只有昨仓
                        ping_zuo1= api.insert_order(symbol1,'BUY','CLOSE',lot, quote1.upper_limit,'FOK')
                    elif position1.pos_short_his == 0 : #只有今仓
                        ping_jin1= api.insert_order(symbol1,'BUY','CLOSETODAY',lot, quote1.upper_limit,'FOK')
                    else :
                        ping_jin1=api.insert_order(symbol1, 'BUY', 'CLOSETODAY', lot-position1.pos_short_his, quote1.upper_limit,'FOK')
                        ping_zuo1=api.insert_order(symbol1, 'BUY', 'CLOSE', position1.pos_short_his, quote1.upper_limit,'FOK') #先平今再平昨
                    # 平二腿
                    if position2.pos_long_today == 0 : #只有昨仓
                        ping_zuo2= api.insert_order(symbol2,'SELL','CLOSE',lot, quote2.lower_limit,'FOK')
                    elif position2.pos_long_his == 0 : #只有今仓
                        ping_jin2= api.insert_order(symbol2,'SELL','CLOSETODAY', lot,quote2.lower_limit,'FOK')
                    else :
                        ping_jin2=api.insert_order(symbol2, 'SELL', 'CLOSETODAY', lot-position2.pos_long_his, quote2.lower_limit,'FOK')
                        ping_zuo2=api.insert_order(symbol2, 'SELL', 'CLOSE', position2.pos_long_his, quote2.lower_limit,'FOK') #先平今再平昨
    api.close()
```

18.5 开平仓函数

在 18.4 节的例子中,在平仓时对昨仓和今仓做了区分,因为上期所和能源中心会区分昨仓和今仓,如果不做区分指令,可能会报错。虽然其他交易所能接收平今指令,但处理时都

会自动按平仓指令处理。

若用 FAK 指令部分成交剩下的撤单，我们可能需要统计成交手数，以此计算下一次开仓手数。

判断委托单状态通常在 while 循环中进行，而循环的频率不宜过快，应用 sleep() 暂停一定时间，但 wait_update() 通常用在主线程中，而在主线程中用 sleep() 暂停会导致行情滞后，因此应在异步协程中暂停。

我们也可能在下单后需要等一定时间后，如果不成交再撤单。

我们用一个协程函数实现这些功能，调用该协程，就不用在策略中写重复的代码了，详见以下代码：

```python
import asyncio
from time import time
from datetime import datetime
#异步开平仓函数
async def OpenClose(api,quote={},position={},kaiping='',lot=0,price=None, advanced=None,che_time=0,block=False):
    '''
    api=TqApi(TqAccount('H期货公司','账号','密码'),auth=TqAuth("天勤账号", "密码"))
    quote=api.get_quote('SHFE.rb2105') #品种行情
    position=api.get_position('SHFE.rb2105') #品种持仓
    kaiping='pingduo' or 'pingkong'  or 'kaiduo' or 'kaikong'#下单方向,平多或者平空,开多或者开空
    lot=1 #下单手数
    price=None #下单价格，默认对手价，可设为停板价，买以涨停价，卖以跌停价
    advanced=None #指令模式，FAK为报单手数者部分成交剩下的撤单，有些策略需要在满足条件时下单，循环判
    #断条件再下单，FAK可保证所有的持仓都满足条件
    che_time=0 #撤单等待时间，需为大于等于0的数值，表示委托单等待che_time秒还不成交则撤单，在
    #advanced=None时有效，且block=True，建议advanced=None时设置撤单时间，在程序化中可以根据行情随时下单，
    #提前挂单意义不大
    #block=False,是否挂单，在advanced=None时有效，即当日有效单，False无须等待委托单是否完成，True
    #则等待委托单完成，委托单完成包括成交完成或撤单
    '''
    print(datetime.now(),'已经触发下单')
    symbol = quote.instrument_id #品种代码
    if not price or price == '对手价':
        price_buy = quote.ask_price1
        price_sell = quote.bid_price1
    elif price == '停板价':
        price_buy = quote.upper_limit
        price_sell = quote.lower_limit
    elif price == price :price_buy = price_sell = price #其他限定价
    shoushu = 0 #已成交手数
    junjia = 0.0 #成交均价
    if kaiping== 'pingduo': #交易方向为平多
```

```python
                    if 0 < lot <= position.pos_long_today : #小于等于今仓，平今
                        ping_jin=api.insert_order(symbol=symbol, direction='SELL', offset='CLOSETODAY', volume=lot, limit_price=price_sell,advanced=advanced)
                    elif 0 < position.pos_long_today < lot <= position.pos_long:
                        ping_zuo=api.insert_order(symbol=symbol, direction='SELL', offset='CLOSE', volume=lot-position.pos_long_today, limit_price=price_sell, advanced=advanced) #先平昨再平今
                        ping_jin=api.insert_order(symbol=symbol, direction='SELL', offset='CLOSETODAY', volume=position.pos_long_today, limit_price=price_sell, advanced=advanced)
                    elif 0 == position.pos_long_today < lot <= position.pos_long:
                        ping_zuo=api.insert_order(symbol=symbol, direction='SELL', offset='CLOSE', volume=lot, limit_price=price_sell,advanced=advanced)
            elif kaiping=='pingkong': #交易方向为平空
                    if 0 < lot <= position.pos_short_today : #小于等于今仓，平今
                        ping_jin=api.insert_order(symbol=symbol, direction='BUY', offset='CLOSETODAY', volume=lot, limit_price=price_buy,advanced=advanced)
                    elif 0 < position.pos_short_today < lot <= position.pos_short:
                        ping_zuo=api.insert_order(symbol=symbol, direction='BUY', offset='CLOSE', volume=lot-position.pos_short_today, limit_price=price_buy, advanced=advanced)
                        ping_jin=api.insert_order(symbol=symbol, direction='BUY', offset='CLOSETODAY', volume=position.pos_short_today, limit_price=price_buy, advanced=advanced)
                    elif 0 == position.pos_short_today < lot <= position.pos_short:
                        ping_zuo=api.insert_order(symbol=symbol, direction='BUY', offset='CLOSE', volume=lot, limit_price=price_buy,advanced=advanced)

            elif kaiping== 'kaiduo': #交易方向为开多
                    order = api.insert_order(symbol=symbol, direction='BUY', offset='OPEN', volume=lot, limit_price=price_buy,advanced=advanced)
            elif kaiping=='kaikong': #交易方向为开空
                    order = api.insert_order(symbol=symbol, direction='SELL', offset='OPEN', volume=lot, limit_price=price_sell,advanced=advanced)
            #判断下单是否执行完，避免在某些代码中先前平仓开仓，未执行完又重复下单
            try :
                t = time() #时间起点
                while ping_zuo.status != "FINISHED": #平昨单是否完成
                    #if time() - t >= 1: break  #等待1秒还无法完成，网络可能断线无法返回订单信息，但订单
                    #可能已经成交，退出状态检查，但若未获取成交手数后续可能重复平仓
                    if not advanced and not block :break #当日有效单，且无须等待是否完成
                    if che_time and not advanced and time() - t >= che_time: api.cancel_order(ping_zuo) #等待che_time秒还不成交撤单，适用于advanced=None的情况
                    await asyncio.sleep(0.1) #等待时间不应低于0.1秒，过快的查询可能出错
                    if ping_zuo.volume_orign-ping_zuo.volume_left > 0: #有成交
                        shoushu += ping_zuo.volume_orign-ping_zuo.volume_left #计算已成交手数
                        junjia += ping_zuo.trade_price*(ping_zuo.volume_orign- ping_zuo.volume_left)
            except NameError as e:
                print("捕捉到名称错误异常: ",e)
            except Exception as ex:
                print("捕捉到了异常:",ex)
            try :
                t = time()
                while ping_jin.status != "FINISHED": #平今单是否完成
```

```python
            #if time() - t >= 1: break
            if not advanced and not block :break
            if che_time and not advanced and time() - t >= che_time:
                api.cancel_order(ping_jin)
            await asyncio.sleep(0.1)
        if ping_jin.volume_orign-ping_jin.volume_left > 0:
            shoushu += ping_jin.volume_orign-ping_jin.volume_left
            junjia += ping_jin.trade_price*(ping_jin.volume_orign- ping_jin.volume_left)
except NameError as e:
    print("捕捉到名称错误异常: ",e)
except Exception as ex:
    print("捕捉到了异常:",ex)
try :
    t = time()
    while order.status != "FINISHED": #开仓是否完成
        #if time() - t >= 1: break   #等待1秒还无法完成,网络可能断线无法返回订单信息,但订单
#可能已经成交,退出状态检查,但若未获取成交手数后续可能重复平仓
        if not advanced and not block :break
        if che_time and not advanced and time() - t >= che_time:
            api.cancel_order(order)
        await asyncio.sleep(0.1) #等待时间不应低于0.1 秒
    if order.volume_orign-order.volume_left > 0:
        shoushu += order.volume_orign-order.volume_left #计算已成交手数
        junjia = order.trade_price*shoushu
except NameError as e:
    print("捕捉到名称错误异常: ",e)
except Exception as ex:
    print("捕捉到了异常:",ex)
if shoushu: junjia = junjia/shoushu #计算成交均价
else: junjia = float('nan')
print(datetime.now(),'已经成交手数:',shoushu,'成交均价:',junjia,'交易方向:',kaiping)
return shoushu, junjia #返回成交手数和成交均价,若无成交则均价为nan 值
```

在上述代码示例中,参数 api 为 TqApi;quote 为品种盘口行情;position 为指定品种持仓;kaiping 为下单方向,用汉语拼音'pingduo'、'pingkong'、'kaiduo'、'kaikong'表示;lot 为下单手数;price 为下单价格,默认为'对手价',可设为'停板价'或其他指定价格;advanced 为指令模式,默认 None 为当日有效,可设为'FAK'或'FOK'。参数 che_time 为撤单等待时间,应为大于等于 0 的数,表示委托单 che_time 秒后不成交则撤单;当指令模式 advanced=None 时有效,且 block=True,即需要等待;当 block=False 时,则无须等待委托单是否完成(委托单完成包括成交完成和撤单)。

返回值:成交手数和成交均价。若无成交,则手数为 0,成交均价为 nan 值。

当下单价格不是对手价或停板价时,即想要挂一个日内有效的埋单,此时 advanced 不能为'FAK'或'FOK',否则不能立即成交便撤单了。想要实时成交时建议用对手价或停板价,

这是由于期货市场撮合成交时要按照价格优先原则执行，而停板价是当日的极限价，如果任何报价都能成交，那么停板价也一定能成交，因此想要保证最大概率的成交就用停板价。

协程函数 OpenClose 应打包为 Task 执行，这样异步执行时其中的 asyncio.sleep() 才不会阻塞主线程，其内部检查了委托单状态，若委托单不是日内有效的埋单，则在委托单 FINISHED 后协程才会执行结束，在执行结束后可用 result() 函数获取返回值，代码如下：

```
task=api.create_task(OpenClose(api=api,quote=quote,position=position,kaiping='pingduo',lot=5,advanced='FAK'))
while not task.done(): #协程是否执行完成
    pass
else:
    chengjiao = task.result() #执行完成，获取成交手数
    print('成交手数:',chengjiao[0],'pingduo')
```

此外，也可用如下方法获取返回值：

```
task=api.create_task(OpenClose(api=api,quote=quote,position=position,kaiping='pingduo',lot=5,advanced='FAK'))
r = await task #等待任务完成并把返回值赋值给 r
```

因此，若需要用 result() 获取成交返回值，最好也在协程中调用 OpenClose。我们用 OpenClose 还能实现目标调仓的功能，且比 TargetPosTask 更为灵活，代码如下：

```
lots_duo = 50    #设定多头目标持仓
lots_kong = 50   #设定空头目标持仓
#多头持仓小于目标持仓，补足仓位
while position.pos_long < lots_duo and (quote.ask_price1==quote.ask_price1 or api.is_changing(quote, "ask_price1")):
    task = api.create_task(OpenClose(api,quote,position,'kaiduo', lots_duo-position.pos_long,price=None,advanced='FAK'))
    r = await task #等待任务完成
#空头持仓小于目标持仓，补足仓位
while position.pos_short < lots_kong and (quote.bid_price1==quote.bid_price1 or api.is_changing(quote, "bid_price1")):
    task = api.create_task(OpenClose(api,quote,position,'kaikong', lots_kong-position.pos_short,price=None,advanced='FAK'))
    r = await task #等待任务完成

#持有多仓，平全部多仓
while position.pos_long and (quote.bid_price1==quote.bid_price1 or api.is_changing(quote, "bid_price1")):
    task = api.create_task(OpenClose(api,quote,position,'pingduo', position.pos_long,'停板价','FAK'))
    r = await task #等待任务完成
#持有空仓，平全部空仓
while position.pos_short and (quote.ask_price1==quote.ask_price1 or api.is_changing(quote, "ask_price1")):
```

```python
            task = api.create_task(OpenClose(api,quote,position,'pingkong', position.pos_short,
'停板价','FAK'))
            r = await task #等待任务完成

        #空头仓位小于多头仓位，补足空头仓位，锁仓
        while position.pos_short < position.pos_long and (quote.bid_price1== quote.bid_price1or api.
is_changing(quote, "bid_price1")):
            task = api.create_task(OpenClose(api,quote,position,'kaikong', position.pos_long-position.
pos_short,'停板价','FAK'))
            r = await task #等待任务完成
        #多头仓位小于空头仓位，补足多头仓位，锁仓
        while position.pos_long < position.pos_short and (quote.ask_price1== quote.ask_price1 or
api.is_changing(quote, "ask_price1")):
            task = api.create_task(OpenClose(api,quote,position,'kaiduo', position.pos_short-position.
pos_long,'停板价','FAK'))
            r = await task #等待任务完成
```

"quote.ask_price1==quote.ask_price1 or api.is_changing(quote,"ask_price1")"这一句的目的是判断是否涨停，涨停的时候不应该再以对手价循环用FAK或FOK指令下单，涨停时ask_price1为nan值，如果是非涨停或者涨停板打开的情况，再继续用FAK或FOK指令下单。

FAK指令撤单不会计入交易所撤单统计，避免了撤单超限被交易所处罚，而且所有交易所期货、期权都支持FAK指令，因此FAK指令非常适合做高频交易。但高频交易容易存在滑点问题，滑点主要存在两种情景：一是做突破策略，行情波动太快时追突破容易滑点；二是网络延迟，晚一秒报单价格就可能偏离比较远了。

网络延迟出现不利滑点主要存在于逆势开仓和止盈时，网络延迟问题需要配备更好的网络环境。行情波动太快出现不利滑点主要存在于突破开仓和止损时，止损应当在第一时间进行以免止损扩大，可参考上例目标调节仓里平全部多仓和平全部空仓的示例，针对行情波动太快导致开仓不利滑点的情形可以参考以下两种方案应对。

第一种方案是把滑点考虑在盈亏范围内，在一个可接受范围内开仓，代码如下：

```python
price_low = 3000 #价格下届
price_high = 3005 #价格上界，也是希望成交的价格
lot = 10 #开仓手数
#最新价在界限之间时，以上界价格开仓
#if price_low <= quote.ask_price1 <= price_high: #也可以对手价在界限之间
if price_low <= quote.last_price <= price_high and position.pos_long < lot:
    task=api.create_task(OpenClose(api,quote,position,'kaiduo', lot-position.pos_long,price_
high,'FAK'))
```

第二种方案是严格以指定价格成交，此时应以对手价达到指定价为下单条件，毕竟最终

是以对手价成交的，代码如下：

```
price = 3000 #指定价格
lot = 10 #开仓手数
if quote.ask_price1 == price and position.pos_long < lot:
    task=api.create_task(OpenClose(api,quote,position,'kaiduo',lot-position.pos_long,price,'FAK'))

#也可用最新价处于相差一个点的价格下届与上届之间，留一个点作为手续费损耗
price_high = 3005 #价格上界，也是希望成交的价格
lot = 10 #开仓手数
if price_high - quote.price_tick <= quote.last_price <= price_high and \  position.pos_long < lot:
    task=api.create_task(OpenClose(api,quote,position,'kaiduo', lot-position.pos_long,price_high,'FAK'))
```

18.6 追踪止损+分批止盈

该函数应在策略中调用，策略开仓后启动追踪止损和分批止盈。最新价格相对于开仓价每增加一定盈利跳数，便平仓一部分，剩下的仓位移动止损。

因为如果程序发生中断，或隔日重启，需要记录分批平仓的次数及移动止损位置，再次启动程序时接着之前的状态执行，所以需要本地记录分批止盈状态。

```
#分批止盈函数
async def PercentClose(api, profit_step, colse_percent, stop_default, stop_step,quote,position):
    '''
    api=TqApi(TqAccount('H期货公司','账号','密码'),auth=TqAuth("天勤账号", "密码"))
    profit_step = 10 #分批止盈步长，跳数，盈利每增加profit_step止盈一部分
    colse_percent = 50 #止盈百分比，需大于0小于等于100，宜设为50，表示盈利均匀增加时也均匀止盈
    stop_default = 5 #默认止损跳数
    stop_step = 10 #追踪止损步长，跳数，不应大于分批止盈步长，否则后续止损可能超过前期止盈，失去分批止盈意义
    quote=api.get_quote('SHFE.rb2105') #品种行情
    position=api.get_position('SHFE.rb2105') #品种持仓
    '''
    import sys,os
    import json
    from pathlib import Path
    s = position.instrument_id
    p=Path(os.getcwd()+'\logs') #创建文件目录
    print(p) #查看文件目录
    p.mkdir(exist_ok=True) #新建目录，如果目录已存在，则不会引起错误
    if os.path.isfile(os.getcwd()+'\logs\CloseLog-'+s+'.json') != True:
        with open(os.getcwd()+'\logs\CloseLog-'+s+'.json','w+',encoding= 'utf-8') as Close_Log:
            json.dump([],Close_Log) #文件序列化为列表
        Close_Log=open(os.getcwd()+'\logs\CloseLog-'+s+'.json','r+',encoding ='utf-8')
    else : Close_Log=open(os.getcwd()+'\logs\CloseLog-'+s+'.json','r+', encoding ='utf-8')
```

```
        close_list = json.load(Close_Log) #文件读取为列表
    try:#读取本地最新记录
        LotsD = close_list[-1]['LotsD'] #初始多头手数
        open_priceD = close_list[-1]['open_priceD'] #初始多头开仓均价
        countD = close_list[-1]['countD'] #止盈次数
        close_lotsD = close_list[-1]['close_lotsD'] #当前止盈手数
        last_lotsD = close_list[-1]['last_lotsD'] #当前剩余手数
        last_lossD = close_list[-1]['last_lossD'] #最新止损价

        LotsK = close_list[-1]['LotsK'] #初始空头手数
        open_priceK = close_list[-1]['open_priceK'] #初始空头开仓均线
        countK = close_list[-1]['countK'] #止盈次数
        close_lotsK = close_list[-1]['close_lotsK'] #当前止盈手数
        last_lotsK = close_list[-1]['last_lotsK'] #当前剩余手数
        last_lossK = close_list[-1]['last_lossK'] #最新止损价
    except IndexError: #没有本地记录，则根据持仓信息计算
        LotsD = position.pos_long
        open_priceD = position.open_price_long
        countD = 0
        close_lotsD = 0
        last_lotsD = position.pos_long
        last_lossD = open_priceD - stop_default*quote.price_tick

        LotsK = position.pos_short
        open_priceK = position.open_price_short
        countK = 0
        close_lotsK = 0
        last_lotsK = position.pos_short
        last_lossK = open_priceK + stop_default*quote.price_tick

    async with api.register_update_notify(quote) as update_chan:
        async for _ in update_chan:  =
            if position.pos_long == 0: #没有多头持仓,已经全部平仓
                LotsD = open_priceD = countD = close_lotsD = last_lotsD = \ last_lossD = 0
            if position.pos_short == 0 :#没有空头持仓,已经全部平仓
                LotsK = open_priceK = countK = close_lotsK = last_lotsK = \ last_lossK = 0
            if position.pos_long > 0:
                if LotsD == 0: #再次开多仓
                    LotsD = position.pos_long
                    open_priceD = position.open_price_long
                    countD = 0
                    close_lotsD = 0
                    last_lossD = open_priceD - stop_default*quote.price_tick #计算初始止损价
                if quote.last_price <= last_lossD:#价格跌到止损价,调用平仓函数
                    api.create_task(OpenClose(api,quote,position,'pingduo', position.pos_long,advanced='FAK'))
                elif (quote.last_price-open_priceD)//(profit_step* quote.price_tick) > countD: #价格达到止盈位
                    shoushu = 0 #已成交手数
                    lot = position.pos_long * colse_percent // 100
```

```
                        if lot <= 1: lot=1 #平仓不足1手按1手算
                        while shoushu < lot: #调用开平仓函数,直到成交手数足够
                            task = api.create_task(OpenClose(api,quote,position, 'pingduo',
lot-shoushu,advanced='FAK'))
                            order = await task #等待任务完成
                            shoushu += order[0] #平仓执行完成,计算成交手数
                        countD += 1 #止盈完成,止盈次数递增
                        close_lotsD = shoushu #当前止盈手数
                        last_lossD = quote.last_price - stop_step*quote.price_tick #计算最新止损价
                    last_lotsD = position.pos_long #最新持仓
                if position.pos_short > 0:
                    if LotsK == 0: #再次开了空仓
                        LotsK = position.pos_short
                        open_priceK = position.open_price_short
                        countK = 0
                        close_lotsK = 0
                        last_lossK = open_priceK + stop_default*quote.price_tick
                    if quote.last_price >= last_lossK: #价格涨到止损价
                        api.create_task(OpenClose(api,quote,position, 'pingkong', position.
pos_short,advanced='FAK'))
                    elif (open_priceK-quote.last_price)//(profit_step* quote.price_tick) >
countK: #价格达到止盈位
                        shoushu = 0 #计算已成交手数
                        lot = position.pos_short * colse_percent // 100
                        if lot <= 1: lot=1 #平仓不足1手按1手算
                        while shoushu < lot: #调用开平仓函数,直到成交手数足够
                            task = api.create_task(OpenClose(api,quote,position, 'pingkong',
lot-shoushu,advanced='FAK'))
                            order = await task #等待任务完成
                            shoushu += order[0] #平仓执行完成,计算成交手数
                        countK += 1 #止盈完成,止盈次数递增
                        close_lotsK = shoushu #当前止盈手数
                        last_lossK = quote.last_price + stop_step*quote.price_tick #计算最新止损价
                    last_lotsK = position.pos_short #最新手数
                tr_dic = {'LotsD':LotsD,'open_priceD':open_priceD,'countD': countD,'close_
lotsD':close_lotsD,'last_lotsD':last_lotsD,'last_lossD': last_lossD,
                          'LotsK':LotsK,'open_priceK':open_priceK,'countK': countK,'close_
lotsK':close_lotsK,'last_lotsK':last_lotsK,'last_lossK': last_lossK}
                #if len(close_list) > 100: close_list = close_list[-100:] #本地记录过多时只保
留最新100笔记录
                close_list.append(tr_dic)
                Close_Log.seek(0) #把操作标记移到0
                Close_Log.truncate()
                json.dump(close_list, Close_Log) #把当日成交记录写入缓存
                Close_Log.flush()
```

函数有7个参数,其中,api 为账户实例;profit_step 为分批止盈步长,只要盈利一增加,profit_step 就止盈一部分;colse_percent 为止盈百分比,该参数需大于0小于等于100,适合设置为50,表示平仓50%;stop_default 为默认止损跳数,函数初

次启动时以 `stop_default` 设置初始止损价；`stop_step` 为追踪止损步长，若价格返回 `stop_step` 则触发止损，止损步长可以与止盈步长一致，这样盈利增一档，止损就提一档；`quote` 为品种行情；`position` 为品种持仓。

当函数启动后，首先尝试读取本地记录，若本地记录不存在则创建记录文件，读取的记录保存在列表 `close_list` 中。当本地无记录时，读取持仓到记录参数；当本地有记录时，将读取记录赋值给记录参数。

接着监控价格更新，只要盈利一增加，`profit_step` 就止盈一部分，并移动止损价，平仓比例最好设为 50%，与追踪止损步长相结合，使剩下仓位的止损不应超过先前的止盈，否则盈利会全部回吐，分批止盈可能会失去意义。最后实时将记录参数写入本地文件。

18.7 无人值守定时任务

若策略程序无人值守，则需要在开盘前启动策略、收盘后关闭策略，可用多进程实现。子进程用于启动策略，主进程用于启动子进程，代码如下：

```python
#!/usr/bin/env python
# -*- coding: utf-8 -*-
import multiprocessing
from datetime import datetime, time
from time import sleep
from tqsdk import TqApi, TqAuth,TqAccount
#交易时段
day_start = time(8, 45) #上午
day_end = time(15, 15) #下午
night_start = time(20, 45) #夜盘n
ight_end = time(2,30) #凌晨
#交易时段函数
def Trading_time():
    now = datetime.now() #当前日期时间
    trading = False
    #白盘夜盘周一至周五，凌晨周二至周六
    if (day_start <= now.time() <=day_end or night_start <= now.time()) and \ now.weekday() <= 4 or (now.time() <= night_end and 0 < now.weekday() <= 5):
        trading = True
    return trading
#策略子进程
def Cta():
    api = TqApi(TqAccount('H期货公司','账号','密码'),auth=TqAuth("天勤账号", "密码"))
    quote1 = api.get_quote('CZCE.SR105') #品种行情
    quote2 = api.get_quote('SHFE.rb2105')
```

```python
        #循环判断是否处于交易时间，非交易时间关闭api
        while True:
            print(quote1.last_price,quote1.instrument_id)
            print(quote2.last_price,quote2.instrument_id)
            trading = Trading_time()
            print(datetime.now(),'子进程')  #策略子进程当前日期时间
            if not trading: #非交易时间关闭api
                api.close()
                print("关闭子进程")
                break #退出循环结束进程
            api.wait_update()
    def Main():
        child_process = None
        while True:
            trading = Trading_time()
            print(datetime.now(),'父进程')  #父进程当前日期时间
            #交易时段启动策略
            #子进程崩溃也可用下句条件重启
            #if trading and (child_process == None or isinstance(child_process,multiprocessing.
            #Process) and not child_process.is_alive()):
            if trading and child_process == None:
                print("启动子进程")
                child_process = multiprocessing.Process(target=Cta)
                child_process.start()
                print("子进程启动成功")
            #非交易时段退出子进程
            if not trading and child_process != None:
                if not child_process.is_alive(): #子进程已结束
                    child_process = None
                    print("子进程关闭成功")
                elif child_process.is_alive():
                    child_process.terminate() #子进程被阻塞，强制关闭进程
                    child_process = None
                    print("子进程强制关闭")

            sleep(300) #5分钟检查一次
    if __name__ == "__main__":
        Main()
```

先定义交易时段，期货市场交易时段分白盘和夜盘，个别期货夜盘延伸到凌晨直至周六，交易时段函数 Trading_time() 在交易时段返回 True，在非交易时段返回 False，交易时段剔除了周一凌晨和周末，但未能剔除节假日，因此节假日需手动处理。

父进程函数 Main() 在交易时段启动子进程策略函数 Cta()，在非交易时段结束子进程。账户登录、策略交易等都在策略函数 Cta() 中完成，在非交易时段关闭天勤账户实例，结束子进程。若子进程阻塞未能正常结束，则由父进程 Main() 强制结束子进程，父进程 Main() 每 5 分钟检查一次交易时段。

18.8 期货、期权无风险套利

当期货与期权的报价出现偏差时,会出现无风险的套利机会。例如,豆粕期货当前价格为 3000 元/吨,执行价为 3100 元/吨的看跌期权的权利金为 50 元/吨,此时,就可立即买入期货并买入看跌期权。行权后获得价位 3100 元/吨的豆粕期货空头,与价位 3000 元/吨的豆粕多头形成锁仓,锁定利润 100 元/吨,付出权利金成本 50 元/吨,净利润 50 元/吨,这就是无风险的套利机会。

期货期权套利机会分析的原理是无风险套利关系式,主要有以下 4 种。

- $K+C<F$,即执行价 K+权利金 C<期货价格,此时买入看涨期权+卖空期货,左边等于低价买入期货,右边高价卖出期货,形成锁仓利润。
- $K-P>F$,即执行价 K−权利金 P>期货价格,此时买入看跌期权+买入期货,左边等于高价卖空期货,右边低价买入期货,形成锁仓利润。
- $K+C-P<F$,即执行价 K+权利金 C−权利金 P<期货价格,此时买入看涨期权+卖出看跌期权+卖空期货,左边等于低价买入期货,右边高价卖出期货,形成锁仓利润。
- $K+C-P>F$,即执行价 K+权利金 C−权利金 P>期货价格,此时买入看跌期权+卖出看涨期权+买入期货,左边等于高价卖空期货,右边低价买入期货,形成锁仓利润。

实际上,这些机会非常少,一旦出现就会被立即争夺。以下是监控套利机会的代码示例:

```python
#!/usr/bin/env python
# -*- coding: utf-8 -*-
#import asyncio
from tqsdk import TqApi, TqAuth
from contextlib import closing
from time import time
# 创建api实例。
api = TqApi(auth=TqAuth("天勤账号", "账号密码"))
#默认3跳,1跳对手价平仓损耗,1跳抹除手续费,1跳纯利润
async def taoli(Call='',Put='',Lr=3, Dlr=1):
    quote_C = api.get_quote(Call)
    quote_P = api.get_quote(Put)
    futer = quote_C.underlying_symbol
    quote_F = api.get_quote(futer)
    async with api.register_update_notify([quote_C,quote_P,quote_F]) as update_chan: #
        async for _ in update_chan:  #
            D_time = (quote_C.last_exercise_datetime-time()) * Lr / (Dlr*86400) #持有到期可接受利润
            if quote_C.exercise_type == 'A':  #美式期权
                lr = quote_F.price_tick * Lr #立即行权可盈利点数
```

```python
            if D_time <= Lr:
                dlr = lr
            else : dlr = quote_F.price_tick * D_time  #价格变动百分比,到期盈利幅度
        elif quote_C.exercise_type == 'E':   #欧式期权,只能到期行权
            if D_time <= Lr :
                lr = dlr = quote_F.price_tick * Lr
            else : lr = dlr = quote_F.price_tick * D_time
        Cb = quote_C.strike_price + quote_C.ask_price1    #K+C,构建期货多头价格
        Pb = quote_P.strike_price - quote_P.ask_price1    #K-P,构建期货空头价格
        CbPs_Fs = quote_P.strike_price + quote_C.ask_price1 - \ quote_P.bid_price1
        #K+C-P,构建期货多头价格
        PbCs_Fb = quote_P.strike_price + quote_C.bid_price1 - \ quote_P.ask_price1
        #K+C-P,构建期货空头价格
        Fb = quote_F.ask_price1    #期货买入价
        Fs = quote_F.bid_price1    #期货卖出价
        kai = False
        if Fs-Cb >= dlr:
            print(Call,'-',futer,'K+C<F:多看涨期权+空期货', Cb, Fs, Cb<Fs, ' 利润:',Fs-Cb)
            kai = True
            break

        if Pb-Fb >= dlr :
            print(Put,'+',futer,'K-P>F:多看跌期权+多期货',Pb, Fb, Pb>Fb,' 利润:',Pb-Fb)
            kai = True
            break

        if Fs-CbPs_Fs >= dlr :
            print(Call,'-',Put,'-',futer,'K+C-P<F:多看涨期权+空看跌期权+空期货',CbPs_Fs, Fs, CbPs_Fs<Fs,' 利润:',Fs-CbPs_Fs)
            kai = True
            break

        if PbCs_Fb-Fb >= dlr :
            print(Put,'-',Call,'+',futer,'K+C-P>F:多看跌期权+空看涨期权+多期货',PbCs_Fb, Fb, PbCs_Fb>Fb,' 利润:',PbCs_Fb-Fb)
            kai = True
            break

        if not kai :
            print('监控中: ')
            print(Call,'-',futer,'K+C<F:多看涨期权+空期货', Cb, Fs, Cb<Fs)
            print(Put,'+',futer,'K-P>F:多看跌期权+多期货', Pb, Fb, Pb>Fb)
            print(Call,'-',Put,'-',futer,'K+C-P<F:多看涨期权+空看跌期权+空期货', CbPs_Fs, Fs, CbPs_Fs<Fs)
            print(Put,'-',Call,'+',futer,'K+C-P>F:多看跌期权+空看涨期权+多期货', PbCs_Fb, Fb, PbCs_Fb>Fb)
            #break
C = []
P = []
exchange = ['SHFE','DCE','CZCE','INE']
```

```
    for e in exchange :
        quote = api.query_quotes(ins_class='OPTION',exchange_id=e,expired=False)
        for i in quote :
            q = api.get_quote(i)
            if q.option_class == 'CALL' :
                C.append([i,q.underlying_symbol,q.strike_price])
            elif q.option_class == "PUT"  :
                P.append([i,q.underlying_symbol,q.strike_price])
Options = []
for i in C :
    for j in P :
        if i[1] == j[1] and i[2] == j[2]:
            Options.append([i[0],j[0]])
del C , P
for i in Options :
    api.create_task(taoli(Call=i[0],Put=i[1],Lr=3,Dlr=7))
with closing(api):
    while True :
        api.wait_update()
```

在上述代码示例中，我们先获取上期所、大商所、郑商所、能源交易所的全部期权，按看涨和看跌分类，再把执行价相同的看涨看跌期权组对。

套利机会由异步函数 `taoli(Call='',Put='',Lr=3, Dlr=1)` 监控。

从上述期权对里获取看涨期权并赋值给 `Call`，获取看跌期权并赋值给 `Put`。`Lr` 是最小获利点数，默认为 3 跳，因为套利对在平仓时，以对手价成交会损耗一点，另外手续费再损耗一点，剩下一点为纯利润。

美式期权多头随时可以行权以获得利润，期权空头和欧式期权只能在到期时被行权，参数 `Dlr` 表示持有多少天获得 `Lr` 点利润可以接受，比如 `Lr=3,Dlr=7`，表示持有 7 天获得 3 跳利润可以接受，如果期权到期日是 21 天，则需获得 9 跳利润，利润再低可能就不合适了，毕竟持有的时间长但获得的利润小，就有点不值。

所有的价格判断都以对手价计算，当 `if` 语句检测到套利机会时，`break` 语句可换成开仓函数，立即以对手价下单，并在成交后锁定计算的利润，美式期权多头可立即行权并平仓获得利润，期权空头和欧式期权需等到到期时行权再平仓。

18.9 多线程和异步协程框架

第 16 章已经介绍了如何使用多线程和异步协程，我们这里给出一个更为一般的框架，策略都写在函数或协程函数中，然后在主线程或子线程中调用函数或协程。在子线程中调用协程还可以实现多线程与异步协程相结合。代码如下：

```python
#!/usr/bin/env python
# -*- coding: utf-8 -*-
from tqsdk import TqApi, TqAuth, TqAccount #, TargetPosTask
import asyncio
import threading
#多线程类
class WorkerThread(threading.Thread):
    '''
    1.主要用于依赖某个业务更新动态启动多品种策略的情况，比如随着账户持仓的变化启动各持仓品种的风控
    2.多品种策略不需要依赖自身业务更新时，推荐使用异步协程
    '''
    def __init__(self, api,data=[],func1=[],func2=[],**job):
        threading.Thread.__init__(self)
        self.api = api  #传入天勤实例副本
        self.data = data #需要更新的业务数据，如行情、账户，可传入列表
        self.func1 = func1 #随着业务更新需要执行的函数列表
        self.func2 = func2 #自带业务更新的异步协程函数列表
        self.job = job   #func()函数需要的参数，不定关键字参数
    #业务更新函数，为了保持线程代码块简洁性和自由性，业务更新采用了注册Tqchan方式
    async def execute(self):
        async with self.api.register_update_notify(self.data) as update_chan:
            async for _ in update_chan:#
                for f in self.func1:
                    e = f(api=self.api,**self.job) #返回值True重复调用函数
                    if not e :self.func1.remove(f) #返回值False函数执行结束
                    #也可以 self.func1[index](api=self.api,**self.job)逐一调用
                if not self.func1 : break
    def run(self):
        task1 = self.api.create_task(self.execute()) #
        task2 = []
        for f in self.func2: #线程中创建异步协程
            task2.append(self.api.create_task(f(api=self.api,data=self.data, **self.job)))
            #func2为协程，直接创建协程任务
        #也可以 self.api.create_task(self.func2[index](api=self.api,data =self.data,**self.job))
逐一调用
        while True :
            if task1.done() and all([t.done() for t in task2]) :break
            self.api.wait_update()
#策略协程
#async def CTA(api,data,**job):
async def CTA(quote):
    async with api.register_update_notify(quote) as update_chan:
        async for _ in update_chan:
            if quote.last_price > 1000:
                print(quote.instrument_id)
#策略函数
def cta1(api,**job):
```

```python
        if job['p1'].pos_long > 0:  #有多单
            print(job['quote1'].ask_price1)
        if job['p1'].pos_short > 0:  #有空单
            print(job['quote1'].bid_price1,job['quote1'].instrument_id,'有空单')
        if job['p1'].pos_long + job['p1'].pos_short == 0:  #没有持仓
            print('没有持仓',job['quote1'].instrument_id)
            return False
        elif job['p1'].pos_long + job['p1'].pos_short > 0:return True
    def cta2(api,**job):
        if job['p2'].pos_long > 0:  #有多单
            print(job['quote2'].ask_price1)
        if job['p2'].pos_short > 0:  #有空单
            print(job['quote2'].bid_price1,job['quote2'].instrument_id,'有空单')
        if job['p2'].pos_long + job['p2'].pos_short == 0:  #没有持仓
            print('没有持仓',job['quote2'].instrument_id)
            return False
        elif job['p2'].pos_long + job['p2'].pos_short > 0:return True
    #天勤账户主实例
    api = TqApi(TqAccount('H期货公司','账号','密码'),auth=TqAuth("天勤账号", "密码"))
    quote1 = api.get_quote('CZCE.SR105')  #品种行情
    position1 = api.get_position('CZCE.SR105')  #品种持仓
    quote2 = api.get_quote('SHFE.rb2105')
    position2 = api.get_position('SHFE.rb2105')
    #创建多线程
    #thread1 = WorkerThread(api.copy(),[quote1,position1],[cta1,cta2], quote1= quote1,p1=
    #position1,quote2=quote2,p2=position2)
        thread1 = WorkerThread(api.copy(),[quote1,position1],[cta1],quote1=quote1, p1=position1)
    #创建线程实例
        thread2 = WorkerThread(api.copy(),[quote2,position2],[cta2],quote2=quote2, p2=position2)
    #thread1 = WorkerThread(api.copy(),[quote1,position1],func2=[CTA],quote1= quote1,p1=
    position1)#线程+协程
        thread1.start()  #启动线程
        thread2.start()
    #创建协程任务
        api.create_task(CTA(quote=quote1))
        api.create_task(CTA(quote=quote2))
        while True:
            api.wait_update()
```

在上述代码示例中，线程类 WorkerThread 初始化函数 __init__() 有 5 个参数，其中，api 用来传入主线程的账户实例副本，data 用于传入需要更新的业务数据（如行情、持仓），多个业务数据可以列表形式传入，func1 用于传入策略函数列表，func2 用于传入协程策略函数列表，**job 用于传入策略函数 func1 和 func2 需要的参数，参数数量不固定。

协程函数 execute() 用来更新业务数据，将业务数据在类外定义，再作为参数传入类实例，可使线程类更有自由性和简洁性。

策略函数 func1 可用 for 循环依次调用，也可用 self.func1[index](api=self.api,

**self.job) 逐一调用。func2 是协程函数，函数体和 execute 类似，也有接收业务数据的 TqChan，可视为一个完整的业务处理函数，直接用 self.api.create_task 创建任务即可。

func1 函数需要有返回值 True 或 False，当策略执行完不需要再重复执行时应返回 False，从 func1 列表移除。当 func1 的所有函数都不再需要执行时，execute() 会跳出循环并结束执行。

func2 是自带业务更新的协程函数，当不需要再更新时也应用由 break 跳出循环并结束协程。

当 func1 和 func2 都执行结束时，线程 WorkerThread 也会跳出循环并结束。

cta1 和 cta2 是普通策略函数，CTA 是协程策略函数，其参数需要与线程传入的参数相对应。

在实例化线程 WorkerThread 时，只传入函数 func1 用于多线程任务，只传入 func2 用于多线程加异步协程任务，func1 和 func2 都传入用于多线程加异步协程任务，主线程中直接用 api.create_task(CTA()) 也可创建单线程异步协程任务。

18.10 本地保存成交记录

让程序自动创建本地文件，并读取本地文件，步骤如下。

- 先检查本地文件是否存在，若不存在，则创建本地文件。创建完本地文件后再读取，要先读后写。
- 文件已经存在，则先读后写。
- 读取后的内容保存在变量中。
- 再将变量的值写入文件。

18.10.1 保存为 json 文件

json 文件和 Python 数据相互转化非常方便，用 load() 函数可以把 json 文件反序列化成 Python 数据，用 dump() 函数再把 Python 数据序列化为 json 文件。

把列表数据保存为 json 文件及把 json 文件读取到列表，代码如下：

```python
import os
import json
from pathlib import Path
p=Path(os.getcwd()+'\logs')
p.mkdir(exist_ok=True) #新建目录，如果目录已存在，则不会引起错误
#print(p)
if os.path.isfile(os.getcwd()+'\logs\KaiLog.json') != True: #文件不存在则创建文件，然后关闭
    with open(os.getcwd()+'\logs\KaiLog.json','w+',encoding='utf-8') as Kai_Log:
        json.dump([],Kai_Log)  #文件不存在则创建，序列化为列表，然后关闭
    Kai_Log=open(os.getcwd()+'\logs\KaiLog.json','r+',encoding='utf-8') #先读后写再打开新建的文件
else : Kai_Log=open(os.getcwd()+'\logs\KaiLog.json','r+',encoding='utf-8')
#文件存在则先读后写。文件写入完后要关闭才会从缓存保存进文件
if os.path.isfile(os.getcwd()+'\logs\PingLog.json') != True: #文件不存在则创建文件，然后关闭
    with open(os.getcwd()+'\logs\PingLog.json','w+',encoding='utf-8') as Ping_Log:
        json.dump([],Ping_Log)  #文件不存在则创建，并序列化为列表，然后关闭
    Ping_Log=open(os.getcwd()+'\logs\PingLog.json','r+',encoding='utf-8') #先读后写再打开新建的文件
else : Ping_Log=open(os.getcwd()+'\logs\PingLog.json','r+',encoding='utf-8')
#文件存在则先读后写。文件写入完后要close()关闭才会从缓存保存进文件
kai_list = json.load(Kai_Log)    #开仓成交记录
ping_list = json.load(Ping_Log)   #平仓成交记录
...
#把 Python 数据写入文件
Kai_Log.seek(0) #把操作标记移到 0
Kai_Log.truncate()  #截断到当前位置，即清空文件内容
json.dump(kai_list, Kai_Log) #把当日开仓成交记录写入缓存
Kai_Log.flush()  #把缓存写入本地
Ping_Log.seek(0) #把操作标记移到 0
Ping_Log.truncate()
json.dump(ping_list, Ping_Log) #把当日平仓成交记录写入缓存
Ping_Log.flush()
```

18.10.2 保存为 CSV 文件

CSV 文件可用 Excel 查看，这样更为直观，通常把 `pandas.DataFrame` 格式的数据保存为 CSV 文件，CSV 文件也可读取为 `pandas.DataFrame` 数据。

需要先创建开仓和平仓文件的列头 `headk`、`headp`，再创建文件的保存路径 `fk`、`fp`，然后判断文件是否已经存在，如果不存在则把列头写入文件，最后读取文件到变量 `Kai_Log` 和 `Ping_Log`，在程序主体中获取到的成交信息保存在这两个变量中，最后再写入文件。可参考以下代码示例：

```python
import os
import json
from pathlib import Path
headk=['time','symbol','volume','price','direction','datetime','jia_kai']
```

```python
        headp=['time','symbol','volume','price','direction','lirun','datetime','jia_ping']
        fk = os.getcwd()+'\logs\KaiLog_' + vt + '.csv'
        fp = os.getcwd()+'\logs\PingLog_' + vt + '.csv'
        #print(fk)
        if os.path.isfile(fk) != True:
            p=Path(os.getcwd()+'\logs')
            p.mkdir(exist_ok=True)   #新建目录，如果目录已存在，则不会引起错误
            h=pd.DataFrame(index=[],columns=headk)
            h.to_csv(fk,index=False)
        if os.path.isfile(fp) != True:
            p=Path(os.getcwd()+'\logs')
            p.mkdir(exist_ok=True)   #新建目录，如果目录已存在，则不会引起错误
            h=pd.DataFrame(index=[],columns=headp)
            h.to_csv(fp,index=False)
        Kai_Log=pd.read_csv(fk)
        Ping_Log=pd.read_csv(fp)

        #新开仓记录
        tr_dick={'time':t,'symbol':symbol,'volume':shoushu_kai,'price':price_kai,'direction':
direction,'datetime':dt,'jia_kai':jia_kai}
        datask = pd.DataFrame(tr_dick,index=[0])  #成交记录转换成 DataFrame 格式
        Kai_Log = Kai_Log.append(datask)  #追加新一笔成交
        Kai_Log.to_csv(fk,index=False)  #写入本地
        #新平仓记录
        tr_dic={'time':t,'symbol':symbol,'volume':shoushu_ping,'price':price_ping,'direction':
direction,'lirun':lirun,'datetime':dt,'jia_ping':jia_ping}
        datas = pd.DataFrame(tr_dic,index=[0])
        Ping_Log = Ping_Log.append(datas)
        Ping_Log.to_csv(fp,index=False)
```

18.11 小结

本章介绍了一些量化策略的框架示例，包括按条件下单、定时清仓、定时启停程序等，其中开平仓函数 OpenClose 内部对平昨仓和平今仓做了区分，也对是否等待下单成交完成做了处理，该函数可用于各种量化策略。

第 16 章介绍了用 web_gui 显示图形化界面的示例，下一章将介绍用 PyQt5 开发 GUI 界面的示例。

第 19 章 用 GUI 库开发界面程序

用于开发 GUI 界面的 Python 库有多个，例如，Tkinter、PyQt、WxPython、PySimpleGui 等。

PyQt5 是专业开发 GUI 界面的库，其内容非常多。限于篇幅，本章只介绍配合 TqSdk 的基本使用方法。PyQt5 的详情可查阅相关资料。

在安装 PyQt5 时也最好安装 sip，可用以下命令安装：

```
pip install sip pyqt5 -i https://pypi.tuna.tsinghua.edu.cn/simple
```

执行上述命令便可安装 sip 和 PyQt5。

19.1 QApplication 类

QApplication 是应用程序的入口，每个 PyQt5 程序都有 QApplication 实例，QApplication 用来访问全局信息（如屏幕大小），QApplication 还会管理事件循环（如在屏幕上绘制窗口）。Qapplication 在实例化时通常要传入参数 sys.argv，sys.argv 会收取命令行参数并保存在列表里。

类方法 exec_()用来开启事件循环，单击按钮、打开窗口、移动窗口等都是操作事件，事件会被放入事件队列中，事件循环会迭代事件队列以执行这些事件。注意，这里提及的事件循环不要与 asyncio 库的事件循环相混淆，虽然有点类似，但两者不是一个含义。

当程序关闭（如关闭了所有窗口）时，应使用函数 sys.exit()退出事件循环，结束应用程序，代码如下：

```
if __name__ == '__main__':
    app = QApplication(sys.argv)    #实例化QApplication
    '''应用程序'''
    sys.exit(app.exec_())  #开启事件循环直到应用程序退出
```

19.2 部件 QWidget

应用程序的界面包括窗口和窗口上的部件，按钮、下拉框、文本框等都被称为部件，各部件也都可以作为窗口使用。

窗口通常有 3 种：对话框（QDialog）、主窗口（QMainWindow）和部件（QWidget），窗口具有标题栏，并可通过调用 show()函数显示出来。对话框、主窗口及其他各种部件都直接或间接继承于 QWidget。

通常把多个部件内嵌在一个窗口中，部件间需要有一种布局方式，合理的布局才会使程序易用、美观。定义一个继承自 QWidget 的类便定义了一个空白窗口，可以向窗口添加其他部件。

函数 `resize(450, 300)`用来设置窗口的尺寸，第一个参数设置长度，第二个参数设置宽度。函数 `setWindowTitle('账户登录')`用来设置窗口的标题，如'账户登录'。窗口大小和标题通常在初始化函数里设置。函数 `show()`用来显示窗口。

19.2.1 常用部件

`QLabel()`：标签类，用来创建一个文本标签，标签通常用来做提示或说明。

`QPushButton()`：按钮类，用来接收鼠标的单击。

`QComboBox()`：下拉列表框，包含几个下拉选项。

`QLineEdit()`：输入框类，用来接收文本输入。

`QTextBrowser()`：文本框类，用来显示一些文本。

`QSpinBox()`：整数的显示和输入。

`QDoubleSpinBox()`：浮点型数的显示和输入。

QMessageBox()：弹窗，主要用于警告弹窗 warning()和确认弹窗 question()。

QTableWidget()：表格，包含行和列，行列中可放入数据或部件，表格是基于项的部件，行列中放置的内容称为项。

19.2.2 常用布局

QVBoxLayout()：垂直布局，部件按垂直方向排列。

QHBoxLayout()：水平布局，部件按水平方向排列。

QFormLayout()：表单布局，部件有两列，通常左列为标签，右列为输入框。

QGridLayout()：网格布局，部件有多行多列。

19.3 信号-槽

PyQt5 用"信号-槽"机制来表示事件响应，"信号"表示某个事件发生，"槽"是事件发生后执行的操作，任何可调用对象都可以作为"槽"，通常用函数作为"槽"。例如，通过单击按钮关闭窗口，"单击按钮"这一动作发出了信号，信号连接的槽函数是"关闭窗口"，"单击按钮"后槽函数会被调用以"关闭窗口"。

注意：一个"信号"可以连接到多个"槽"，一个"槽"也可以连接多个"信号"。

19.4 登录窗口

我们先写一个登录窗口的程序，代码如下所示：

```python
import sys
from PyQt5.QtWidgets import *  #各物件都在QtWidgets模块中，所以一次全导入
from tqsdk import TqApi, TqAccount, TqAuth, TqKq
class DengLu(QWidget):  #定义窗口类，继承于QWidget
    def __init__(self):
        super().__init__()  #调用父类QWidget初始化方法
        self.resize(500, 300)  #设置窗口大小，长和高
        self.setWindowTitle('账户登录')  #设置窗口标题
        self.xinyiid = QLabel("信易账号")  #创建标签，并传入标签内容，也可无参数
        #self.xinyiid.setText("信易账号")  #无参数时，标签内容也可用setText()方法设置
        #self.xinyimima = QLabel("信易密码")
```

```python
        #self.brokerid = QLabel("期货公司")
        #self.usernumber = QLabel("期货账号")
        #self.password = QLabel("交易密码")
        self.Getin = QPushButton("登录")  #创建按钮,并传入按钮名称,也可无参数
        #self.Getin.setText("登录")  #无参数时,按钮名称也可用setText()方法设置
        self.Getout = QPushButton("退出")
        self.BrokerId = QComboBox()  #创建下拉列表框
        self.BrokerId.addItem("快期模拟")  #按顺序添加下拉选项
        self.BrokerId.addItem("simnow")
        self.BrokerId.addItem("H期货公司")

        self.Xinyiid = QLineEdit()  #创建输入框,用来输入信易账号
        self.Xinyimima = QLineEdit()  #用来输入信易密码
        self.Usernumber = QLineEdit()  #用来输入期货账号
        self.Password = QLineEdit()  #用来输入期货交易密码
        self.textBrowser = QTextBrowser()  #创建文本框,用setText()方法设置需要显示的文本
        self.textBrowser.setText('免责声明\n本软件是基于天勤量化(TqSdk)开发的UI界面,由于软件
开发本身的复杂性,\无法保证软件完全没有错误,您选择使用本软件即表示您同意错误和/或遗漏的存在,在任何情况下本软
件及其开发者对于直接、\间接、特殊的、偶然的、或间接产生的、使用或无法使用本软件进行交易和投资造成的盈亏、直接或
间接引起的赔偿、损失、债务约\是任何交易中止均不承担责任和义务。\n 此声明永久有效。\n 本软件应配合其他交易软件一
块使用。\n 推荐您通过天勤量化(TqSdk)平台开发符合自己交易需求的UI软件。')

        self.formlayout = QFormLayout()  #创建表单布局
        self.formlayout.addRow(self.xinyiid,self.Xinyiid)  #添加一行,标签和输入框对应
        self.formlayout.addRow("信易密码",self.Xinyimima)  #直接输入字符串也会自动创建为标签
        self.formlayout.addRow("期货公司",self.BrokerId)
        self.formlayout.addRow("期货账号",self.Usernumber)
        self.formlayout.addRow("交易密码",self.Password)
        self.formlayout.setVerticalSpacing(10)  #设置行距

        self.horizontalLayout1 = QHBoxLayout()   #创建水平布局1
        self.horizontalLayout1.addWidget(self.Getin)  #按顺序把按钮添加到水平布局中
        self.horizontalLayout1.addWidget(self.Getout)

        self.verticalLayout = QVBoxLayout()  #创建垂直布局
        self.verticalLayout.addLayout(self.formlayout)  #按顺序把表单布局和水平布局1添加到垂直布局中
        self.verticalLayout.addLayout(self.horizontalLayout1)
        self.verticalLayout.setContentsMargins(0,10,0,40)  #设置部件与窗口边缘的距离

        self.horizontalLayout2 = QHBoxLayout()      #创建水平布局2
        self.horizontalLayout2.addLayout(self.verticalLayout)
        #按顺序把垂直布局和文本框添加到水平布局2中
        self.horizontalLayout2.addWidget(self.textBrowser)

        self.setLayout(self.horizontalLayout2)  #把水平布局2设置为窗口的最终布局

        self.Getout.clicked.connect(self.close)  #建立信号槽,单击退出按钮连接到函数close()
        self.Getin.clicked.connect(self.getin)   #单击登录按钮连接到函数getin()

    def getin(self):  #用来登录账户
        global api  #声明api为全局变量,便于在其他函数中使用
```

```
            XinyiId = self.Xinyiid.text()  #获取输入框里的内容,信易账号
            XinyiMima = self.Xinyimima.text()  #信易密码
            BrID = self.BrokerId.currentText()  #获取下拉框当前的选项
            Usname = self.Usernumber.text()  #期货账号
            Psword = self.Password.text()  #期货交易密码
            try :
                if BrID == '快期模拟' :
                    api = TqApi(TqKq(), auth=TqAuth(XinyiId,XinyiMima))
                else : api = TqApi(TqAccount(BrID, Usname, Psword), auth=TqAuth(XinyiId,XinyiMima))
                account = api.get_account()
                print("登录成功,可用资金:%.2f" % (account.available))
                self.close()  #登录成功,关闭窗口
            except Exception : #登录失败,弹出警告窗口
                QMessageBox.warning(self,'登录错误','登录失败,请检查输入重新登录',QMessageBox.Ok)
if __name__ == '__main__':
    app = QApplication(sys.argv)
    Deng_Lu = DengLu()  #实例化窗口
    Deng_Lu.show()  #显示窗口
    sys.exit(app.exec_())
```

显示效果如图 19-1 所示。左边一列"信易账号""信易密码"等 5 个部件就是标签 QLabel,既可以用 Qlabel 创建,又可以在表单布局时自动创建。旁边的 4 个空白输入框采用 QLineEdit 来输入账号、密码等,默认值为"快期模拟"的部件是下拉框 QComboBox,标签和输入框用 addRow 按行添加到表单布局中,这样标签和输入内容就能一一对应起来。

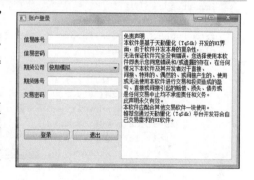

图 19-1

"登录"和"退出"是两个按钮,采用 QPushButton 按水平布局 1 排放,该水平布局 1 与上方的表单布局再按垂直布局排放。

"免责声明"是文本框 QTextBrowser,文本框用于显示一些文字信息,文本框与垂直布局再按水平布局 2 排放,水平布局 2 作为窗口的最终布局。

把窗口中的各部件布局好,程序才能美观易用,当然图 19-1 的效果还比较简陋,但能满足基本的使用。

"self.Getout.clicked.connect(self.close)"用来建立"信号-槽",表示把按钮 self.Getout 的单击信号 clicked 连接到槽函数 self.close()。

"self.Getin.clicked.connect(self.getin)"表示把按钮 self.Getin 的单

击信号 clicked 连接到槽函数 self.getin()。

当单击"退出"按钮时会调用 close()函数以关闭窗口，当单击"登录"按钮时会调用 getin()函数，执行账户登录等操作。

当输入的账号或密码错误进而登录失败时，会弹出 QMessageBox 窗口。输入错误，弹出登录失败窗口，如图 19-2 所示。

图 19-2

19.5 下单板

我们再写一个简单的下单板程序，巩固上述概念，代码如下：

```python
import sys
from PyQt5.QtCore import Qt
from PyQt5.QtWidgets import *    #各组件都在QtWidgets模块中，所以一次全导入
class XiaDan(QWidget):
    def __init__(self):
        super().__init__()
        self.resize(300, 250)
        self.setWindowTitle('下单板')
        self.daima=QLineEdit()
        self.lots=QSpinBox()                     #整数输入和显示
        self.lots.setRange(0, 100000)            #设置整数范围
        self.lots.setValue(0)                    #设置默认值
        self.jiage = QDoubleSpinBox()            #浮点数输入和显示
        self.jiage.setRange(-100000000.00, 1000000000.00)  #设置浮点数范围
        self.jiage.setSingleStep(0.01)           #增减步长设为0.01
        self.jiage.setValue(0.00)                #设置默认值
        self.duokai=QPushButton('买开')
        self.kongkai=QPushButton('卖开')
        self.buyping=QPushButton('平空')
        self.sellping=QPushButton('平多')
        self.jinzuocang = QComboBox()
        self.jinzuocang.addItem("平昨仓")
        self.jinzuocang.addItem("平今仓")

        self.formlayout = QFormLayout()  #表单布局
        self.formlayout.addRow("品种代码",self.daima)
        self.formlayout.addRow("手数",self.lots)
        self.formlayout.addRow("指定价格",self.jiage)
        self.formlayout.addRow("平昨/今",self.jinzuocang)
```

```python
        self.gridlayout = QGridLayout()  #网格布局
        self.gridlayout.addWidget(self.duokai,0,0) #买开放在0行0列
        self.gridlayout.addWidget(self.kongkai,0,1)
        self.gridlayout.addWidget(self.buyping,1,0) #平空放在1行0列
        self.gridlayout.addWidget(self.sellping,1,1)

        self.verticalLayout = QVBoxLayout()
        self.verticalLayout.addLayout(self.formlayout)
        self.verticalLayout.addLayout(self.gridlayout)
        self.verticalLayout.setAlignment(Qt.AlignCenter) #设置中心对齐,位于窗口的中央

        self.setLayout(self.verticalLayout)

        self.duokai.clicked.connect(self.xiadan)  #连接"信号-槽",所有按钮都连接到函数xiadan()
        self.kongkai.clicked.connect(self.xiadan)
        self.sellping.clicked.connect(self.xiadan)
        self.buyping.clicked.connect(self.xiadan)

    def xiadan(self):
        if self.sender().text() == '买开' : #"买开"按钮被单击
            # 弹出确认窗口,有两个按钮"Yes"和"No",默认为"No"关闭这个提示框
            res=QMessageBox.question(self,'消息','确定买开?', QMessageBox.Yes|QMessageBox.No)
            B_S = 'BUY'
            K_P = 'OPEN'
        elif self.sender().text() == '卖开' :
            res=QMessageBox.question(self,'消息','确定卖开?', QMessageBox.Yes|QMessageBox.No)
            B_S = 'SELL'
            K_P = 'OPEN'
        if self.sender().text() == '平空' :
            res=QMessageBox.question(self,'消息','确定平空?', QMessageBox.Yes|QMessageBox.No)
            B_S = 'BUY'
            if self.jinzuocang.currentText()=='平昨仓':
                K_P = 'CLOSE'
            else:
                K_P = 'CLOSETODAY'
        elif self.sender().text() == '平多' :
            res=QMessageBox.question(self,'消息','确定平多?', QMessageBox.Yes|QMessageBox.No)
            B_S = 'SELL'
            if self.jinzuocang.currentText()=='平昨仓':
                K_P = 'CLOSE'
            else:
                K_P = 'CLOSETODAY'
        if res==QMessageBox.Yes:
            Symbol = self.daima.text()
            Lots = self.lots.value()
            JiaGe = self.jiage.value()
            api.insert_order(symbol=Symbol, direction=B_S,offset=K_P, volume=Lots, limit_price=JiaGe)
if __name__ == '__main__':
    app = QApplication(sys.argv)
```

```
    Xia_Dan = XiaDan()
    Xia_Dan.show()
    sys.exit(app.exec_())
```

显示效果如图 19-3 所示。其中，手数和指定价对应的数值下单输入框可输入数值，也可以单击三角符号（ ）增减数值，标签和输入框使用了表单布局，4 个下单按钮使用了网格布局，连接了同一个槽函数，按钮被单击时会弹出下单确认窗口，单击"Yes"按钮即可下单，单击"No"按钮或关闭确认窗口则不下单。显示效果如图 19-4 所示。

图 19-3

图 19-4

函数 self.sender() 可以获取触发槽函数的信号，self.sender().text() 则获取对应信号的文字信息。

19.6 信号线程

TqSdk 的业务数据在调用 wait_update() 时更新，wait_update() 应放在 while 循环中调用，while 循环若用在主线程中会阻塞主线程，而且应用程序通常需要多个任务异步工作，因此应把 while 循环放在子线程中，每次调用 wait_update() 表示收到一次数据更新。

clicked 是按钮自带的信号，我们还可以创建自定义信号，PyQt5.QtCore 的 pyqtSignal 类用来创建一个自定义信号，类方法 emit() 用来发送信号，因此在调用 wait_update() 后调用 emit()，表示收到了数据更新并发送信号，信号再连接到处理数据的槽函数上，槽函数便可以处理最新数据了。

我们需要创建一个线程子类，用线程子类实现信号发送，代码如下：

```
from PyQt5.QtCore import pyqtSignal, QThread
class GengXinShuJu(QThread):
```

```
    my_signal = pyqtSignal()  #实例化信号
    def __init__(self):
        super().__init__()
    def run(self):#更新发送信号
        while True:
            api.wait_update()
            self.my_signal.emit()  #发送信号
```

我们创建了一个线程类 GengXinShuJu，继承于 PyQt5 的线程 QThread，该线程类可以实现跨线程发送信号，我们实例化了一个信号 my_signal，重写了 run() 方法，在 run() 方法中调用 wait_update() 及 emit()。

先实例化 GengXinShuJu，并启动线程，然后在程序所需的地方建立信号槽，代码如下：

```
GengXin_ShuJu = GengXinShuJu()#实例化
GengXin_ShuJu.start() #启动线程
GengXin_ShuJu.my_signal.connect(self.gengxin) #建立信号槽
GengXin_ShuJu.my_signal.disconnect(self.gengxin)  #断开信号槽
```

有了信号线程，我们就可以与应用程序更进一步交互了，可以尝试开发终端软件，接下来就编写一个简单的半自动化软件。

19.7 一个简单的半自动化下单软件

在第 18.4 节中，我们写了一个简单的套利下单示例，现在配合 UI 界面进行实现，我们要实现以下功能。

- 设置列表里输入多腿、空腿、价差条件、分批次数、每次下单份数。多腿是做多的品种，空腿是做空的品种。

- 多腿和空腿包含的品种不限数量、不限品种，可以任意配比。多腿或空腿的格式为"x*品种代码+y*品种代码+z*品种代码……"，示例为 SHFE.rb2105+2*SHFE.hc2105+4*CZCE.MA109。多腿和空腿组成一份套利对，品种的系数（x、y、z）表示一份套利对里该品种下单的手数，每次下单份数表示一笔下多少份，每笔下单手数为（x、y、z）*份数，分批次数表示一共下多少笔，总手数需再乘以分批次数，即（x、y、z）*份数*分笔数。分批下单可减少总体滑点。

- 价差条件表示下单条件，由于多腿或空腿的品种可以是任意多个，品种的规模乘数不同，以品种价格差作为条件不太合适，用成交额更合适。对价差（成交额）为"多腿成交额-空腿成交额"，多腿或空腿成交额计算为"x*品种价格*品种乘数+y*品种价格*品种乘数+z*品种价格*品种乘数"。对于套利对"多腿 SHFE.rb2105，空腿 SHFE.hc2105"，对价差（成交额）为1*rb2105价格*10-1*hc22105价格*10。对价差（成交额）条件为>=960，表示当最新对价差（成交额）>=960时，会执行下单。下单条件格式为>=960(大于等于)、<=960(小于等于)、==960(等于)、>960(大于)、<960(小于)。

- 对价差（成交额）以对手价计算，即买入以卖一价，卖出以买一价，因为成交时总是以对手价成交，所以以对手价计算是符合真实情况的。为了防止"瘸腿"，默认以停板价报单，停板价报单可能存在成交滑点，所以把总共下单的数量分成多笔，每笔下单都需要先判断是否满足价差条件，停板价报单基本也会成交在对手价。因为对价差正是用对手价计算的，所以成交滑点的概率不大，而分批下单又可以进一步避免全部仓位滑点，分批成交后的平均价差基本无滑点。
- 程序包含几个按钮，例如、开仓、平仓、删除，单击相应的按钮，就可以把设置的套利对添加到任务列表里。
- 任务列表里的任务可以随时关闭、再开启或移除。
- 设置列表和任务列表的内容会保存在本地，软件关闭再重启可以恢复之前的内容。本地文件则保存为json格式。
- 独立设置一个持仓窗口，可以任意组合套利持仓，便于对已设套利对重新拆解组合，根据套利组合盈亏变化来选择合适的组合加入任务列表。

我们先看一下效果图，套利设置窗口如图19-5所示。

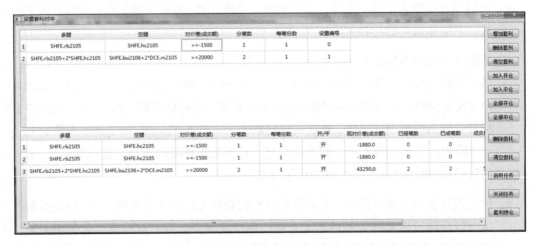

图 19-5

持仓窗口如图 19-6 所示。

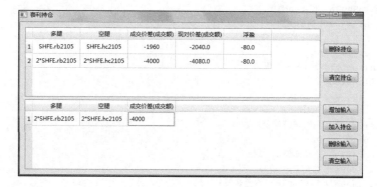

图 19-6

代码如下：

```python
#!/usr/bin/env python
# -*- coding: utf-8 -*-
import sys,os
import json
from pathlib import Path
from PyQt5.QtCore import Qt,pyqtSignal,QThread,QSize
from PyQt5.QtGui import QStandardItem, QStandardItemModel
from PyQt5.QtWidgets import *
import asyncio
from time import time
from tqsdk import TqApi, TqAccount, TqKq,TqAuth
p=Path(os.getcwd()+'\logs')
p.mkdir(exist_ok=True) #新建目录,如果目录已存在,则不会引起错误
print(p) #输出记录文件保存目录
if os.path.isfile(os.getcwd()+'\logs\ShezhiLog.json') != True: #文件不存在则创建文件,创建完就关闭
    with open(os.getcwd()+'\logs\ShezhiLog.json','w+',encoding='utf-8') as Shezhi_Log:
        json.dump([],Shezhi_Log)     #文件不存在创建,序列化为列表,然后关闭
    Shezhi_Log=open(os.getcwd()+'\logs\ShezhiLog.json','r+',encoding='utf-8')
    #先读后写再次打开新建的文件
else :Shezhi_Log=open(os.getcwd()+'\logs\ShezhiLog.json','r+',encoding='utf-8') #文件存在则先读后写
if os.path.isfile(os.getcwd()+'\logs\ZhixingLog.json') != True: #文件不存在则创建文件,创建完就关闭
    with open(os.getcwd()+'\logs\ZhixingLog.json','w+',encoding='utf-8') as Zhixing_Log:
        json.dump([],Zhixing_Log)
    Zhixing_Log=open(os.getcwd()+'\logs\ZhixingLog.json','r+',encoding='utf-8')else :Zhixing_Log=open(os.getcwd()+'\logs\ZhixingLog.json','r+',encoding='utf-8')
if os.path.isfile(os.getcwd()+'\logs\ChicangLog.json') != True: #文件不存在则创建文件,创建完就关闭
    with open(os.getcwd()+'\logs\ChicangLog.json','w+',encoding='utf-8') as Chicang_Log:
        json.dump([],Chicang_Log)
    Chicang_Log=open(os.getcwd()+'\logs\ChicangLog.json','r+',encoding='utf-8')
else :Chicang_Log=open(os.getcwd()+'\logs\ChicangLog.json','r+',encoding='utf-8')
#开平仓函数,参见第18.5节
async def OpenClose(api,quote={},position={},kaiping='',lot=0,price=None, advanced=None,
```

```python
che_time=0,block=False):

    class GengXinShuJu(QThread):
        my_signal = pyqtSignal()
        def __init__(self):
            super().__init__()
        def run(self):#更新发送信号
            while True:
                api.wait_update()
                self.my_signal.emit()
    class TaoLi(QWidget):   #套利窗口类
        def __init__(self):
            super(TaoLi, self).__init__()
            self.resize(1400, 600)
            self.setWindowTitle('设置套利对冲')
            self.shezhi = QTableWidget(self)   #创建设置表格
            self.shezhi.setRowCount(0)    #行数暂为0
            self.shezhi.setColumnCount(6)    #列数为5
            self.shezhi.setHorizontalHeaderLabels(['多腿','空腿','对价差(成交额)','分笔数','每笔份数','设置编号'])  #设置列头
            self.shezhi.setSelectionBehavior(QAbstractItemView.SelectRows)
            #设置不可选择单个单元格，只可选择一行
            self.zengjia_taoli=QPushButton('增加套利')
            self.shanchu_taoli=QPushButton('删除套利')
            self.qingkong_taoli=QPushButton('清空套利')
            self.jiaru_kaicang=QPushButton('加入开仓')
            self.jiaru_pingcang=QPushButton('加入平仓')
            self.quanbu_kaicang=QPushButton('全部开仓')
            self.quanbu_pingcang=QPushButton('全部平仓')
            self.zengjia_taoli.clicked.connect(self.add_taoli)
            self.shanchu_taoli.clicked.connect(self.del_taoli)
            self.qingkong_taoli.clicked.connect(self.clear_taoli)
            self.jiaru_kaicang.clicked.connect(self.add_danbi)
            self.jiaru_pingcang.clicked.connect(self.add_danbi)
            self.quanbu_kaicang.clicked.connect(self.add_quanbu)
            self.quanbu_pingcang.clicked.connect(self.add_quanbu)
            v1 = QVBoxLayout()
            v1.addWidget(self.zengjia_taoli)
            v1.addWidget(self.shanchu_taoli)
            v1.addWidget(self.qingkong_taoli)
            v1.addWidget(self.jiaru_kaicang)
            v1.addWidget(self.jiaru_pingcang)
            v1.addWidget(self.quanbu_kaicang)
            v1.addWidget(self.quanbu_pingcang)
            h1 = QHBoxLayout()
            h1.addWidget(self.shezhi)
            h1.addLayout(v1)

            self.zhixing = QTableWidget(self)   #创建任务表格
            self.zhixing.setRowCount(0)
```

```python
        self.zhixing.setColumnCount(12)
        self.zhixing.setEditTriggers(QAbstractItemView.NoEditTriggers)
        self.zhixing.setHorizontalHeaderLabels(['多腿','空腿','对价差(成交额)','分笔数','
每笔份数','开/平','现对价差(成交额)','已报笔数','已成笔数','成交价差(成交额)','任务状态','任务编号'])
        self.zhixing.setSelectionBehavior(QAbstractItemView.SelectRows)
        self.shanchu_weituo=QPushButton('删除委托')
        self.qingkong_weituo=QPushButton('清空委托')
        self.qidong=QPushButton('启用任务')
        self.guanbi=QPushButton('关闭任务')
        self.chicang_taoli=QPushButton('套利持仓')
        self.shanchu_weituo.clicked.connect(self.del_weituo)
        self.qingkong_weituo.clicked.connect(self.clear_weituo)
        self.qidong.clicked.connect(self.qiyong)
        self.guanbi.clicked.connect(self.quxiao)
        self.chicang_taoli.clicked.connect(self.show_chicang)
        v2 = QVBoxLayout()
        v2.addWidget(self.shanchu_weituo)
        v2.addWidget(self.qingkong_weituo)
        v2.addWidget(self.qidong)
        v2.addWidget(self.guanbi)
        v2.addWidget(self.chicang_taoli)
        h2 = QHBoxLayout()
        h2.addWidget(self.zhixing)
        h2.addLayout(v2)

        v3 = QVBoxLayout()
        v3.addLayout(h1)
        v3.addLayout(h2)
        self.setLayout(v3)

        self.shezhi_list = json.load(Shezhi_Log) #反序列化本地文件到列表，记录设置参数
        self.zhixing_list = json.load(Zhixing_Log) #记录任务参数
        self.tasks = {}  #下单任务字典
    def load_shezhi(self): #恢复设置的函数
        self.shezhi.setRowCount(len(self.shezhi_list)) #根据本地文件记录设置表格行数
        for row in range(len(self.shezhi_list)) :
            for i,column in zip(self.shezhi_list[row],range(6)) :
                item = QTableWidgetItem(str(i))  #创建表格项
                item.setTextAlignment(Qt.AlignCenter) #设置居中显示
                self.shezhi.setItem(row,column,item)  #把项添加进表格
    def load_zhixing(self): #恢复任务的函数
        self.zhixing.setRowCount(len(self.zhixing_list))
        for row in range(len(self.zhixing_list)) :
            for i,column in zip(self.zhixing_list[row],range(12)) :
                item = QTableWidgetItem(str(i))
                item.setTextAlignment(Qt.AlignCenter)
                self.zhixing.setItem(row,column,item)
    def write_shezhi(self): #把设置写入本地
        Shezhi_Log.seek(0) #把操作标记移到0
        Shezhi_Log.truncate()
```

```python
            json.dump(self.shezhi_list, Shezhi_Log) #把当日开仓成交记录写入缓存
            Shezhi_Log.flush() #把缓存写入本地文件
    def write_zhixing(self):        #把任务写入本地
            Zhixing_Log.seek(0) #把操作标记移到0
            Zhixing_Log.truncate()
            json.dump(self.zhixing_list, Zhixing_Log) #把当日开仓成交记录写入缓存
            Zhixing_Log.flush() #把缓存写入本地文件
    def add_taoli(self): #增加套利
            row = self.shezhi.rowCount() #获取表格当前行数
            self.shezhi.setRowCount(row + 1) #增加一行
            fenbi = QTableWidgetItem(str(1))
            fenshu = QTableWidgetItem(str(1))
            for i in self.shezhi_list:
                if str(row)==i[5]:
                    bianhao=QTableWidgetItem(str(row+1))
                    break
            else :bianhao=QTableWidgetItem(str(row))
            fenbi.setTextAlignment(Qt.AlignCenter)
            fenshu.setTextAlignment(Qt.AlignCenter)
            bianhao.setTextAlignment(Qt.AlignCenter)
            self.shezhi.setItem(row,3,fenbi)
            self.shezhi.setItem(row,4,fenshu)
            self.shezhi.setItem(row,5,bianhao)
    def del_taoli(self): #删除套利
            row = self.shezhi.currentIndex().row() #当前位置所在行索引
            if row >= 0 :
                for i in self.shezhi_list:
                    if i[5]==self.shezhi.item(row,5).text():
                        self.shezhi_list.remove(i) #移除列表相应的记录
                self.shezhi.removeRow(row) #删除行
                self.write_shezhi() #更新本地文件
    def clear_taoli(self): #清空套利
            for i in range(self.shezhi.rowCount()):
                self.shezhi.removeRow(0)
            self.shezhi_list=[] #记录清空
            self.write_shezhi()
    def add_danbi(self):      #把一组套利添加到任务表格
            if self.sender().text() == '加入开仓' :
                res=QMessageBox.question(self,'消息','确定开仓？', QMessageBox.Yes|QMessageBox.No)
            #两个按钮"Yes"和"No"，默认为"No"则关闭这个弹窗
            elif self.sender().text() == '加入平仓' :
                res=QMessageBox.question(self,'消息','确定平仓？', QMessageBox.Yes|QMessageBox.No)
            if res==QMessageBox.Yes:
                row = self.shezhi.currentIndex().row()
                if row >= 0 :
                    yichang = self.add_zhixing(row)
                    if yichang :
                        self.write_shezhi()
    def add_quanbu(self): #全部套利组合添加到任务表格
            if self.sender().text() == '全部开仓' :
```

```python
                res=QMessageBox.question(self,'消息','确定全部开仓？', QMessageBox.Yes|QMessageBox.No)
#两个按钮"Yes"和"No",默认为"No"则关闭这个弹窗
            elif self.sender().text() == '全部平仓' :
                res=QMessageBox.question(self,'消息','确定全部平仓？', QMessageBox.Yes|QMessageBox.No)
            if res==QMessageBox.Yes:
                if self.shezhi.rowCount() >= 1 :
                    for row in range(self.shezhi.rowCount()) :
                        yichang = self.add_zhixing(row)
                        if not yichang : break
                    if yichang :
                        self.write_shezhi()
    def add_zhixing(self,row):
        yichang = True
        try :
            for i in range(6) :      #检查内容是否可获取
                txt = self.shezhi.item(row,i).text()
            jiacha = self.shezhi.item(row,2).text() #获取价差
            pd = eval('0' + jiacha)  #判断价差条件是否正确
            fenbi = int(self.shezhi.item(row,3).text())
            fenshu = int(self.shezhi.item(row,4).text())
            if fenbi <= 0 or fenshu <= 0 :
                yichang = False
                QMessageBox.warning(self,'数值错误','分笔数或份数需大于0', QMessageBox.Ok)
            duo = self.shezhi.item(row,0).text()   #多腿
            kong = self.shezhi.item(row,1).text()  #空腿
            duo_list = duo.split('+')   #分离多腿品种
            kong_list = kong.split('+') #分离空腿品种
            dk_dic = {} #品种代码及手数配比
            kk_dic = {}
            for i in duo_list:
                dk=i.split('*')    #分离多腿品种代码和手数配比
                if len(dk)==1 : dk_dic.update({dk[0]:1})
                else : dk_dic.update({dk[1]:int(dk[0])})
            for i in dk_dic.keys():
                duo_quote = api.get_quote(i) #检查品种代码是否正确
            for i in kong_list:
                kk=i.split('*')
                if len(kk)==1 : kk_dic.update({kk[0]:1})
                else : kk_dic.update({kk[1]:int(kk[0])})
            for i in kk_dic.keys():
                kong_quote = api.get_quote(i)
        except AttributeError :
            yichang = False
            QMessageBox.warning(self,'输入错误','内容不得为空',QMessageBox.Ok)
        except ValueError :
            yichang = False
            QMessageBox.warning(self,'数值错误','手数、倍数、份数需为整数', QMessageBox.Ok)
        except SyntaxError :
            yichang = False
            QMessageBox.warning(self,'价差错误','价差条件错误',QMessageBox.Ok)
```

```python
                except Exception :
                    yichang = False
                    QMessageBox.warning(self,'品种错误','品种代码错误',QMessageBox.Ok)
                if yichang :
                    row_kaicang = self.zhixing.rowCount() #获取任务表格行数
                    self.zhixing.setRowCount(row_kaicang + 1) #增加一行
                    if [duo,kong,jiacha,fenbi,fenshu,self.shezhi.item(row,5).text()] not in self.shezhi_list:
                        self.shezhi_list.append([duo,kong,jiacha,fenbi,fenshu, self.shezhi.item(row,5).text()]) #
                    if self.sender().text() == '加入开仓' or self.sender().text() == \ '全部开仓' :
                        kaiping = '开'
                    elif self.sender().text() == '加入平仓' or self.sender().text() ==\ '全部平仓' :
                        kaiping = '平'
                    for r in range(row_kaicang):
                        if str(r) not in self.tasks:
                            bianhao=str(r)  #设置任务编号
                            break
                    else :bianhao=str(row_kaicang)
                    self.zhixing_list.append([duo,kong,jiacha,fenbi,fenshu,kaiping, float('nan'),0,0,0,'启用', bianhao])
                    self.tasks.update({bianhao:'启用'})
                    for j,k in zip(self.zhixing_list[-1],range(12)): #记录写入表格
                        item = QTableWidgetItem(str(j))
                        item.setTextAlignment(Qt.AlignCenter)
                        self.zhixing.setItem(row_kaicang, k, item)
                return yichang
                #循环设置表格数据
        def del_weituo(self): #删除任务
            row = self.zhixing.currentIndex().row()
            if row >= 0 :
                symbol = self.zhixing.item(row,0).text()
                bianhao = self.zhixing.item(row,11).text()
                if bianhao in self.tasks and isinstance(self.tasks[bianhao], asyncio.Task) and not self.tasks[bianhao].cancelled():
                    res=QMessageBox.question(self,'警告','任务正在运行,是否取消并删除? ',QMessageBox.Yes|QMessageBox.No)
                    if res==QMessageBox.Yes:
                        self.tasks[bianhao].cancel()
                        self.tasks.pop(bianhao)
                elif bianhao in self.tasks :
                    self.tasks.pop(bianhao)
                for i in self.zhixing_list:
                    if i[11]==self.zhixing.item(row,11).text(): self.zhixing_list.remove(i)
                self.zhixing.removeRow(row)
                self.write_zhixing()
        def clear_weituo(self):
            res=QMessageBox.question(self,'警告','是否取消全部任务并删除? ',QMessageBox.Yes|QMessageBox.No)
            if res==QMessageBox.Yes:
```

```python
            for i in self.tasks:
                if isinstance(self.tasks[i],asyncio.Task) and not \ self.tasks[i].cancelled():
                    self.tasks[i].cancel()
            for i in range(self.zhixing.rowCount()):
                self.zhixing.removeRow(0)
            self.zhixing_list=[]
            self.write_zhixing()
            self.tasks={}
    def chengjiaoe(self,dk_dic,kk_dic,kaiping,duo_quote,kong_quote):  #以对手价成交的成交额
        duo_cje = 0
        kong_cje = 0
        for quote in duo_quote:
            if kaiping == '开' : duo_cje += quote.ask_price1* \ quote.volume_multiple * dk_dic[quote.instrument_id]
            else : duo_cje += quote.bid_price1*quote.volume_multiple * \ dk_dic[quote.instrument_id]
        for quote in kong_quote:
            if kaiping == '开' : kong_cje += quote.bid_price1* \ quote.volume_multiple* kk_dic[quote.instrument_id]
            else : kong_cje += quote.ask_price1*quote.volume_multiple* \ kk_dic[quote.instrument_id]
        cje = duo_cje - kong_cje
        return cje
    def qiyong(self):  #启用已关闭的任务
        row = self.zhixing.currentIndex().row()
        if row>=0:
            duo = self.zhixing.item(row,0).text()
            kong = self.zhixing.item(row,1).text()
            bianhao=self.zhixing.item(row,11).text()
            if self.zhixing.item(row,10).text()=='关闭' and bianhao not in \ self.tasks :
                task = api.create_task(self.renwu(row))
                self.tasks.update({bianhao:task})
                for i in self.zhixing_list:
                    if i[11] == bianhao:
                        i[10]='启用'
                        break
                item = QTableWidgetItem('启用')
                item.setTextAlignment(Qt.AlignCenter)
                self.zhixing.setItem(row,10,item)
    def quxiao(self):  #关闭正在执行的任务
        row = self.zhixing.currentIndex().row()
        if row>=0:
            symbol = self.zhixing.item(row,0).text()
            bianhao=self.zhixing.item(row,11).text()
            if self.zhixing.item(row,10).text()=='启用' and bianhao in \ self.tasks and isinstance(self.tasks[bianhao],asyncio.Task) and not \ self.tasks[bianhao].cancelled() :
                self.tasks[bianhao].cancel()
                self.tasks.pop(bianhao)
                for i in self.zhixing_list:
                    if i[11] == bianhao:
```

```python
                            i[10]='关闭'
                        break
                    item = QTableWidgetItem('关闭')
                    item.setTextAlignment(Qt.AlignCenter)
                    self.zhixing.setItem(row,10,item)
    def gengxin(self): #遍历任务列表,开启任务并更新记录
        for row in range(self.zhixing.rowCount()) :
            if row < len(self.zhixing_list) : #线程非数据安全,避免任务删除时循环还没结束
                bianhao = self.zhixing.item(row,11).text()
                if self.zhixing.item(row,10).text()=='启用' and (bianhao not in self.tasks
or self.tasks[bianhao]=='启用' ):
                    task = api.create_task(self.renwu(row))  #创建下单任务
                    self.tasks.update({bianhao:task})        #更新下单任务字典
                    for i in self.zhixing_list: #用新记录更新表格
                        if i[11] == bianhao: #对应编号所在元素
                            for j,k in zip(i,range(12)): #把元素写入表格
                                item = QTableWidgetItem(str(j))
                                item.setTextAlignment(Qt.AlignCenter)
                                self.zhixing.setItem(row, k, item)
                            break
        self.write_zhixing()
    async def renwu(self,row): #下单任务函数
        jiacha = self.zhixing.item(row,2).text()
        fenbi = int(self.zhixing.item(row,3).text())
        fenshu = int(self.zhixing.item(row,4).text())
        kaiping = self.zhixing.item(row,5).text()
        bianhao = self.zhixing.item(row,11).text()
        for i in self.zhixing_list:
            if i[11] == bianhao:
                zhixing_id=i
                break
        duo = self.zhixing.item(row,0).text()  #多腿
        kong = self.zhixing.item(row,1).text() #空腿
        duo_list = duo.split('+')   #分离多腿品种
        kong_list = kong.split('+') #分离空腿品种
        dk_dic = {} #每笔品种代码及手数配比
        kk_dic = {}
        duo_quote = [] #多腿盘口行情
        kong_quote = []
        duo_position = [] #多腿持仓
        kong_position = []
        duo_order={} #品种已成交手数
        kong_order={}
        for i in duo_list:
            dk=i.split('*')   #分离多腿品种代码和手数配比*每笔份数
            if len(dk)==1 :
                dk_dic.update({dk[0]:1*fenshu})
                duo_order.update({dk[0]:0}) #品种已成交手数
            else :
                dk_dic.update({dk[1]:int(dk[0])*fenshu})
```

```python
                        duo_order.update({dk[1]:0}) #品种已成交手数
            for i in dk_dic.keys():
                duo_quote.append(api.get_quote(i))
                duo_position.append(api.get_position(i))
            for i in kong_list:
                kk=i.split('*')
                if len(kk)==1 :
                    kk_dic.update({kk[0]:1*fenshu})
                    kong_order.update({kk[0]:0})
                else :
                    kk_dic.update({kk[1]:int(kk[0])*fenshu})
                    kong_order.update({kk[1]:0})
            for i in kk_dic.keys():
                kong_quote.append(api.get_quote(i))
                kong_position.append(api.get_position(i))
            async with api.register_update_notify(duo_quote+kong_quote+ duo_position+kong_
position) as update_chan:
                async for i in update_chan:
                    xianjiacha=self.chengjiaoe(dk_dic,kk_dic,kaiping, duo_quote, kong_quote)
#当前价差
                    zhixing_id[6] = xianjiacha #更新记录,更新价差
                    # 价差条件满足,没有涨跌停则分批报单
                    if eval('xianjiacha' + jiacha) :
                        duo_cje = kong_cje = 0 #多空成交额
                        if kaiping=='开' and zhixing_id[8]<fenbi and \ all([q.ask_price1==q.
ask_price1 for q in duo_quote]) and \ all([q.bid_price1==q.bid_price1 for q in kong_quote]):
#条件满足,一次下一笔
                            for symbol,lot in dk_dic.items():  #遍历多腿
                                for q,p in zip(duo_quote,duo_position):
                                    if q.instrument_id == symbol :
                                        while duo_order[symbol]<lot:
                                            task=api.create_task(OpenClose(api, q,p,'kaiduo',
lot-duo_order[symbol],'停板价','FAK'))
                                            order = await task #等待任务完成
                                            duo_order[symbol]+=order[0] #统计成交手数
                                            if order[0]:duo_cje+=order[1]*order[0] \ *q.
volume_multiple
                                        break
                            for symbol,lot in kk_dic.items():  #遍历空腿
                                for q,p in zip(kong_quote,kong_position):
                                    if q.instrument_id == symbol :
                                        while kong_order[symbol]<lot:
                                            task = api.create_task(OpenClose(api,q, p ,
'kaikong',lot-kong_order[symbol],'停板价','FAK'))
                                            order = await task
                                            kong_order[symbol]+=order[0]
                                            If order[0]:kong_cje+=order[1]* \ order[0] *q.
volume_multiple
                                        break
                            zhixing_id[7] += 1 #已报笔数增加
```

```python
                            if duo_order==dk_dic and kong_order==kk_dic:
                                zhixing_id[8] += 1  #已成笔数增加
                                zhixing_id[9] += duo_cje-kong_cje  #成交额差
                        elif kaiping=='平' and zhixing_id[8]<fenbi and \ all([q.bid_price1==
q.bid_price1 for q in duo_quote]) and \ all([q.ask_price1==q.ask_price1 for q in kong_quote]):
                            for symbol,lot in dk_dic.items():
                                for q,p in zip(duo_quote,duo_position):
                                    if q.instrument_id == symbol :
                                        while duo_order[symbol]<lot:
                                            task=api.create_task(OpenClose(api,q,p,'pingduo',
lot-duo_order[symbol],'停板价','FAK'))
                                            order = await task
                                            duo_order[symbol]+=order[0]
                                            if order[0]:duo_cje += order[1] * \ order[0]
*q.volume_multiple
                                        break
                            for symbol,lot in kk_dic.items():
                                for q,p in zip(kong_quote,kong_position):
                                    if q.instrument_id == symbol :
                                        while kong_order[symbol]<lot:
                                            task=api.create_task(OpenClose(api,q,p,'pingkong',
lot-kong_order[symbol],'停板价','FAK'))
                                            order = await task
                                            kong_order[symbol]+=order[0]
                                            if order[0]:kong_cje+=order[1]* \ order[0] *q.
volume_multiple
                                        break
                            zhixing_id[7] += 1
                            if duo_order==dk_dic and kong_order==kk_dic:
                                zhixing_id[8] += 1
                                zhixing_id[9] += duo_cje-kong_cje  #成交额差
    def showEvent(self,QShowEvent):  #窗口显示时会自动调用该函数
        self.load_shezhi()
        self.load_zhixing()
        self.gengxin()
        GengXin_ShuJu.my_signal.connect(self.gengxin)
    def closeEvent(self, QCloseEvent):  #窗口关闭时会自动调用该函数
        res=QMessageBox.question(self,'消息','是否退出账户？',QMessageBox.Yes|QMessageBox.No)
#两个按钮"Yes"和"No",默认为"No"则关闭这个弹窗
        if res==QMessageBox.Yes:
            GengXin_ShuJu.my_signal.disconnect(self.gengxin)
            GengXin_ShuJu.terminate()
            QCloseEvent.accept()
            api.close()
        else:
            QCloseEvent.ignore()
    def show_chicang(self):
        Chi_Cang.show()
class ChiCang(QWidget):  #持仓窗口类
```

```python
    def __init__(self):
        super(ChiCang, self).__init__()
        self.resize(1000, 500)
        self.setWindowTitle('套利持仓')
        self.taoli_chicang = QTableWidget(self)
        self.taoli_chicang.setRowCount(0)
        self.taoli_chicang.setColumnCount(5)
        self.taoli_chicang.setEditTriggers(QAbstractItemView.NoEditTriggers)
        self.taoli_chicang.setHorizontalHeaderLabels(['多腿', '空腿', '成交价差(成交额)',
'现对价差(成交额)',' 浮盈'])
        self.taoli_chicang.setSelectionBehavior(QAbstractItemView.SelectRows)
        self.shanchu_chicang=QPushButton('删除持仓')
        self.qingkong_chicang=QPushButton('清空持仓')
        self.shanchu_chicang.clicked.connect(self.del_chicang)
        self.qingkong_chicang.clicked.connect(self.clear_chicang)
        v1 = QVBoxLayout()
        v1.addWidget(self.shanchu_chicang)
        v1.addWidget(self.qingkong_chicang)
        h1 = QHBoxLayout()
        h1.addWidget(self.taoli_chicang)
        h1.addLayout(v1)

        self.tianjia_chicang = QTableWidget(self)
        self.tianjia_chicang.setRowCount(0)
        self.tianjia_chicang.setColumnCount(3)
        self.tianjia_chicang.setHorizontalHeaderLabels(['多腿','空腿','成交价差(成交额)'])
        self.tianjia_chicang.setSelectionBehavior(QAbstractItemView.SelectRows)
        self.zengjia_shuru=QPushButton('增加输入')
        self.zengjia_chicang=QPushButton('加入持仓')
        self.shanchu_shuru=QPushButton('删除输入')
        self.qingkong_shuru=QPushButton('清空输入')
        self.zengjia_shuru.clicked.connect(self.add_shuru)
        self.zengjia_chicang.clicked.connect(self.add_danbi)
        self.shanchu_shuru.clicked.connect(self.del_shuru)
        self.qingkong_shuru.clicked.connect(self.clear_shuru)
        v2 = QVBoxLayout()
        v2.addWidget(self.zengjia_shuru)
        v2.addWidget(self.zengjia_chicang)
        v2.addWidget(self.shanchu_shuru)
        v2.addWidget(self.qingkong_shuru)
        h2 = QHBoxLayout()
        h2.addWidget(self.tianjia_chicang)
        h2.addLayout(v2)

        v3 = QVBoxLayout()
        v3.addLayout(h1)
        v3.addLayout(h2)
        self.setLayout(v3)
        self.chicang_list = json.load(Chicang_Log)
    def load_chicang(self):
```

```python
            self.taoli_chicang.setRowCount(len(self.chicang_list))
            for row in range(len(self.chicang_list)) :
                for i,column in zip(self.chicang_list[row],range(5)) :
                    item = QTableWidgetItem(str(i))
                    item.setTextAlignment(Qt.AlignCenter)
                    self.taoli_chicang.setItem(row,column,item)
        def write_chicang(self):
            r_list = []
            for row in range(self.taoli_chicang.rowCount()):
                c_list = []
                for i in range(5) :
                    c_list.append(self.taoli_chicang.item(row,i).text())
                r_list.append(c_list)
            self.chicang_list = r_list
            Chicang_Log.seek(0) #把操作标记移到0
            Chicang_Log.truncate()
            #把文件裁成规定的大小，无参数则默认裁到当前文件操作标记的位置。标记为0即清空文件，以重新写入
            json.dump(r_list, Chicang_Log) #把当日开仓成交记录写入缓存
            Chicang_Log.flush() #把缓存写入硬盘文件
        def add_shuru(self):
            row = self.tianjia_chicang.rowCount()
            self.tianjia_chicang.setRowCount(row + 1)
        def add_danbi(self):
            row = self.tianjia_chicang.currentIndex().row()
            if row >= 0 :
                yichang = self.add_chicang(row)
                if yichang :
                    self.write_chicang()
        def add_chicang(self,row):
            yichang = True
            try :
                for i in range(3) :
                    txt = self.tianjia_chicang.item(row,i).text()
                duo = self.tianjia_chicang.item(row,0).text()
                kong = self.tianjia_chicang.item(row,1).text()
                duo_list = duo.split('+')
                kong_list = kong.split('+')
                dk_dic = {}
                kk_dic = {}
                for i in duo_list:
                    dk=i.split('*')
                    if len(dk)==1 : dk_dic.update({dk[0]:1})
                    else : dk_dic.update({dk[1]:int(dk[0])})
                for i in dk_dic.keys():
                    duo_quote = api.get_quote(i)
                for i in kong_list:
                    kk=i.split('*')
                    if len(kk)==1 : kk_dic.update({kk[0]:1})
                    else : kk_dic.update({kk[1]:int(kk[0])})
                for i in kk_dic.keys():
```

```python
                kong_quote = api.get_quote(i)
                #kaiping= self.tianjia_chicang.item(row,2).text()
                jiacha = float(self.tianjia_chicang.item(row,2).text())
        except AttributeError :
            yichang = False
            QMessageBox.warning(self,'输入错误','内容不得为空',QMessageBox.Ok)
        except ValueError :
            yichang = False
            QMessageBox.warning(self,'数值错误','手数需为整数\n价差错误', QMessageBox.Ok)
        except Exception :
            yichang = False
            QMessageBox.warning(self,'品种错误','品种代码错误',QMessageBox.Ok)
        if yichang :
            row_kaicang = self.taoli_chicang.rowCount()
            self.taoli_chicang.setRowCount(row_kaicang + 1)
            for i in range(3) :
                txt = self.tianjia_chicang.item(row,i).text()
                item = QTableWidgetItem(txt)
                item.setTextAlignment(Qt.AlignCenter)
                self.taoli_chicang.setItem(row_kaicang, i, item)
            item = QTableWidgetItem('nan')
            item.setTextAlignment(Qt.AlignCenter)
            self.taoli_chicang.setItem(row_kaicang, 3, item)
            item = QTableWidgetItem('nan')
            item.setTextAlignment(Qt.AlignCenter)
            self.taoli_chicang.setItem(row_kaicang, 4, item)
        return yichang
    def del_shuru(self):
        row = self.tianjia_chicang.currentIndex().row()
        if row >= 0 :
            self.tianjia_chicang.removeRow(row)
    def clear_shuru(self):
        for i in range(self.tianjia_chicang.rowCount()):
            self.tianjia_chicang.removeRow(0)
    def del_chicang(self):
        row = self.taoli_chicang.currentIndex().row()
        if row >= 0 :
            self.taoli_chicang.removeRow(row)
            self.write_chicang()
    def clear_chicang(self):
        for i in range(self.taoli_chicang.rowCount()):
            self.taoli_chicang.removeRow(0)
        self.write_chicang()
    def chengjiaoe(self,dk_dic,kk_dic,kaiping,duo_quote,kong_quote):
        duo_cje = 0
        kong_cje = 0
        for quote in duo_quote:
            if kaiping == '空' : duo_cje += quote.ask_price1* \ quote.volume_multiple *dk_dic[quote.instrument_id]
            else : duo_cje += quote.bid_price1*quote.volume_multiple* \ dk_dic[quote.
```

```
instrument_id]
            for quote in kong_quote:
                if kaiping == '空' : kong_cje += quote.bid_price1* \ quote.volume_multiple * kk_
dic[quote.instrument_id]
                else : kong_cje += quote.ask_price1*quote.volume_multiple* \ kk_dic[quote.
instrument_id]
            cje = duo_cje - kong_cje
            return cje
        def gengxin(self): #
            for row in range(self.taoli_chicang.rowCount()) :
                if row < self.taoli_chicang.rowCount():
                    #未报单数大于0,继续报单,若创建协程可能并发执行会导致资源冲突
                    jiacha = self.taoli_chicang.item(row,2).text()
                    duo = self.taoli_chicang.item(row,0).text() #多腿
                    kong = self.taoli_chicang.item(row,1).text() #空腿
                    duo_list = duo.split('+')   #分离多腿品种
                    kong_list = kong.split('+') #分离空腿品种
                    dk_dic = {} #品种代码及手数配比
                    kk_dic = {}
                    duo_quote = [] #多腿盘口行情
                    kong_quote = []
                    for i in duo_list:
                        dk=i.split('*')   #分离多腿品种代码和手数配比*每笔份数
                        if len(dk)==1 : dk_dic.update({dk[0]:1})
                        else : dk_dic.update({dk[1]:int(dk[0])})
                    for i in dk_dic.keys():
                        duo_quote.append(api.get_quote(i)) #
                    for i in kong_list:
                        kk=i.split('*')
                        if len(kk)==1 : kk_dic.update({kk[0]:1})
                        else : kk_dic.update({kk[1]:int(kk[0])})
                    for i in kk_dic.keys():
                        kong_quote.append(api.get_quote(i))
                    xianjiacha = self.chengjiaoe(dk_dic,kk_dic,'平',duo_quote,kong_quote)
                    #以对手价平仓
                    fuying = xianjiacha-float(jiacha) #以对手价平仓可以获得的利润,若有品种停板则为nan
                    item = QTableWidgetItem(str(xianjiacha))
                    item.setTextAlignment(Qt.AlignCenter)
                    self.taoli_chicang.setItem(row, 3, item)
                    item = QTableWidgetItem(str(fuying))
                    item.setTextAlignment(Qt.AlignCenter)
                    self.taoli_chicang.setItem(row, 4, item)
            self.write_chicang()
        def showEvent(self,QShowEvent):
            self.load_chicang()
            GengXin_ShuJu.my_signal.connect(self.gengxin)
        def closeEvent(self, QCloseEvent):
            GengXin_ShuJu.my_signal.disconnect(self.gengxin)
    if __name__ == '__main__':
        api = TqApi(TqAccount('H期货公司','账号','密码'),auth=TqAuth("信易账号", "密码"))
```

```
app = QApplication(sys.argv)
GengXin_ShuJu = GengXinShuJu()
GengXin_ShuJu.start()
Tao_Li = TaoLi()
Tao_Li.show()
Chi_Cang = ChiCang()
sys.exit(app.exec_())
```

19.8 打包成.exe 格式的可执行文件

我们可以把写好的程序打包成.exe 可执行文件，以便于把程序分享给他人，打包的方法有多种，下面以 PyInstaller 模块为例进行介绍。

安装好 PyInstaller 模块后，在命令行窗口输入 `PyInstaller -D E:\ProgramData\test.py` 或者 `python -m PyInstaller -D E:\ProgramData\test.py`，即可把 test.py 文件打包成.exe 格式的文件。

参数 `-D` 表示打包成一个文件包，里面包含多个文件，这是大多数程序的文件形式。

参数若为 `-F`，则表示打包成一个文件，有一些小程序就是单个文件的形式。

上述命令打包的.exe 文件在执行时会显示命令行窗口，以显示程序的某些输出信息，该命令行窗口不能关闭，若关闭了命令行窗口，那么程序也会关闭，若不想显示命令行窗口，可增加一个参数 `-w`，即 `PyInstaller -D -w E:\ProgramData\test.py`。

打包后的.exe 格式的文件默认保存在 dist 文件夹，你会看到如下提示：

```
16890 INFO: Appending archive to EXE C:\Users\Administrator\dist\studytest.exe
16953 INFO: Building EXE from EXE-00.toc completed successfully.
```

`C:\Users\Administrator\dist\studytest.exe` 就是文件所在的具体路径。

19.9 小结

PyQt5 是很专业的开发 GUI 程序的工具，其内容足以写成一本厚书。本章给出了一个用 PyQt5 开发半自动化下单软件的示例，这只是基于一个简单的 GUI 程序来介绍 PyQt5，若想开发个性化的软件，建议读者深入研究 PyQt5。

下一章将介绍实时绘制 K 线图和技术指标的方法。

第 20 章 技术指标绘图

我们在第 16 章用浏览器实现过绘制技术指标，但当技术指标数量多时浏览器容易卡顿，因此我们需要一种更高性能的绘图方法。

matplotlib 是著名的 Python 绘图库，它不仅强大而且专业，适用于各种数据分析领域，但在实时绘制 K 线图时性能较弱，尤其是数据量大的时候更显不足。我们推荐使用 PyQtGraph，PyQtGraph 提供了高度优化的绘图接口。

本章借鉴了开源量化平台 VNPY 绘制 K 线的方法。

PyQtGraph 依赖于 PyQt，可与 PyQt5 配合使用，PyQtGraph 可嵌入 PyQt5 的部件组成丰富的 GUI 界面程序。

安装 PyQtGraph 的命令如下：

```
pip install pyqtgraph -i https://pypi.tuna.tsinghua.edu.cn
```

20.1 PyQtGraph 简介

PyQtGraph 应用基于项的图形概念，例如，窗口中的一个图片就是一个项，图片上的一条曲线或一个文字也是一个项，窗口由 `GraphicsView` 或其子类创建，图形项由 `QGraphicsItem` 或其子类创建，窗口包括窗口中的各种图形项组成一个图形视图。

图形视图需要创建一个场景（scene），类似舞台表演之前需要建立一个环境用来搭建舞台，这个场景是通过 `QGraphicsScene` 对象实现的，通常会自动创建。场景用来管理图形项，对场景中的一个项进行变换，也会应用到其子对象，如移动一张图片，图片上的各类图形就会跟着移动。

图形视图使用 3 种坐标系，最顶层的窗口使用物理坐标系，类似画图时的画框，物理坐标系左上角是坐标原点(0,0)；场景使用逻辑坐标系，类似画框上的画图区；第三种坐标系是图形项使用的坐标系，它是以(0,0)为原点的逻辑坐标系，每个项的原点就是该项在场景中的位置。

图形项也被称为图元（Item），图元 Item 通过创建 `QGraphicsItem` 的子类来创建，在子类中需要实现它的两个纯虚拟公共函数：其中，`boundingRect()` 返回图元绘制的区域的估计值，即图元在这个函数返回的范围内绘制；`paint()` 用于实现实际的绘画，绘制基于逻辑坐标系，默认原点是(0,0)。这两个函数会被自动调用。

图形视图的层次结构如图 20-1 所示。

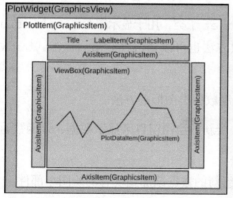 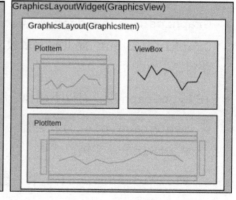

图 20-1

图元 Item 有 3 种，如下所示。

1. 数据类：`QGraphicsItem` 的子类。

   - `PlotCurveItem` 显示给定 x 和 y 数据的绘图线。

   - `ScatterPlotItem` 显示给定 x 和 y 数据的点。

   - `PlotDataItem` 组合 `PlotCurveItem` 和 `ScatterPlotItem`。

2. 容器类：`QGraphicsItem` 的子类，包含其他 `QGraphicsItem` 对象，在 `GraphicsView` 中显示。

- `PlotItem` 包含用于显示数据的 `ViewBox`，以及用于显示轴和标题的 `AxisItems` 和标签。这是一个 `QGraphicsItem` 子类，因此只能在 `GraphicsView` 中使用。
- `GraphicsLayout` 是 `QGraphicsItem` 子类，显示项目网格，用于一起显示多个 `PlotItem`。
- `ViewBox` 用于显示数据的 `QGraphicsItem` 子类。用户可以使用鼠标缩放或平移 `ViewBox` 的内容。通常，所有 `PlotData`、`PlotCurve`、`ScatterPlotItem` 都在 `ViewBox` 中显示。
- `AxisItem` 显示轴值、刻度和标签，最常用于 `PlotItem`。

3. 容器类：`QWidget` 的子类，可以嵌入在 **PyQt GUI** 中。

- `PlotWidget` 是 `GraphicsView` 的子类，用于显示单个 `PlotItem`。`PlotItem` 提供的大多数方法可以通过 `PlotWidget` 获得，也可用 `QWidget` 的方法获得。
- `GraphicsLayoutWidget` 是 `QWidget` 子类，用于显示单个 `GraphicsLayout`。`GraphicsLayout` 提供的大多数方法也可以通过 `GraphicsLayoutWidget` 获得。
- 在 `PyQtGraph` 中，有以下几种绘制数据类图形的方法。
  - `pyqtgraph.plot()`：创建一个新的绘图窗口来显示数据，该函数返回一个 `PlotWindow` 实例。
  - `PlotWidget.plot()`：将一组新的数据添加到现有的绘图小部件。
  - `PlotItem.plot()`：将一组新的数据添加到现有的绘图小部件。
  - `GraphicsLayout.addPlot()`：用于把一个新的图形添加到一个网格中。

`plot()` 方法的基本参数如下。

- `x` 代表 *x* 轴数据（可选）。如果没有赋值，程序则自动生成特定范围的整数值。
- `y` 代表 *y* 轴数据。
- `pen` 代表图表线条的画笔参数，若设为 `None` 则不显示线条。
- `symbol` 参数为字符串类型，用于描述图表每个坐标点的形状。比如设为'o'，则坐标点的形状就为 o。可选值包括 'o'、's'、't'、't1'、't2'、't3'、'd'、'+'、'x'、'p'、'h'、'star'。

- symbolPen 用于描绘符号轮廓的画笔参数。
- symbolBrush 用于填充符号的画刷参数。
- fillLevel 用于计算曲线下面积的 Y 坐标值。
- brush 用于填充曲线下面积的画刷。

PyQtGraph 提供了两种类似的方法来进行全局设置：

```
pyqtgraph.setConfigOptions(**opts)    # 同时设置多项参数
pyqtgraph.getConfigOption(opt)        # 只设置一项参数
```

用法如下：

```
# 禁止拖动图表，并启用抗锯齿
pyqtgraph.setConfigOptions(leftButtonPan=False, antialias=True)
# 禁止拖动图表
pyqtgraph.getConfigOption('leftButtonPan', True)
#设置背景
pyqtgraph.setConfigOption('background', 'w') #背景色
pyqtgraph.setConfigOption('foreground', 'k') #前景色
```

背景颜色是 pyqtgraph.mkColor 函数的合法输入，可以是以下形式中的一种。

- 以下字符中的一个（英文颜色首字母）：'r'、'g'、'b'、'c'、'm'、'y'、'k'、'w'。
- 单个 RGB 颜色数值（R, G, B, [A]）——范围在 0～255 的整型数值。
- 组合 RGB 颜色数值（R, G, B, [A]）——范围在 0～255 的整型元组。
- 灰度颜色数值 float greyscale，数值范围是 0.0～1.0。
- 由颜色类 intColor()<pyqtgraph.intColor>定义的整型值。
- 颜色色度组合(int,hues)，颜色同上，由 intColor()<pyqtgraph.intColor>定义。
- "RGB"——以十六进制字符串类型表示的 RGB 颜色。
- "RGBA"——以 RBG 颜色值与阿尔法色彩值表示的颜色。
- "RRGGBB"——以 6 位数表示的 RGB 颜色值。
- "RRGGBBAA"——以 6 位数表示的 RGB 颜色值与阿尔法色彩值表示的颜色。
- QColor 类的拷贝。

20.2 技术指标绘制

20.2.1 K线和成交量绘制类

首先需要记录K线,函数`get_kline_serial()`订阅K线后,K线的数量便固定了,在K线更新时只是修改原数据,不会增加数量,因此若想记录K线的增加可使用如下类:

```python
#K线记录
class BarManager():
    def __init__(self, kline: pandas.DataFrame = pandas.DataFrame()):
        self.kline = kline  #传入订阅的K线
        self.bars = pandas.DataFrame()  #记录生成的K线
        self.update_bar()  #先调用一次,记录一下初始K线
    def update_bar(self):
        #新K线追加到记录
        self.bars = self.bars.append(self.kline)
        #按时间和id删除重复的K线,保留新追加的K线,直接在原数据上更改
        self.bars.drop_duplicates(subset=['datetime','id'],keep='last',inplace=True)
        #self.bars.reset_index(inplace=True,drop=True) #重置行索引,行索引将是所画图的x轴
        self.bars.index = range(len(self.bars))  #重置行索引,行索引将是画图的x轴
```

初始化BarManager时传入订阅的K线,然后随着K线更新反复调用`update_bar()`即可把新K线追加到变量`self.bars`中。

若要画价差K线,也可以模仿K线记录类编写价差K线的记录类,代码如下:

```python
class BarDiffManager():
    def __init__(self, klines1: pandas.DataFrame, klines2: pandas.DataFrame):
        self.klines1 = klines1
        self.klines2 = klines2
        self.klines = pandas.DataFrame()  #创建一个空DataFrame,用于计算价差K线
        self.bars = pandas.DataFrame()  #记录生成的K线
        self.update_bar()  #先调用一次,记录一下初始K线
    def update_bar(self):
        self.klines['datetime']=self.klines1.datetime  #时间与klines1对齐
        #self.klines['id']=self.klines1.id   #id与klines1对齐
        self.klines['open']=self.klines1.open-self.klines2.open
        self.klines['high']=self.klines1.high-self.klines2.high
        self.klines['low']=self.klines1.low-self.klines2.low
        self.klines['close']=self.klines1.close-self.klines2.close
        #新K线追加到记录
        self.bars = self.bars.append(self.klines)
        #按时间和id删除重复的K线,保留新追加的K线,直接在原数据上更改
        self.bars.drop_duplicates(subset=['datetime','open'],keep='last',inplace=True)
        self.bars.index = range(len(self.bars))  #重置行索引,行索引将是画图的id
```

价差 K 线 `BarDiffManager` 需传入两个 K 线，然后对应开盘价和收盘价做差，由于最低价和最高价的时间不一定同步，因此做差会不准确。这时需要用 tick 级别对齐时间，但会复杂很多，这里就不做处理了，用这个粗略价差 K 线也是可以参考的。

由于不同指标和 K 线需要对齐 x 轴，以免图形发生错位，简单的处理方法是重置 K 线数据的行索引，用 K 线的总数量重置行索引，在绘图时 x 轴会按行索引对齐。

K 线包含影线和实体，影线是线段，实体是矩形，成交量以柱体显示也是矩形，我们用 QPainter 类来画 K 线和成交量，QPainter 需要在一个绘图设备上画图，绘图设备包含 QPixmap、QImage、QBitmap、QPicture，我们用的绘图设备是 QPicture，QPicture 用来记录 QPainter 的绘制指令，在 paint() 中重放 QPicture 记录的绘制指令即可画图。

例如，用以下函数绘制 K 线：

```
def _draw_bar_picture(self, ix: int,bar) -> QtGui.QPicture:
    candle_picture = QtGui.QPicture() #创建QPicture
    painter = QtGui.QPainter(candle_picture) #QPicture 开始记录 QPainter 的绘制指令
    if bar.close > bar.open:
        painter.setPen(pg.mkPen('r')) #设置画笔颜色, r 为红色
        painter.setBrush(pg.mkBrush('r')) #设置笔刷颜色
    elif bar.close < bar.open:
        painter.setPen(pg.mkPen('g'))
        painter.setBrush(pg.mkBrush('g'))
    else :
        painter.setPen(pg.mkPen('b'))
        painter.setBrush(pg.mkBrush('b'))
    if bar.low == bar.high : #画影线
        painter.drawLine(QtCore.QPointF(ix- BAR_WIDTH, bar.low), QtCore.QPointF(ix+ BAR_WIDTH, bar.high))
    else:
        painter.drawLine(QtCore.QPointF(ix, bar.low), QtCore.QPointF(ix, bar.high))
    painter.drawRect(QtCore.QRectF(ix - BAR_WIDTH, bar.open, BAR_WIDTH*2, bar.close-bar.open)) #画实体
    # Finish
    painter.end()  #画图指令记录结束
    return candle_picture #绘制结束，返回记录了绘制命令的 candle_picture 以在paint()函数中回放
```

在上述代码示例中，参数 `ix` 是需要绘制 K 线的 x 轴位置，`bar` 是一根 K 线，先创建 QPicture，然后创建 QPainter 并传入参数 QPicture，QPicture 便开始记录 QPainter 的指令，QPainter.end() 用于结束记录，然后返回 QPicture，QPicture 会在 paint() 函数中重放画图指令，代码如下：

```
def paint(self, painter: QtGui.QPainter,opt: QtWidgets.QStyleOptionGraphicsItem,w: QtWidgets.QWidget): #自动重画
    candle_picture.play(painter) #重放指令, 开始绘图
```

boundingRect()函数用于设置绘图的范围，代码如下：

```python
def boundingRect(self) -> QtCore.QRectF: #返回该图元所绘制的区域
    min_price,max_price=self._barmanager.bars.low.min(), \ self._barmanager.bars.high.max()
    #逻辑坐标，x轴为原点0，y轴为K线最低价，宽度为全部K线图，高度为最高价与最低价的差
    rect = QtCore.QRectF(0,min_price,len(self._bar_picutures),max_price - min_price)
    return rect
```

随着K线更新，K线的价格范围也会变化，以下函数被反复调用以返回指定 x 轴范围对应的 y 轴价格范围：

```python
def get_y_range(self, min_ix: int = None, max_ix: int = None) -> Tuple[float, float]:
    min_price,max_price= \ self._barmanager.bars.loc[min_ix:max_ix].low.min(), \ self._barmanager.bars.loc[min_ix:max_ix].high.max()
    return min_price, max_price
```

成交量的绘制过程和K线类似，可把K线和成交量的公共函数写在同一个类中，K线和成交量作为子类继承该类即可，完整的代码如下：

```python
class ChartItem(pg.GraphicsObject): # K线和成交量的公共类
    def __init__(self, barmanager: BarManager):
        super().__init__()
        self._barmanager: BarManager = barmanager #K线管理类
        self._bar_picutures: Dict[int, QtGui.QPicture] = {} #键是x轴位置,值是每一根K线的绘制指令
        self._item_picture: QtGui.QPicture = None #用来记录重放绘制的命令
        # 只重画部分图形，大大提高界面更新速度
        self.setFlag(self.ItemUsesExtendedStyleOption)
    @abstractmethod
    def _draw_bar_picture(self, ix: int, bar) -> QtGui.QPicture:
        #公共函数，由子类重写
        pass
    @abstractmethod
    def boundingRect(self) -> QtCore.QRectF:
        pass
    @abstractmethod
    def get_y_range(self, min_ix: int = None, max_ix: int = None) -> Tuple[float, float]:
        pass
    #先调用，用来画历史K线
    def update_history(self) :
        self._bar_picutures.clear() #清空历史绘图再重绘
        for k in self._barmanager.bars.itertuples(): #为每一根历史K线绘图
            bar_picture = self._draw_bar_picture(k.Index,k)
            self._bar_picutures[k.Index] = bar_picture
        self.update() #刷新场景以更新图元
    def update_bar(self) : #画新K线，反复调用以创建每一根K的picture
        """记录每根K线的绘图指令到self._bar_picutures"""
        klines = self._barmanager.bars
        bar_picture = self._draw_bar_picture(len(klines)-1,klines.iloc[-1])
        #写入画图指令，始终重画最新一根K线
```

```python
            self._bar_picutures[len(klines)-1] = bar_picture  #把记录了画k指令的picture更新到字典
            self.update()
    def update(self) -> None:  #刷新场景以更新图元
        if self.scene():  #返回QGraphicsItem 的场景, 在QGraphicsItem 尚未添加场景时返回None
            self.scene().update()  #在可见的场景视图中安排一个QGraphicItem 绘图事件
    #重放picuture 中的指令绘图
    def paint(self, painter: QtGui.QPainter, opt: QtWidgets.QStyleOptionGraphicsItem, w: QtWidgets.QWidget):  #自动重画
        """监听绘图指令"""
        rect = opt.exposedRect  #返回图元区域
        min_ix = int(rect.left())
        max_ix = int(rect.right())
        max_ix = min(max_ix, len(self._bar_picutures))  #重置x轴的最大值
        self._draw_item_picture(min_ix, max_ix)  #用_item_picuture 记录重放绘制的过程
        self._item_picuture.play(painter)  #开始绘图
    def _draw_item_picture(self, min_ix: int, max_ix: int) -> None:
        """在特定范围内画图"""
        self._item_picuture = QtGui.QPicture()  #新绘图
        painter = QtGui.QPainter(self._item_picuture)
        for n in range(min_ix, max_ix):  #遍历x轴, 重放视图范围内的指令
            bar_picture = self._bar_picutures[n]  #按x轴位置获取绘图
            bar_picture.play(painter)  #重放绘图位置n 中的painter 指令
        painter.end()  #记录结束 上述重放过程由self._item_picuture 记录
class CandleItem(ChartItem):  #K 线类
    def __init__(self, barmanager: BarManager):
        super().__init__(barmanager)  #使用父类ChartItem 的初始化
    #绘制K 线
    def _draw_bar_picture(self, ix: int, bar) -> QtGui.QPicture:
        candle_picture = QtGui.QPicture()  #创建QPicture
        painter = QtGui.QPainter(candle_picture)  #QPicture 开始记录QPainter 的绘制指令
        if bar.close > bar.open:
            painter.setPen(pg.mkPen('r'))
            painter.setBrush(pg.mkBrush('r'))
        elif bar.close < bar.open:
            painter.setPen(pg.mkPen('g'))
            painter.setBrush(pg.mkBrush('g'))
        else:
            painter.setPen(pg.mkPen('b'))
            painter.setBrush(pg.mkBrush('b'))
        if bar.low == bar.high :  #画影线
            painter.drawLine(QtCore.QPointF(ix- BAR_WIDTH, bar.low), QtCore.QPointF(ix+ BAR_WIDTH, bar.high))
        else:
            painter.drawLine(QtCore.QPointF(ix, bar.low), QtCore.QPointF(ix, bar.high))
        painter.drawRect(QtCore.QRectF(ix - 0.3, bar.open, 0.3*2, bar.close-bar.open))  #画实体
        painter.end()
        return candle_picture  #绘制结束, 返回记录了绘制命令的candle_picture 以在paint() 函数中回放
    def boundingRect(self) -> QtCore.QRectF:  #返回该图元所绘制的区域
        min_price, max_price = self._barmanager.bars.low.min(), \ self._barmanager.bars.high.max()
        #逻辑坐标, x轴原点0, y 轴K 线最低价, 宽度为全部K 线图, 高度为最高价与最低价的差
```

```python
                rect = QtCore.QRectF(0,min_price,len(self._bar_picutures),max_price - min_price)
                return rect

        def get_y_range(self, min_ix: int = None, max_ix: int = None) -> Tuple[float, float]:
            min_price, max_price = \ self._barmanager.bars.loc[min_ix:max_ix].low.min(), \
self._barmanager.bars.loc[min_ix:max_ix].high.max()
            return min_price, max_price
    class VolumeItem(ChartItem): #成交量类
        def __init__(self, barmanager: BarManager):
            super().__init__(barmanager)
        def _draw_bar_picture(self, ix: int,bar) -> QtGui.QPicture:
            volume_picture = QtGui.QPicture()
            painter = QtGui.QPainter(volume_picture)
            if bar.close > bar.open:
                painter.setPen(pg.mkPen('r'))
                painter.setBrush(pg.mkBrush('r'))
            elif bar.close < bar.open:
                painter.setPen(pg.mkPen('g'))
                painter.setBrush(pg.mkBrush('g'))
            else :
                painter.setPen(pg.mkPen('b'))
                painter.setBrush(pg.mkBrush('b'))
            painter.drawRect(QtCore.QRectF(ix - 0.3, 0, 0.3*2, bar.volume))
            painter.end()
            return volume_picture
        def boundingRect(self) -> QtCore.QRectF:
            min_volume, max_volume = self._barmanager.bars.volume.min(),\ self._barmanager.
bars.volume.max()
            rect=QtCore.QRectF(0,min_volume,len(self._bar_picutures),max_volume - min_volume)
            return rect
        def get_y_range(self, min_ix: int = None, max_ix: int = None) -> Tuple[float, float]:
            min_volume, max_volume = \ self._barmanager.bars.loc[min_ix:max_ix].volume.min(), \
self._barmanager.bars.loc[min_ix:max_ix].volume.max()
            return min_volume, max_volume
```

在实际使用中，成交量的作用不大，用其他软件查看成交量即可，没必要重画。

20.2.2 技术指标计算类

类似均线这样的曲线，我们可创建一个曲线类，用该曲线类统一计算这类曲线，代码如下：

```python
class CurveItem(): #曲线类
    def __init__(self, barmanager: BarManager,indicator,*period):
        self._barmanager: BarManager = barmanager
        self.indicator = indicator #技术指标计算函数
        self.period=period #技术指标的周期
```

```
            self.indicator_bar=pandas.DataFrame() #技术指标值
            self.update_bar() #先调用一次,计算一下初始K线
        def update_bar(self):
            self.indicator_bar = self.indicator(self._barmanager.bars,* self.period)
            #把Nan值替换成第一个指标值
            self.indicator_bar.fillna(self.indicator_bar.iloc[max(self.period)] ,inplace=True)
```

技术指标计算函数采用的是模块 tqsdk.ta 中的函数,模块 tqsdk.ta 中的函数默认用 K 线的收盘价计算,返回值为 pandas.DataFrame 类型。一开始指标周期范围内的 K 线不够计算,指标值会以 Nan 值表示,但 Nan 值是不确定值,无法绘图,需要对 Nan 值进行替换,一个方法是替换成第一个计算出的指标值,即绘图时把最开始的指标画成直线。

函数 update_bar 会被反复调用以更新指标值,由于技术指标需要与 K 线的 x 轴对齐,因此默认以全部 K 线进行计算。但当 K 线数量逐渐增多时,计算量就会增加,如果只计算最新的 K 线效率会更高,但对齐 x 轴又需要增加更多代码量。

MACD 指标既有曲线又有直线,可以分别来画,曲线用曲线类 CurveItem 计算,直线可类似画 K 线影线那样画,需要多创建一个画 MACD 柱线的类,代码如下:

```
class MACDItem(pg.GraphicsObject):
    def __init__(self, barmanager: BarManager,indicatorname:str,indicator,period=[]):
        super().__init__()
        self._barmanager: BarManager = barmanager #K线管理类
        self.indicatorname = indicatorname #指标的名称为macd
        self.indicator = indicator #指标函数为MACD
        self.period=period
        self.y=None
        self._bar_picutures: Dict[int, QtGui.QPicture] = {} #键是id,值是每一根K线的绘制指令
        self._item_picture: QtGui.QPicture = None #指标的QPicture,用来记录重放指标绘制的命令
    def _draw_bar_picture(self) -> QtGui.QPicture:
        if self.indicatorname == 'macd':
            self.y=self.indicator(self._barmanager.bars,*self.period)
            self.y.fillna(self.y.iloc[max(self.period)],inplace=True)
            for ix in range(len(self.y)):
                indicator_picture = QtGui.QPicture()
                painter = QtGui.QPainter(indicator_picture)
                if self.y['bar'][ix]>0:
                    painter.setPen(pg.mkPen(color='r', width=2))
                    painter.drawLine(QtCore.QPointF(ix, 0), QtCore.QPointF(ix, self.y['bar'][ix]))
                else :
                    painter.setPen(pg.mkPen(color='g', width=2))
                    painter.drawLine(QtCore.QPointF(ix, 0), QtCore.QPointF(ix, self.y['bar'][ix]))
                painter.end()
                self._bar_picutures[ix]=indicator_picture
    def boundingRect(self) -> QtCore.QRectF:
```

```python
            if self.indicatorname == 'macd':
                min_price, max_price = \ min(self.y['diff'].min(),self.y['bar'].min()), \ max(self.y['diff'].max(),self.y['bar'].max())
                rect=QtCore.QRectF(0,min_price,len(self._bar_picutures),max_price - min_price)
            return rect
    def update_history(self) :
        self._bar_picutures.clear() #清空历史绘图再重绘
        self._draw_bar_picture()
        self.update()
    def update_bar(self) : #画新K线，反复调用以创建每一个K线的picture
        self._draw_bar_picture()
        self.update()
    def update(self) -> None: #手动重画
        if self.scene():
            self.scene().update() #在可见的场景视图中安排一个QGraphicItem绘图事件
    def paint(self, painter: QtGui.QPainter,opt: QtWidgets.QStyleOptionGraphicsItem,w: QtWidgets.QWidget): #自动重画
        rect = opt.exposedRect #返回图元区域
        min_ix = int(rect.left())
        max_ix = int(rect.right())
        max_ix = min(max_ix, len(self._bar_picutures)) #重置x轴最大值
        self._draw_item_picture(min_ix, max_ix)  #用_item_picuture记录重放指标绘制的过程
        self._item_picture.play(painter) #开始绘图
    def _draw_item_picture(self, min_ix: int, max_ix: int) -> None:
        self._item_picture = QtGui.QPicture() #新绘图
        painter = QtGui.QPainter(self._item_picture)
        for n in range(min_ix, max_ix):
            bar_picture = self._bar_picutures[n]
            bar_picture.play(painter) #重放绘图n中的painter指令
        painter.end() #记录结束 上述重放过程由self._item_picuture记录
    def get_y_range(self, min_ix: int = None, max_ix: int = None) -> Tuple[float, float]:
        if self.indicatorname == 'macd':
            min_price, max_price = \ min(self.y['diff'].min(),self.y['bar'].min()), \ max(self.y['diff'].max(),self.y['bar'].max())
            return min_price, max_price
```

20.2.3　x轴时间显示

x轴默认显示K线序号，可显示为日期时间，可以通过轴AxisItem修改，代码如下：

```python
class DatetimeAxis(pg.AxisItem):
    def __init__(self, barmanager: BarManager, *args, **kwargs):
        super().__init__(*args, **kwargs)
        self._barmanager: BarManager = barmanager #传入K线管理实例
        self.setPen(width=0.8) #画笔宽度
        self.tickFont = QtGui.QFont("Arial", 9) #刻度字体
    def tickStrings(self, values: List[int], scale: float, spacing: int):
```

```python
"""参数 values 自动传入 x 坐标"""
# 行索引和时间组合字典，行索引和 x 轴对应
datetime_index_map = dict(zip(self._barmanager.bars.index, self._barmanager.bars.datetime))
strings = []
for ix in values:
    dt = datetime_index_map.get(ix, None)  #x 轴对应的时间
    if not dt:s = ""
    else:
        dt = datetime.fromtimestamp(dt/1e9)  #转换成 datetime 格式
        if dt.hour:  #日内周期
            s = dt.strftime("%Y-%m-%d\n%H:%M:%S")
        else:
            s = dt.strftime("%Y-%m-%d")
    strings.append(s)
return strings
```

函数 tickStrings 会被自动调用以转换 x 轴刻度。

20.2.4 指标窗口类

我们用 PlotWidget 创建一个指标窗口，用 GraphicsLayout 创建一个图形层，图形层可以以网格的形式布局图元，我们把图形层设置为 PlotWidget 的中心层，代码如下：

```python
class ChartWidget(pg.PlotWidget):  #继承于绘图物件
    def __init__(self, parent: QtWidgets.QWidget = None):
        super().__init__(parent)
        self._manager: Dict[str, BarManager] = {}  #K线记录类和K线名组成字典
        self._init_ui()
    def _init_ui(self) -> None:
        self.setWindowTitle("技术图表")  #设置窗口标题
        self._layout = pg.GraphicsLayout()  #创建一个图形层，用来布局窗口
        self._layout.setContentsMargins(10, 10, 10, 10)
        #左、上、右、下的外边距，图形层与窗口边缘的距离
        self._layout.setSpacing(0)  #设置图层内图元间距，多个图元间距为0
        self._layout.setBorder(color=(100, 100, 100), width=0.8)  #设置图层边框灰色，粗度0.8
        #设置 item 的层叠顺序，zValue 值大的 item 在 zValue 值小的 item 之上。如果不设置则默认为0, item
        #会按照加入的顺序层叠。K线在同一个平面
        self._layout.setZValue(0)
        self.setCentralItem(self._layout)  #将图形层设置为视图窗口的中心层
```

我们在图形层 GraphicsLayout 中添加图元容器 PlotItem，可按行列位置添加，在图元容器 PlotItem 中再添加 K 线或指标图形，还可以添加文字，代码如下：

```python
plot = pg.PlotItem()  #创建图元容器
#把图元容器添加到图形层的第一行第一列，占据2行2列
self._layout.addItem(plot,row=1,col=1,rowspan=2,colspan=2)
```

```
item = ChartItem() #创建K线类
plot.addItem(item) #把K线添加到图元容器

indicator=pg.PlotCurveItem() #创建曲线图元
plot.addItem(indicator)   #把曲线图元添加到图元容器

label = pg.TextItem()
plot.addItem(label)    #把文字标签添加到图元容器
```

反复调用 K 线类的 `update_bar` 函数即可绘制 K 线，曲线类需要用 setData()函数更新指标值。

综上所述，绘图流程如下所示。

1. 创建指标窗口 `PlotWidget`，创建图形层 `GraphicsLayout`，将图形层设置为窗口的中心层。

2. 创建图元容器 `PlotItem`，将 `PlotItem` 添加到图形层。

3. 创建 K 线或曲线类，将 K 线或曲线类添加到图元容器 `PlotItem`。

4. 调用 K 线类的绘图函数画 K 线，曲线类调用 `setData()`函数更新指标值。

以上是简化的过程，还有一些细节工作要做，比如调用 K 线管理类更新 K 线，图元容器是否显示 x 轴或其他轴，图元容器 x 轴是否联动。再比如成交量指标处在副图的图元容器，成交量指标和主图 K 线所处的图元容器 x 轴应该联动，这样拖动一个图形，另一个就可以跟着移动，主图的图元称为锚定图元，其他副图元可锚定该图元的 x 轴以实现联动。随着 K 线的更新，图元容器需调整可视范围以始终显示最新 K 线，也要考虑不同的图元容器是否显示不同的 K 线，等等。

以下是窗口类的完整代码，如下所示：

```python
from typing import List, Dict, Type, Tuple
from abc import abstractmethod
import pandas
from datetime import datetime
import pyqtgraph as pg
from PyQt5 import QtGui, QtWidgets, QtCore

class ChartWidget(pg.PlotWidget): #继承于绘图物件
    MIN_BAR_COUNT = 100 #最少K线数量
    def __init__(self, parent: QtWidgets.QWidget = None):
        super().__init__(parent)
        self._manager: Dict[str, BarManager] = {} #K线记录类和K线名组成字典
        self._plots: Dict[str, pg.PlotItem] = {} #图元容器名和图元容器字典,对画不同指标的图元按名分类
        self._items: Dict[str, ChartItem] = {}
        #图元容器名和容器内的图形(GraphicsObject)，对不同的指标图形按名分类
        self._item_plot_map: Dict[ChartItem, pg.PlotItem] = {} #图形和图元容器字典
```

```python
            self._xlinkplot_kline_map: Dict[pg.PlotItem,str] = {}  #K线和锚定图元,多个锚定图元可基于同一K线
            self._item_kline_map: Dict[ChartItem,str] = {}  #K线和图形
            self._xlink_plot: Dict[str, pg.PlotItem] = {}  #锚定图元名及锚定图元
            self._plot_xlinkplot: Dict[pg.PlotItem, pg.PlotItem] = {}  #图元与锚定图元,有着共同的x值
            self._right_ix: Dict[str, int] = {}
            # K线最右端id,在绘制事件发生后更新,与锚定图元对应的K线
            self._bar_count: int = self.MIN_BAR_COUNT   # 图表可见K线数量
            self._init_ui()
      def _init_ui(self) -> None:
            self.setWindowTitle("技术图表")   #设置窗口标题
            self._layout = pg.GraphicsLayout()  #创建一个图形层,用来布局窗口
            self._layout.setContentsMargins(10, 10, 10, 10)  #左、上、右、下的外边距,图形层与窗口边缘的距离
            self._layout.setSpacing(0)  #设置图元内图元间距,多个图元间距为0
            self._layout.setBorder(color=(100, 100, 100), width=0.8)  #设置图层边框灰色,宽度为0.8
            #设置item的层叠顺序的。zValue值大的item在zValue值小的item之上。如果不设置默认为为0,item
            #会按照加入的顺序层叠。K线在同一个平面
            self._layout.setZValue(0)
            self.setCentralItem(self._layout)  #将图形层设置为视图窗口的中心层
      def add_klines(self,kline_names:List[str]=[],klines: List[pandas.DataFrame]=[]):
            '''先调用该函数添加K线再添加图元,K线名放在列表里可一次添加多条K线,K线名要和K线顺序对应'''
            for kline_name,kline in zip(kline_names,klines):
                self._manager[kline_name]=BarManager(kline)  #实例化BarManager
      def add_diffklines(self,diffkline_names,klines1,klines2):
            self._manager[diffkline_names]=BarDiffManager(klines1,klines2)  #实例化BarDiffManager
      def add_plot(self,plot_name:str,kline_name:str,minimum_height:int= 80,maximum_height:
int= None,hide_axis:List[str]=['left','bottom'],show_axis: List[str]=['right'],show_x_time:
bool=None,XLink_plot:bool='plot_name',row:int=None,col:int=None,rowspan=1,colspan=1) -> None:
            """PlotItem名称,图元最小高度80最大高度不限制,隐藏x轴左轴显示右轴,默认放入下一个可用行列,
不跨行列"""
            if show_x_time:  #是否为图元添加x轴时间显示,x轴时间由K线时间转换
                x_axis = DatetimeAxis(self._manager[kline_name], orientation='bottom')  #转换x轴
                plot = pg.PlotItem(axisItems={'bottom': x_axis})  #创建图元绑定底轴(值为时间)
            else:plot = pg.PlotItem()  #创建图元
            plot.setMenuEnabled(False)  #隐藏菜单
            plot.setClipToView(True)  #在ViewBox可见范围内绘制所有数据
            for i in hide_axis :
                plot.hideAxis(i)  #隐藏轴
            for i in show_axis:
                plot.showAxis(i)  #显示轴
            plot.setDownsampling(mode='peak')  #缩减像素采样
            plot.setRange(xRange=(0, 1), yRange=(0, 1))  #设置x、y轴的初始范围
            plot.hideButtons()  #隐藏刻度按钮
            plot.setMinimumHeight(minimum_height)  #图项最小高度
            #plot.showGrid(True,True)  #显示网格线
            if maximum_height:
                plot.setMaximumHeight(maximum_height)  #图项最大高度,适配成交量等副图指标
            if XLink_plot==plot_name:  #本图元为x轴锚定图元
                self._xlink_plot[plot_name] = plot  #
                self._right_ix[kline_name] = 0  #K线最右端id初值为0
                self._xlinkplot_kline_map[plot] = kline_name  #K线和该图元绑定
            else:  #锚定图元XLink_plot,setXLink可使两个图元x轴联动
```

```python
                    plot.setXLink(self._xlink_plot[XLink_plot])
                self._plot_xlinkplot[plot]=self._xlink_plot[XLink_plot]
                view = plot.getViewBox() #获取该图元的视图区
    view.sigXRangeChanged.connect(lambda:self._update_y_range(kline_name,XLink_plot))
    #设置视图区的x范围有变化则也更新y
                view.setMouseEnabled(x=True, y=False) #鼠标可以放大缩小视图区的坐标轴比例
                right_axis = plot.getAxis('right') #获取右轴
                right_axis.setWidth(60) #设置轴宽
                right_axis.tickFont = QtGui.QFont("Arial", 9) #设置刻度字体
                self._plots[plot_name] = plot #图元名和该图元绑定
                # 按行添加图元
                #self._layout.nextRow() #图形层增加一行，定位到下一行，以自动布局图元
                self._layout.addItem(plot,row=row,col=col,rowspan=rowspan,colspan= colspan)
                #把图元添加进图形层，默认放在下一个可用行列，放在定位行

        def add_item(self,item_class: Type[ChartItem],item_name: str,plot_name: str,kline_name:str):
            """创建K线或成交量类"""
            #实例化K类
            item = item_class(self._manager[kline_name])
            self._items[item_name] = item #更新K线字典
            plot = self._plots.get(plot_name) #获取对应名称的图元容器
            plot.addItem(item) #把K线添加到图元
            self._item_plot_map[item] = plot #K线与图元绑定
            self._item_kline_map[item] = kline_name #K线图与K线名绑定
        #该函数用来画MACD柱线
        def add_indicatoritem(self,item_class: Type[MACDItem],item_name: str,plot_name:str,
kline_name:str,indicatorname:str,indicator,period=[]):
    item=item_class(self._manager[kline_name],indicatorname,indicator,period)
            self._items[item_name] = item
            plot = self._plots.get(plot_name)
            plot.addItem(item)
            self._item_plot_map[item] = plot
            self._item_kline_map[item] = kline_name

        def update_history(self) -> None:
            """该函数在update_bar前先调用，绘制初始K线"""
            for kline_name in self._manager: #遍历K线记录
                #基于同一K线的指标类
                for item,kline in self._item_kline_map.items():
                    if kline==kline_name:
                        item.update_history()
                self._update_plot_limits(kline_name) #设置图元范围
                self.move_to_right(kline_name) #视区右移
        def update_bar(self) -> None:
            """该函数要随行情更新调用以更新K线"""
            for kline_name in self._manager: #遍历K线记录
                self._manager[kline_name].update_bar() #更新K线
                for item,kline in self._item_kline_map.items(): #K线名对应的图形
                    if kline==kline_name:
                        item.update_bar() #用新K线更新指标图形
```

```python
                    self._update_plot_limits(kline_name) #设置view ranges,x、y轴最小最大值
                    if kline_name in self._right_ix:
                        if self._right_ix[kline_name] >= \ (len(self._manager[kline_name].bars) - self._bar_count / 2):
                            self.move_to_right(kline_name)
    def _update_plot_limits(self,kline_name) -> None:
        """修改图元的轴值最大范围"""
        for item,kline in self._item_kline_map.items():
            if kline==kline_name:
                min_value, max_value = item.get_y_range() #K线的y值范围
                #用K线对应的图元修改y值范围,x值范围,包含全部K线
                self._item_plot_map[item].setLimits(xMin=-1, xMax=len(self._manager[kline_name].bars),yMin=min_value,yMax=max_value)
    def _update_x_range(self,kline_name) -> None:
        """修改图元的x轴可显示的范围"""
        max_ix = self._right_ix[kline_name]
        min_ix = self._right_ix[kline_name] - self._bar_count
        for item,kline in self._item_kline_map.items():
            if kline==kline_name:
                self._item_plot_map[item].setRange(xRange=(min_ix, max_ix), padding=0) #
    def _update_y_range(self,kline_name,XLink_plot) -> None:
        """在锚定x轴图元x轴范围内更新所有被锚定图元范围"""
        view = self._xlink_plot[XLink_plot].getViewBox()
        view_range = view.viewRange()
        min_ix = max(0, int(view_range[0][0]))
        max_ix = min(len(self._manager[kline_name].bars), int(view_range[0][1]))
        #被锚定图元随锚定的图元更新y值
        for plot,xplot in self._plot_xlinkplot.items():
            if xplot==self._xlink_plot[XLink_plot]:
                ymin=[]
                ymax=[]
                for item,iplot in self._item_plot_map.items():
                    if iplot==plot:#定位指标
                        y_range = item.get_y_range(min_ix, max_ix)
                        ymin.append(y_range[0])
                        ymax.append(y_range[1])
                if ymin and ymax:
                    y_range=min(ymin),max(ymax) #所有同一图元上指标的y范围
                    plot.setRange(yRange=y_range)
    def paintEvent(self, event: QtGui.QPaintEvent) -> None: #重现绘图,自动调用该函数
        """重现父类的该方法,以更新当前最大x"""
        for plot,kline_name in self._xlinkplot_kline_map.items():#遍历所有锚定图元
            view = plot.getViewBox() #锚定图元的数据窗口
            view_range = view.viewRange()#
            self._right_ix[kline_name] = max(0, view_range[0][1])

        super().paintEvent(event)

    def keyPressEvent(self, event: QtGui.QKeyEvent) -> None:
```

```python
        """重载箭头按键方法，以使图形水平移动或放大缩小"""
        if event.key() == QtCore.Qt.Key_Left:
            self._on_key_left()
        elif event.key() == QtCore.Qt.Key_Right:
            self._on_key_right()
        elif event.key() == QtCore.Qt.Key_Up:
            self._on_key_up()
        elif event.key() == QtCore.Qt.Key_Down:
            self._on_key_down()
    def wheelEvent(self, event: QtGui.QWheelEvent) -> None:
        """用鼠标滚轮放大缩小图形"""
        delta = event.angleDelta()
        if delta.y() > 0:
            self._on_key_up()
        elif delta.y() < 0:
            self._on_key_down()

    def _on_key_left(self) -> None:
        """按键左移"""
        for kline_name in self._right_ix:
            self._right_ix[kline_name] -= 1
            self._right_ix[kline_name] = max(self._right_ix[kline_name], self._bar_count)
            self._update_x_range(kline_name)
    def _on_key_right(self) -> None:
        """按键右移"""
        for kline_name in self._right_ix:
            self._right_ix[kline_name] += 1
            self._right_ix[kline_name] = min(self._right_ix[kline_name], len(self._manager[kline_name].bars))
            self._update_x_range(kline_name)
    def _on_key_down(self) -> None:
        """按键向下缩小图表"""
        self._bar_count *= 1.2
        mk = []
        for kline_name in self._manager:
            mk.append(len(self._manager[kline_name].bars))
            self._update_x_range(kline_name)
        self._bar_count = min(int(self._bar_count), *mk)
    def _on_key_up(self) -> None:
        """按键向上放大图表"""
        self._bar_count /= 1.2
        self._bar_count = max(int(self._bar_count), self.MIN_BAR_COUNT)
        for kline_name in self._manager:
            self._update_x_range(kline_name)

    def move_to_right(self, self,kline_name) -> None:
        """移动x轴使图形左移"""
        self._right_ix[kline_name] = len(self._manager[kline_name].bars)
        self._update_x_range(kline_name)
```

20.2.5　图形显示

我们把上述定义的几个类代码保存在文件中，例如，文件名 klineschart.py。把该文件作为模块导入代码中，我们还需要用到第 19 章里的信号线程，请结合以下代码了解相关内容。

```python
import sys
from tqsdk import TqApi, TqAuth, TqAccount
from tqsdk import ta, tafunc
import pyqtgraph as pg
from PyQt5.QtCore import Qt,pyqtSignal,QThread
from PyQt5.QtWidgets import *
from tqsdk.demo.klineschart import ChartWidget,CandleItem,VolumeItem, \ MACDItem,CurveItem
class GengXinShuJu(QThread):
    my_signal = pyqtSignal()
    def __init__(self):
        super().__init__()
    def run(self)::#更新发送信号
        while True:
            api.wait_update()
            self.my_signal.emit()
#更新指标曲线的函数
def updateindicator():
    curve1.update_bar()
    curve2.update_bar()
    curve3.update_bar()
    indicator1.setData(curve1.indicator_bar.ema.values)
    indicator2.setData(curve2.indicator_bar.ema.values)
    indicator3.setData(curve3.indicator_bar.ema.values)
    if (curve1.indicator_bar.ema.iloc[-2]> \ curve2.indicator_bar.ema.iloc[-2] >curve3.indicator_bar.ema.iloc[-2] and \ widget._manager['klines1'].bars.iloc[-3].close< \ widget._manager['klines1'].bars.iloc[-3].open and \ widget._manager['klines1'].bars.iloc[-2].close- \ widget._manager['klines1'].bars.iloc[-2].open >= \ (widget._manager['klines1'].bars.iloc[-3].open- \ widget._manager['klines1'].bars.iloc[-3].close)*1.236 and \ (widget._manager['klines1'].bars.iloc[-2].close> \ curve1.indicator_bar.ema.iloc[-2]> \ widget._manager['klines1'].bars.iloc[-2].open or \ widget._manager['klines1'].bars.iloc[-2].close> \ curve2.indicator_bar.ema.iloc[-2]> \ widget._manager['klines1'].bars.iloc[-2].open) ):
        label = pg.TextItem()
        widget._plots['candle1'].addItem(label)
        label.setText('买')
        label.setColor('r')
        label.setPos(len(widget._manager['klines1'].bars)-2, widget._manager['klines1'].bars.low.iloc[-2])
    elif (curve1.indicator_bar.ema.iloc[-2]< \ curve2.indicator_bar.ema.iloc[-2]<curve3.indicator_bar.ema.iloc[-2] and \ widget._manager['klines1'].bars.iloc[-3].close> \ widget._manager['klines1'].bars.iloc[-3].open and \ widget._manager['klines1'].bars.iloc[-2].open - \widget._manager['klines1'].bars.iloc[-2].close >= \ (widget._manager['klines1'].bars.iloc[-3].close- \ widget._manager['klines1'].bars.iloc[-3].open)*1.236 and \ (widget._manager['klines1'].bars.iloc[-2].close< \ curve1.indicator_bar.ema.iloc[-2]< \ widget._manager['klines1'].
```

```python
bars.iloc[-2].open or \ widget._manager['klines1'].bars.iloc[-2].close< \ curve2.indicator_
bar.ema.iloc[-2]< \ widget._manager['klines1'].bars.iloc[-2].open) ):
            label = pg.TextItem()
            widget._plots['candle1'].addItem(label)
            label.setText('卖')
            label.setColor('g')
            label.setPos(len(widget._manager['klines1'].bars)-2, widget._manager['klines1'].
bars.high.iloc[-2])
        #更新布林线指标并显示
        curve40.update_bar()
        indicator41.setData(curve40.indicator_bar.mid.values)
        indicator42.setData(curve40.indicator_bar.top.values)
        indicator43.setData(curve40.indicator_bar.bottom.values)
        #更新MACD指标并显示双线
        curve50.update_bar()
        indicator51.setData(curve50.indicator_bar['diff'].values)
        indicator52.setData(curve50.indicator_bar.dea.values)
    def draw_textfirst():
        for i in range(3,len(widget._manager['klines1'].bars)):
            if (curve1.indicator_bar.ema.iloc[i-2] > \ curve2.indicator_bar.ema.iloc[i-2]>
curve3.indicator_bar.ema.iloc[i-2] and \ widget._manager['klines1'].bars.iloc[i-3].close< \
widget._manager['klines1'].bars.iloc[i-3].open and \ widget._manager['klines1'].bars.iloc
[i-2].close- \ widget._manager['klines1'].bars.iloc[i-2].open >= \ (widget._manager['klines1'].
bars.iloc[i-3].open- \ widget._manager['klines1'].bars.iloc[i-3].close)*1.236 and \ (widget.
_manager['klines1'].bars.iloc[i-2].close> \ curve1.indicator_bar.ema.iloc[i-2]> \ widget._manager
['klines1'].bars.iloc[i-2].open or \ widget._manager['klines1'].bars.iloc[i-2].close> \ curve2.
indicator_bar.ema.iloc[i-2]> \ widget._manager['klines1'].bars.iloc[i-2].open) ):
                label = pg.TextItem()
                widget._plots['candle1'].addItem(label)
                label.setText('买')
                label.setColor('r')
                label.setPos(i-2, widget._manager['klines1'].bars.low.iloc[i-2])
            elif (curve1.indicator_bar.ema.iloc[i-2] < \ curve2.indicator_bar.ema.iloc[i-2]
<curve3.indicator_bar.ema.iloc[i-2] and \ widget._manager['klines1'].bars.iloc[i-3].close> \
widget._manager['klines1'].bars.iloc[i-3].open and \ widget._manager['klines1'].bars.iloc
[i-2].open - \ widget._manager['klines1'].bars.iloc[i-2].close >= \ (widget._manager['klines1'].
bars.iloc[i-3].close- \ widget._manager['klines1'].bars.iloc[i-3].open)*1.236 and \ (widget.
_manager['klines1'].bars.iloc[i-2].close < \ curve1.indicator_bar.ema.iloc[i-2]< \ widget._manager
['klines1'].bars.iloc[i-2].open or \ widget._manager['klines1'].bars.iloc[i-2].close< \ curve2.
indicator_bar.ema.iloc[i-2]< \ widget._manager['klines1'].bars.iloc[i-2].open)):
                label = pg.TextItem()
                widget._plots['candle1'].addItem(label)
                label.setText('卖')
                label.setColor('g')
                label.setPos(i-2, widget._manager['klines1'].bars.high.iloc[i-2])
    if __name__ == '__main__':
        app = QApplication(sys.argv) #创建程序入口
        pg.setConfigOption('background', 'w') #背景色
        pg.setConfigOption('foreground', 'b') #前景色
        api = TqApi(TqAccount('H期货公司', '期货账号', '密码'),auth=TqAuth("信易账号", "密码"))
```

```
klines1 = api.get_kline_serial('SHFE.rb2105',3600,200)
klines2 = api.get_kline_serial('SHFE.rb2109',3600,200)
widget = ChartWidget() #实例化
widget.resize(1000, 800)
widget.add_klines(['klines1','klines2'],[klines1,klines2]) #K线添加到记录类
widget.add_diffklines('rb2105-rb2109',klines1,klines2) #记录价差K线
widget.add_plot("candle1",'klines1',XLink_plot="candle1")  #添加图元容器
widget.add_plot("volume",'klines1', maximum_height=200,hide_axis=[], show_x_time=True,
XLink_plot='candle1',row=1,col=0) #添加成交量
widget.add_plot("candle2",'klines2',XLink_plot="candle2",row=2,col=0)
widget.add_plot("macd",'klines2', maximum_height=200,hide_axis=[], show_x_time=True,
XLink_plot='candle2',row=3,col=0) #添加成交量
widget.add_plot("candle3",'rb2105-rb2109',XLink_plot="candle3", show_axis=['right',
'bottom'],show_x_time=True,row=4,col=0)  #添加K线
widget.add_item(CandleItem, "candle1", "candle1",'klines1') #画K线图元并添加到图元容器candle1
widget.add_item(CandleItem, "candle2", "candle2",'klines2') #画K线图元并添加到图元容器candle2
widget.add_item(VolumeItem, "volume1", "volume",'klines2') #添加成交量图元
widget.add_indicatoritem(MACDItem,'macd1','macd','klines2','macd', ta.MACD,period=
[12,26,9]) #添加MACD柱线图元
widget.add_item(CandleItem, "candle3", "candle3",'rb2105-rb2109') #画价差K线类

curve1 = CurveItem(widget._manager['klines1'],ta.EMA,10) #计算3条均线
curve2 = CurveItem(widget._manager['klines1'],ta.EMA,20)
curve3 = CurveItem(widget._manager['klines1'],ta.EMA,60)
indicator1=pg.PlotCurveItem() #创建曲线图元
widget._plots['candle1'].addItem(indicator1) #把曲线1添加到图元容器candle1
indicator1.setPen(pg.mkPen(color='r', width=1)) #设置曲线的颜色和宽度
indicator2=pg.PlotCurveItem()
widget._plots['candle1'].addItem(indicator2)
indicator2.setPen(pg.mkPen(color='b', width=2))
indicator3=pg.PlotCurveItem()
widget._plots['candle1'].addItem(indicator3)
indicator3.setPen(pg.mkPen(color='g', width=3))

curve40 = CurveItem(widget._manager['klines2'],ta.BOLL,26,2) #计算布林线
indicator41=pg.PlotCurveItem()
widget._plots['candle2'].addItem(indicator41)
indicator41.setPen(pg.mkPen(color='r', width=1))
indicator42=pg.PlotCurveItem()
widget._plots['candle2'].addItem(indicator42)
indicator42.setPen(pg.mkPen(color='b', width=1))
indicator43=pg.PlotCurveItem()
widget._plots['candle2'].addItem(indicator43)
indicator43.setPen(pg.mkPen(color='b', width=1))

curve50 = CurveItem(widget._manager['klines2'],ta.MACD,12,26,9) #计算MACD指标
indicator51=pg.PlotCurveItem()
widget._plots['macd'].addItem(indicator51)
indicator51.setPen(pg.mkPen(color='b', width=1))
indicator52=pg.PlotCurveItem()
```

```
widget._plots['macd'].addItem(indicator52)
indicator52.setPen(pg.mkPen(color='r', width=1))

widget.update_history()  #先画初始K线
updateindicator()  #画初始指标
draw_textfirst()  #画初始文字

GengXin_ShuJu=GengXinShuJu()  #信号线程,发送数据更新
GengXin_ShuJu.start()
GengXin_ShuJu.my_signal.connect(widget.update_bar)  #信号绑定更新函数update_bar
GengXin_ShuJu.my_signal.connect(updateindicator)  #信号绑定更新函数updateindicator
widget.show()  #显示指标窗口
sys.exit(app.exec_())  #开启程序的事件循环
```

上述代码一共创建了 5 个图元容器,这些容器按行布局,图元容器里分别添加了 rb2015K 线均线、成交量、rb2019K 线布林线、MACD、价差 K 线,代码里注释得非常清楚,结合注释就可以理解指标绘制的过程,显示效果如图 20-2 所示。

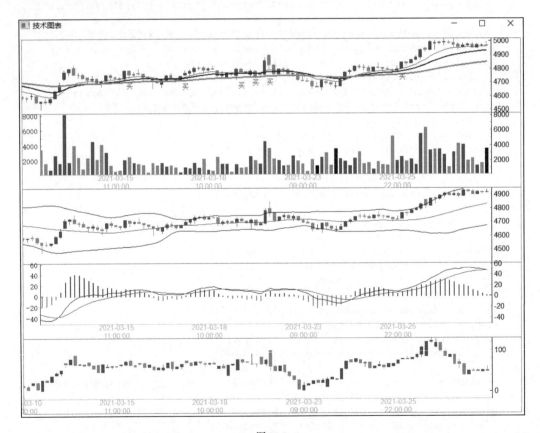

图 20-2

20.3 小结

天勤的 K 线合成方式和其他软件的方法不同，因此 K 线形态和用 K 线计算的指标也会不同，因此有必要用图形界面绘制出 K 线和技术指标以便于观察。本章的绘图示例包括 K 线、价差 K 线、主图的曲线（均线）、通道曲线（布林线）、文字标注、副图指标线（MACD），这些示例应该可以满足很多图形化指标的需求。本章涉及的画指标示例比较简单，图形化主要是配合策略代码使用，若需要绘制更丰富的指标和更精美的图表，建议大家查阅 PyQtGraph 的相关资料。

下一章将介绍时间序列的相关性检验。

第 21 章

定量分析

21.1 技术分析的内核：相关性检验

技术分析是期货投资中的重要分析手段，技术分析理论认为价格反映了市场的全部信息，因此只需要研究价格形态即可。而价格形态的一个重要特征是历史会重演，即可以用历史形态预测未来形态，这说明未来的价格与历史价格是具有相关性的。如果不相关，那么未来的价格便是随机变动的，与历史价格没有任何关系，这一点便是有些人常说的价格无论在什么位置，涨跌的概率都是50%，但如果价格间具有相关性，那么前一个价格就会影响后一个价格，未来价格便不再是随机变动的，也就不会涨跌都是五五开了。

价格间具有相关性，才可以用历史价格预测未来价格，相关性可使未来价格表现出历史价格的相似性，可以重演历史价格的变动，可以延续历史价格的惯性。因此相关性是技术分析理论的内核，价格间相关性越强，技术分析理论的准确率越高，相关性检验是提高技术分析胜率的重要手段。

相关性分为不同变量间的相关性和同一个变量的自相关性，针对某一个品种价格的技术分析，是研究该品种价格的自相关性，品种的价格是一个按时间顺序排列的时间序列，研究价格的自相关性是研究不同时间点的价格是否存在关联。

检验时间序列的相关性可用时间序列的方差、自协方差、自相关系数、偏自相关系数等统计指标。

21.1.1 方差和标准差

对一组变量 X 求平均值 μ，再计算每一个变量与平均值差的平方和的平均值，即得出该组变量的方差，公式如下：

$$\sigma^2 = \frac{\sum^n (X_i - \mu)^2}{n}$$

n 为变量 X 的数量，μ 为变量的平均值，σ^2 为方差，σ 为标准差。均值在统计学里也用 $E(X)$ 表示，表示对 X 求均值（又称期望值），上式可转化为

$$\sigma^2 = E(X^2) - E^2(X)$$

即方差等于变量 X 平方的均值与变量 X 均值的平方的差。从计算结果可知，方差的单位是变量 X 单位的平方，标准差的单位和变量 X 的单位一致，因此常用标准差表示变量 X 的离散度。

方差和标准差反映了变量的离散程度，即变量偏离其均值的程度，方差越大说明离散度越大，在价格序列上会表现出震荡剧烈，方差越小说明价格越平稳，价格有相互靠拢相互粘连的特征。

21.1.2 协方差和相关系数

协方差用来反应两组变量 X 与 Y 偏离其均值的程度，计算公式为

$$\text{Cov}(X,Y) = E((X - E(X))(Y - E(Y)))$$
$$= E(XY) - E(X)E(Y)$$

当 X 和 Y 是同一组变量时，协方差的计算结果和方差相等，即方差也是协方差，这属于特殊情况。

如果 X 和 Y 是相互独立的两个变量，则有 $E(XY) = E(X)E(Y)$，即协方差为 0。如果协方差不为 0，则说明 X、Y 并不相互独立，两者存在一定的关联性。X 和 Y 相互独立可以得出协方差为 0，但协方差为 0 不一定得出 X 和 Y 是相互独立的结论，因为 X 和 Y 可能存在非线性

相关性使协方差为 0，但协方差不为 0，一定能得出 X 和 Y 具有相关性。

如果 X、Y 的变化一致，X 偏离其均值上升时 Y 也偏离其均值上升，则协方差为正值；如果 X、Y 变化相反，X 上升时 Y 下降，则协方差为负值。

协方差的单位是 X 单位和 Y 单位的平方，为消除单位的影响，我们引入了相关系数，公式如下：

$$\rho_{XY} = \frac{\text{Cov}(X,Y)}{\sigma_X \sigma_Y}$$

当协方差为 0 时，相关系数也为 0；当相关系数为正，则表示 X、Y 正相关；当相关系数为负，则表示 X、Y 负相关。相关系数绝对值越大相关性越强，相关系数为 1 或 -1 表示 X、Y 相关性最大，即 X、Y 的所有值都在一条直线上。

21.1.3 自协方差、自相关系数和偏自相关系数

自协方差、自相关系数和偏自相关系数用来研究时间序列在不同时间点的值之间的二阶混合。

中心矩用来描述时间序列在两个时间点取值的起伏变化（相对于均值）的相关程度，也称为中心化的自相关函数，因为研究的是变量自身在不同时间点取值的相关性，所以都带了个"自"。

设时间序列 X 在未来 t 时刻的变量为 X_t，k 时间以前（也称为 k 阶）的变量为 X_{t-k}，则自协方差公式为

$$\text{Cov}(X_t, X_{t-k}) = E(X_t X_{t-k}) - E(X_t)E(X_{t-k})$$

和相关系数类似，自相关系数用 ρ_t 表示，公式为

$$\rho_t = \frac{\text{Cov}(X_t, X_{t-k})}{\sigma_{X_t} \sigma_{X_{t-k}}}$$

由于 X_t 不仅受 $t-k$ 时刻的 X_{t-k} 影响，还会受中间 k 段时间内的变量影响，ACF 的计算便包含了其他变量的干扰，为此只度量 X_t 和 X_{t-k} 的相关性。假定其他变量为常数，便引入了偏自相关系数 $\rho_{X_t, X_{x-k}|X_{t-1},\cdots,X_{t-k+1}}$，它是 X_t 和 X_{t-k} 的条件相关系数，表示如下：

$$\rho_{X_t, X_{x-k}|X_{t-1},\cdots,X_{t-k+1}} = \text{Corr}(X_t, X_{x-k} \mid X_{t-1},\cdots,X_{t-k+1})$$

相关系数和偏自相关系数是时间间隔 k 的递减函数。

21.1.4 平稳过程

对时间序列从任意的时间点开始选取同样的时间段，它们的联合概率分布相等，这样的时间序列称作平稳时间序列，也称作强平稳序列，在实际时间序列分析中我们一般应用弱平稳的概念，当均值和方差不随时间点变化，自协方差也不随时间变化仅依赖于两个时间点的距离，我们称其为弱平稳。

简单来讲，如果时间序列的统计性质不随时间变化，这个时间序列就是平稳的，我们就可以用历史的数据预测未来数据。例如，假设期货价格的日均波幅是平稳的，我们就可以预测未来的日波幅是多少，可以按照日均波幅设置止损/止盈范围。

期货投资的收益率通常也会追求平稳过程，不管从什么时间开始，交易同样的周期后，获得的收益不会明显变化，这样稳定的收益率通常是由多个策略组合构建而成。

求平稳的过程就是从看似杂乱无章的数据中发现稳定的规律，时间序列必须是平稳的才可以做后续分析。当序列的均值、方差不随时间变化时，就可以用历史数据的均值和方差预测未来的均值和方差。检验时间序列的平稳性，就是寻找时间序列中存在稳定性的量，例如，最高价可能是稳定的，波幅可能是稳定的，最高价、最低价及收盘价的和可能是稳定的，等等。

平稳的序列会表现出围绕均值波动，偏离均值的方差也是常数，因此可以通过图形观察是否为平稳序列。除了观察序列图形，也可以用自相关函数检验。对于平稳的时间序列，一般随着阶数的递增，自相关系数会迅速衰减至 0 附近，非平稳的时间序列自相关系数则不会快速衰减至 0，通常会呈现缓慢下降的趋势。

均值和方差不随时间变化，则时间序列从图形上看会表现出横盘震荡的形态，且维持在一个方差固定的区间内，但观察图形比较主观，应该选择客观的检验方法，常用的检验平稳性的方法是单位根检验。

21.2 价格序列相关性检验

我们可以用 pandas 函数计算价格序列的某些统计量，也可以用 statsmodels 计算统计量。Python 的第三方模块 statsmodels 提供了用于统计建模和计量经济学的工具，statsmodels 也是

pandas 生态的一员，pandas 数据可配合 statsmodels 进行分析。

21.2.1 多品种的相关性检验

我们计算螺纹钢、热卷和豆粕近 5 日收盘价的相关系数，可以采用两种方法计算，代码如下：

```python
from tqsdk import TqApi, TqAccount, TqAuth
from statsmodels.tsa.stattools import ccf #相关系数函数
api = TqApi(auth=TqAuth("信易账号", "密码"))
klines1 = api.get_kline_serial('SHFE.rb2105',86400,5)
klines2 = api.get_kline_serial('SHFE.hc2105',86400,5)
klines3 = api.get_kline_serial('DCE.m2105',86400,5)
klines4 = api.get_kline_serial('SHFE.rb2109',86400,5)
corr_rb_hc=klines1.close.corr(klines2.close) #pandas corr 函数计算
corr_rb_m=klines1.close.corr(klines3.close)
corr_hc_m=klines2.close.corr(klines3.close)
corr_rb_rb=klines1.close.corr(klines4.close)
print('SHFE.rb2105','SHFE.hc2105',corr_rb_hc)
print('SHFE.rb2105','DCE.m2105',corr_rb_m)
print('SHFE.hc2105','DCE.m2105',corr_hc_m)
print('SHFE.rb2105','SHFE.rb2109',corr_rb_rb)
print('SHFE.rb2105','SHFE.hc2105',ccf(klines1.close,klines2.close,adjusted=False))
print('SHFE.rb2105','DCE.m2105',ccf(klines1.close,klines3.close,adjusted=False))
print('SHFE.hc2105','DCE.m2105',ccf(klines2.close,klines3.close,adjusted=False))
print('SHFE.rb2105','SHFE.rb2109',ccf(klines1.close,klines4.close,adjusted=False))
api.close()
'''
输出结果为：
SHFE.rb2105 SHFE.hc2105 0.5979327145778005
SHFE.rb2105 DCE.m2105 0.7907213818899063
SHFE.hc2105 DCE.m2105 0.8610727351355247
SHFE.rb2105 SHFE.rb2109 0.8719864974492456
SHFE.rb2105 SHFE.hc2105 [ 0.59793271  0.34309343  0.40159688 -0.49858795 -0.32062977]
SHFE.rb2105 DCE.m2105 [ 0.79072138 -0.09226102  0.24547221 -0.31445393 -0.25097607]
SHFE.hc2105 DCE.m2105 [ 0.86107274  0.10252322 -0.21484451 -0.1682567  -0.32280574]
SHFE.rb2105 SHFE.rb2109 [ 0.8719865  -0.17114633  0.31833817 -0.25648423 -0.2648683 ]
'''
```

从输出结果可知，螺纹钢和热卷近 5 日与豆粕的相关性分别达到了 0.79 和 0.86，而螺纹钢和热卷的相关性只有 0.59，因此可用螺纹钢或热卷与豆粕组建套利对。螺纹钢 5 月和 9 月合约的相关性也达到了 0.87，同一个品种有着相似的基本面因素，因此相关性通常较高且比较稳定。

21.2.2 单品种的自相关检验

均值、标准差、中位数计算如下：

```
klines1 = api.get_kline_serial('SHFE.rb2105',86400,5)
klines2 = api.get_kline_serial('SHFE.hc2105',86400,5)
print(f'SHFE.rb2105：平均值{klines1.close.mean()},中位数{klines1.close.median()},标准差{klines1.close.std()}')
print(f'SHFE.hc2105：平均值{klines2.close.mean()},中位数{klines2.close.median()},标准差{klines2.close.std()}')
'''
输出结果为：
SHFE.rb2105：平均值 4767.6,中位数 4763.0,标准差 40.37697363597228
SHFE.hc2105：平均值 5108.2,中位数 5128.0,标准差 51.22206555772619
'''
```

从标准差可知，热卷近 5 日的波动比螺纹钢更大，螺纹钢基本围绕均值波动，而热卷有一定的单边趋势。

自相关系数、偏自相关系数计算如下：

```
#!/usr/bin/env python
# -*- coding: utf-8 -*-
import matplotlib.pyplot as plt
from statsmodels.tsa.stattools import acf,pacf
from statsmodels.graphics.tsaplots import plot_acf,plot_pacf
plt.rcParams['font.sans-serif']=['SimHei'] #用来正常显示中文标签
plt.rcParams['axes.unicode_minus']=False #用来正常显示负号
from tqsdk import TqApi, TqAuth, TqAccount ,TqKq
api = TqApi(auth=TqAuth("信易账号", "密码"))
klines1 = api.get_kline_serial('SHFE.rb2105',86400,100)
klines2 = api.get_kline_serial('SHFE.rb2109',86400,100)
rb_close_acf=acf(klines1.close)  #计算自相关系数
rb59_close_acf=acf(klines1.close-klines2.close)
rb_close_pacf=pacf(klines1.close)  #计算偏自相关系数
rb59_close_pacf=pacf(klines1.close-klines2.close)
print(rb_close_acf)  #输出相关系数
print(rb_close_pacf)
print(rb59_close_acf)
print(rb59_close_pacf)#绘制相关系数图，lags应小于数据量的一半
plot_acf(klines1.close,lags=40,title='rb2105 自相关系数')
plot_acf(klines1.close-klines2.close,lags=40,title='rb59 价差自相关系数')
plot_pacf(klines1.close,lags=40,title='rb2105 偏自相关系数')
plot_pacf(klines1.close-klines2.close,lags=40,title='rb59 价差偏自相关系数')
plt.show() #显示图片
while True:
    api.wait_update()
api.close()
```

```
输出结果为:
略
```

生成的4个图形分别展示了rb2015自相关系数、rb59价差自相关系数、rb2015偏自相关系数和rb59价差偏自相关系数,分别如图21-1、图21-2、图21-3和图21-4所示。

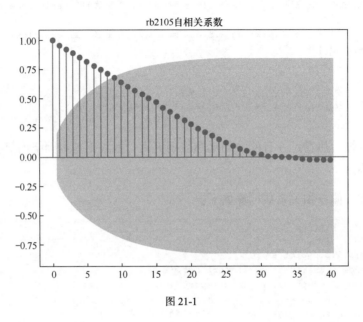

图 21-1

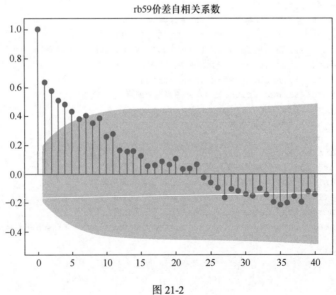

图 21-2

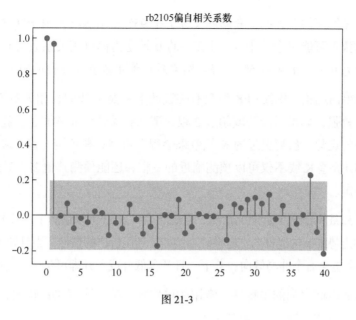

图 21-3

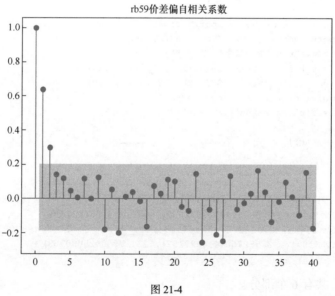

图 21-4

相关系数用了 100 根日 K 线计算，从自相关系数可以看出，螺纹钢价格随着时间跨度增长，自相关系数逐级衰减向 0，而螺纹钢价差自相关系数衰减得更快且最终围绕 0 波动。从偏自相关系数可以看出，螺纹钢价格只有临近的一根 K 线偏自相关系数接近 1，跨度超过 2 根以后偏自相关系数降至 0 附近，而螺纹钢价差的偏自相关系数围绕 0 振荡的离散度较大。

蓝色范围（详见可供下载的配套彩图文件）是 95%置信区间，由于样本数据选择的随机性，偏自相关系数不可能完全等于 0，计算中的 0 轴是指偏自相关系数与 0 没有显著差异，即偏自相关系数为 0 的 p 值超过 5%，偏自相关系数落在蓝色区外表示相关性显著不为 0。

因此，我们得出结论，螺纹钢 K 线只有临近的下一根 K 线偏自相关系数显著不为 0，这说明短期相关性较强，如果时间跨度超过 2 根，那么相关性就非常弱了。我们只能用历史 K 线预测其下一根的走势，预测更远的 K 线效果会很不可靠；螺纹钢价差有多个偏自相关系数显著不为 0，说明价差 K 线不仅可以预测临近的一根，还能预测其他多个时间点的 K 线，即价差走势更加稳定。

虽然螺纹钢 K 线不能做更远期的预测，但既然当日 K 线可以预测下一日的走势，那么也可根据 K 线日内的走势细节构建日内交易系统，例如，利用价格的惯性，当日如果收盘上涨，便可预测下一日大概率也会有个冲高倾向；若下一日开盘低开或平开即可买入，待冲高后止盈出场。

用单位根检验时间序列的平稳性，常用的单位根检验方法有 DF 检验、ADF 检验和 PP 检验，我们这里用 ADF 检验，代码如下：

```
from statsmodels.tsa.stattools import adfuller #ADF检验
from tqsdk import TqApi, TqAuth, TqAccount ,TqKq
api = TqApi(auth=TqAuth("信易账号", "密码"))
klines1 = api.get_kline_serial('SHFE.rb2105',86400,100)
klines2 = api.get_kline_serial('SHFE.rb2109',86400,100)
rb_close_adf=adfuller(klines1.close) #计算ADF
rb59_close_adf=adfuller(klines1.close-klines2.close)
print(rb_close_adf)
print(rb59_close_adf)
api.close()
'''
输出结果为：
 (-1.1113179699147584, 0.7105373895662056, 0, 99, {'1%': -3.498198082189098, '5%': -2.891208211860468, '10%': -2.5825959973472097}, 975.164748202458)
 (-3.1305066390469465, 0.024376398256653444, 1, 98, {'1%': -3.49889097606014496, '5%': -2.891516256916761, '10%': -2.5827604414827157}, 731.7950425080763)
'''
```

输出为元组，共有 6 个部分。

- τ（发音：tao）用于统计量的值；

- p_value 的值；

- 结果使用的延迟阶数；

- ADF 回归和计算临界值所使用的观察次数；

- 临界值；

- 最大的信息准则的值（如果 autolag 非空），也就是 AIC 或者 BIC 的值。

先来看 p_value 值，如果 p_value 值比 0.05 小，证明无单位根，说明序列平稳；如果 p_value 比 0.05 大，则证明序列非平稳。

螺纹钢价格 ADF 输出的 p_value 值为 0.7105373895662056，该值大于 0.05，说明螺纹钢价格为非平稳序列，未来价格和历史价格没有关系，无法利用价格的历史走势预测未来走势。

螺纹钢价差 ADF 输出的 p_value 值为 0.02437639825653444，该值小于 0.05，说明螺纹钢价差为平稳序列，可以用历史价格走势预测未来走势。

当 ADF 的 p_value 值接近 0.05 时，则比较 τ（tao）统计量的值和临界值。τ（tao）统计量的值比临界值小，就证明序列平稳，反之就是非平稳，第五部分的临界值 1%、5%、10% 对应的是 99%、95%、90% 置信区间。

螺纹钢跨期价差主要反映了持有成本，而成本一般比较稳定，因此螺纹钢价差是较为稳定的序列，其平均值、方差、自协方差可在一定时期内基本恒定，便可用历史走势预测未来走势。

我们看一下螺纹钢价格和螺纹钢跨期价差的走势图（见图 21-5），从图中也能较为直观地看出螺纹钢价差更为平稳。

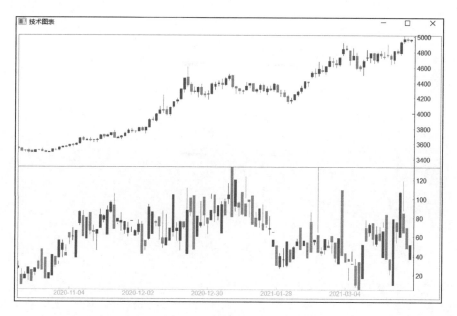

图 21-5

除了用 pandas 和 statsmodels 协作计算统计指标外，也可以用 SciPy 库对时间序列做统计性分析。SciPy 是高端科学计算工具包，用于数学、科学、工程学等领域，Scipy 依赖于 Numpy，常与 Numpy 协作使用。

21.3 小结

定量化分析是计量经济学的内容，也属于高阶内容，时间序列的相关性检验只是定量分析的一种模型，还有许多其他分析模型，这些模型的计算通常需要较深的数学基础。本章只是作为一个引子介绍为什么要做定量分析，读者可查阅计量经济学的资料进一步学习定量分析的各类模型，了解各种模型的概念和使用方法，再通过数学计算结合 pandas 和 statsmodels 或者 Numpy 和 Scipy 即可实现。